THE POETRY IN THE RED BOOK OF HERGEST REPRODUCED & EDITED

THE POETRY
IN THE
RED BOOK OF HERGEST REPRODUCED & EDITED

BY

J. Gwenogvryn Evans

KALPAZ

ISBN: 978-93-5128-644-8(PB)

First Published in 1911
Indian Reprint in 2017

Published by

Kalpaz Publications
C-30, Satyawati Nagar,
Delhi – 110052
E-mail: kalpaz@hotmail.com
Website: kalpazpublications.com
Ph.: +91-9212142040

Cataloging in Publication Data—DK
Courtesy: D.K. Agencies (P) Ltd. <docinfo@dkagencies.com>

Red Book of Hergest.
The poetry in the Red Book of Hergest / reproduced & edited by J. Gwenogvryn Evans.
pages cm
"First published in 1911"—Title page verso.
ISBN 9789351286448 (PB)

1. Welsh poetry—To 1100. 2. Wales—Poetry. I. Evans, J. Gwenogvryn (John Gwenogvryn), 1852-1930, editor. II. Title.

PB2273.R4 2017 DDC 891.6611 23

THE RED BOOK OF HERGEST

The method of Reproduction explained.

THE POETRY, contained at present in the RED BOOK OF HERGEST, follows here in the exact order in which it occurs in that manuscript, as the folios were arranged by their last binder. It is in many hands, which will be classified and illustrated in the Introduction. Here it is only intended to explain that the method adopted in this work aims simply at the exact reproduction of the original, column for column, line for line, character for character, and space for space. Every letter which the editor failed to read easily and without scrutiny is treated as faint, and is underdotted: similarly all letters which have been retraced have a wavy line under them, while a straight underline marks such as are no longer legible, or have been torn away. This system has the merit of not mixing different founts, as well as of allowing the state of any letter to be indicated, even when it is but partially faint, retraced, or illegible. ☞ Everything printed in **Black letter**, and all the larger plain Initials are written in red in the original. Capitals with tendrils are in various shades of green. All letters **Patched** with red are in **this type**. Heavy underdots cancel what is over them. - Blanks in the middle of words and lines represent holes or defects in the vellum. Scribal errors have not been corrected. Alterations, erasures, doubtful readings, and all peculiarities are explained in the *Paleographical Notes*. J.G.E.

Kyuoeſſi myꝛdin agỽendyd ychỽaer.

DEuthum i attat yatraỽd ygnadaeth 8
ygogled ygennyf . ſyỽ pob tut traeth-
ỽyt· ỽꝛthyf. Yꝛ gỽeith arderyd ac erydon
gwendyd armeint dybyd arnaf eneichiat 11
kyued kwd af . Kyuarchaf ymllallogan
vyꝛdin gỽꝛ doeth darogenyd.kan hepcoꝛyd
ohonaf . pari anbiniganthaỽ . Yngerd 14
gadauel aui koel . kymry yỽ bi . kyuarch
auel rỽyd yỽ arỽyd ryderch hael. Kanys
ryderch bieu ffaỽ . achymry oll ydanaỽ-
neu gỽedy ynteu kỽdaỽ . Ryderch hael 18
gymynat gelyn gỽan teỽ y wan
acỽy. dyd gỽynwyd ynryt tawy-
Rẏderch hael dan yſpeit ge lyn -
dinas beird bꝛo glyt kỽd .aa ef ot a 22
yꝛ ryt . Mi aedyweit y wendyd .·kan
amkyueirch yngeluyd. na byd ryderch
hael dꝛennyd . Kyuarchaf ym clotleỽ
llallaỽc . annynnaỽc ynlluyd. neu wedy 26
ryderch pỽy vyd. O leas gỽendoleu y
gỽaetfreu arderyd handỽyf oeithur. moꝛ-
gant uaỽꝛ uab ſadyꝛuin . Kyuarchaf
ym clotleỽ llallaỽc kerglyt .kyt lliant. 30
pỽy wledych wedy moꝛgant. O leas
gỽendoleu y gỽaetfreu arderyd a ſynnyy-
paham ym keugỽaladyꝛ .gỽaet gỽlat 33
yuryen . Kyfliỽ dybenn ac aryen gacaf -
gỽares duỽ dy anghen . pỽy wledych wedy
uryen . Digones douyd digued arnaf
claf ỽyf oꝛdiwed . maelgỽn hir ardir 37
gỽyned . Oys gar ymbꝛaỽt . yt vych vyg
kalon. dꝛỽc vy hoen am ryd dꝛych neu we-
dy maelgỽn pỽy wledych. Run y enỽ 40
rugyl y ffaỽt -ygkynnoꝛ bydin bꝛỽydꝛa-
ỽt . gỽae bꝛydein oꝛ diwarnaỽt . Cann
ỽyt kedymdeit achanon kunlleith.athal 43

wa62 a bo2th6n. kwda g6yned g6edy run.
Run yen6 ryuel ovzi. aoganaf ydyderbi.
g6endyn g6lat yn anghat veli. Kyfuar-
chaf ymclotle6 llalla6c. an vynna6c yg-
kyni. p6ywledych wedybeli. Cannethy6
uymp6yll gan wyllyon mynyd. amy
hun ynagro. wedy beli y uab ef iago.
Cann ethy6 dy b6yll gan wyllyon my-
nyd athyhun ynagro. p6y wledych wedy
iago. am g62th gyuarch ymb2ytuan.
ygyuedeu neut eban g6edy iago yuab
ef katuan. Y kerdeu ry draethaffamo
dyuot clot bod2ydan. p6y wledych wedy
katuan. G6lat kadwalla6n 62yt ma62.
ped2yuael byt. ryglywawr dyg6ydit
penn eigyl y la62. a hyt byt y hetmyc-
ca62. O welet dy rud mo2 greula6n y
da6 ymb2yt neut annoga6n. p6y wle-
dych wedy kadwalla6n. G62
hir yn kad6 kynnadyl. aph2y-
dein yn vn palady2. go2eu mab
kymro katwala6dy2.
am g62thgyuarch yn
glaear ygynnedueu neut abar. p6y
wledych wedy katwala6dy2. Jdwal.
Athgyfuarchaf ynglaear. clotleu go-
2eu dyn dayar. p6y wledych wedy Jdw-
al. G6ledycha6t wedy idwal ynll62 6
dyuynuyn diarchar ysg6ydwyn ho6el
uabkadwal. Kyfuarchaf ymclotleu
llella6c anuynna6c yn ryuel. p6ywledy3
wedy howel. Mi aedywedaf y glot ovzi.
g6endyd kynn esgar athi. g6edy ho6el
rod2i. Kynan ymon aui nyt achatuo
ydeithi. achyngalwer mab rod2i.
mab kaledigan vi. Kyfuarchaf oech-
lyffur byt. amdyweit ychwaryan.
p6y wledych wedy kynan. O leas
gwendoleu yggwaetfreu arderyd. di-
goni ov2a6. meruin v2ych odir mana6.
Kyfuarchaf ymclot ovzi. v2a6t kerd
oleu o2eudyn. p6y wledych wedy mer-
uin. Dywed6yf nyt od2yca62. o2mes

b2ydein p2ydera62. wedy meruyn rod2i
ma62. Kyuarchaf ymclotleu llalla6c an-
nynna6c yndyd ga62. p6y wledych wedy
mab rod2i ma62. arlann kon6y kym6y
du6 merchy2 etmycka62 ydaua6t. arben-
nic aryenanara6t. Kyfuarchaf ym clot-
leu llalla6c. annvynna6c yndyd ga6t. p6y
wledych wedy anara6t. ~ ~ ~

NEffaf y6 nes yamser kennadeu an
fel. y bennaeth ynlla6 howel. ys bar-
godyein ny biff6ys. ny byd nes y barad6ys.
nyt g6aeth urd odynn noc urd oegl6ys.
Kyfuarchaf ymychyein v2a6t aweleis
ygclot gein. p6y wledych wedy bargotyein.
Bl6ydyn ahanner yueruer v2ehy2yeit.
euhoes adiuy2rer. diuenwir pob dib2yder.
Cann 6yt kedymdeith achanon kunlleith.
trugared du6 ytheneit. p6y wledych we-
dy b2ehy2y2it. Dy2chaua6t unic ogud.
nyt achatuo ydeurud. kynan yk6n kym-
ry bieiuyd. Kyuarchaf y echlyffur byt.
ymdywet ynchweryan. p6y wledych
wedy kynan. G62 pellennic od2amy2.
to2rant gaereu bierthy2. dywedynt v2en-
hin o v2ehy2. Kyuarchaf oechlyffur byt.
kan g6doft yyfty2. p6y wledych wedy b2e-
hy2. Difgoganaf feruen wynn. ken-
nat g6aftat yfg6ydwyn. gle6 gadarn gar-
char gylchwyn. treigla6t b2o b2ada6c
unbyn. ef grynna6t h6nt racda6 hyt
ymp2ydein. Kyfuarchaf ymb2a6t y
g6ynn. kanys mi aehamouyn. p6y wle-
dych wedy feruen wynn. Deu yfg6yd
wyn veli. adyvi yuaeth awnant dyuyfgi.
nac eurin hed6ch vi. Kyuarchaf ym
clotleu llalla6c annwynna6c yngkymry.
p6y wledych wedy deu. Yfg6ydwynn ueli.
Vnic ar6yna6l. arwyneb keda6l kyngho2-
a6t kat diffet. awledych kynno2 go2unnet.
Kyuarchaf ymclotleu llalla6c annwyna-
6c ynlluyd. p6y y2 unic arwynna6l a daro-
geny di y uaeth. p6y yen6 padu pan vyd.
G2uffud yen6 geida6l mirein g6nawt ef

gan argan kyngrein . awledych ar dir pꝛydein. Kyuarchaf ymclotleu llallaỽc . anwynnawc ygkadeu . neu gỽedy gruffud pieu. Dywedwyf nyt odꝛycker oꝛmes pꝛydein pꝛyderer. gwedy gruffud gỽyn gwarther. Kyuarchaf ym clotleu llallaỽc annỽynnaỽc yn ryuel. pỽy wledych wedy gỽynn gỽarther . Wi awendyd wenn maỽꝛ adꝛaſdil gogan. chwipleian chwedleu. atkas gwehelieith auyd deu idas . am dir etmykaỽꝛ oegỽir hir alanas. Kyuarchaf ymclotleu llallaỽc annwynnaỽc ygkadeu. pwy wledych wedy ỽynteu. Dilgoganaf nat gỽas beid. bꝛenhin llew llaỽdiwreid. gyluin geuel gauel bleid. Kyuarchaf ymehalaeth uraỽt aweleis yn veduaeth . odyna pỽy auyd pennaeth. Kyniuerỽch arif yſer. kynhebycker yniuer. ef yỽ ymackỽy deuhanner. Kyuarchaf ymdiuuner uraỽt. allwed bydin bud ner. pỽy wledych wedy deu hanner. Kymyſc gỽydelieith yn aer achymro. achymrud daer. ef yỽ arglỽyd ỽyth pꝛif gaer. Kyuarchaf ym diagro uraỽt a darllewys llyuyꝛ cado . pỽy wledych wedy euo. Mi aedyweit oꝛeget. kan am kyueirch ynogonet. keneu henri ryuyget. byth ynyoes nyt oes waret. Kyuarchaf yclot ovꝛi vꝛaỽt annwynnaỽc ygkymry . pỽywledych wedy mabhenri. Pan uo pont ardaf ac arall ardywi y daỽ ar loegyꝛ dyuyſgi. ami diſgogaf wedy mab hennri. bꝛenhin na vꝛenhin bꝛithuyt aui. Kyuarchaf ymbꝛaỽt y gỽyn. kanys mi ae hamouyn. pỽy wledych wedy bꝛenhin na vꝛenhin. Llet ynuyt urenhin adaỽ agỽyꝛ lloegyꝛ ynydỽyllaỽ. ny byd gỽlatlỽyd y danaỽ. Myꝛdin dec daỽnglot gywyt. llidyaỽc ymyt. beth auyd ynoes ynvyt. Pan uo lloegyꝛ yn griduan achymry yn dýcanyan y byd yllyud bỽhỽman. Myꝛdin dec daỽn leueryd. na dywet ỽꝛthyf gelwyd. beth auyd

wedy lluyd. Ef agyfyt un oꝛchwech. ary uu ynhir ynllech. ar loegyꝛ auyd goꝛtrech. Myꝛdin dec daỽnglot wely. troyt y gỽynt ovyỽn ty. pỽy wledych wedy hynny. Deuot yỽ dyuot owein. a goꝛeſgyn hyt lundein. arodi ygymry goeluein . Myꝛdin dec daỽnglot bennaf. kanys yth eir y credaf. owein pa hyt y para. Gỽendyd gwarandaỽ letkynt. troyt y gỽynt yꝛ dyffrynt. pump mlyned adỽy ualkynt. Kyuarchaf ym ehalaeth uraỽt aweleis yn ueduaeth. odyna pỽy auyd pennaeth. Pan uo owein ym manaỽ a chat ympꝛydyn geirllaỽ. biaỽt gỽꝛ ef agỽyꝛ idaỽ. Kyuarchaf ymehalaeth vꝛaỽt aweleis yn ueduaeth. odyna pỽy auyd pennaeth. Pennaeth y uaeth aoꝛeſgyn eluyd. gỽlat wynuyt dꝛỽy lewenyd. Kyuarchaf ym ehalaeth uraỽt aweleis yn ueduaeth odyna pỽy auyd pennaeth. Elit lleuein yn dyffrynt. beli hir aewyꝛ goꝛwynt. gỽynn eubyt gymry agỽae gynt. Kyuarchaf ymclotleu llallaỽc annwynnaỽc yghadeu. neu wedy beli pieu. Elit lleuein yn aber beli hir aewyꝛ llaỽer. gỽyn eubyt gymry gỽae wydyl. Kyuarchaf ym clotleu llallaỽc annwynnaỽc yn ryuel. pa ywae ywydyl. Diſgoganaf un dyſſyawc. gỽyned gwedy aỽch trallaỽt. goꝛuot yỽch arbop kiwdaỽt. Canon moꝛurynn moꝛunet. oedyn myꝛdin urych vꝛeiſc liwet. padaỽ yny deu ouunet. Pandiſgynno kadwaladyꝛ allu llydan gantaỽ kymwed. duỽ merchyꝛ yamỽyn gỽyꝛ gỽyned. aſdeubyd gỽýꝛ kaer gamwed. Nac yſgar yn antrwyadal ami oangwarth yꝛ gynnadyl. padu ydiſgyn kadwaladyꝛ. Pandiſgynno kadwaladyꝛ yndyffryn tyw^{i}. biaỽt trathꝛum ebyꝛ. gỽaſgỽaraỽt bꝛythot bꝛithwyꝛ. Kyuarchaf ym ehalaeth uraỽt aweleis yn ueduaeth. pỽy wledych odyna eth. Panuo teir ieithyaỽc taeaỽc ym mon. aeuab yngunnachaỽc. ry glywaỽꝛ

gỽyned goludaỽc . Pỽy gỽaſcar ỻoegyꝛ
yar diwed moꝛ . pỽy ygỽyn ardeued .
neugymry pỽy vyd eugỽared . Taryf
rywyꝛ athỽꝛyf ryderch . abydinoed kadw-
aladyꝛ . y ar dardennin auon . toꝛrynt aỻ-
wed gỽyꝛ . Nac yſgar yn anr[t]ywyadyl
ami oangỽarthyꝛ gynnadyl . paleas
adỽc kadwaladyꝛ . As gỽan gỽaeỽ oergr-
ywyd ỻog . aỻaỽ kynndiwedyd . dybyd
gymry gỽarth oꝛ dyd . Nac yſcar yn
antrwyadyl ami . oangwarth yꝛgynnad-
yl . pahyt y gỽledych kadwaladyꝛ .
Tꝛi mis teir blyned teithyon . a thꝛychāt
mlyned kyflaỽn . kadeu gỽeitheu gwledy-
chant . Nac yſcar yn antrỽyadyl ami
oangwarth yꝛ gynnadyl . pỽy wledych
wedy kadwaladyꝛ . Ywendyd ydywedaf
oes tragoes diſgoganaf . wed kadwa-
ladyꝛ kynda . Ỻaỽ argled araỻ argroes
gogelet baỽp y einyoes . gan gyndaf kȳ-
mot nytoes . Neut agannaỽt uudyſſy-
aỽc gỽyned gỽedyaỽch traỻaỽt . goꝛ-
uot yỽch arbob kiwtaỽt . Achiwtaỽt
plant adaf ahenynt oe gỽaỽt . Adioes
gỽaret hyt uraỽt . Oꝛ pan el kymry
hebganhoꝛthỽy . kat heb gadwat eu deu
rud oỻ mal ygaỻoꝛna pỽy auyd penna-
eth . Gỽendyd meuenedus virein . kyn-
taf katraf ympꝛydein . ar ylỽch gymry
dꝛuein . Pandyuo dy lat dylyet uchaf .
ouoꝛhyt weryt dylat diwed riein oꝛffen
byt . Euwedy dylat dylyet uchaf . pỽy
uyd adꝛefnaỽꝛ a vi ỻann ae rann perigl-
aỽꝛ . Narann periglawr nacherdaỽꝛ
ny byd nac adꝛeidyaỽ yꝛ aỻaỽꝛ . yny dy-
gỽydho nef arlaỽꝛ . Ỻaỻaỽc kanamha-
tebyd . myꝛdin uab moꝛuyn geluyd . tru-
an achwedyladywedyd . As dywedaf y
wendyd . kanys dỽys ymkyue[c]chyd . dy
lat diwed riein vyd . A rydywedeis i hyt
bynn y wendyd waeſſaf unbyn . diderbyd
kymeint timmyn . Ỻaỻaỽc kan amdid-
erbyd . neu yꝛ eneit dyurodyꝛ . pabenna-
eth

y uaeth auyd . Gỽendyd wenn benn
mynogi . afdywedaf yndifri . nabyd
pennaeth byth wed[l]. Och annỽyloꝛ oer
eſgar . gỽedy dyuot yn drydar . gan un-
ben deỽꝛ diarchar . dy ylodi y dan dayar .
Gỽaſgaraỽt awel awyꝛ pỽyỻ dꝛut
adỽyỻ ot gerdir . gỽennffaỽt hyt vꝛaỽt
yſdir . Och leas di veduaeth . neut ym
dianmaeth . hoet da adoet pandygir
clot vꝛno . pỽy dꝛaetho gỽir . Olochw-
yt kyuot athauot ỻyfreu awen heb
arfỽyt achwdyl bun a hun bꝛeudwyt .
Marỽ moꝛgeneu marỽ kyfrennin
moꝛyal . marỽ moꝛyen mur trin . try-
maf hoet amdy[ad]oet ti vyꝛdin . Digo-
nes douyd digued arnaf marỽ moꝛge-
neu . marỽ moꝛdaf . marỽ moꝛyen . ma-
rỽ agaraf . Uy un bꝛaỽt nacheryd ar-
naf yꝛgỽeith arderyd ỽyf claf kyuar-
ỽydyt ageiſſyaf . y duỽ ythoꝛchymyn-
naf . athoꝛchymynnaf ditheu y benn
y creaduryeu . gỽendyd wenn atlam ker-
deu . Ykerdeu rydꝛigyaſſant . odyuot clot
bodꝛydant och duỽ ỽynt aduant .
Gỽendyd na vyd anhylar . neur roet
yỻỽyth yꝛ dayar . diofryt obaỽp agar .
Ymbyỽ nyth diofredaf . ahyt vꝛaỽt yth
goffaaf . dyffoſſaỽt traỻaỽt trymaf .
Eſcut goꝛwyd rỽyd gỽynt amchyniyn-
af . vy eirioes vꝛaỽt yren ryỽ goꝛeu .
kymer gymun kynn agheu . Ny chym-
meraf gymun gan yſgymun uyneich
ac eu tỽygeu ar eu clun . am kymuno
duỽ ehun . Goꝛchymynnaf inneu vy eiry-
oes vꝛaỽt yny gaer wertheuin . gogelet
duỽ o vyꝛdin . Goꝛchymynnaf inheu vy
eiryoes chwaer . yny gaer wertheuin .
gogelet duỽ o wendyd . Amen .

Gỽasgargerd vyrdin yny bed .. 1
Gwr aleueir yny bed .a dysgỽyt kyñ
seith mlyned ⁊ march marỽ eur-
dein gogled . Eryueis i owin owydyꝛ 4
gỽynn. gan rieu ryuel degynn. myꝛdin
yỽ vy enỽ uab moꝛuryn . Eryucis i owin
ogaỽc gan rieu ryuel eglỽc. myꝛdin yỽ
vy enỽ amheidỽc . Pan del gỽꝛ gỽꝛthꝛyn 8
yar olwyn du . y lad lloegyꝛ llỽybyꝛ wehyn.
chwerỽ wenỽyn yn amwyn .gỽynvꝛynn
wynnvꝛynn eiſiwyn erhy . hir neuet
giwet gymry . Ny byd diogellaỽꝛ yg- 12
kellaỽꝛ ardudỽy arardalỽy kymry rac
arderchaỽc tỽꝛch toꝛyf hy . Panduyo
coch noꝛdmandi y holi lloegyꝛwys treul
diffỽys . treth am bop darogan . castell yn
aber hodni. Pan dyuo y bꝛych cadarn 17
hyt yn ryt bengarn. lliwaỽt gỽyꝛ treu-
liaỽt karn . penndeuic pꝛydein yno peñ
barn . Pandyuo henri y holi mur kaſ-
tell y deruyn eryri . galwaỽt goꝛmes 21
dꝛagweilgi . pandyuo y gỽynn gỽann
y holi llundein . yar veirch nyt kein . ry
geilỽ ef deyꝛnas kaergein . Teneu ymes
teỽ y hyt . pandyuo yndeiſſyuyt. bꝛenhin
gỽas gỽae ae cryt . Mab auyd maỽꝛ y 26
urdas . aoꝛesgyn mil dinas . hoedel egin
bꝛenhin o was . Kadarn ỽꝛth wann ad-
uot . gỽann ỽꝛth gadarn goꝛdirot . 29
pennaeth handes gỽaeth oedyuot . Byt
auyd bꝛyt ỽꝛth uaỽꝛdes . yd bydant gỽꝛa-
gedeint llaes vuches . bydant llu meiby-
onein eu kyffes . Byt auyd bꝛyt ỽꝛth yd-
es . yt wnaho taeaỽc yles . diſgiwen bun
gỽꝛth bỽyth gỽas . Byt auyd agoꝛffenn 35
oet pallant ieueinc rac adwyt . mei ma-
rỽ cogeu rac annỽyt . Byt auyd bꝛyt
ỽꝛth erchỽys . yd adeilaỽꝛ yndyꝛys . heb 38
werth maỽꝛ ny chaffaỽꝛ crys . Byt avyd
bꝛyt ỽꝛth lyeu. byỽ mall agỽall arlannev.
toꝛredaỽd geir achꝛeireu eudiuanwaỽt
gỽir lletaỽt geu . gỽan ffyd bob eildyd 42
dadleu . Byt auyd bꝛyt ỽꝛth dillat . kyg-

haỽs arglỽyd maer chwiuiat . gwacllaỽ 1
bard hard effeiryat . diuannwaỽꝛ gwyꝛ
lletaỽꝛ gỽat . Byt auyd heb wynt heb laỽ .
heb oꝛmod eredic heb dꝛathꝛeulyaỽ . tir
digaỽn uyd un erỽ y naỽ . Pan dyuo yꝛ 5
gỽyꝛ heb wryt . ac yn lle y coet kael yꝛ yt .
ympob hed gỽled agyuyt . pan uo kyuelin
gymyꝛed gỽyd gỽannỽyn aui . gỽedy
pennaeth gỽenỽyn . bydaỽt gỽaeth budelỽ 9
no chꝛowyn . duỽ merchyꝛ dyd kyghoꝛfen.
y treulyaỽꝛ llafnaỽꝛ arbenn . cudyant deu
ygkreu kyghenn . Yn aber ſoꝛ yt uyd kyg-
hoꝛ ar wyꝛ gỽedy trin treulitoꝛ ⁊ glyỽ gỽyn
llyỽ yn yſcoꝛ . Yn aber auon y byd llu mon
eingyl gỽedy hinwedon .hir weryt arwyt
uoꝛyon . Yn aber dỽfyꝛ nwy deil duc yt 16
vi agnaho gỽidic . agỽedy cat kyuarlluc .
Cat avi ar hyꝛri auon . abꝛython dywoꝛ-
pi . gnaỽt gỽyꝛ gỽhyꝛ gỽꝛhydꝛi . Yn aber
ydon peruoꝛ cat aphelydyꝛ anghyuyon . 20
agỽaet rud ar rud faeſſon waſſaỽc dy
waed dywendyd am dywaỽt wylyon .
mynyd yn aber karaf ... 23

llewelyn agwꝛnerth a oedynt deuſeint
benydyawl yny trallwng ym powys. A
dyuot yayt awneynt y teir awꝛ diw- 3
ethaf oꝛ nos. ar teir awꝛ kyntaf oꝛ dyd
ydywedut eu pylgeint ac oꝛyeu y dyd yam hyn-
ny. Ac y ſef y gwelei llywelyn kudugyl gwꝛn-
nerth yn gaeat. Achany wydyat paham oed 7
hynny. Sef awnaeth ynteu kanu englyn.

Eiry mynyd gwynt am berth. kanys
creaỽdyꝛ nef am nerth. ae kyſgu
awna gỽꝛnerth. 11
Eiry mynyd duỽ ynbennaf. kanys attaỽ
gwediaf: nac ef kyſgu nyallaf.
Eiry mynyd gỽynt amty. kanys lleſery
uelly: beth ỽꝛnerth awna hynny. 15
Eiry Mynyd gỽynt deheu. kanys traethaf
pꝛif eiryeu: tebyckaf yỽ mae angheu.
Eiry Mynyd goꝛwyn bꝛo. detwyd paỽb ỽꝛth
ae llocho: creaỽdyꝛ nef athdiangho.
Eiry mynyd goꝛwynn pꝛenn. kanys 20
llafaraf amgen: nyt oes naỽd rac tynghet-
Eiry mynyd pob deuaỽt. rac goꝛ- [uen
meil goual dyd bꝛaỽt. agaffaf i gymun yng-
Eiry Mynyd gwynt am ty. ka- [hardaỽt
nys lleuery uelly: och vymraỽt aereit hyñy.
Awendꝛut mi ath garaf. hyt ar duỽ y gỽ-
ediaf: llywelyn rywyꝛ y kaffaf. 27
Eiry Mynyd gỽynt am vꝛynn. kanys
creaỽdyꝛ nef am mynn: ae kyſgu y mae
llywelyn. Eiry Mynyd gwynt de- 30
kanys traethaf pꝛif eiryeu. nac ef kanu
vy oꝛyeu. Eiry mynyd godyſgeit. pan
dꝛoho gỽynt yngkylch pleit. awdoſt di pỽy
adyweit. Eiry Mynyd llafar hy. ka- 34
nys kyꝛbỽylly velly: na ỽnn onys dywedy.
Eiry mynyd pob canherth. ageiff y voli
yn pꝛytuerth: mae yma dy vꝛaỽt gwrnerth.
Blaengerd gymhelri. ac ynni pob dꝛut. ac
awen ym peri: beth wrnerth oꝛeu ytti. 39
Bhencat pob deuaỽt. a llafurnaỽt dꝛut.
am vuched hyt dyd bꝛaỽt: goꝛeu ykeueis
gardaỽt.

Awendꝛut tec dy gampeu. ymae ꝛ ganon yth
eneu: dywet py gardaỽt oꝛeu. 2
Blaengar awen gỽynt ỽꝛth lynn. pan ym-
ladho tonn am vꝛynn. goꝛeu yỽ bỽyt rac
newyn. Onyt bwyt nyſ kyꝛhaedaf. ac
amdwylaỽ naſkaffaf: dywet beth a wnaf 6
yna. Blaengerd gymhelri. ac ynni
pob dꝛut. Ac awen ym peri: dyꝛo dillat rac
noethi. Vyn dillat mi ae radaf y duỽ y
goꝛchymynnaf: py dal yna agaffaf. 10
Arodych o da ympob attrec dꝛut ymbꝛeint
kadỽ dy wyneb: ſef ykey ynnef ary ganuet.
Kyflỽ dyd kanyth garaf. ardelỽ kerd kanyſ
keiſſyaf: ganduỽ py vn peth gaſſaf. 14
Bud ac awen achyffret. pan retto dỽfyꝛ ar
anwaeret: gỽaethaf tỽyll trỽy ymdiret.
Tỽyll trỽy ymdiret os gỽnaf. ac y duỽ naſ
kyffeſſaf: padial avyd arnaf. 18
Oꝛ gỽney dỽyll ymdiret. heb ffyd heb gre-
fyd heb gret: key benyt ar dy ſeithuet.
Kyflỽ dyd mi ath gredaf. ac yꝛduỽ y govyn-
naf: nef pywed yd henillaf. 22
Nyt kyffelyb da adꝛỽc. pan ymladho gỽ-
ynt amỽc: gỽna da yꝛduỽ ſef ydiỽc.
Blaengar awen pob achles. retuaỽꝛ go- 25
ꝛwydaỽꝛ ar tes: diwed pob peth yỽ kyffes.
Awnelych obob dirdꝛa o dỽyll athꝛeis a
thꝛaha: yꝛduỽ kyffeſſa ynda. 28
Tyſſilyaw uab brochuael yſgithrawc a
gafas yr englynyon hynn y gan wꝛ-
nerth yn dyuot y gyfwiraw y gret wꝛth llyw-
elyn ſant y gytbenytawc. Ac a elwir ym- 32
atteec llywelyn agwꝛnerth.

Eiry mynyd gỽynn pob tu : kynneuin 1
bran achanu · nydaỽ da o dꝛachyſcu.
Eiry mynyd gỽynn keunant · rac ruthur
gỽynt gỽyd gỽyꝛyant · llawer deu aymgarãt ·
aphyth ny chyfuaruydant . 5
Eiry mynyd gỽynt ae taỽl · llydan lloergan
glas tauaỽl : odit dyn dirieit dihaỽl .
Eiry mynyd hyd eſcut · gnaỽt ympꝛydein
gynrein dꝛut · reit oed deall yalltut . 9
Eiry mynyd hyd ardes · hỽyeit ynllynn gỽynn
aches · hỽyꝛ hen haỽd yoꝛdiwes ~
Eiry mynyd hyd ardꝛo chwerdyt bꝛyt ỽꝛth
agaro : kyt dywetter ỽꝛthyſ chwedyl. mi a
atwen veuyl lle y bo . 14
Eiry mynyd graennwyn gro · pyſc yn ryt clyt
yogo · kas vyd aoꝛeilytto .
Eiry mynyd hyd ardaryſ · gnaỽt gan gyn-
ran eiryan araſ · ac yſgynnu odu coꝛoſ : a
diſgynnu bar ar araſ . 19
Eiry mynyd hyd kyngrỽn · llawer adywede-
is os gỽnn · an hebic y hafdyd hỽnn .
Eiry mynyd hyd hellaỽt : gochwiban gỽynt y-
ỽch bargaỽt · tỽꝛ trỽm aỽꝛ yỽ pechaỽt . 23
Eiry mynyd hyd arneit gochwiban gỽynt
yỽch gỽenbleit · uchel gnaỽt taỽel yndeleit.
Eiry mynyd hyd ymbꝛo · gochwiban gỽynt
yỽch blaen to . nyt ymgel dꝛỽc ynlle y bo .
Eiry mynyd hyd ar dꝛaeth · collyt hen y uab-
olaeth · dꝛycdꝛem awna dyn yngaeth . 29
Eiry mynyd hyd ynllỽyn · purdu bꝛan buan
jyꝛchwyn · iach ryd ryuedot pagỽyn .
Eiry mynyd hyd myỽn bꝛỽyn oer micned 32
med ygherwyn · gnaỽt gan bob anauus gỽyn .
Eiry mynyd bꝛith bꝛonn tỽꝛ : kyꝛchyt anifueil
glydỽꝛ · gỽae wreic agaffo dꝛycwr . 35
Eiry mynyd bꝛith bꝛonn kꝛeic · krin kalaſ
alaſ dichleic · gỽae ỽꝛ agaffo dꝛycwreic .
Eiry mynyd hyd yn ffos : kytuyt lleidyꝛ ahir
nos · kyſgyt gỽenyn yndidos 39
Eiry mynyd kynglhennyd auon · hỽyrweda-
ỽc yngkynnyd · ny moch dieil meuyl meryd .
Eiry mynyd pyſc ynllynn · balch hebaỽc bacỽy-
aỽc unbynn · nyt ef ageiff ageiff paỽb auynn . 43
Eiry mynynyd coch blaen pyꝛ · llidiaỽc lluoſſaỽc
ongyꝛ och rac hiraeth vymrodyꝛ ~ 1
Eiry mynyd buan bleid · yſtlys diffeithỽch adꝛeid ·
gnaỽt pob anaſ ardieid . 3
Eiry mynyd hyd nyt hỽyꝛ · dygỽydyt glaỽ o awyꝛ .
megyt triſtit lleturyt llwyꝛ .
Eiry mynyd eilion ffraeth : gowlychyt tonneu
glañtraeth · keluyd kelet yaruaeth . 7
Eyꝛy mynyd hyd myỽnglynn : gỽaſtat uyd haf
araf llynn · baryflỽyt reỽ gleỽ yerchwynn .
Eiry mynyd bꝛith bꝛonn gỽyd · kadarn vymre-
ic(yr)am yſgỽyd · eidunaſ nabỽyſ gann mlỽyd. 11
Eiry mynyd llỽmm blaenn caỽn · crỽm blaen
gỽꝛyſc pyſc yn eigyaỽn . lle ny bo dyſc ny byd daỽn .
Eiry mynyd pyſc ynryt : kyꝛcl(yt)caraỽ culgrỽm
cwm clyt · hiraeth am uarỽ ny weryt .
Eiry mynyd hyd ygkoet · ny cherda detwyd ar-
troet . meckyt llỽuyꝛ llawer adoet . 17
Eiry mynyd hyd ymbꝛonn : gochwiban gỽynt
yỽch blaen onn · trydyd troet y hen y ffonn .
Eiry mynyd hyd arnaỽ : hwyeit ynllynn gỽyñ
alaỽ . diryeit nymynn gỽarandaỽ .
Eiry mynyd coch traet ieir bas dỽfyꝛ mynyt 22
leueir · chwenneckyt meuyl maỽꝛeir .
Eiry mynyd hyd eſgut · odit amdidaỽꝛ oꝛbyt .
rybud y dꝛỽch nyweryt .
Eiry mynyd gỽynn y gnu · yſodidaỽc wynebku .
o gar gyt amynych athꝛeidu . 27
Eyry myd gỽynn to tei · beitraethei dauaỽt
awypei geudaỽt · ny bydei gymydaỽc neb rei.
Eiry mynyd dyd ac dooeth · bit glaf pob trỽm llỽm
lletnoeth · gnaỽt pob anaſ ar anoeth . 31

Bit goch crib keilyaỽc . bit annyanaỽl y lef
ỽowely budugaỽl ; llewenyd dyn duỽ ae maỽl.
Bit laỽen meichyeit ỽꝛth ucheneit gỽynt . bit taỽel
yndeleit ; bit gnaỽt aflỽyd ar diryeit . 4
Bit guhudyat keiffyat . bit gnifiat gỽyd . a bit gyn-
nwys dillat ; agaro bard bit hard rodyat .
Bit avwy unbenn abit leỽ . abit vleid aradỽy. ny
cheidỽ ywyneb ar ny rodwy . 8
Bit vuan redeint yn ardal mynyd. bit yngheuda-
ỽt oual ; bit anniweir annwadal .
Bit amlỽc marchaỽc . bit ogelaỽc lleidyꝛ. tỽyllyt
gỽꝛeic goludaỽc ; kyueillt bleid bugeil diaỽc . 12
Bit amlỽc marchaỽc. bit redegaỽc goꝛỽyd . bit uab
llen ynchỽannaỽc ; bit anniweir deueiryaỽc .
Bit grỽm biỽ . a bit lỽyt bleid . efgut goꝛỽyd yar
heid : gỽefgyt gỽaỽn graỽn yny wreid. 16
Bit grỽm bydar . bit trỽm keu ; efgut goꝛwyd yg-
kadeu ; gỽefgyt gỽaỽn graỽn yny adneu.
Bit haha bydar . bit annwadal ehut . bit ynuyt
ymladgar ; detwyd oꝛ aegỽyl aekar . 20
Bit dyfỽn llynn bit lynn gỽaewaỽꝛ . bit granclef
gleỽ ỽꝛth aỽꝛ ; bit doeth detwyd duỽ ae maỽꝛ .
Bit euein alltut . bit difgythꝛindꝛut . bit chwanna-
ỽc ynvyt ychwerthin ; bit wlyb rych. bit uynych mach
bit gỽyn claf. bit laỽen iach . bit chỽyꝛnyat colỽ-
yn : bit wenwyn gwrach . 26
Bit diafpat aeleu. bit ae bydin . bit befgittoꝛ dyꝛe.
bit dꝛut gleỽ : a bit reỽ bꝛe ~
Bit wenn gỽylyan . bit vann tonn . bit hyuagyl
gỽyar aronn ; bit lỽyt reỽ . bit leỽ callonn . 30
Bit las lluarth . bit diwarth eirchyat . bit reinyat
yghyuarth : bit wreic dꝛỽc ae mynych warth.
Bit grauangaỽc iar. bit trydar gan leỽ. bit yn-
vyt ymladgar ; bit tonn callon gan alar . 34
Bit wynn tỽꝛ. bit oꝛỽn feirch . bit hoffder llaỽer
aeheirch: bit lỽth chwannaỽc . bit ryngaỽc cleirch

Gnaỽt gỽynt oꝛdeheu. gnaỽt atneu yn llann . 1
gnaỽt gỽꝛ gỽann godeneu ; gnaỽt y dyn
ofyn chwedleu . gnaỽt yvab ar uaeth uoetheu.
Gnaỽt gỽynt oꝛdỽyꝛein . gnaỽt dyn bꝛonrein . 4
balch ; gnaỽt mỽyalch ymplith dꝛein ; gnaỽt rac
trahatra lleuein . gnaỽt yggwic kael kic ourein .
Gnaỽt gỽynt oꝛgocled . gnaỽt rianed chwec. 7
gnaỽt gỽꝛ tec yggỽyned ; gnaỽt y deyꝛn arlỽy
gỽled . gnaỽt gỽedy llynn lleturyded .
Gnaỽt gỽynt oꝛ moꝛ . gnaỽt dygyuoꝛ llanỽ ; 10
gnaỽt yuanỽ uagu hoꝛ ; gnaỽt yuoch turyaỽ kyloꝛ.
Gnaỽt gỽynt oꝛ mynyd . gnaỽt meryd ymro .
gnaỽt kael to yggweunyd : gnaỽt arlaeth maeth
dyn creuyd . gnaỽt deil agỽyeil agỽyd . 14
Gnaỽt obaftardaeth grynnỽꝛyaeth arwyꝛ ; a-
gỽꝛaged dꝛỽc meduaeth . a chyni arwyꝛ a goꝛỽyꝛ
waeth waeth .
Gnaỽt nyth eryꝛ ymblaendar . ac ygkyfyꝛdy
gỽyꝛ llauar ; golỽc vynut aragar . 19
Gnaỽt dyd acanllỽyth ygkynnlleith gayaf . kyn-
reinyon kynrỽytyeith: gnaỽt aelwyt diffyd yndiffeith
Crin calaf allif yn nant . kyfnewit feis ac ary-
ant . digu eneit mam geublant . 23
Y deilen a dꝛeuyt gỽynt . gỽae hi oe thynghet ;
hen hi. eleni y ganet .
Kyt boet bychan yfkeluyd . y dadeil adar yggoꝛỽ-
yd coet ; kyuoet vyd da a detwyd . 27
Oerwlyb mynyd oerlas ia . ymdiryet y duỽ nyth
dỽylla ; nyt edeu hirbwyll hirbla .
Kalangaeaf kalet graỽn. deil ar gychỽyn
llynnwynn llaỽn ; y boꝛe gynn noe vynet
gwae a ymdiret y eftraỽn ~ 32
Kalangayaf kein gyfrin ; kyfret awel a
dꝛyckin ; gỽeith keluyd yỽ kelu rin .
Kalangayaf cul hydot . melyn blaen bedu gỽedỽ
hauot ; gỽae ahaed meuyl yꝛ bychot . 36
Kalangayaf crỽm blaen gỽꝛyfc . gnaỽt o benn
dirieit teruyfc ; lle ny bo daỽn ny byd dyfc .
Kalangaeaf garỽ hin . anhebic ygynteuin ;
namwyn duỽ nyt oes dewin . 40
Kalangaeaf kein gyfreu adar ; byꝛr dyd ban
cogeu ; trugar daffar duỽ goꝛeu. ~
Kalangayaf kalet cras purdu bꝛan buan o
vꝛas ; am gỽymp hen chwerdit gỽen gỽas . 44

Kalangaeaf cul kerwyt gwae wann panſyꝛr.
byꝛr vyd byt ⁊ gỽir gỽeỻ hegarỽch nophꝛyt.
Kalangayaf ỻỽm godeith . arandyꝛ yn rych 3
ych yggweith . oꝛ kant odit kedymdeith .

Baglaỽc bydin bagỽy onn hwyeit yn
ỻynn graenwynn tonn ⁊ trech no 14
chant kyſſul callon .
Hir nos goꝛdyar moꝛua . gnaỽt teruyſc yg-
kymanua : ny chyt uyd diryeit a da . 17
Hir nos goꝛdyar mynyd . gochwiban gỽynt
yỽch blaen gỽyd ⁊ ny thỽyỻ dꝛyc anyan detwyd.
Marchwyeil bedỽ bꝛiclas . adynn uyntroet
o wanas ⁊ nac adef dy rin y was . 21
Marchwyeil derỽ myỽn ỻỽyn . a dynn vynn
troet o gadwyn ⁊ nac adef rin y uoꝛwyn .
Marchwyeil derỽ deilyar . adynn vyn troet o
garchar ⁊ nac adef rin y lauar ~ 25
Marchwyeil dꝛyſſi amỽyar erni . a mỽyalch
ar y nyth ⁊ achelwydaỽc nytheu vyth .
Glaỽ allann gỽlychyt redyn gỽynn gro 28
moꝛ goꝛoꝛ ewynn ⁊ tec agannỽyỻ pỽyỻ y dyn .
Glaỽ allan y gan glydỽꝛ melyn eithin crin cuỽꝛ .
duỽ reen py bereiſt lyvỽꝛ . 31
Glaỽ allan gỽlychyt vyggỽaỻt . cỽynuanus
gwañ diffỽys aỻt ⁊ gỽelỽgan gỽeilgi heli haỻt .
Glaỽ allan gỽlychyt eigyaỽn . gochwiban 34
gỽynt yỽch blaen caỽn : gỽedỽ pob camp heb y
daỽ.

Goꝛwyn blaen onn . hirwynnyon vydant . 1
pandyuant ymblaen neint ⁊ bꝛongỽala hiraeth
Goꝛwyn blaen neint deweint hir kei- [y heint .
mygir pob kywreint ⁊ dyly bun pỽyth hun y heint .
Goꝛwyn blaen helic eilic pyſc ynỻynn gochwi-
ban gỽynt yỽch blaen gỽꝛyſc man ⁊ trech anyan noc
Goꝛwynblaen eithin achyfrin adoeth ac [adyſc
anoeth diſgethꝛin ⁊ namynduỽ nyt oes dewin . 8
Goꝛỽyn blaen meiỻyon digallon ỻyfỽꝛ ỻudedic
edigyon : gnaỽt ar eidil oualon ~
Goꝛwyn blaen kaỽn gỽythlaỽn eidic yſodit ac
digaỽn ⁊ gỽeithꝛet caỻ yỽ caru yn iaỽn . 12
Goꝛwyn blaen mynyded rac anhune[d] gayaf
crin caỽn trỽm crin kaỽn trỽm ⁊ rac neỽyn nytoes [wyld.]
Goꝛwyn blaen mynyded hydyꝛ oeruel gayaf crin
kaỽn crỽybyꝛ arued ⁊ whefris gỽaỻ yn aỻtuded .
Goꝛwyn blaen derỽ chwerỽ bꝛic onn . rac hwyeit
gỽeſgereit tonn ⁊ pybyꝛ pỽyỻ peỻ oual ymkallon.
Goꝛwyn blaen derỽ chwerỽ bꝛic onn chec euỽꝛ
chỽerthinat toñ ⁊ nychel grud kyſtud kallon . 20
Goꝛwyn blaen egroes . nyt moes caledi : katwet
baỽp y eiryoes ⁊ gỽaethaf anaf yỽ anuoes .
Goꝛwyn blaen banadyl . kynnadyl y ferchaỽc . goꝛ-
uelyn kangeu bacỽyaỽc : baſryt gnaỽt hyfryt ynhunaỽc
Goꝛỽyn blaẽ auaỻ amgaỻ pob dedwyd . wheueryd
yaraỻ : agỽedy karu gadu gỽaỻ . 26
Goꝛwyn blaen auaỻ amgaỻ pob dedwyd. hir
dyd meryd maỻ ⁊ crỽybyꝛ arwaỽꝛ carcharaỽꝛ daỻ .
Goꝛỽyn blaen coỻ . geir digoỻ bꝛc . diacle uyd
pob ffoỻ ⁊ gỽeithꝛet cadarn cadỽ aruoỻ . 30
Goꝛỽyn blaen coꝛſyd . gnaỽt meryd yndꝛỽm .
a ieuanc dyſgedyd ⁊ ny thyꝛr namỽyn ffol y ffyd .
Goꝛwynblaen eleſtyꝛ . bit veneſtyꝛ pob dꝛut ge-
ir teulu ynyſgỽn gnaỽt gan aghyỽir eir tỽnn . 34
Goꝛwyn blaen gruc . gnaỽt feithuc ar lỽfyꝛ hy-
dyꝛ vyd dỽfyꝛ ardal glan ⁊ gnaỽt gan gywir eir kyvan
Goꝛỽyn blaen bꝛỽyn kymỽyn biỽ . redegaỽc vyn
deigyꝛ hedibỽ ⁊ amgeled amgeled ãdyn nyt ydiỽ .
Goꝛỽyn blaen redyn melyn kadaỽarth ⁊ moꝛ vyd
diwath deiỻon : redegaỽc manaỽc meibon . 40
Goꝛỽyn blaẽ kyꝛaỽal gnaỽt goual arhen . agỽ-
enyn yn ynyal ⁊ namynduỽ nyt oes dial . 42
Goꝛwyn blaendar . didar dꝛychin ⁊ gỽenyn yn
uchel geu vel crin ⁊ gnaỽt gan rewyd ry chỽerthin.

Goꝛỽyn blaen kelli gogyhyt ygỽyd adeil deri dygỽydyt : awyl agar gỽynn yuyt ~
Goꝛwyn blaen derỽ : oeruerỽ dỽfyꝛ. kyꝛchit biỽ blaen betuerỽ : gỽnelit aeth saeth ysyberỽ ~
Goꝛwyn blaen kelyn kalet acereill euragoꝛet : pan gysco paỽb ar gylchet : ny chỽsc duỽ pan
Goꝛwyn blaen helic hydyꝛ elwic : ryd garet ~ goꝛwyd. hirdyd deilyedic : agaro ygilyd nysdira
Goꝛwyn blaen bꝛỽyn bꝛigaỽc vyd pan danner dan obennyd : medỽl serchaỽc syberỽ vyd ~
Gorwyn blaen yspydat. hydyꝛhwylyat goꝛwyd ~ gnaỽt serchaỽc erlynnyat : gỽnelit da diwyt gēnat ~
Goꝛỽyn blaen berỽꝛ bydinaỽꝛ gorwyd kein gyfreu koet ylaỽꝛ clerdyt bꝛyt ỽꝛth agaraỽꝛ ~
Gorwyn blaen perth hywerth goꝛwyd ysda pỽyll gyt anerth : gỽnelyt agheluydyt annerth ~
Goꝛwyn blaen perthi. keingyfreu adar. hir dyd daỽn goleu : trugar daffar duỽ goꝛeu ~
Goꝛwyn blaen erwein. ac elein ynllỽyn. gỽychyꝛ gỽynt gỽyd migyein : eiryaỽl ny garaỽl
Goꝛwyn blaen ysgaỽ. hydyꝛ : ny gyghein ~ anaỽ unic. gnaỽt y dꝛeissic dꝛeissyaỽ gỽae adỽc daffar o laỽ ~~~

Goꝛeiste ar vrynn aeruyn uymbꝛyt : a heuyt nym kychỽyn : byꝛr vynteith diffeith vyntydyn. Llem awel llỽm benedyꝛ byỽ : pan oꝛwisc coet teglyỽ haf : teryd glaf ỽyf hediỽ ~ Nyt ỽyf anhyet : milet nychatwaf nyallaf darymret : tra vo da gan goc canet ~
Coc lauar agan gan dyd : kyfreu eichyaỽc yndolyd : cuaỽc gỽell coꝛraỽc no chebyd ~
Ynaber cuaỽc yt ganant gogeu. argangheu blodeuaỽc : coc lauar canet yꝛaỽc ~
Ynaber cuaỽc yt ganant gogeu. argangheu blodeuaỽc : gỽae glaf ae clyỽ ynvodaỽc ~
Ynaber cuaỽc cogeu aganant : ysatuant gan vymbꝛyt : ae kigleu nasclyỽ heuyt ~
Neus edeweis i goc areidoꝛỽc bꝛenn : neurlaessỽys vygkylchỽy. etlit agereis agereis neutmỽy ~
Yny vann odyỽch llonn dar. ydedeweis i leis adar : coc uann cof gan baỽp agar ~
Kethlyd kathyl uodaỽc hiraethaỽc yllef teith odef. tuth hebaỽc : coc vꝛeuer ynaber cuaỽc ~
Goꝛdyar adar gỽlyl neint : llewychyt lloer oer deweint : crei vymbꝛyt rac gofit heint ~
Gỽynn gỽarthaf neint deweint : hir keinmygir pobkywreint. dylyỽn pỽyth hun y heneint ~
Goꝛdyar adar gỽlyb gro. deil cỽydit divꝛyt divꝛo ~ ny wadaf ỽyf claf heno ~
Goꝛdyar adar gỽlyb traeth. eglur nỽyvꝛe ehalaeth tonn : gỽiỽ callon rac hiraeth ~
Goꝛdyar adar gỽlyb traeth eglur tonn tuth ehalaeth : agret ymabolaeth carỽn bei kaffỽn etwaeth ~
Goꝛdyar adar aredꝛyỽy ard. bannllef cỽn yndiffeith. Goꝛdyar adar eilweith ~
Kynnteuin kein pob amat pan vꝛyssyant ketwyꝛ y gat : mi nyaf anaf nymgat ~
Kynteuin kein ar ystre : pan vꝛys ketwyꝛ y gatle : mi nyt af anaf amde ~
Llwyt gỽarthaf mynyd bꝛeu blaen onn : oebyr dy hepkyꝛ tonn : peuyꝛ pell chỽerthin omkallon ~
Assymy hediỽ penn y mis. yny westua yd edeỽis : crei vymbꝛyt cryt amdewis ~
Amlỽc golỽc gỽylyadur : gỽnelit syberỽyt segur : crei vymbꝛyt. cleuyt am cur ~
Alaf yneil meil amved. nyt eidun detwyd dyhed : amaerỽy atnabot amyned ~
Alaf yneilmeil am lat : llithꝛedaỽꝛ llyꝛyllonn caỽat : a dỽfyn ryt berỽyt bꝛyt bꝛat ~
Berỽit bꝛat anuat ober. bydant dolur pan burer : gỽerthu bychot yꝛ llawer ~
Pꝛe atoꝛ pꝛeennwir pan uarno douyd dyd hir : tywyll vyd geu : goleu gỽir ~
Rerẏgyl yndirchiuat kyꝛchyuyat kewic : llawen gỽyꝛ odyỽch llat : crin calaf alaf yndeilyat ~
Kigleu don dꝛom y tholo : vann yrỽng gran agro : krei vymbꝛyt rac lletvꝛyt heno ~
Osglaỽc blaen derỽ. chỽerỽ chweith onn : chỽec evwr chwerthinat tonn : nychel grud kystud callon ~
Ymỽng ucheneit : adyuet arnaf ynol vyggoꝛdyfneit : ny at duỽ da ydiryeit. ~
Daydirieit nyatter : namyn tristit aphꝛyder : nyt atwna duỽ ar awnel.
Oed mackỽy mabklaf : oed goein gyuran yn llys vꝛenhin : poet gỽyl duỽ ỽꝛth y dewin ~
Oꝛ awneler ynderwd ystiryeit yꝛ ae derlly : cas dyn yman yỽ cas duỽ vꝛy ~

Kynnbum kein vaglaỽc bum. kyffes eiryaỽc
keinmygyꝛ ny eres : gỽyꝛ argoet eiryoet am
poꝛthes. Kynn bum kein uaglaỽc bum hy : am
kynnỽyffit ygkyuyꝛdy : powys paradwys gymry.
Kynn bum kein vaglaỽc bum eiryan : oed 6
kymwaeỽ vympar : oed kynnỽyf keuyngr-
ỽm. ỽyf trỽm ỽyf truan ~
Baglan bꝛenn neut kynhayaf : rud redyn
melyn kalaf : neurdigereis agaraf ⌄ 10
Baglan bꝛenn neut gayaf hynn : ytuyd
Ỻauar gỽyꝛ ar lynn : neut diannerch vyerchỽy ⌄
Baglan bꝛeñ neut gỽannỽyn. rud cogeu 13
goleu ewyn : wyf di garyat gan uoꝛỽyn ~
Baglan bꝛeñ neut kynteuin. neut rud rych
neut crych egin : etryt ym edꝛych yth yluin ⌄
Baglan bꝛeñ ganghen uodaỽc. kynhellych 17
hen hiraethaỽc : Ỻywarch Ỻeueryd uodaỽc ~
Baglan bꝛeñ ganghen galet. am kynnỽyffy
duỽ diffret : elwir pꝛenn kywir kynniret ⌄
Baglan bꝛenn byd yſtyweỻ : am kynhelych
auo gỽeỻ : neut wyf lywarch lawer peỻ. 22
Ymae heneint ynkymwed ami om gỽaỻt
ymdeint : arcloyn agerynt yꝛ ieueinc ⌄
Y mae heneint ynkymwed ami .omgỽaỻt
ymdanned : ar cloyn agerynt y gỽꝛaged ⌄ 26
Dyꝛ gỽenn gỽynt gỽynn gne. godꝛe gỽyd deỽꝛ
hyd diwlyd bꝛe : eidyl hen hỽyꝛ y dyꝛe ⌄ ~ ~
Ydeilen honn neus kenniret gỽynt : gỽae hi
oe thynghet : hi hen eleni y ganet ⌄ 30
a gereis.i. yꝛ yn was yſſy gas gennyf : merch
eſtraỽn amarch glas : neut nat mi eukyuadas ⌄
Ympedwar pꝛifgas eirmoet : yngyueruydynt
yn vnoet : pas aheneint heint ahoet ⌄ 34
Wyf hen ỽyf unic ỽyf annelwic oer gwedy
gỽely keinmic : ỽyf truan ỽyf tri dyblic ~
Wyf tridyblic hen wyf annỽadal dꝛut : ỽyf ehut
ỽyf annwar : yſaỽl am karaỽd myn kar ⌄ 38
Nymkar rianed nymkenniret neb : nyaỻaf
darymret : wi a agheu namdygret ⌄
Nymdygret nahun nahoen gỽedy Ỻeas Ỻaỽꝛ a-
gwen : wyf annwar abar ỽyf hen ⌄ 42
Tꝛuan adynghet adynghỽyt ylwyarch. yꝛ y nos
y ganet. hir gnif heb eſcoꝛ Ỻudet ⌄

Nawiſc wedy kỽyn : na vit vꝛỽyn dy vꝛyt. Ỻem aw-
el achwerỽ gỽenỽyn : amgyhud vy mam mab yt ỽyf ⌄
Neut atwen ar vy awen yn hanuot : cun achen :
tri gỽyd oꝛic elwic awen ⌄ 4
Ỻym vympar Ỻachar ygryt armaaf ywylyaỽ :
ryt kynnyt anghyf duỽ gennyt ⌄
Odiegyd athwelwyf : oth ryledir ath gỽynnỽyf :
na choỻ wyneb gỽyꝛ argnif ⌄ 8
Ny choỻaf dy wyneb trin woſep ỽꝛ panwiſc gleỽ
yꝛ yſtre : poꝛthaf gnif kynn mudif Ỻe ⌄
Redegaỽc tonn arhyt traeth. echadaf toꝛrit
aruaeth : kat ac ado gnaỽt ffo arffraeth ⌄
Yſſit ym alauarỽyf. bꝛiaỽ pelydyꝛ parth y 13
bỽyf : ny lauaraf naffowyf ⌄
Medal migned kalet riỽ ⌄ rac carn cann tal glañ
avriỽ : edewit nywnelher nydiỽ ⌄
Gỽaſgaraỽt neint am glaỽd caer. a minneu
armaaf yſgỽyt bꝛyt bꝛiỽ kynn techaf ⌄ 18
Ycoꝛn athrodes di vꝛyen : ae arweſt eur amy
en : chỽyth yndaỽ oth daỽ aghen ⌄
Yꝛergryt aghen rac aghywyꝛ Ỻoegyꝛ nylygraf
vym maỽꝛed : ny duhunaf rianed ⌄ 22
Tꝛavum.i. yn oet y gỽas dꝛaỽ. a wiſc oeur y
ottew : bydei re y ruthꝛỽn y waeỽ ~
Diheu diweir dywaes. ti yn vyỽ ath dyſt ry las ⌄
ny bu eidyl henynwas ~ 26
Gỽen ỽꝛth lawen ydwelas neithwyꝛ athuc ny
techas : oer adraỽd arglaỽd goꝛlas ⌄
Gỽen ỽꝛth laỽen ydwylwys neithỽyꝛ. aryſgỽyt
ar y yſgỽyd : a chan bu mab ymi bu hywyd ~
Gỽen ỽꝛth laỽen ydwyliis neithwyꝛ ar yſgỽyt 31
ar yguis : kan bu mab ymi nydiegis ⌄
Gỽen gỽgyd gochaỽd vy mryt. dyleas yſ maỽꝛ
caſnar : nyt car ath ladaỽꝛ ⌄
Gỽen voꝛdwyt tyỻ uras. awylyas neithwyꝛ ⌄ 35
ygoꝛoꝛ ryt uoꝛlas : a chan bu mab ymi ny thechas ⌄
Gỽen gỽydỽn dy eiſſillut. ruth eryꝛ ynebyꝛ oedut :
betỽn dedwyd dianghut ~
Tonn tyꝛuit toit eruit. pan aut kyvꝛein ygovit.
gỽen gỽae ryhen oth etlit ~ 40
Tonn tyꝛuit toit aches. pan aut kyfvrin ygnes
gỽen gỽae : ryhen ryth goỻes ~
Oed gỽꝛ vy mab oedifgỽen haỽl. acoed nei y vꝛyen ⌄
ar ryt voꝛlas y Ỻas gỽen ~ 44

Pꝛennyal dywal gal ysg6n ꝛ goꝛuc arloegyꝛ llu 1
kyndꝛ6yn ꝛ bed g6en uab llywarch hen y6 h6nn ⌄
Pedwarmeib arhugeint ambu eurdoꝛcha6c tyw-
yssa6c llu ꝛ oed g6en goꝛeu onadu ⌄ 4
Pedwarmeib arhugeint ambwyat . eurdoꝛcha6c
tywyssa6c cat ꝛ oed g6en goꝛeu mab oedat ⌄
Pedwarmeib arhugeint amb6yn . eurdoꝛcha6c 7
tywyssa6c vnbynn : y6ꝛth wen g6eissyonein oedyn ⌄
Pedwarmeib arhugeint ygkenuein lywarch . owyꝛ
gle6 gal6ytheint ꝛ t6ll eudyuot clot trameint ⌄
Pedwarmeib arhugeint a neithyeint vygkna6t 11
lledesseint da dyuot vygcot coll edeint .
Pan las pyll oed teuyll bꝛi6 . ag6aet ar wallt hyll ꝛ
ac amd6ylann ffra6 ffrowyll ⌄ 14
Dichonat ystauell oesgyll ysg6yda6ꝛ travydat yn
feuyll ꝛ a vꝛiwat ar aghat byll ⌄
Dyn dewis ar vy meibon . pan gyꝛchei ba6p yalon ⌄
pyll wynn p6yll tan tr6y lunon ⌄ 18
Mat dodes y uoꝛdwyt dꝛos obell yoꝛwyd o wug ac-
obell ꝛ pyll p6yll tan tr6y fawel ~
Oed llary lla6 aergre oed aela6 eiluyd oed dinas
ar ystre ꝛ pyll vyn doet perchyll eude ⌄ 22
Pansauei yndꝛ6s pebyll yar oꝛwyd erewyll . ar
delwei o wr wreic pyll ⌄
Bꝛiwyt rac pyll pennglog ffer . ys odit llywyꝛ yt-
lecher ꝛ ynda6 eidil heb dim digoner . 26
Pyll wynn pell cunic yglot . hand6yf n6yf yꝛot
othdyuot ꝛ yn vab athara6 atnabot ⌄
Goꝛeu tridyn y dan nef ꝛ a werchetwis y hadef ⌄
pyll a selyf a sandef ⌄ 30
Ysg6yt arodeis y byll . kynnoe gyscu neu bu doll ꝛ
dimia6 y hada6 arwall ~
Kyt delei gymry ac elyflu o loeger . a llawer o
bell tu ꝛ dangossei byll b6yll udu ⌄ 34
Naphwyll na mada6c ny bydynt hirhoedla6c
oꝛdewa6t agetwynt ꝛ rodyn narodyn kygreir vyt
Llyma yma bed diuei tringar : yveird -nyferchynt ⌄
ys ei yglot ꝛ lle nyt elei byll pei pellach parei ⌄
Maen amada6c amedel dewrwyꝛ di yssic vꝛoderꝛ
selyf heilin lla6ꝛ lliwer ⌄ 40
Oed g6ell yny ri6 velen . bed sawyl yn llan gollen
g6ercheid6 llamyꝛ b6ch lloꝛyen ~
Bed rud neufcud tywarch nyseiryd g6eryt am
march ꝛ bed llygedwy uab llywarch ~ 44

Pell odyman aber lly6 ꝛ pellach and6y gyfedli6 ꝛ
talan teleisty deigyꝛ hedi6 ~
Eryueis i win oga6c . ef aracwan rac reinya6c ꝛ
esgyll g6a6ꝛ oed waewa6ꝛ d6c . ~ 4
Ediuar gennyf pan ymercheis . nat gantu y
diewis ꝛ kynnydyuei hael hoedel mis ⌄
Atwen leueryd kyni . pandisgynnei ygkyfyꝛdy ꝛ
penn g6ꝛ pan g6in adyly ⌄ 8

Dymkywarwydyat unhwch dywal baran ygkyo-
l6ch ꝛ g6ell yd lad nogyt ydol6ch ⌄
Dymkyuarwydyat vn h6ch dywal ꝛ dywedit
yndꝛ6s llech . duna6t uab pabo ny tech ⌄ 13
Dymkyfuarwydyat vnh6ch dywal chwer6 bl6ng
chwerthin moꝛ ryuel doꝛvlodyat . vꝛyen reget
greidya6l gauel eryꝛ gal vnh6ch glew hael ꝛ
ryuel godic budic uael . vꝛyen greidya6l . gauael
eryꝛ gal vnh6ch ꝛ berchen ena6ꝛ: kell llyꝛ kein
ebyꝛ g6yꝛ gla6ꝛ ~ 19
Penn aboꝛthaf auntu ꝛ bu kyꝛch ynat r6ng
deulu ꝛ mab kynuarch balch bieiuu ⌄
Penn aboꝛthaf arvyntu ꝛ penn uryen llary llyw-
ei llu . ac ar y vꝛonn wennvꝛan du ⌄ 23
Penn aboꝛthaf my6n vygcrys : penn vryen
llary llywyei llys . ac ar y vꝛonn wenvꝛein aehys ⌄
Penn aboꝛthaf ymvedeir . yꝛ yꝛechwyd oed uu-
geil ꝛ teyꝛnvꝛon treulyat gennweir ⌄ 27
Penn aboꝛthaf tu moꝛdwyt . oed ysg6yt ar y
wlat : oed olwyn ygkat ꝛ oed cledyf cat kywlat r6yt ⌄
Penn aboꝛthaf ar vygkled . g6ell y vy6 nogyt
yued . oed dinas y henwred ⌄ 31
Penn aboꝛthaf ogodir . pena6c pellynnya6c y-
luyd ꝛ vꝛyen geirya6c glotryd ⌄
Penn aboꝛthaf ar vy ysg6yd . nymaruollei war-
atwyd ꝛ g6ae vylla6 llad vyargl6yd ⌄ 35
Penn aboꝛthaf ar vymbꝛeich . neus goꝛuc o
dir bꝛyneich ꝛ g6edy g6a6ꝛ geloꝛa6ꝛ veirch ⌄
Penn aboꝛthaf ynaghat vy lla6 . llaryud llyw-
yei wlat ꝛ penn post pꝛydein ryallat ⌄ 39
Penn a boꝛthaf am poꝛthes ꝛ neut atwen nat
yꝛ vy lles ꝛ g6ae vylla6 llym digones ⌄
Penn aboꝛthaf odu ri6 . ac yeneu ewynri6 g6aet
g6ae reget o hedi ⌄ Ny thyꝛ vis vymbꝛeich 43
rygardwys vyeis . vygcallon neurdoꝛres penn

aboꝛthaf ampoꝛthes ˛
Ygelein veinwen aoloir hediỽ ꝛ adan bꝛid amein˛
gỽae vy ỻaỽ ỻad tat owein ˛
Ygelein ueinwen aoloir hediỽ. ymplith pꝛid aderỽ˛
gỽae vy ỻaỽ ỻad vygkeuynderỽ ˛
Ygelein ueinwenn aoloir heno. adan vein aedeỽ-
it ꝛ gỽae vy ỻaỽ ỻam rym tynghit ˛
Ygelein veinwen aoloir heno ymplith pꝛid a
thyweirch ꝛ gỽae vy ỻaỽ ỻad mab kynuarch ˛
Ygelein ueinwenn aoloir hediỽ. dan weryt ac
arwyd ꝛ gỽae vyỻaw ỻad vy arglỽyd ˛
Ygelein ueinwen aoloir hediỽ adan bꝛid athywaỽt
gwae vy ỻaỽ ỻam rym daeraỽt ˛
Ygelein veinwenn aoloir hediỽ. adan bꝛid a dy-
nat ꝛ gỽae vy ỻaỽ ỻam rym gaỻat ˛
Ygelein veinwen aoloir hediỽ adan bꝛid a
mein glas ꝛ gỽae vyỻaỽ ỻamrym gaỻas ˛
Anoeth byd bꝛaỽt bỽyn kynnuỻ amgyꝛn bue-
lyn ꝛ am dꝛuỻ rebyd uilet reget duỻ ꝛ
Anoeth byd bꝛaỽt bỽyn kynnwys amgyꝛn bue-
lyn amwys ꝛ rebyd uilet regethwis ˛
Handit euyꝛdyl aflawen henoeth. aỻuoſſyd
amgen ꝛ yn aber ỻeu ỻad uryen ˛
Yſtriſt eurdyl oꝛ dꝛaỻot heno. ac oꝛ ỻam am
daeraỽt ꝛ yn aber ỻeu ỻad eubꝛaỽt ˛
Duỽ gỽener gỽeleis y diuyd maỽꝛ. aruydinaỽꝛ
bedit ꝛ heit heb uodꝛydaf hubyd. ˛
Neum rodes i run ryuedliaỽꝛ cant heit achant
yſgỽydaỽꝛ ꝛ ac vn heit oed weỻ peỻ maỽꝛ ˛
Neum rodes i run rỽyf yolyd cantref ꝛ achant
eidyonyd : ac vn oed weỻ nogyd ˛
Ymmyỽ run reaỽdyꝛ dyhed. dyꝛein enwir eu
byded ꝛ heyꝛn ar veirch enwired ˛
Moꝛ vi gogỽn vy anaf. arglyỽ pob un ymhop
haf ꝛ ny wyꝛ neb nebaỽt arnaf ˛
Pỽyỻei dunaỽt marchaỽc gỽein. erechwyd
gỽneuthur kelein ꝛ yn erbyn cryſſed owein ˛
Pỽyỻei dunaỽt vd pꝛeſſen. erechwyd gỽneuthuꝛ
catwen ꝛ ynerbyn kyfryſſed paſgen ˛
Pỽyỻei waỻaỽc marchaỽc trin. erechwyd gỽ-
neuthur dynin ꝛ ynerbyn kyfryſſed elphin ˛
Pwyỻei vꝛan uab ymeỻyꝛn ꝛ vyndihol. i. ỻoſgi
vy ffyꝛn ꝛ bleid a uugei ỽꝛth ebyꝛn ˛
Pỽyỻei uoꝛgant ef aewyꝛ. vyndihol ỻoſgi vyn
tymyꝛ ꝛ ỻyc agrauei ỽꝛth glegyꝛ ˛
Pỽyỻeis i panlas elgno ꝛ ffrowyỻei lauyn
areidyo ꝛ pyỻ aphebyỻ oe vꝛo ˛
Eilweith gỽeleiſ gỽedy gỽeithyeu aỽꝛ yſgỽ-
yt aryſgỽyd ꝛ vꝛyen bueil yno elgno hen ˛
Ar erechwyd ethyỽ gỽaỻt ovꝛaỽ marchaỽc
yſgỽeiỻ ꝛ auyd uyth uryen araỻ ˛
Ys moel vy arglỽyd ys euras gỽꝛth. nyſ car
ketwyꝛ y gas ꝛ ỻiaỽs gỽledic rydꝛeulyas ˛
Angerd uryen ys agro gennyf. kyꝛchynat
ympob bꝛo :ynwiſc louan laỽ difro ˛
Taỽel awel tu hirglyỽ. odit auo molediỽ.
mam vryen ken ny diỽ ˛
Llawer ki geilic ahebaỽc wyꝛennic alithiwyt
ary ỻaỽꝛ ꝛ kynn bu erỻeon ỻawedꝛaỽꝛ ˛
Yꝛaelwyt honn aegoglyt gaỽꝛ. mỽy goꝛdyſ-
naſſei ary ỻaỽꝛ. med ameduon eiriaỽl ˛
Yꝛaelwyt honn neus kud dynat. tra vu
vyw y gỽercheitwat ˛
Yꝛaelwyt honn neuſcud gleſſin ꝛ ym myỽ
owein acelphin ꝛ berwaſſei y pheir bꝛeiddin ˛
Yꝛaelwyt honn neuſcud kaỻaỽdyꝛ ỻỽyt.
mỽy goꝛdyfnaſſei am ybỽyt : cledyfual dyual di-
Yꝛaelwyt honn neuſcud kein vieri co [arſwyt˛
et ꝛ kynneuaỽc oed idi ꝛ goꝛdyfnaſſei reget rodi
Yꝛaelwyt honn neuscud dꝛein ꝛ mwy goꝛdyf-
naſſei ychyngrein ꝛ kymỽynas kyweithas owein.
Yꝛaelwyt hoñ neuſcud myꝛ ꝛ mỽy goꝛdyfnaſ-
ſei babir ꝛ gloew achyuedeu kywir ˛
Yꝛaelwyt honn neus cud tauaỽl. mỽy y
goꝛdyfnaſſei aryỻaỽꝛ ꝛ med amedỽon eiryaỽl ˛
Yꝛaelwyt honn neus cladhỽch. mỽy goꝛdyfnaſ-
ſei elwch ꝛ gỽyꝛ ac amgyꝛn kyuedỽch ˛
Yꝛaelwyt honn neuſclad kywen. nys eidiga-
uei anghen ꝛ ym myỽ owein ac vꝛyen ˛
Yꝛyſtỽffỽl hỽnn arhỽnn dꝛaỽ ꝛ mỽy goꝛdyf-
naſſei amdanaỽ ꝛ elỽch ỻu aỻỽybyꝛ arnaỽ ˛

Maenwynn tra vum yth oet ꝛ ny ſethꝛit vy
ỻenn. i. athꝛaet ꝛ nyt erdit vyntir. i. hebwaet˛
Maenwynn travum ytherbyn ꝛ am ieuenctit
ymdilyn. ny thoꝛrei geſſeil vynteruyn ˛
Maenwyn tra vum ytherlit. yndilyn vy
ieuenctit ꝛ nycharei geſſeil vyggỽythlit ˛

Maenwynn tra uum.i . eſras . oedỽli dywal ga-
lanas ⁊ gỽnaỽn weithꝛet gỽꝛ kyt bydỽngỽas.
Maenwynn medyꝛ di yngaỻ ⁊anghen kyſſueil
ar waỻ ⁊ keiſſyet uaelgỽn uaer araỻ. ~ 4
Vyndewis y gyfran aegaen arnaỽ ⁊ ym ỻym
megys dꝛaen ⁊ nyt ouer gniſ ẏmhogi maen.
Anrec rym gallat odyfryn :mewyꝛnyaỽn yg
ygkud yghelỽꝛn⁊haearn ⁊ỻym ỻas o dỽꝛn. 8
Boet bendigeit yꝛaghyſbeỻ wrach . adywaỽt
odꝛỽs ycheỻ ⁊ maenwynn nac adaỽ dygyỻeỻ...
11

Panet anet gereint oed agoꝛet pyꝛth nef ⁊
rodei griſt aarchet ⁊ pꝛyt mirein p̓dein ogonet.
Molet paỽb y rud ereint . arglỽyd molaſ inneu
ereint. Rac gereint glynn dihat . gỽeleis y 15
veirch kymrud ogat ⁊ agỽedy gaỽꝛ garỽ bỽyllat.
Rac gereint gelein gelyn kythꝛud . gỽeleis
y veirch dan gymryd agỽedy gaỽꝛ garỽ ach-
lud. Yn ỻongboꝛth gỽeleis drydar. ac eloꝛaỽꝛ yg-
gỽyar. agỽyꝛ rud rac ruthur eſgar. 20
Yn ỻongboꝛth gỽeleis i wytheint. ac eloꝛaỽꝛ
mỽy no meint ⁊ agỽyꝛ rud rac ruthur gereint.
Yn ỻongboꝛth gweleis .i. waetſreu . ac eloꝛaỽꝛ
rac arueu ⁊ agỽyꝛ rud rac ruthur agheu. 24
Yn ỻongboꝛth gỽeleis .i.ottew . gỽyꝛ ny gyllynt
rac oſyn gỽaeỽ ⁊ ac yuet gỽin owydyꝛ gloew.
Yn ỻongboꝛth gỽeleis i vygedoꝛth . agỽyꝛ yn
gode amhoꝛth ⁊ agoꝛuot gỽedy goꝛboꝛth. 28
Yn ỻongboꝛth gỽeleis gymynat ⁊ pothit g
gniſ bob kyniuiat.
Yn ỻongboꝛth gỽeleis dꝛablud . eruein bꝛein
argolud ⁊ ac argrann kynran manꝛud. 32
Yn ỻongboꝛth gỽeleis i vꝛithꝛet . gỽyꝛ yggryt
agỽaet amdꝛaet . avo gỽyꝛ yereint bꝛyſſyet.
Yn ỻongboꝛth gỽeleis vrỽydꝛin . gỽyꝛ yggryt
agỽaet hyt deulin : rac ruthur maỽꝛ mab erbin.
Yn ỻongboꝛth yllas gereint . gỽꝛ deỽꝛ o godir
dyſneint ⁊ wyntwy yn ỻad gyt aſledeint. 38
Yn ỻongboꝛth ỻas yarthur . gỽyꝛ deỽꝛ kẏmy-
nynt odur ⁊ amheraỽdyꝛ ỻywyaỽdyꝛ ỻauur.
Oed re redeint dan uoꝛdỽyt gerereint. gar hir-
yon graỽn hyd⁊ ruthur godeith ardiffeith vynyd.
Oed re redeint dan uoꝛdwyt gerdeint .garhiryon
graỽn odeỽ ⁊ rudyon ruthur eryꝛon gleỽ. 44

Oed re redeint dan uoꝛdwyt gereint . garhiryon
graỽn wehin ⁊ rudyon ruthur eryꝛon gỽynn. 2
Oed reredeint dan uoꝛdwyt gereint . garhiryon
graỽn wenith ⁊ rudyon ruthur eryꝛon bꝛith.
Oed re redeint dan uoꝛdwyt gereint . garhiry-
on graỽn adaſ:rudyon ruthur eryron glas. 6
Oed re redeint dan uoꝛdwyt gereint . garhiry-
on graỽn uoloch ⁊ rudyon ruthur eryꝛon coch.
Oed re redeint dan uoꝛdwyt gereint . garhir-
yon graỽn eubỽyt ⁊ rudyon ruthur eryꝛon ỻỽyt.
Oed re redeint dan uoꝛdwyt gereint . garhiry-
on graỽn uagu ⁊ rudyon ruthureryꝛon du. 12
Oed re redeint dan uoꝛdwyt gereint . garhir-
yon graỽn anchwant ⁊ blaỽꝛ blaen eu raỽn yn
aryant ~ ~

Katwallaỽn kynnoedyuot . ae goꝛuc andigo-
not. pedeir pꝛiſgat ar dec am bꝛiſdec bꝛydein.
a thꝛugein kyuaruot. 18
Ỻueſt catwallaỽn ar geint . ỻoegyꝛ ardꝛes ar-
mes etneint ⁊ ỻaỽ diỻỽng eỻỽng oed vꝛeint.
Ỻueſt gatwallaỽn ar ydon . auar anwar yỽ
alon : ỻeỽ ỻuydaỽc ar ſaeſſon. 22
Ỻueſt gatwallaỽn glotryd . yggỽarthaf digoỻ
uynyd ⁊ ſeithmis aſeith gat beunyd.
Ỻueſt gatwallaỽn ar haſren . acoꝛ tu dꝛaỽ ydygen.
abreieit ynỻoſgi meigen. 26
Ỻueſt gatwallaỽn arwy . maranned wedy moꝛ-
dỽy ⁊ adiliuat kat kylchỽy.
Ỻueſt gatwallaỽn ar ffynnaỽn uetwyꝛ . rac 29
milwyꝛ magei daỽn ⁊ dangoſſei gynon yno haeru daỽn.
Ỻueſt gatwallaỽn ardaſ ys ỻuoſſaỽc y gỽelaſ.
kywrennin veiſc naſ.
Ỻueſt gatwallaỽn ardawy . ỻeidyat adaſ yn
adỽy . clotryd keiſſydyd keſtỽy. 34
Ỻueſt gatwallaỽn tra chaer . kaeu bydin a
channwr taer ⁊ kan kat a thoꝛri can kaer.
Ỻueſt gatwallaỽn ar gowyn . ỻaỽ ỻudedic
arawyn ⁊ gỽyꝛ ỻoegyꝛ ỻuoſſaỽc eukỽyn. 39
Ỻueſt gatwallaỽn heno ⁊ trathir yn tymyꝛ
penn vꝛo . ani naỽd uaỽꝛ anhaỽd yſſo.
Ỻueſt gatwallaỽn ardeiui . kymyſgei waet
aheli ⁊ angerd gỽyned gỽy ny gei. 42
Ỻueſt gatwallaỽn ardusyꝛd auon ⁊ gỽnaeth
eryron ynỻaỽn ⁊ gỽedy trin dyuineu daỽn.

ℒueſt gatwalla6n vymbza6t . ygg6ertheuin 1
bzo duna6t ⁊ yuar annwar yn ffoſſa6t .
ℒueſt gatwalla6n arueirin . ℓle6 ℓluoſſa6c y
werin ⁊ t6z6f ma6z trachas yozdin. 4
O gyſſul eſtra6n ac anghyfya6n ueneich di-
ℓlyd d6fyz offynna6n ⁊ trutr6mdyd amgat6aℓℓ-
G6iſg6ys coet keindudet haf . dy bzyſ ⁊a6n .
ſit g6yth 6zth dyghet . kyueruydom nyam eluet .
SEf6ch allann vozynnyon afyℓℓ6ch werydze
gyndylan ⁊ ℓlys benn g6ern neut tande ⁊
g6ae ieueinc aeidun bzotre ~ 11
vnpzenn agouit arna6 odieinc ys odit ⁊
ac auynno du6 derffit .
Kynndylan callon iaen gaeaf ⁊ awant 14
t6zch tr6y y benn : cu arodeiſt yzc6z6f trenn.
Kynndylan callon godeith wannwyn . ogyfl6-
yn amgyuyeith . yn am6yn tren tref diffeith .
Kyndylan befyzboſt kywlat . kad6yna6c kil-
dynnya6c cat . amucſei tren tref y dat . 19
Kyndylan beuyzb6yℓℓ ovzi . kad6yna6c kynn-
dynnya6c ℓlu ⁊ amucſei tren hyt travu.
Kyndylan callon milgi pan diſgynnei ygkym-
elri cat ⁊ calaned aladei . 23
Kynndylan callon heba6c . buteir ennwir
gynndeirya6c . keneu kyndz6yn kyndynya6c.
Kyndylan callon g6ythhwch . pan diſgynnei
ympziff6ch cat . kalaned yndeudz6ch . 27
Kyndylan gulh6ch gynnifiat ℓle6 . blei dilin
diſgynnyat ⁊ nyt atuer t6zch tref ydat .
Kyndylan hyt tra attat ydadei . ygallon moz
wylat ⁊ ganta6 mal y g6z6f y gat ~ 31
Kyndylan powys bozffoz wych yt ⁊ keℓℓ eſbyt
bywyt ioz ⁊ keneu kyndz6yn k6ynitoz . ~
Kyndylan wynn uab kyndz6yn ⁊ ny mat wiſc
baraf am y dz6yn ⁊ g6z ny bo g6eℓℓ no mozwyn.
Kyndylan kym6yat 6yt : ar meith yd nabydy
l6yt ⁊ am dzeb6ℓℓ t6ℓℓ dy yſg6yt . ~ 37
Kynndylan kaedi yri6 . yny da6 ℓloegyzwys
hediw ⁊ amgeled am vn nydi6 . ~
Kyndylan kae di ynenn . yny da6 ℓloegyzwys
dz6y dzen ⁊ ny elwir coet ovn pzenn ~ 41
Gan vygcallon .i. moz dzu . kyffyℓltu yſtyℓlot
du ⁊ g6ynngna6t kyndylan kyngran canℓlu .
Staueℓℓ gyndylan yſtywyℓℓ heno heb dan heb

wely ⁊ wylaf wers . tawaf wedy . 1
Staueℓℓ gyndylan yſtywyℓℓ heno . heb dan heb
gannwyℓℓ ⁊ namyndu6 p6y amdyzy p6yℓℓ .
Staueℓℓ gyndylan yſtywyℓℓ heno . heb dan heb
oleuat ⁊ elit amda6 amdanat . 5
Staueℓℓ gyndylan yſtywyℓℓ y nenn . g6edy g6en
gyweithyd ⁊ g6ae ny wna da aedyuyd .
Staueℓℓ gyndylan neut athwyt hebwed . mae
ymbed dyyſc6yt ⁊ hyt trauu nybu doℓℓ gl6yt .
Staueℓℓ gyndylan ysdigaryat heno . g6edyyz
neb pieuat : owi a angheu byzr ymgat . 11
Staueℓℓ gyndylan nyt eſm6yth heno . arben̄
carrec hytwyth ⁊ heb ner . heb niuer . heb am6yth.
Staueℓℓ gyndylan yſtywyℓℓ heno . hebdan heb
gerdeu ⁊ dygyſtud deurud dagreu ~ 15
Staueℓℓ gyndylan yſtywyℓℓ heno . heb deulu ⁊
hidyl men yt gynnu .
Staueℓℓ gyndylan amg6an y g6elet . heb doet
heb dan ⁊ mar6 vygly6 . bu6 muhunan .
Staueℓℓ gyndylan yſpeithwac heno . g6edy 20
ketwyz uoda6c ⁊ eluan kyndylan kaea6c .
Staueℓℓ gyndylan yfoergrei heno . g6edy yparch
ambuei : heb wyz heb wraged aekatwei .
Staueℓℓ gyndylan ys araf heno . g6edy coℓli y
hynaf ⁊ y ma6z dzuga6c du6 pawnaf . 25
Staueℓℓ gyndylan yſtywyℓℓ ynenn . g6edy dyua
oloegyzwys ⁊ kyndylan ac eluan powys ~
Staueℓℓ gyndylan yſtywyℓℓ heno . oblant kyn-
dz6yn ⁊ kynon ag6ia6n ag6yn ⁊ 29
Staueℓℓ gyndylan am erwan . pob awr g6edy
ma6z ymgynyzdan ⁊ aweleis ar dyben̄tan .
Eryz eli ban ylef ℓlewſſei g6yz ℓlynn ⁊ creu
callon kyndylan wynn .
Eryz eli gozelwi heno y g6aet g6yz g6ynn novi ⁊
ef ygoet tr6m hoet y mi ~ 35
Eryz eli aglywaf heno . creulyt y6 nys beidyaf .
ef ygoet t6z6m hoet arnaf .
Eryr eli gozthzymet heno . diffrynt meiſſir
mygeda6c ⁊ dir bzochuael hir rygodet . 39
Eryz eli echeid6 myz . ny thzeid pyſca6t ynebyz.
gel6it g6elit owaet gwyz .
Eryz eli gozymda coet . kyuoze kinya6a ⁊ ae
ℓla6ch ℓl6ydit ydzaha . Eryz penng6ern penn
garn ℓl6yt . aruchel yatles . eidic amgic . 44

Eryz penng6ern penngarn ll6yt- aruchel yeuan -
eidic amgic kynndylan -
Eryz penng6ern pengarn ll6yt . aruchel y adaf
eidic amgic agaraf -
Eryz penn g6ern pell galwa6t heno . arwaet g6-
yz g6ylat : ry gelwir trenn tref difa6t -
Eryz penng6ern pell gelwit heno . arwaet g6yz
g6elit : rygelwir trenn tref lethzit -
Egl6yffeu baffa yozffowys heno . ydiwed ymgynn6-
ys . cledyz kat callon argoetwis -
Egl6yffeu baffa ynt ffaeth heno . vyn taua6t ac
g6naeth : rud ynt 6y rwy vy hiraeth -
Egl6yffeu baffa ynt yng heno - yetiued kyndz6yn :
tir mab lan kyndylan wynn -
Egl6yffeu baffa ynt tirion heno . yg6naeth eu
meillyon : rud ynt 6y . r6y vyng callon. -
Egl6yffeu baffa collaffant eubzeint . g6edy y diua
oloegyzwys : kyndylan ac eluan powys -
Egl6yffeu baffa ynt diua heno. ychetwyz ny pha-
ra : g6yz a wyz ami yma -
Egl6yffeu baffa ynt baruar heno . aminneu 6yf
dyar : rud ynt 6y r6y vyggalar -
Y dzefwenn ymbzonn y coet . yfefy6 yhefras ciryo-
et : ar wyneb y g6ellt y g6aet - -
Y dzefwẽn ynyt hymyz y hefras yglas vyuyz : y
gwaet adan dzaet y g6yz -
Y dzef wẽn yny dyffrynt llawen ybydeir 6zth gy-
nanrud kat : y g6erin neurderynt -
Y dzef wenn r6ng trenn athzodwyd . oed gnodach
yfg6yt tonn : yndyuot o gat no gyt ych yechwyd -
Y dzef wenn r6ng trenn athzaual . oed gnodach y
gauet : ar wyneb g6ellt noc eredic bzynar -
G6ynn ybyt freuer moz y6 diheint . heno g6edy
colli kenueint : oanffa6t vyntaua6t yt leffeint -
G6ynn y byt freuer moz y6 g6ann heno . g6e-
dy agheu eluan : ac eryz kyndz6yn kyndylan -
Nyt angheu ffreuer . am de heno amdamozth
bzodyzde : duhunaf wylaf uoze -
Nyt angheu ffreuer am g6na heint odechzeu
nos hyt deweint : duhunaf wylaf bylgeint -
Nyt āgheuffreuer amtremyn heno . am g6na
grudyeu melyn : achocheu dagreu dzos erch6yn -
Nyt angheu ffreuer aerniwaf heno . namyn
myhun : ny wanglaf vymbzodyz amtymyz ag6y-
[naf -

Ffreuer wenn bzodyz athuaeth . ny hannoedynt
ozdiffaeth . wyz ny uegynt vygylyaeth -
Ffreuer wenn bzodyz athuu . pannglywynt gy6-
zenin llu : ny echyuydei ffyd ganthu - ~
Mi affreuer amedlan . kyt yt uo cat ymbop
mann . nyn ta6z ny lada6z an rann -
Y mynyd kyt at uo vch . nyt eidigafaf yd6yn
vymbuch : ys yfga6n gan rei vy ruch -
Amhaual arauaer6y . ydaatren ynytrydon6y :
Ac yd a at6zch ym marchn6y ~
Am ha6l ar eluyden ydaa trydon6y yn tren :
ac ydaa geir6 yn alwen - -
Kynn bu vygkylchet croen gauyz galet : ch6-
anna6c y gelein rym gozuc ynuedw ued bzyum -
Kynn bu vygkylchet croenneu gauyz galet . ke-
lyngar y llillen : rym gozuc y ued6 ued trenn -
G6edy vymbzodyz o dymyz hafren . yamd6ylan
d6yry6 : g6ae vidu6 vy mot yn vy6 -
G6edy meirch hywed achocwed dillat . a phl6-
a6z melyn : mein uygcoes nymoesdudedyn -
G6arthec edeirnya6n ny buant gerdennin -
acherd neb nyt aethant ymbu6 : gozwynny-
onn g6yz a uchuant . -
G6arthec edeirnya6n ny buant gerdnnin . a-
chant neb nycherdynt : ymby6 goz6ynnyon
g6z eduyn warth g6arthegyd g6erth g6yla ne-
gyd : ar adyuo dzag6arth ae deubyd . mi awyd6n
aoed da . g6aet am y gilyd gwrda -
Bei g6zeic gyzthm6l . bydei g6an hedi6 : bydei
bann ydifgyz hi gyua diua y g6yz -
Tywarchen ercal ar erdywal wyz . oetined moz-
yal : ag6edy rys macryfmal -
Heled h6yedic ymgelwir . o du6 pa di6 yth rodir :
meirch vymbzo ac eu tir -
Heled h6yedic amkyueirch . odu6 padi6 ythrodir
gurumfeirch . kyndylan ae bedwar degmeirch -
Neurfylleis olygon ardirion dir . oozfed ozwyn-
nyon : hir h6yl heul h6y vyghouyon -
Neurllyffeis odinlle ureconn ffreuer werydze.
hiraeth amdamozth vzodyzde . -
Marcha6c ogaer adana6 . nyt oed h6yz ag6yn-
nyon : g6z o fanneir -
Llas vymbz2dyz ar vnweith . kynan kynndylan
kynnwreith : yn am6yn tren tref diffeith -

Ny fanghei wehelyth arnyth kyndylan.ny the-
chei d2oetued vyth ny uagas y uam uab llyth ⌣
B2odyz amb6yat ny vall . adyuynt ualg6yal
coll ovn yun edynt oll ⌣ ~
B2odyz amb6yat aduc du6 ragof .vy anffa6t
ae go2uc ∶ ny ob2ynynt ffa6 y2 ffuc ~
Teneu awel tew lletkynt pereid y rycheu . ny-
phara aego2eu ∶ ar a uu nat ydynt ~
As clywo adu6 adyn . afclywo y ieueinc ahyn ∶
meuyl barueu madeu hedyn ~
Ymby6 ehedyn ehedyei. dillat yn aros g6aed-
vei ∶ ar glas vereu naf n̂yfei ⌣
Ryuedaf dincleir nadi6 ynol kilyd keluyd cly6 ∶
ygg6all ty2ch to2ri cneu kny6 ~
Ny6y ae ny6l ac m6c ae ketwy2 ynkyuam6c ∶
yg6eirgla6d aer yffyd d26c ~
Edeweis y weirgla6d aer yfg6yt . digyuyng
dinas y gedy2n ∶ go2eu g62 garanmael ⌣
Karanmael kym6y arnat atwen dy yftle o-
gat ∶ gna6t man ar gran kyniuiat ~
Kym6ed ogna6 lla6 hael ∶ mab kynndylan
clot auael : dywed62 kynnd26ynin caranmael ⌣
Oed diheid acoed . oed diholedic . tref tat a geiffy-
wys . caranmael yn ynat ⌣ ~
Karanmael kymwed o gna6 . mab kyndylan
clot arlla6 ∶ nyt ynat kyt mŷnat o hona6 ⌣
Pan wifgei garanmal . gatpeis kynndylan ⌣
aphy2dya6 y onnen ∶ ny chaffei ffranc tranc
Amfer y bum v2as v6yt . nydy2chaf6n ∻oebenn ⌣
vy mo2d6yt ∶ y2 g62 ag6ynei claf go2n6yt ⌣
B2odyz amb6yat inneu ∶ nyfc6ynei gleuyt co2n-
n6ydeu ∶ vn eluan kyndylan deu ⌣
Nymat wifc b2iger . nywdirper o62 yndirua62
gywryffed ∶ nyt oed leua62 vym b2oder ⌣
Onyt rac agheu ac aeleu ma62 . agloes glas
uereu ∶ ny bydaf leua62 inneu ⌣
Maes maodyn neus cud re6 . odiua da y ode6 ∶
ar ued eirinued eiry tew ~
Tom elwithan neufg6lych gla6 . maes mao-
dyn ydana6 ∶ dylyei gynon y g6yna6 ~
Pedwarp6nn b2oder am bu . ac y bob un penn
teulu ∶ nywy2 tren perchen ydu ⌣
Pedwarp6nn b2oder ambuant . ac y bop un go26-
yf n6yvant ∶ nywy2 tren perchen kugant ~

Pedwarp6n terwyn oadwyn . v2odyz ambuant
ogynd26yn ∶ nyt oes yd2enn berchen m6yn ⌣ ~
Gofgo yghot adot arnat . nyt 6yt bylgeint
gyuot ∶ neum g6ant yfg62 o g62r dy got ⌣ ~
Gofgo di yghot athech . nyt 6yt ymad2a6d
dibech ∶ nyt g6i6 clein yth grein y grech ⌣

Talieſſin anrec vryen

Gogy gogyfercheis . gogyfarchaf gogyfuer-
chyd ∶ vryen reget dywallouyet yle6enyd ⌣
Eur ac aryant mo2 eudiuant eudihenyd ⌣
Kynnoc yda6 r6ng yd6yla6 y g6efgeryd ⌣
Jeuaf awnaeth coll acalaeth am veirch peunyd ⌣
Keneu y v2a6t ∶ kymun daera6t . nybugeluyd ⌣⌣
v2yen awnaeth . dialynaeth . y gewilyd ⌣⌣
Kynin vynnu . kyuarchwelu . eudihenyd ⌣⌣
Deutu aeruen ⌣ diff6ys dilen ⌣ dyda6 luyd ⌣
Seleu delyit ⌣ enynnyeffit . o2 a dybyd ~
Dybi y uaeth . aryd achaeth ⌣ oc eu herwyd ⌣
Cochli6 lafneu tr6yualch eiryeu . amffr6yth eug6yd ⌣
Wy kynnhalyant . llepedwarcant . y pedwarg6y2 ⌣
D6fy2 diynuas . bendig6yf claf clas . oc euherwyd ⌣
Y2 ae kaffo kymuna6l vo . yn d2agywyd ⌣
Dyda6 collet . o2 ymdiryet . y2ardelyd ⌣
Alla6 heb ua6t . allauyn argna6t . athla6t luyd ⌣
Oes ueibionein . nyt ym gyghein ymmerweryd ⌣
Nyt ym ganret . nyt ymdiret neb oegilyd ⌣
D2eic owyned . diffwys dired . dirion d2euyd ~
lloegy2wys yd aa . lletta6t yna . yhatchetlyd ⌣
To2rit meinweith . yn anoleith o2gyfuergy2 .
M6y agollir noc ageffir . owyndodyd ⌣
O gyt gygho2 . kyfr6ng efco2 . mo2 a mynyd ⌣
Kyuyt ogud . g62 auyd bud . ywyndodyd ~
Go2ffit v2ythyon ynatpo2yon ⌣ arantyzron gy6ethyd.
Ef ada6 byt . nybyd kerdglyt . nybyd keluyd ⌣
Alaf gar maer . archa6c uyd chwaer . 62th y gilyd ~
llad abodi . o eleri . hyt ch6iluynyd ~
vn go2uudia6c . an trugara6c . ef ao2uyd ⌣
Bychan ylu . yn ymchwelu . o2 mercherdyd ⌣
Arth o2 deheu . kyuyt ynteu . dychyue ruyd ⌣
lloegy2wys lledi . af riuedi . o bowyffyd ⌣
G6eith co2s uochno . odiangho . byda6t detwyd ⌣
Deudeng wraged . ac nyt ryued . am vn g6 2 vyd ⌣
Oes ieuengtit aghyfy2delit . yuaeth dybyd ⌣
Ber6 ymdifant . barna6c o2cant . nys rywlyd ⌣

vꝛyen oreget. hael ef yſſyd acauyd. ac a vu yꝛadaf ~
lletaf ygled. balch ygkynted oꝛ tri theyꝛn ar-
dec oꝛ gogled. a wnn eu henw. aneirin gwawt-
ryd awenyd. Minneu dalyeſſin. o iawn llyn
geiriõnyd. Nydalywyf yn hen. ymdygyn 5
aghen. o nymolwyf i vryen Amen ~

Mal rot yntroi tramhweilyeu trallawt
meth trachymell tretheu: traws arovyn
dꝛeic mynnwyn mynneu: trin engyꝛth am 10
byꝛth amboꝛthuaeu. agwenwyn rieu gan rieu-
gnawt glutuan freinc deuan diuieu. ac am
gwyn riein ryueleu a vyd: a diffeith eluyd heb
aelwydeu. ac allwed rufein gan rwueu. ac- 14
allmyn heb allel kyꝛcheu. agwynvyt gwyndyt
yn gwan yꝛdeheu. agwander ſeis oe jnfeileu. a-
llwgyꝛ meith am gyfreitheu. a lloegyꝛ yn bꝛy-
dyon bꝛat y rieu. agwꝛth ffreinc ae ffrawd ar-
longheu. agweithdofyꝛ yn dyfvꝛys agheu. 19
Eryſſi oes uawꝛ yꝛae kigleu. clwyf am blwyf
amdifflan pleideu. dꝛeic didwyll tywyll agoleu.
goludawc riedawc rieu. an rodo trwy ryddit ad-
neu. y rann oewled oeſſwed heb eiſſeu amen ~

24

Mochdaw byt yngryt yngredyf carant.
mochdaw mynych doꝛr oꝛ twꝛneimant ~
mochdaw rwng ſaeſſon ruſſyant ymdꝛychu ~
adibarch gladu aguaſſant. Mochdaw gwyꝛ 28
manaw yꝛ mynnu molyant ~ ar gogled dyhed
diheu ygwnant. Mochuyd ympꝛydein pꝛyder
achwant. ac amdeutu lloegyꝛ llafar yt gwy-
nant. am lithꝛaw mab henri anryuedant. me-
int uyd ygwaſcar yꝛ yſgrydyant. yſgein dwſ 33
uoꝛoed rif toꝛuoed taruant. Twꝛwf am y teruyn
traha ny barchant. ami diſgoganaf eſgut lef-
ant. gwirion ualgeuawc agymynant. Mawꝛ 36
trachwres llynghes lloegyꝛ agyꝛchant. lluoed
afletneis treis ageiſſant. am gyhoed tyꝛoed
taer yſtyngant. Y tyꝛeu kadarn yn wann
y gwnant. am taleu tyꝛua y twꝛneimant ~ 40
am gynghaws undyd rif myꝛd a fyꝛthyant ~
am vo ꝛoed kyhoed ykymynant ~ Ohonaw diſgo-
ganaf na hilia plant. ac nyt mi ae kelnyſ treulant ~
Oeſuot adyuyd douyd ae diuiant. bꝛythyon ae treu-
la penna vydant. Bꝛithuyt adybyd o dicter
karant. a feif byd lawen pan ygwelant ~~~
Dygoganaf tyfyꝛu erymes tra bythawt ~

4

Llynghes von dirion direidi lleſteir creu trwſt
rwyueu troſti. llanw niw am gonwy amgyni.
llithꝛawt gwyꝛ eryꝛ eryꝛi. dywres amſer teskynn
tewi. di ryuic kymry rac kammwꝛi. dꝛeic daro-
gan uab henri. blwydyn y eruyn kynn toꝛri ~ 9
bleid kedyꝛn kadarn yweſti. Gweſti byt koel
ennyt keli. gwaſtat gwlat gwledic noꝛmandi.
gwſt pꝛydein pꝛyder oe eni. gwaſtatuot ual
rot yntroi. Penn beird pob eluyd oth hen 13
ovynnon. mi ath ogyuarchaf ar arwydon ~
py vynych gymhwylly vabon. Mabon kåredic
ygyweithyas. goꝛuchel awen arweilgi las ~
Mabon oed bythyon pandelon yw hurdas ~ 17
ac owein auyd ryd rwyf teyꝛnas ~ Gwꝛ coch
ygcochwed goꝛawen. gwyned gwꝛeid hyn hil
meruyn mur teyꝛned. Carannawc uabon 20
ymbꝛonn gwaret. kyuarwyd yw duw ymdam-
unet. allmyn ar gychwyn gochwed dyghet ~
bꝛeoled dachwed gyꝛded gerthet ~ rygas pob
rywir bydawt dir dyuot. gwyꝛ merweryd am
dꝛeuyd ynymdꝛauot. Rudyon galaned lain 25
dyhed heided adiheu eu bot. pob kof pob kyfnot
pob gwꝛ pob goꝛuot. criſt amrodes ymlles ym
llwyꝛ wybot. lloegyꝛwys anghymmwys yn ag-
hymmot. lleſſerthin werin amdꝛin dꝛauot ~

30

Criſt ieſſullwyꝛ uedu lleuuer criſtawn iawn
gogawn gan ucher. criſt keli yꝛ peri pꝛudder ~
vy mardawt traethawt traethatter ~ vy meirdy-
on bꝛu fenhyon ſynhyer. vy mardeir eurgadeir
catwer ~ vygkerdeu uch llyfreu lleer. llwꝛw gan-
on ogano y pader. Cret yduw odim ny ommed ~
cret oe blas nyth gyffro maſſwed ~ cret ydiodef
duw gwener. ae gyuot y oꝛuot arniuer. O gyt-
uon teyꝛnon twꝛwf glywher. o gytuot rin am- 39
mot roſſer. Saeſſon dy vꝛyſſyon kynngwand'.
ardaloed llukyhoed kwyner ~ didefnyd maelenyd
malucher. digyfreith heb gyfyeith heb gaer.
am uael dir y clywir hir aer. am lann gwy
rann owy ruduer. am vuellt teruyn twꝛwf 44

ucher : taryf ar uaryf o uarwa6l lyfyzder ⌣ 1
am aber kāmarch y kyfuarcher ⌣ llyw llewe-
nyd y niuer . Yna yt vyd pzydyd heb pzyder ⌣
obzydyat gobennyat gloe6der . o pzifieith penyt-
weith pader ⌣ o bzifparch pan yth gyuarcher . 5
Erch6ch y douyd o dyuynder ⌣ ardunyant ll6-
ydyant uch lleuuer . Dur arloegyz arlwgyz
y pader ⌣ ae gar ae vanyar . ae vaner ⌣ G6z o
gud para6chzud wythuer ada6 ylywya6 y
la6er . h6nn abeir dechzyn pan dechzeuer ⌣ 10
tozr terwynr6yd du6 g6ener ⌣ Du6 g6ener
coeler nat kelwyd . kilya6d feis oedzeis dzos el-
uyd ⌣ am aber kammarch amharch . Marchd6-
z6f ga6z llafna6z alluyd . a llumman aela6 14
heb gelwyd . alleith dzeic dzagon ygilyd . lloegyz-
wys ar g6ynuan g6ann vyd . g6yz yggryt-
c6ynyt emennyd . g6z arloegyz al6gyz ygre-
uyd . ada6 y ly ada6 y lywya6 yluyd . h6nn 18
abeir dechzeu dech vyd . ynhir yam ytir yderuyd ⌣
g6a6z pennes aflonyd . kyuogyat kymynyat
am uedyd . hyt dydbza6t adzo da6n ywa6tryd .
y weithzet yt glywet let eluyd . y gyzrif adyzrif
ny deruyd ⌣ y radeu dz6y dedueu aderllyd ⌣ 23
Darllydon kar6n kaer leriyd ⌣ rac llef du6 did6-
yll gerennyd ⌣ hyt pan vom ynhir ynher6yd
gleindit yn rydit rac efplyd ⌣ aela6 gan vy 26
reen rodyon bedyd . erch6ch dzugared rac dyhed
defnyd ⌣ ⁎[Am uuellt teruyn t6z6f adodi . toz-
uoed llu kyhoed k6yn eryffi . ar eft6ng redet
rodyeu henri . angklaer benn kaer kyuarch 30
trenghi . kynuerth oli alun teruyfgi . g6af-
gar ac amhar ac amharch dzofti . kytlauan
dywan ban yhatrodi . adza6d ychollet gall 33
gallet ny elli . O gyfranc bar6n byzr y gywei-
thi . atuyd kelein wenn heb penn heb perthi ⌣
atuyd meirch g6eilyd g6ael eu diffodi . agolwc
digu ar wyz tu keri . a diafpat van ag6an a- 37
g6eidi . ac och ympob tref ac adef trueni . efcut
gymry plant galwant ar dewi ⌣ a gar tagne-
ued trugared tr6ydi ⌣ Glaffa6n argoedyd
kedymdeith . gloeffedic c6yndic adichweith ⌣
gloeffon cur kofyon kyfarweith ⌣ kywerlyn
hoedyl dyn adiffeith ⌣ kedyzn loegyz ynllygru 43
kyfreith . kyfrych6n g6el6n eu golcith ⌣ duundeb
faeffon yffe6 noffweith ⌣ di voned arwled eu 1
medweith ⌣ aruollyein heb getwein gytweith ⌣
adozirn6zth derwyn dyleith . bar6neit byzr ho-
yd eu kyweith . a llywydyz g6yned g6ann areith ⌣
adza6d lludet ka6d kanhymdeith ⌣ edzych awelych
wael anreith . amgyuyrdan kyflauan cilweith ⌣ 6
dywygir oz mynnir milreith ⌣ bzatdyhed ogom-
med gobeith ⌣ Dyd6yn dyn att du6 ynvn weith ⌣
goludant lluoed lla6n ymdeith . G6zd ha6l6z yn
holi affeith ⌣ g6z alas olefteir dichweith ⌣ g6ir-
yon g6ir dileir dyleith . g6aratwyd gan du6 11
d6yn y leith ⌣ g6areda6z vu yz dewrwyz degweith ⌣
bodla6n du6 pan deruyn pob ieith ⌣ Jechyt rann
penyt poen geith . poet ef an rodo rann gyfreith ⌣
gobeith ⌣ diwed trugared tr6y gyfreith ⌣ Amen ~
16

MOz y6 g6ael g6elet . kynn6zyf kynniret .
bzatheu abzyth uet . bzithwyz ar gerdet ⌣
ac ozda6t galet ⌣ arard6y dynghet . ac yzdu6 dyw-
et ⌣ ydywan gollet ⌣ mab ny mat anet . mabineid
dynghet ⌣ anghena6d agcret . anghenvzi gywet .
lloegyzwys aedywet . och rac anghyffret ⌣ hyt 22
ympenn yfeithuet ⌣ oz kalan kalet . g6ir yda6
g6aret . dz6yzdyn damunet . g6ynvzyn g6arthaet ⌣
g6yned ydzydet . kymry vngyffret . eullu alluchet ⌣
cocluein eug6aret ⌣ g6ira6t keuda6t ket ⌣ g6a-
ranr6y reget . rann gan ogonet . ⁎ Gogonet 27
an rann . amrodes r6yfuan ⌣ ambu bard datcañ ⌣
atgigleu gamlan . atwelir griduan . ac amv6-
yn k6ynuan ⌣ achynhen dzuan ⌣ achynnyd maban ⌣
katwer yn vychan . kadoed awelan . kynnyd ka-
darnvan . cur llauur lluman ⌣ ⁎ Lumangoch 32
g6nn vot . lleitheu ozuot ⌣ arwyd eu dyuot ⌣ aer-
wyz eryzot . aweryz eu clot . eu cled cleu ragot .
Ragof rinwedeu . rann gann gynn angheu ⌣ 35
dyd g6einyd g6aet creu . dyd keryd kaereu . ef a
da6 ual diheu . aches lyghefleu . ar treth nathze-
theu . ny lluyd naf6ydeu . g6añ divlan dadleu ⌣
gan r6fan r6yfueu . yeir bit greireu . o von hyt 39
vynneu . cret ydu6 by6 budyeu . ambyd ryd ra-
deu . dz6y eirya6l feinheu . afynhwyz ll6yz llyfreu ⌣
anroder rann diuieu . g6enwled g6al oleu. :· 42

PRif gyuarch geluyd pan ryleat. p6y kynt ae 1
tywyll ae goleuat. neuadaf pan vu padyd⁓
ycreat. neu y dan tytwet. pyyꝛ y feilyat. auo lleion
nyſmyn p6yllat. eſt qui peccatoꝛ amniuereit. coll- 4
aͤnt g6lat nef6y pl6yf offeireireit. boꝛeuebindel. oꝛ-
ganont teirpel. eingyl gallwydel. g6naont eu ry-
uel. panda6 nos adyd. pan uyd ll6yd eryꝛ panny6
tywyll nos. pan y6 g6yꝛd llinos moꝛ. pandyuer6yd
c6d anys g6elyd. yſſit teir ffynna6n. ymynyd fya-
wn. yſſit gaer gartha6n. adan donn eiga6n⁓ 10
Goꝛithgyuarcha6ꝛ. p6y en6 y poꝛtha6ꝛ. p6y vu
perigla6ꝛ. yuab meir m6ynua6⁓ Pa ueſſur m6y-
naf. aoꝛuc adaf. p6y veſſur uffern. p6y tewet yllenn⁓
p6y llet ygeneu. p6y meint enneinheu. neu ulaen
g6yd ffali6m. Pyeſt6ng moꝛgr6m. neu pet anat- 15
uon. yſſyd yn eubon. neuleu ag6ydyon. a uuant
geluydyon. neu awdant lyſyꝛyon⁓ Pawnant pan-
da6 nos alliant. panvyd ydiuant. c6d a nos rac-
dyd. pan da6 nafwelyd. Pater noſter ambulo⁓
gentis tonans ĩ adiuuando⁓ sibilem ſignum 20
rogantes foꝛtũm. am g6i6 g6i6 am g6myd. am-
geiſſant deu geluyd. am kaer kerindan kerindyd⁓
rytynneirch pectoꝛ dauyd. y mwynant ys ewant 23
ym kaff6ynt yndirdan. kymry yggriduan. pꝛoua-
toꝛ eneit. rac ll6yth eiſſyffleit. kymry pꝛif diryeit⁓
rann rygoll b6yeit⁓ g6aed hir ucheneit. aſg6yar
honneit. dydoent g6arthuoꝛ. g6ydueirch dyaruoꝛ⁓
eingyl yghygoꝛ. gwelattoꝛ ar6ydon. g6ynyeith 28
ar faeſſon. claudus in fyon. or6yuannuſſon. bydh-
a6t penn feiron. rac ffichit lewon. marini bꝛython⁓
rydaroganon. amedi heon. am hafren auon. lla-
dyꝛ ffadyꝛ kenn amaſſ6y⁓ ffis amala. ffur. fiȝ. ſel⁓ 32
dyꝛuedi trinet tramoed. crea6dyꝛ oꝛohai. huai gentil
diſſanai goſpell. codigni cota goſgoꝛd mur coꝛnu
amandur. neubum gan wyꝛ keluydon. gan uath
hen gan gouannon. gan euuyd gan eleſtron. ry 36
ganhymdeith achwyſſon. bl6ydyn ygkaer gofannõ⁓
6yf hen 6yf newyd 6yf g6ion. 6yf ll6yꝛ. 6yf fynn6-
yꝛ keinyon⁓ dygoui dyhen vꝛython. g6ydyl kyl di-
uerogyon medut medwon. 6yf bard. 6yf ny riuaf
y eillyon. 6yf lly6. 6yf ſy6 amryſſon. ſihei. arahei 41
nyſ medy. ſi ffradyꝛ yny ſſradꝛi. poſberdein bꝛonrein
adyui. adeuhont v6ch medleſtri. aganhont gam
uardoni. ageiſſont gyfuar6s nyſdeubi. heb gyfreith
heb reith heb rodi. ag6edy hynny dygovi bꝛithuyt⁓
abyt dyuyſgi. nac eruyn dy hed6ch nyth vi. reen
nef ryma6yꝛ dywedi. rac y grefrym g6ares dyuoli⁓
Ri rex glẽ amgogyuarch yngeluyd. aweleiſty 4
dñs foꝛtis. darogan d6fyn dñi. budyant uffern hic
nemo ĩpoꝛ pꝛogenie. ef dillynghwys yt6ꝛ6f dñs
uirtutum. kaethna6t kynnhull6ys eſtis iſte eſt
achynn buaſſwn aſunſei. arnaf b6yf derwin y 8
du6 diheu. achynn mynn6yf deruyn creu. achyñ
del ewynri6 ar vynggeneu. achynn vyngkyualle
ar llatheu preu. poet ymheneit ydakyfedeu. abꝛeid
omdyweit llythyꝛ llyfreu. kyſtud dygyn g6edy g6e-
ly agheu. arfa6l agigleu vymardlyfreu. ry bꝛyn-
h6ynt wlat nef adef goꝛeu⁓ 14

Golſymdeith lleſoet wynebclaꝛ. yw hynn.

GOlut byt eyt dyda6. ket ymgeinmyc-
ker o honaw m dychyſtud aghen
dychyfya6. dybyd hinon g6edy gla6. ny na6t 18
kyhafal kyvaethla6. agle6 chwerit creu oe-
dina6. pob llyſ6ꝛ llemittyoꝛ arna6. pob ffer dy
atter heibya6. dychymmyd dedwyd ac ana6.
rihyd ac ef du6 dywalla6⁓
Golut byt eyt dydo. diga6n dovyd darparo. 23
hydyꝛ gwaedg6anec 6ꝛth vꝛo. pan elwir chwe-
lit acdo. dioꝛyuic dyn ny welo. ny dida6ꝛ ny
da6ꝛ c6t vo ny wneyd gwir ny ein ymꝛo. ny-
chenir m6yeit arffo. bit vleid beidyat a-
dwyll. chwanna6c vyd llen llwyda6c lla6diuo⁓
Golut byt eyt dybyd. atwaed chwant atuant 29
riyd. dychynneit ieueinc dychynnyd. nyt ech w-
enjt clot kelwyd. nyt vn aruaeth kaeth aryd. ys-
g6ac vꝛo ny vo crevyd: atuant ada6 ny wnehyd.
ll6yt ac annwyt ny gymyd. ny ob6yll odu6 diffyd.
ny elwir yngywreint ny gynnyd. keinyath6n go-
fryn6n greuyd. hyt pan ynbo gan griſt grennyd⁓
anghyfaely6ꝛ anghyfyꝛdelit llann. dy chyſtud bꝛñ
bꝛolit. g6ell nac no geu edewit. ym gweithꝛet 37
g6aſtra g6eilit. chwec yn anwa6s yn odit. ch6er6
dꝛyc coꝛ wedy trenghit. nyt gna6t eſcuſſa6t eſg6it.
ny cheffir da heb pꝛit. pedꝛyſan d6fyn pedꝛy ch-
welit. areith g6ell goleith no govit. dꝛ6c pecha6t
oe bell erlit. da ynggnif poꝛthi menechtit. du6
o nef g6ae dꝛut ny gret it. mab meir diweir 43
avenhit. da weith yn gobeith 6ꝛthit. ath gyꝛb6yllir
ym bꝛoñvit.⁓

Difrys gỽanec dyffuſtit traeth. goſgymonn 1
gỽyth goꝛdin. gỽyluein hanes goewin pỽyỻ
ỻu. athỽyỻ trỽy chwerthin. bit gynnvidyd
gywrenhin. bit leſc eidyl bit varỽ crin. ke-
rennyd faỻ gaỻ gynnin. gan rewyd ny 5
pheỻvyd rin. dychyffre. gwaeỽ gỽaetlin. dy-
chyveruyd trỽch athꝛin. enghit avo ỻyſei-
thin. enwir ef kyỻ ywerin. namỽyn duỽ
nyt oes dewin. arglỽyd gỽlatlỽyd gỽerthevin. 9
Dyvꝛys gỽanec dygỽꝛthꝛyn gro. gỽſt eidyl moch
detwyn ryyſant maon medlyn. aoꝛdyvyn paỽb oe
deruyn. trenghyt toꝛrit pob denghyt. rybꝛynỽ nef
nyt ef ſynn. Moꝛ wyt gywrennhin gyꝛbỽyỻ
onebaỽt. gỽiſgaỽt coet kein gowyỻ. nyt eglur 14
edꝛych yntywyỻ. rac annwyt ny weryt cannwyỻ.
nyt edwyd nỽydiuo pỽyỻ. kerēnyd a dovyd ny dỽyỻ.
Nỽy diuo pỽyỻ pꝛif egỽa. agỽnneu edyn ny wna.
oer gaeafraỽt tlaỽt moꝛua. gỽeỻ rihyd no ryſ-
ſedha. rac dꝛỽc ny diỽc atneir. ỻawer maỽꝛeir 19
avethla. keudaỽt kyt woꝛymdaa o ovꝛys nywys
kỽt a. arythal ydꝛindaỽt traha. maỽꝛduỽ moꝛ ỽyt
Redeint goꝛwyd rwyd pob traeth kynnic wrda.
mynaỽc marchogaeth nyt neb aued oe aruaeth.
nyt ef enir paỽb yndoeth. nyt ehovyn bꝛyt yn 24
ỻong dꝛeith. nythangnef gỽynnaỽn agodeith.
bit vyỽ gỽꝛ heb dꝛyc wryaeth. mynaỽc kerd ketw-
yf eiỻyaeth. ny byd hyvyſgỽꝛ neb noeth. nyt oes
reith nat vo pennaeth bꝛeyenhin beidyaỽt an-
reith dywal dir vyd yoleith. ny naỽt eing ỻyfyꝛder
racỻeith. enghit gleỽ oegyfarweith. medỽ mut 30
dꝛut pob anghyfyạeith. dinas adiffyd diffeith.
eiryaỽl agaraỽꝛ haỽdweith. ef molir paỽb ỽꝛth
yweith. nychar dovyd diobeith. goꝛeu kyflwyt
yngyweith. Gwaeannỽyn goafỻỽm tir. ot ynt
tonnaỽꝛ gaỽꝛ ennwir. diweſtyl alaf dirmygjr. 35
gwaỻ arny mynych welir. aravo diffyd divennw-
ir ydꝛaa. kyfa rann rybuchir. bit waſtat gwꝛeic
ny erchis. mevyl ys gnaỽt oweddaỽt hir. ny
rydecho rydygir. ohir dinaỽ dychwynir. auo marỽ
nymoch welir. avo da ganduỽ ys dir. avo gleỽ 40
gochlywir yglot. ovychot godolir. gỽynn y-
vyt pydiw y rodir. kerennyd duỽ ahoedyl hir.

1056

Elidir Sais ai cant.

Maỽꝛ aỽꝛ ydaỽn adyuu. y vꝛyt mab kỽas meir
oieſſu . matganet y vꝛonget oe vꝛu.. o
vꝛeinhaỽl ganmaỽl gynnydu . Ef ynỻỽyꝛ an 4
gỽyꝛ ef goꝛuu . ef goꝛeu goꝛỽyꝛein auu. Ef awna-
eth dayar kyndyuu y vꝛon. vꝛy onef yn kanvu.
Ef gỽnaeth heul hỽyluaỽꝛ lewychu. ef gwnaeth
ỻoer aỻewych artu. Ef gỽnaeth trei aỻanỽ 8
a ỻwyꝛ uedu byt . abydoed wledychu. Moꝛ gyuaỽn
y daỽn darparu. moꝛdigỽl yuedỽl vynnu.
Mynneſſynt uratwyꝛ vꝛedychu criſt . creulo-
ned heb aỻu . Rygeỻynt gaỻem agcredu.. 12
ygkryt byt ryhyt ryuedu. Gỽnaetham nam
arygam ryuu . kyuodoed ryued yadu . keiſſaỽ
rac kulỽyd kelu. plant adaf rac adef ypechu.
Ac eua ac ef aegỽybu . gỽypit duỽ gỽybot a
daruu . Goꝛeu ym omreen racuedu . rwyd are-
ith obꝛifyeith bꝛydu . pꝛydeſtaỽt oꝛdꝛindaỽt tra-
ethu. traethuolyant teilyngdaỽt talu . Kym-
hennaf kymhennu aduỽ . diỽydỽꝛ ym nerthu.
nerthoed gỽyth gỽeithꝛedoed ambu . gỽeith 21
detwyd yỽdadolychu. Kynn kyſtỽng clỽyf kyf
vyng gladu. kynn gỽeryt goꝛober digu . kyñ
annwaỽs tywaỽs tywarchu. vygknaỽt tywar-
chen oboptu . Bỽyf gỽaf duỽ kynn nomgoſ-
tegu . gỽſt aghen aghev riaỻu . bỽyf vnvot 26
woſſot waſſau o weiſſon ywaſſanaethu . Am-
dyuynno duỽ ymdyvynnu nef. Ar ynaỽdaeteulu....

DJr vyd ynnbꝛoui kyt boet bꝛeuaỽl 30
byt . anbedyd annyanaỽl. duỽ dewin
bꝛenhin bꝛeinhaỽl . bꝛeinhaỽc ỽyt bꝛogatw-
yt gedaỽl . Ỻeha vi gan ỻu bedydyaỽl . nam
ỻeha ynỻe engiryaỽl . namgoſſot omgoſſep
vydaỽl . ygoſſon dynyadon dynyaỽl . criſt a
daỽ ynwar ynwraỽl . dydbꝛaỽt yꝛ dirpꝛỽy 36
pꝛeſſennaỽl . Auoda ef gỽelir dwyaỽl. avo
dꝛỽc adꝛic yndihaỽl . yn taerdan aphann
uffernaỽl . Vffern dofyn dyfynaf y chanaỽl.
Ỻawer un adaỽ enidyaỽl. yggỽaſc yggỽiſcoed 40
coꝛffoꝛaỽl . Meu dyttwyn ymeiryaỽl . meir aphe-
dyꝛ maria aphaỽl. Meu adꝛaỽd ymadꝛaỽd meidꝛy-
aỽl. vd meidꝛyat medꝛwyt owadawl . y gỽꝛ aoꝛeu
awyꝛyaỽl etneint . ac atneu daearaỽl . Erglyỽ 4
vi arglỽyd kannhỽynawl . erglywet gwar nyuet
nefaỽl . tu y bỽyf y bo dy ganmaỽl . tut yſpꝛyt
antat yſpꝛydaỽl . . . 7

ERmab kyuarchaf rỽydaf vyreen . ac yꝛ
tat ar yſpꝛyt gloewuryt glan . Nyt traỽd
yn couyeu can ymkyfun . nyt reit ynn ameu
ỻyfreu ỻen . y griſt y canaf arureint canon . 11
keinwaỽt omtauaỽt ardꝛaethaỽt dꝛỽn . ỻathꝛeit
vy mardeir wedy myꝛdin . ỻethꝛit aberit obeir
awen . Barochel uchel vch egylyon . bard vydaf
yduỽ hyt travỽyf dyn . Archaf mab meir 15
creir credadun . creaỽdyꝛ amheraỽdyꝛ ỻywyaỽd'
ỻawen . Rac oerwern gethern uffern aphan.
afleu anodeu ỻeanodun. ỻeha vi dovyd huenyd
hynn. ỻawer awna duỽ yꝛ dynyadon . Rỽyf nef
adayar rac taeruar tan . y rỽng dydwylaỽ 20
rac dy deulin . Goꝛugoſt woꝛmes nych waraỽn.
goꝛuaỽꝛ duỽ goꝛuot o idewon. Am ved criſt cre-
aỽdyꝛ nef ysaghen . ysagkreiff agkꝛet yny gyl-
chyn . tros eluyd ynbyt ynewan . treis ierſin gan
syladin . Ac eil dirgleis treis traỽ adygen . 25
ymdigaỽn galar omkar katkỽn . Dỽyn dauyd
oe dut ac oediryon . dyfryded diraỽꝛ hil maỽꝛ ma-
elgỽn . nyt ym teu gỽyned amygỽynuan . neut
amdỽỻ awyꝛ neut hỽyꝛhinon . Gaỻaf yth ga-
raf yth gaer urden . geỻit pob defnyd vꝛoyd vꝛen-
hin . kan wyt tri nyt reit itt amgen . kan wyt
deu peỻ godeu ac un.. ~ 32

Reit yỽ ynndiỻỽng tyỻued pſſent : kanyt ym
pꝛyſſur y houered . redeis obechaỽt nyt by-
choded . obuchant trigyant ym trugared . trinda-
ỽt amdycko omdigued . yndogyn eidunet waret
wared. Teirffoꝛd y deuant etiued ar duỽ . yny dy-
uyd paỽb yꝛ vꝛaỽt gyhed . Vchaf gỽyꝛy achaỽs
gỽiryoned . ỻỽꝛy gỽyꝛdaỽt kyt boet bꝛaỽt rinwed.
Areil yỽ pꝛiaỽt enỽ pꝛuded . tros vỽynyant trigy-

ant trugared. trida angoꝛeu tryded yỽ adaỽ.
edilueiryaỽc da duỽ nỽy gomed. Gomedwys eua
aual diwed. awarvu wychar y chywryſſed. o
douyd y traeth trỽy gyhyded. o ieſſu y traethỽys
ioſſed. amdodỽy douyd amduded. yꝛ iſrael oſe-
rann ydelwyf y dangneued. Dyd y parch rei 6
ynragyꝛwed. y perchir ereill y parch argled.
Kynnadyl awna criſt wedy crocwed. kynnad-
loed pobloed paỽb yỽoꝛſed. Kymhennaf yỽ^y dyn
kyū ydiwed. kymodi aduỽ kymmut ymed. kym-
ryt oed einym kymotloned. kỽbyl kynn cablu
o duỽ aranbuched. Pechuyꝛdigonſam o gam
gared. amgyrwyf dꝛindaỽt dydꝛugared 13
Meſſur adodir ar bob maſſwed. moeſſen ae
dywaỽt aduỽ ae med ~ ~

GOꝛeu yỽ ydyn diỽ ynyt peri. perigla-
ỽꝛ ygymryt. kanys goꝛeu duỽ diwyt. 18
gỽaret plant rac pla athꝛiſtit. Gỽꝛ darpar
y dirpꝛỽy llu byt. garawys kymerth pỽys
penyt. Diruaỽꝛ uu ouedỽl unpꝛyt. dyrweſt
duỽ budeugeinpꝛyt. am duỽ merchyꝛ bꝛat 22
dy bu bꝛyt idas. bꝛedychu ynyſpꝛyt. adifyeu
yndyſu leturyt. daly ieſſu managu mỽynglyt.
Duỽ gwener bu crei bu creulyt. croc antat 25
an treis ygyt. Gỽnaỽn yꝛdaỽ ardelỽ aneiryt.
gỽnaeth pob ryỽ ynvyỽ oe uebyt. Duỽ ſa-
dỽꝛn ys aeth ys eithyt ym med. madueint an-
hyuryt. Tꝛannoeth y goꝛeu eil gỽꝛyt. gỽiruab
duỽ dangos y vywyt. Duỽ ſul dỽyſſaf cof aỽꝛ
ykyuyt heul. kyuodes oe weryt. chwedyl maỽꝛ
an deſſry nyt ef deſſryt. deſſro criſt keli ankeluy-
dyt. Kulwyd angoꝛeu ni ac angweryt. argleit-
ryat uab rat o garchar ryhyt. o garchar buef
agyꝛchwys yaruedyt. Duc mab duỽ o dan ac
ergryt. ooerwern uffern wern weglyt. ogyffro
dayar ogyffryt. ogarchar agclaear agklyt. 37
amyl ſyꝛthaſſant blant oeblegyt. amgreaỽdyꝛ
ae groc yn waetlyt. wyth bꝛifwyt yſſyd ys enbyt.
oꝛwyt gỽyth gỽaethaf ſyberwyt. Galwaf vynaf
can gannaf gennyt. Rygelwir dyfro pob dyfryt.
Nybyd dadwodeu detwydyt mab dyn. gan uab
duỽ oe wynuyt. ynoleu ys bo vy annwylyt. ar
nef arnaỽd duỽ aediffryt. 4

GOganaỽl arglwyd gogonaỽl. gogonet
vꝛenhin dewin dwyaỽl. Differ vi vy ri
rỽyf yſpꝛydaỽl. dewr arglỽyd hylwyd hael bu-
dugaỽl. Diuei dat rac bꝛat bꝛeuaỽl gymle- 8
gyt ⁊ dygyn enbyt penyt poen uffernaỽl.
Donyaỽc didꝛiſt griſt groes rinnwedawl. di-
dlaỽt yngỽaraỽt dyd gỽeneraỽl. Diwyt 11
arwyd eiryaỽl ydyttwyf ⁊ nabwyf arnat rỽyf
rỽym engiryaỽl. arbennyc lywyawdyꝛ bꝛyna-
ỽdyꝛ bꝛeinyaỽl ⁊ erbynneiſt llywyeiſt llu bedyd-
yaỽl. Erbyn vi vyri llyỽ yn lle deduaỽl. 15
Gwyꝛtheu yꝛdydoſt gethꝛeu ath dyſt gethꝛaỽl.
arglwyd nef allawꝛ gwaỽ gỽerinaỽl.
ardelwaf oth naỽd rac taỽd tanawl.
Eiryf gymỽy goꝛdwy angerdaỽl vffern. 19
Oerhagyꝛ wern gethern gaethꝛaỽt uarỽaỽl.
Yꝛdygur dolur modur meidꝛaỽl. argledyꝛ
gogonyant gỽarant gỽꝛaỽl. Erglyỽ dic tlaỽt
yngnodaỽl erchi. trugared itti vy ri rotuaỽl.

Meilir ap Gwalchmai ai kant 24

KYuarchaf y duỽ dwywaỽl weini. kyuar-
chwel adel y daeoni. kyueirỽ kyurỽyd
kyvꝛet amawyd. kyvarwyd ymllỽyd ymllỽyꝛ
deithi. Tꝛaethaf armaf oꝛmeint ynni. arueid
ymkyfreid ymkyffroi. kyffret allaỽd yoli 29
creawdyꝛ. allwyꝛgreuyd ygrynnoi. allaſur
achur achorff toꝛri. achyfyaỽ hoedyaỽ hỽy-
laỽ heli. achymryt ygan duỽ diwynhi.
achymro divꝛo diurat wedi. Divꝛeit a newit
ny vei chỽant allit: di vanỽ pꝛeſſent dilyt 34
pꝛeſſwyl gynhi. achymrif oed gỽell no gỽall
rei. Rybuchet trinet tranybelli. Pwyll am
kyueiryt oꝛ kreawdyꝛ oꝛ kyt or mab oꝛ yſpꝛyt
oꝛ iaỽnvꝛyt vꝛi. Oꝛ dꝛindaỽt vndaỽt undꝛas 38
ami. vn tra trugared vnwed ovꝛi. Vndec
teir perſon. vch ar^ch egylyon. vndonyon nemyon

nerth heb dꝛenghi .vndanc ỽynt ỽꝛthyf
ỽꝛt eu moli . vnduỽ ynt ỽynteu .adiheu tri.

AM bo y gan duỽ ambo trugared . 4
nybo dꝛỽc neued amgoꝛuedho . bot
ariaỽn omdaỽn amdiheino . byt aỽn ygyt
gryt gret awelho . bod duỽ ahaedwyf rỽyf am-
rifo . boet yn adef nef ymgodefo . bydaỽt 8
nef dichleis yꝛ ae keiſſo ryd ⁊ bꝛenhineid gyn-
nyd creuyd credo . bꝛenhin myꝛ aſyꝛ amſyn-
hỽyꝛo .bꝛeinyaỽl yỽ y haỽl ar aholo . bꝛeint
gỽlat padwys amkynhỽyſſo . bꝛenhinyaeth
gyỽir hywir honno. o bꝛiſlwyꝛ ſynnwyꝛ
yſynnyo vymryt ⁊ bꝛud gyt geluydyt am
keluydo . kelvyd ny dygret adywetto . 15
keluydowc kelwydaỽc geir ffraeth yꝛ ae trae-
tho . koela vi griſt diathꝛiſt athꝛo . nyt kel-
vyd coelyd ar nyỽ ch oelo . koelwyf aſynnỽ-
yf aſynnyo kywreint . koelaf duỽ ar ſe-
int abꝛeint eu bꝛo . criſtaỽn ỽyf gan iaỽn
daỽn digyffro . criſtus bỽyf daỽnus yny 21
domo . criſtonogaeth uaeth amdigaetho .
criſt keli vy ri am rydhao . ac ef vꝛenhin
nef am nodho rac gỽaỻ ⁊ y daỽn ae deaỻ
amdiwaỻo. Diwaỻus deus nym di uannỽo.
didwyỻ y bwyỻ ae kyꝛbwyỻo . divꝛat y ga-
ryat yn yt garo . dinam ogonet y ae 27
cretto . duỽ creaỽdyꝛ ỻywyawdyꝛ am
didwyỻo. dedueu digamwed am diwedho.
ỻywohyt vꝛaỽt ⁊ deuaỽt dibechaỽt ym a
bucho. O buchyant maỽꝛuot ef amrod-
ho. rodyon didywyỻ amdidwyỻo . dedueu
digãwed am diwedho .donyeu kynghoꝛev
am kynghoꝛo . kyghoꝛỽꝛ ar ỽꝛ yꝛ ae myn-
ho gỽar : kyghoꝛuynt ny gar ỽꝛth ae karo.
Caru ym ydjm amdigaplo . caryat ae bỽ-
yỻyat ym ny baỻo . car andadyl dilys am
dewiſſo . kerennyd douyd beunyd ambo.
' Eidaf oed ynn reithaf. 39
ymbywyt . caru kymhlegyt ygryt

grymhaf . caryat didwyỻ agyꝛbwyỻaf : 1
cared bꝛeint camwed camhaf ogywyt .
om bꝛyt kynn gỽeryt y gwaredaf . Caru
duỽ y baỽp oed bybyꝛyaf . mal y kar y
ſeint bꝛeint bꝛeinholaf . kanys caru duỽ 5
diatueiraf. gỽeith ⁊ eilweith rac kyfreith
y kyfrifaf . Ef yndiwael hael haỽl gym-
hennaf . ef yndigard hard y vard vydaf . 8
ef divꝛadw achadỽ "y dagnef "uchaf : ef ao-
ꝛuc nef adef adef adaf. Ef yn vn duỽ gỽir yn-
gywiraf. vndeb doỽn digraỽn digreulonhaf.
ef yndꝛi ami . nymynnaf y uar : ef ỹdꝛu-
gar gwar yn hegaraf . Ef yỽꝛtat ef yỽꝛ 13
mat mỽyhaf . ef yỽꝛ mab ef yỽꝛ pap pennaf.
ef yn yſpꝛyt glan gloewaf .y defnyd ⁊ ef yn ri-
hyd ryd ny ryuedaf . Ef agret y gret gret
adwynaf . cret argel dirgel adirgelaf ganaf
credet baỽp yduỽ deỽꝛnaf gogonet ⁊ cret
yneidunet aeidunaf . Cret vyuyꝛ yſtyꝛ
ayſtyꝛyaf . cret yỽ heb ymgel diogelaf. 20
credadun yỽ ef yỽ dꝛaỽſgỽyd ⁊ criſt arglỽyd
kulỽyd ac nys kelaf . Credu camgyfreith
ys dichỽeithaf. cret dyſgeit gan y neit a naf.
cret greuyd beunyd bennaf ygogaỽn ⁊ cre-
du y duỽ ae daỽn ys kyfyaỽnhaf . Crettych
di vi yꝛ keli keluydaf. crettỽyf di vy ri 26
pan vo reittaf.

Dvw arglwyd erglyỽ dy volyant . duỽ
arodyat amryd kygỽennyant . duỽ
terwyn toꝛuoed gogonyant .duỽ nefoed 30
vy nodua yngeugant . duỽ bꝛeinhyaỽc a
bꝛynỽys y garant . oꝛ poeneu ar pechaỽt
awnaethant . plant adaf plenhigyon
vuant . yny pꝛeſſent y pſſwylaſſant . 34
gan duỽ yn ỻeuuer ỻewychant . ỻu bedyd
ỻewenyd a gaffant . rac bꝛonn meir mỽyaf
y medyant . gỽerydon gỽiryon vyd angỽa-
rant . amihagel dec dygant ynganỻaỽ ⁊ yꝛ
cannỻu oꝛdiuant ⁊ crefydwyꝛ credu rywnae-
thant . Yꝛ creaỽdyꝛ ae crewys y credant . yg-

ygkein ffaỽt ydꝛindaỽt ytrigyant. yn 1
pꝛytuerth gwerth pꝛiſgerd aganant.
reit y minneu le lỽꝛỽ medyant .parhaus
paradwys yỽ vychwant . oeiryol milyoed
amilcant oꝛteulu.parthadu ymparthant :: 5
gabꝛiel raphael amriuant yngymhen::vy
gymhody* awnaethant . Ynydyd ym pꝛiaỽt
ympꝛouant. yꝛ unduỽ nyꝛ vndaỽt ymga-
dant . ynrinnwed radeu ymrodant . yn
waſtat vyggỽeſti agatwant . yggỽynuyt 10
rac lleturyt ynllỽydyant . teyꝛned teyꝛnw-
lat ymdygant . ynlleithic duỽ gỽledic y
gỽledychant. vn ỽyparch ỽyperchi avỹnant.
14

REen riedaỽc rỽyſc kyuerthi rex ryn-
gaf othrod rỽyduot uoli . rann eiryan
araỽt traethaỽt teithi. ym trugar arglỽyd 17
kulwyd keli. kanys ef anda andoeth gỽeini.
duỽ gỽyl goludaỽc golychỽn di . nat elom
ynlloc ynlle kyni . ynllỽgyꝛ llu malaen ma-
ledicti. mat mynycha dyn dwywaỽl wedi.
neges ymkymell kymrodedꝛi. yſſym arſỽyt
maỽꝛ mynet idi . Mechdeyꝛn kaeroed nache-
ryd vi . kanyỽnn nam ffoꝛd namffuruf erni.
ernywyant ydyn ydigoni. ar duỽ yngollỽg
gỽall vynechi . aedykỽy yngam ygkymhelri
uffern :afleu dihed dihun gyymry . kymroda-
ỽc awyd kymradỽ y vꝛi. kymroded pan uo
pont dewi . dỽyreit triſtit wed treghi . yꝛauo
diuro yny divꝛi ~~~ 30
DJ vꝛi divꝛoed dyhed diheu. diſgewyd dif-
fyd diffaỽt gynreu. diphara yda yde-
uodeu. camgymydaỽc cas keſſenydyl vꝛeu.
kyntaf ae geſtỽng gyſtud agheu . aghuoeth
aghen eghif rageu. rex ryſgollychỽyf rỽyf
ryuedeu . kyndigones duỽ oedefnydyeu.
Duỽ adigones lles allyſſeueu . llywyd 37
lleueryd allauuryeu . llary aoꝛuc llỽyꝛ ån
gỽyꝛ angeu. nyngattỽy reen yn rann uadeu.
Rodyſſit y[n] duỽ ynandechꝛeu. rod per padỽyr
parha goleu . Rynn paraſſei duỽ heb dim
eiſſeu . yny wnaeth angỽnaeth angỽeith-
ꝛedeu .Gwae agodỽy duỽ dogyn berthi- 3
deu. duỽ awna deubꝛyt ffryt affrỽytheu.
diffrỽythwyt dayar dꝛỽy garedeu dyn :
dinam bwyat duỽ aegoꝛeu. 6
GOꝛeu gwaradꝛet goꝛedwyn ffaỽ . go-
bꝛynnv gobꝛỽy gobwyll ohonaỽ .
gỽerth ymrodeiſt dyn dynaỽl andaỽ . 9
ath rodaf gyſſul heb gas yndaỽ . pan vyn-
no duỽ dy divuryaỽ . o dylleſt pꝛeſſent aphꝛ-
eſſỽyl vꝛaỽ. Ket ath vo di golut goleu anaỽ.
nath tynnit eldit yꝛyadaỽ . na mỽy verỽ 13
arauar racdaỽ . na cheryd y duỽ dỽyn yꝛeidaỽ...
EJdunyant [y dyn] y dỽyn aruoes . y gymryt
creuyd criſtyonic croes . annwo gaỽn
woglyt oanneiryoes . ogadarn gatwent 17
ca[l]ppꝛeſſent poes kany wyꝛ anpỽyll pell-
et anoes . anreit yſtyꝛyeit yſpeit eiſſoes .
o gadarn gatwent camp pꝛeſſent poes .
auu oedaỽc doe henỽ nyt oes . yn hir
nynnỽys duỽ dynnyaỽl einyoes ~ 22
EJnnyoes enryded rac llu annweir.
ynlle ernewit awna kadeir. ageiff
agaffer yndiatneir. o gywyt agỽeith a-
gỽyth gellweir . kan yttoed angheu yn-
ankyueir . paỽp pꝛeſſennaỽl lỽyth leith 27
agkyweir. namyn adywettỽy oduỽ uab
meir . nyt oed iaỽn y dyn dywedut geir...
GEir garỽffraeth gỽaeth gỽeith
gỽyth gywyt . gỽae yt vỽynt atref 31
ac ef ygyt . gỽae agodỽy duỽ trỽy ſyber-
wyt. traha ae ſyꝛth ympoen ympell dein-
cryt . gwae ny llauur lles yny yſpꝛyt.
Yſpeit vyꝛr vydaỽl vot ympenyt . gỽae 35
ael ygkam ygkymlegyt kayn. kynnryuel
loc lygỹat enbyt . gỽae auo yno diffro
diffryt .diſtaaed dolur dygyncur kymryt.
kymeraỽd anduỽ andihewyt . kanys ef
angoꝛuc ac angỽeryt . Goꝛuchel reen 40

reol diffryt. goludaỽc arglỽyd goleuat byt.
goꝛpỽyf creaỽdyꝛ nef nerth y gennyt. gobꝛyt
gỽelet ynhed ynhyt.
YN hyt ynhedwch haỽd bỽyf oeglas. glan
mechteyꝛn glein gloeỽ deyꝛnas. Gỽledic
nef allaỽꝛ allwyꝛ dinas. llary arglwyd llawer
llewyn gỽanas. Gỽae ny wna kynnif kynn
oeleas ⁊ kymmot ar creaỽdyꝛ aery greaſ.
Credỽn yꝛ reñ rybenndigas. dỽfyn dyvu y
hỽnnỽ honneit ygas. Galwaf ymeiryaỽl
ar y wennwas. aholl gradeu nef yneuhad-
das. ameiryolo pedyꝛ per y ewras. arpoblo-
ed gỽirin gwanhed tras. ameiryolwy ſeint
ezechias. arueir uam y that y thec urdas.
ameiryolỽy meir ar ymab kỽas. nat elỽyf
ynllỽgyꝛ yn lloc idas. Namgatto reen ryn-
dec pꝛynnas. yn rewin kayn can ſathanas.
rac pobloed poen eukyweithas. poet ef
vyn duỽ nef vo vyndinas.

Y brawd Fadog ap Gwallter ai cant

Mab anrodet. mab mat anet. dan y
vꝛeinheu mab gogonet. Mab yn
gỽaret ymab goꝛeu. mab uam uoꝛỽyn gre-
vyd adfwyn aeduet eireu. Heb gnaỽtaỽl tat.
hỽnn yỽꝛ mab rat rodyat radeu. Doeth
yſtyꝛyỽn. aryuedỽn ryuedodeu. dim ryued-
ach nybyd bellach ny bỽyll eneu. Duỽ yn
gaỽꝛ maỽꝛ bychan. kꝛyf kadarn gỽann.
gwynnyon rudyeu. Kyuoethaỽc tlaỽt.
antat an bꝛaỽt. audur bꝛodyeu. Jeſſu yỽ
hỽnn ynbenn rieu. Jſſel uchel emanuel
mel y uedylyeu. Ych ac aſſen arglwyd pſſen.
pſſeb pieu. a ſopen weir. ynlle kadeir ynlliỽ
kadeu. Pali nyt utynn. nyt vryael gỽynn
y gynhynneu. Ynlle ſyndal ygkylch y wal.
gỽelit carpeu. Eiſſoes mae ef. dangos o
nef awnaeth gỽyꝛtheu. Oed uab naduỽ
reen. oꝛhỽnn yken. llena llyvꝛeu. adewiny-
on aſynnwyꝛ doethon. dethol gampeu. A
darogan pꝛophỽydi glan ⁊ glaer barableu.
y leueryd ỽꝛth uugelyd gỽylwyꝛ ffagleu.
Egyl ytuyd aenos ueldyd. dyuu ynoleu.
yna ytraethỽyt. ac ykoelwyt coeluein chỽed-
leu. Geni douyd. ygkaer dauyd yndiameu.
Son egylyon aglyỽ dynyon a diolcheu.
llewenyd maỽꝛ. allawer gaỽꝛ. o ganueu.
Y duỽ glozia pax in terra. ynteruyneu.
Hedỽch yꝛbyt. iechyt y gyt. gỽedy agheu.
Gỽylynt wyꝛ gynt. ogof hirynt. herwyd tadeu.
Gỽylwyꝛ kywrein. gỽyꝛ ydỽyꝛein. ardal bꝛynev.
Paỽb ol ynol. gỽneynt trỽy reol. rann wyluaev.
Onos ynos. valchỽant aros. kyfuaroſſeu.
Gỽelſont ſeren. oliỽ amgen. ac amgylcheu.
Acamgen rat not. noꝛſeruchot. vch y penneu.
Geni yna. y bꝛenhin da. arwyd diheu.
Vu gyſſeuin. gan dꝛi bꝛenhin. vaỽꝛ ybꝛeineu.
Ynacredant. yna kyꝛchant. kyꝛch godeheu.
ac eu manac. ſeren o rat. ynroi goleu.
Kaeruſſalem. achaer uethlem. nyt yꝛmethleu.
Doethan ynrỽyd. arueirch ebꝛỽyd. wiỽ ebꝛãnev.
Diſgyn ynffyſc. ſerẽ aedyſc. wir ydyſgeu.
Yꝛ ty ydadant. heb. doꝛ heb gant gỽỹnaỽc dꝛyſſev.
Ymab ydoed. aanydoed. dan y nodeu.
ae vam arlaỽꝛ. aebꝛoñ werthuaỽꝛ. ỽꝛth yeneu.
Dyn awelant. duỽ ycredant. da ycredeu.
Ef adolant. nyohiryant. ar heir linyeu.
Sỽllt agoꝛant. eur anregant. aragoꝛeu.
Myꝛr ac yſtoꝛ. ardunyant coꝛ. kerd rinwedeu.
Tꝛỽy ffoꝛd arall. troant yngall. heb golledeu.
Rydun aegỽlat. rac tỽyll abꝛat. ybꝛenhingeu.
Rỽyſtrỽyt erot. greulaỽn aruot. ar yarueu.
lladwyt meibon. gỽiriõ gỽỹnyon. gỽae ymãmev.
Acnyt gỽaent hỽy. gỽyñ ybyt hỽy. bot ỹ ſeinyev.
armerthyꝛi. achaỽs euri. yneu rỽymeu.
Kyt bot ettwa. ewyllys da. dial eiſſeu.
Nagỽneuthur da. nathꝛaethu da. ar dauodeu.
Hynny aỽnaeth. ganedigaeth. dec wynneitheu.
Vn mab duỽ gỽir. ot edꝛychir. ar y dechꝛev.
Nos nadolic. nos antebic. y dꝛycnoſſeu.
Nos lewenyd. y lubedyd bydỽn nynneu.

Bendigedic . yỽꝛ nadolic . deilỽg wledeu ⸗ 1
Pan anet y mab . arglwyd pob pab . pob peth biev ⸗
Oarglỽydes . a wna yn lles . an llud poeneu ⸗
Ac angỽna lle ⁊ yntecca bꝛe . yggobꝛỽyeu ⸗
yr vn ai k 5
Gwaret arnaf naf naỽd am rodych ⸗
gỽann ỽyf ym nerthwyf . vy neirthyat
vych . gỽareder llawer lle gwarettych . reit gỽ-
aredỽꝛ gỽeinyeit gỽae nygerych . Sef yỽ y
gỽander ner nyt nas gỽypych . ſalỽ ymgelu
pany gỽelych . Gỽander gỽir bꝛyder bꝛat 11
vynych kywyt:agkedernyt bꝛyt ỽꝛth abꝛe-
dych . Bredychỽꝛ yỽꝛ byt ae gyt gywrych .
ar ſathan truan y treythych . awyl cnaỽt 14
chỽannaỽc achỽennych ynhaỽd ⁊ maỽꝛ gaỽd
didꝛaỽd daỽ oe edꝛych . Rac tri gelyn dyn duỽ
amnodych . rugyl gyt eu kyngyt ae kein
wrych . rac eu llu kat du ymketwych . ar- 18
glỽyd rac ebꝛỽyd kyfrỽyd amkyfrennych ⸗
ffaſter byt ae wyt awherdych . ffoaf os
gallaf y aſgellwꝛych . ffoaỽdyꝛ yỽ y ryỽ reỽ-
indꝛych . Vynet vn vyget gerdet . agard vꝛef-
fych . keiſſeit gythꝛeuleit agythꝛudyych ⸗
cas wybꝛeit rỽydꝛeit rỽyſtreit rỽyſtrych . 24
caỽſſant gennyt varn nyt atuerych vyth ⸗
nathꝛeinc euhoer . nyth nac euhirnych .
Coꝛff ae pump ſynnỽyꝛ llwyꝛ y llywych ⸗ 27
caerureu ydoꝛeu ual ydaear ſych . kaeadeu
pareu perỽch yny bꝛonn . gỽiryon boꝛthoꝛy-
on aberthynych . Titheu yꝛ eneit peit nam-
pyttyych . tro offyꝛd di dꝛo y traekeſſych . tynn
dꝛoet dy uedỽl trauedych . dy bỽyll ⁊ oblith ma-
gleu tỽyll tywyll eurych . Dyuotyat gỽaſtat
gỽiỽ yſtyꝛyych . dy uoned arwed y harwedych .
dylyet . aeduet auettrych . yngall dy annyan
deall adeellych . gloeỽ degach noꝛeur ythwna-
eth eurych . athlunyaỽd creaỽd haỽd ycret-
tych . y eilun ehun honnych yardelỽ ⁊ ac oedec
wirdelỽ yꝛardelwych . aruolleiſt ynof y ket-
twych . anffaỽt aphechaỽt kynnyphechych .

achaỽs reitwlych uu uedyd ffrỽythagheu 1
douyd duỽ auolych . kytſynnyeiſt gỽedy
keis nafgỽettych ⸗ ar gnaỽt wall deuaỽt a
welldouych . nyt vn weit nadỽy doluryych
bop aỽꝛ : namyn yn ryuaỽꝛ aryuynych . 5
awneych o diỽc nadiogych . gỽed cant
kymmot kymmydych . Vn weith herỽyd
caryat meith hyt na methlych ⁊ diſgyn pan
amherych . Gỽaet ieſſu auu gỽaet cu cỽy-
nych . gỽirda yſtoꝛya pan yſtyꝛyych . grid- 10
uana ocha ual ych yn beichaỽ ⁊ pan uo yn
kỽynaỽ gỽae y gytych . Jeſſu dec ieſſu ym-
dangoſſych . dy wyneb ny heb aohebych .
nachud dy deuryd didoꝛych oth was . gỽae
neb oe gas ageſſeych . Tꝛoui vy rỽyf keli
amkallonnych . attat y troaf attaf y troych ⸗
nat vi y ỽꝛthyt y ỽꝛthꝛych maſſwed ⁊ gỽaged
bꝛeuoled adiwedych . Amheraỽdyꝛ creaỽdyꝛ
cryf ymgỽnelych . ymffyd amcrefyd ym 19
cryfheych . daly vy llaỽ ythlaỽ alywych yn
iaỽn ⁊ arhyt ffyꝛd vnyaỽn ym harwedych.
athuolaf duỽ naf nefoed lèwych . pỽy nyth
vaỽloꝛ ſaỽl ar afeilych . Yth uolyant ſonyant
ſon clych allyfreu : kerdeu telyneu cras 24
tanneu crych . Nef dayar uffern pan y ber-
nych . dot not ymhỽynep am hadneppych
par cled y minneu ny mynnych vy mot ⁊
parth yꝛwon goꝛuot ym goſſottych : 28
pan del y tri llu trallaỽt berych . y leaỽs
yn traỽs a treis boenych . yth lu di diuri
di vꝛych gỽynn oleu ⁊ ary llaỽ deheu ym
lleheych

Divregwawt Talieſſin

GOꝛuchel duỽ golochir ym pob va . 33
goꝛuchel y ennwein yn eurea ⸗ Elẏ
eloẏ ac adonaẏ ac o ac alpha ⸗ peryf nef
parhaus gỽꝛdda . parỽydyd eluyd peris
pꝛif da . o tan ac awyꝛ allyr ac ethꝛa .
Kynnybỽynt un anyan llyꝛ athterra . 38
kadỽynne dyꝛys pỽy namyn kyfrỽys
ae kyfrỽyma . Y kynneil aelwis oe leuthe-
ria.

Nyt maen nyt haearn ae kadarna . nyt coꝛs
nyt calaf tudet ae kudya ⁊ nyt plỽm trỽm
y riſc ae goꝛwiſca . Neus gỽiſgỽys keluyd 3
gỽꝛ. odỽſyꝛ aẏa. traethadur pꝛophỽyt pur
ae traetha . Pan dywot tat ſelyf yn pſalmo-
dia. Quis tegit aqua ſuperioꝛa . Neus 6
goꝛwiſcỽys gỽꝛ keluyd nef oe nodua . a ſyꝛ
aſygneu aheul a luna . peunyd kylch eluyd
heul ae hỽyla. yn uchel oduchom lloer lleu-
uera . pump gỽꝛegys llunnyỽys llunyedic 10
llaỽda . ſicut in celo ⁊ in terra. llaỽn yỽ y deu
eithaf oeiry a ia . Ac rac oeruel neb nyſ neſſ-
aa. Pymhet yny perued neb nys kyuanheda.
ydeu oboptu y dyuu tymer da. Gỽꝛes ody-
hỽnt ac oeruel odyma .goꝛuc dỽy ffynnaỽn
kyflaỽn eu da. ffynnaỽn gỽꝛes yn awyꝛ. a- 16
heul yny hadua . ac oꝛ tryded ffynnaỽn y
dyellir eigyaỽn attam yma. aperis pꝛeſ-
ſent yplant eua . Aberis oes ac oeſſoed
ablỽynyded aſecula . oes. oes adaf. ac oes 20
eua . Eiloes oes noe a noſyeſ yny archa .
Tꝛyded oes. oes abꝛaham pennffyd pater
patriarcha. Pedwared oes . oes moeſſen
ymmynyd ſẏna. pangauas degeir dedyf 24
ynydir weſtua. Pymhet oes. oes detwyd da-
uyd pꝛopheta. Chwechet oes . oes ieſſu ahyt
vꝛaỽt ypara. ac yndi y pꝛouet y pꝛopheſſẏa.
y doeth o epil ennỽir eua. mal ydaỽ ar y 28
dꝛein blodeu roſa. Meir wyꝛy adoeth ouru
anna . a ieſſu adyuu o vꝛu maria . ar nos y
ganet ieſſu gỽꝛ an iacha. y clyỽſpỽyt coꝛ
egylyon nef yn kanu gloꝛia . Dyuynnỽyſ 32
eluyd olawer da . ac yꝛ tri bꝛenhin ſerena.
travu emanuel yn dawel yma . gỽnaeth y
gỽyꝛtheu llaỽer ^ gweithꝛedoed da. Gỽna-
eth ar y neithaỽꝛ yg galilea . or dỽfyꝛ y gỽ-
in melys pan erchis maria. ef poꝛthes
pum mil ar y pum toꝛth bara . mỽy oed 38
o wraged noc awelat ỽꝛth uỽytta.
Kyuodes y uoꝛỽyn oꝛ domo claỽſa. ky-

uodes un mab meir extra poꝛta . yar y eloꝛwyd
oe oꝛwedua : kyuodes lazar y dan ydayar
bꝛat ^mair a martha. Ef treidwystonneu heb
geiſſaỽ llongeu hyt y poꝛua. Ef avu uedic
yꝛ paralitic . yn ymyl poꝛtic epẏſſina. ef 5
avu uedic yꝛ claf nychedic adoeth attaỽ
hyt y tyꝛrua. Ef gỽaraỽt deillon . ef didan
cleiuon . a charcharoꝛyon obob cleuyt ae
gỽꝛthꝛyma. Ny chyfrif nebaỽt . narholl uy-
dyſſyaỽt . byth nyſ traetha. a wnaeth yn ri 10
oanryuedodeu hyt trauu yma. Ac ynydiỽ-
ed ydyuu. iachaaỽl ieſſu. hyt ynieroſolima.
y kymerth croc achethꝛeu. affroỽylleu. ac
agheu . y kymerth un mab maria. yobꝛy-
nu llaỽer olaỽ ſathana . Ef kyuodes y 15
trydyd dyd oe oꝛwedua . ac y doeth att y diſ-
gyblon gỽedy bỽyta . gỽedy yſpeit hir qua-
dꝛaginta. Neuraeth men pandoeth . yny-
nef ybu ⁊ yny nef y byd . yny nef y mae et-
twa. a dydbꝛaỽt ydaỽ ef attam yma. ac adỽc
gantaỽ y ſaỽl ae koffa . y keiff mihangel y 21
ſaỽl auo da. y obꝛynu gỽlat nef ys ef yſſy da.
Y gethern ennwir aataỽher yma . y gethn̄
yſſy waeth ny wnaethant dim da. Y gethn̄
ael y uffen̄ . gan luciffer yda. Pỽy yỽ. pỽy ynt
pỽy ae koffa. pỽy onyt kyfrỽys ae kyfriua. 26
Gwae agymerth bedyd . achꝛeuyd . arnyſe-
uis ynda. gỽae ꝑchennaỽc tir. ny chyn-
halyo ywir. rac y traha . Gỽae ỽynt ypen-
naetheu yꝛchwant aelwed . atyꝛr deuodeu.
ac ae diua. Gwae offeirat byt . ny agreitho 31
ywyt . ny phꝛegetha. Ny wercheidỽ ygell .
ac ef yn uugeil nys arheila . ny differ y de-
ueit rac bleideu ribynnyeit . achyffes da.
Gwae ef auo ki. kynndiwed gỽeini . erbyn 35
teruyn trenghi. gỽae ny thꝛugara . Gwae
a dỽc tref tat gỽedỽ ag ỽann . onyſ atuerha.
Gỽae nych ꝛet yꝛ trindaỽt . gỽae ny gyn-
nyd ḡardaỽt. gỽae ny thꝛugarha . Gwae 39
a yſſo bỽyt . ny chan golochwyt . ny lauurya ~

G6ae 6ynt yg6nniuyeit . nygarhant eu he-
int . nydegēma . Gwae ageiſſo y v2yt yt
tra vo ymy6nbyt . tr6y d2eis ath2aha . 3
G6ae alad dynyon . g6ae at6ng anudon .
onyſdiwycka . G6ae perchen tauа6t . a-
uarno camv2a6t . onyſdileha. Gwae 62th
ygymyda6c . agynhalyo g6c . ac awnel 7
d26c. ac ad6c yda . G6ae adycko tyſtolyaeth
gam . ar vab ab2ham. onyſpennyttya .
G6ae digaſſa6c ſeint . ny chynneil eub2eint.
nyſadolha. G6ae ynerbyn agheu . a volo
pechodeu . nys kyffeſſa. G6ae yn erbyn 12
dydb2a6t nychoſpo y gna6t . ac amyp'a6t
nyph2ydera . G6ae agynneil arna6 . ac a-
d6c atta6 . arnyvo yeida6 . G6ae ayſpeil
tut . agynhalyogolut . gyſnewitta . G6ae 16
a 62th2ymo arwann . ae ca6d ac ad6c yrann
onyſkyfranna . G6ae nygaro du6 . g6ae
nygaſſa dyn . g6ae aediua . G6ae agynne-
il bar. ynygallon 62th gar . ac ae kaſſa. 20
G6ae pchenna6c b6yt agaeho y gl6yt . ac
ny alwho b6yſt 62th y v6yta . G6ae pchenn
kyuoeth . awelho lletnoeth . onyſcudyha.
G6ae ny rodho lletty . a than ag6ely. y pere-
grina . G6ae aga6d g6iryon . g6ae nydidan
cleiuyon. acharcharo2yon . onyſgov6yha. 26
G6ae 6ynt y gethern . ef pan anet . adwc
y wirhet . yn ynferna . G6aent h6y ygethern.
auynnant uffern . byth g6edy yma. Yny
mae ubein . yny mae lleucin. allawer pla. 30
Ynymae griduan . ynymae poethuan . heb
eſto2ua . Yny mae deincryt . yny mae anwyt.
ac eiry aia. Ac nat oes datol6ch . nac ediua-
r6ch . vyth wedy yma. Archaf arch y2mab
rat . ac y tat yda . T2ugared yd2inda6t ath2u-
garha . kynn mynet ymbed amdiwed o2-
wedua. llwy2 ediuar6ch tut ⁊ kynnelwyf o-
dyma . Arauedylyeis . acaradigoneis . o
treis a th2aha ~~~ ~~~ 39

Moli du6 yndech2eu adiwed . ae kynnif
nywellic ny omed . vn mab meir mo-
d2ydaf teyzned . meir mam griſt ergynnan
rianod . Tyda6 y2 heul o2d6y2ein y2gogled .
Dyeirya6 y2 dyua62 d2ugared . dym 5
ar dy vab yolud dy yntrugared . du6 uch
omne . du6 rac omne . du6 aued. Reen nef
anrodomne ranntrugared . teyznuronn
tranc y2om heb ymomed . Dywyckof y 9
digonhom ogamwed . kynn mynet yggwe-
ryt ymhirwed . yntywyll heb gannwyll ym
go2ſed . ymg6einuot ym go2ot ymgo2wed .
G6edy meirch ac ymdwyn glaſſwed . achy- 13
ued achyt ynni ag62aged . ny chyſcaf go-
b6yllaf omdiwed . g6lat ydym is agro ym-
aſſwed . Mal deil ovlaen g6yd datwed . G6ae
agha62 agra6n ma62uerthed. ac onys g6a-
da6l y rihed . kyn gatter ef yn ryſſed . pſſent ⁊
perigyl y6 yny diwed . Nywy2d2ut nyt yſ-
gryt ynytymher . nychyuyt bo2e ny chyf- 20
ueirch nyt eiſted . ny chan wen nyt eirch
trugared . Byd chwer6 y dalha62 ynydiwed .
ſyberwyt ama62uryt ama62ed . meith2yn 23
co2ff ylyffeint . anatred . allewot acymd6yn
ennwired . Ac agheu dy da6 62th gl6yded .
Ef ynll6ch dychynnull dychyued . dyneſſa
heneint arllet arued. dygluſt dyd2em dy 27
deint neut atwed . dychy2cha croen dy vyſſed .
Aneirolony mihangel . ar reen nef rann
trugared . kynnteuin keinhaf amſer. day-
ar aclar glas called . Neidy2 ynrith ych yg-
g6ed . g6y2d mo2d b2ithoto2 tired . pan gan-
hont cogeu arulaen g6yd . handit m6y vy 33
llav62yded . Toſt m6c aml6c anhuned . kañ
ethynt 6y kereint ynatwed . ymb2ynu yn
tyuo ynynyſſed . mo2 ympob fo2d ydelher.
Rac griſt g6yn nyt ynialed . oed ch6ant yn 37
kar yn troſſed . treidya6 ty tir yalldudeed.
Seith ſeint a ſeith ugeint ⁊ aſeithcant auu-
ant yn un o2ſed . ygyt ach2iſt g6ynn nypho2-

thynt vygiled . arch aarchaf nym nackaer y
roſ adu6 tangneued . ambo ffoꝛd y poꝛth ried .
criſt ny b6yf triſt yndy oꝛſſed . 3
YN en6 dñi. meu y moli . ma6ꝛ y mola6t.
Molaſ douyd . ma6ꝛ y gynnyd . arycar-
da6t . Du6 anhamuc . duw angoꝛuc . du6 an-
g6ara6t . Du6 angobeith . teil6ng perffeith.
tec y purffa6t . Du6 andyly . dû6 yſſy vꝛy . 8
bꝛenhin trinda6t. Du6 apꝛouet. ynn yndꝛ6y-
det . dꝛ6y y dꝛalla6t . Du6 adyuu oe gar-
charu . gan uſullta6t . G6ledic detwyd . an-
g6nel ni yn ryd . erbyn dydbꝛa6 . and6c yꝛ
wled yꝛ y wared . ae werinda6t . Ym parad6yſ
ympur gynn6yſ . rac p6ys pecha6t . Ang6nel
iechyt . yꝛ y penyt . ae pym dyꝛnna6t ~ 15
Dolur eghyꝛth . du6 andiffyꝛth . pangym-
merth kna6t . Dyn agollei . pei naſ pꝛynei.
diuei deua6t . Oꝛ groc greulet . ydeut g6a-
ret . yꝛ vedyſſya6t . Cadarn uugeil . criſt
nyt atueil . y teilyngda6t ~~~ 20

POnyt g6ann truan trymder pechad:
pechodeu aniuer : nawyl dyn dyuot
yamſer. nawelyd kewilyd kallder. 24
Nachꝛyn lla6 yn llunya6 ſal6der . na chꝛet
ydu6 dewin ffydlond'. nachꝛynei bop pꝛyt
rac pꝛyder . c6ympa6 y my6n k6ymp
luciffer . yn dilet uryt byt bot ynouer . 28
Nyt da na thꝛaa nathꝛa balchder . nyt di-
gewilyd pan welher dydbꝛa6t : darllein
pob pecha6t ual y pecher . achꝛiſt ympꝛenn
croc yꝛ creulonder. yny boen y bu du6
g6ener. arpumpffr6t . pumffr6yth nyt 33
ouer . ae banneu ambenn yniuer . ac an-
heil6ng lu gan luciffer. ac yntal pob ſant
y galander. ac egylyon neſ niſer caran-
neit : yn crynu rac pꝛyder. Deall6n ſyn- 37
ny6n tr6y ſynn6yꝛ ner . dielwet uyd dyn
y dyd y ganer. eſ yn uab yn uebit ouer.
eſ ynwaſ an waſtat gallder . eſ ynoet yn 40

edꝛym llymder . eſ yn 6ꝛ ynareil pꝛudder. 1
Eſ yngr6m yn gryman g6illmer. eſ yn
r6th yn ruthꝛa6 g6ener. Eſ ar6ngk y r6ng
y d6yuer. eſ heb gof yghyſ vꝛiſ aered . eſ yn
wann truan la6 tryuer heb nerth : eſ heb 5
gannerth heb geniuer. Llwyt y benn pan
heny6 y ualchder. Llygat bꝛi6 heb li6 heb
leuuer. lle yꝛ danned ynd6nn pangeiſſer.
lledyꝛ y grud yngrin pan deimlher. ll6m y 9
groen crin urych yſgeler. lle ryued ryuic a-
balchder. Nauit ryualch dyn ydan yſer. na
vit unlyſſen6 aluciffer . Ny byd bꝛych wenn
llenn lla6 anycher. ny byd bꝛychwyn dyn 13
dyd ycladher . Nyſ canlyn oedaoediuer ymdꝛo :
eithyꝛ y amdo amdla6t biner ..

NA6d ytat armab rat roſ amgalon . na6d
yglan yſpꝛyt kywyt koſyon . na6d y 18
ieſſu caru coꝛon tangneued : cared diſgybled
aediſgyblon . Na6d ygroc deheu donyeu dan
uon . agymereiſt du6 yꝛ dydynyon. Rac uffern
gethern geitha6ei anffydla6n . ae creula6ndiga6n
di gaſſogyon . Na6d y caryat rat roſ am galon . 23
na6d myꝛ ameir ae moꝛynyon. Na6d aar-
chaſ y archegylyon . ma6ꝛ argl6yd neſ allawr
ual ym ll6ydon. Na6d pedyꝛ arbennic lleithyc
llithyon . oꝛeu poꝛthoꝛyeu oꝛ poꝛthoꝛyon. 27
Na6d y pedwar g6ar g6erydon wyꝛyeit : agel
yſtoꝛ pleit kyweit kanon . Na6d Jeuan li6
bann benndiwydon. auendiga6d criſt croes
ar6ydon . Na6d adſ6yn kyff6yn kyſſon y g6- 31
edi . pꝛoph6ydi keli kylwydogyon . Na6d un-
da6t trinda6t y tripherſon . na6d yꝛ holl ſein-
eu ſened wiryon . Na6d kanma6l holla6l 34
hollegylyon neſ : ag6ir adeſ y g6erydon .
Na6d arnaſ y dodaſ y detwydyon . nodet oe par
phet amperthynon . Na6d merthyꝛi du6 deon
dꝛagywyd : na6d yſſyd uſyd auel wirion . 38
Kynn godef agheu egyꝛtholyon . amb6yſ gan
deuhael kael kyueillon . Mihagel. Gabꝛiel gobꝛ6y-

onganma6l: yſp2yda6l geda6l gedymdeithon.
Yreol dethol yg6y2 doethon . yrydit adef
nef ymnodon . yn ryd ymheneit rodyon go-
leuder. yn rwydder lleuuer ymllehaon. amē ~
Yg62 anrodes rinnyeu ardaua6t . ac - 5
ara6t ac eireu . amtroſſes ygyffes
nyt geu . am troſſo y2troſſed go2eu. Ygury-
a6 go2wiſt ygrudyeu . y garu mab du6 yn-
diamheu . ygymryt penyt rac poeneu uf- 9
ſern ; ac affeith pechodeu . G6ae dyn adilyt
camlyeu . g6ae leidy2 ae led2at ygclodyeu.
G6ae d6yll62 ae d6yll nyſmadeu . g6ae gebyd
oe gabyl amryffreu . g6ae ot oe d2auot yny
dydyeu . G6ae ſyber6 ar ſubet agheu . g6ae
l6th oe lithia6 ygg6enereu . g6ae v2ad62 oe
v2ydyon uedylyeu . g6ae ny chy2cho ffeir
offerenneu criſt ; croes dolur archolleu . 17
G6ae agodho mam ogam nyt geu . g6ae
agodho tat nyt ‸rat rieu. G6ae ef yeni ener
kygho262 kyngho2uynt ae geingheu . 20
Seith b2iwyt pecha6t y6 pechodeu y2 bobyl;
mae yny bibyl euhenweu . am ſeith b2iwyt
nyt g6yt geu . Seith wedi ypader aruer 23
o2eu. Seith2at mat med26yf y dech2eu . Seith
leuuer ennwer euhenweu. Seith wers kym-
man glan kynn gloes agheu . croc; agant 26
criſt ae eneu . Yſty2yent pum oes byt eu bot
ym madeu . pan aeth un mab du6 ydyd go2eu.
y d26s po2th uffern gethern gaetheu . 29
Ywan heb annoc ae groc oe greu . y ſarff af-
lawen yn y eneu . Ydoed ynber6i ub o2 bareu.
ſeith canmil peireit oeneideu . a gla6eir ac ot.
aſeirff allewot . a pha6b heb annot yny boen-
neu . Ar keth2i oſcla6c . ar kyth2eul co2na6c.
ar ky2n llym ſodla6c. ar yſodleu . ar llygot
penngarn . ar gyluineu carn . ar llech las 36
hayarn . ar ſarn ſaetheu . Ar ffeir ynhird26c.
arff62n dywyll6c . a pha6b ol6c ary balueu.
a phop ry6 hird26c . aphob kyfri6c . aphob
eido26c arhen do2eu . a phob ry6 deua6t y2do-
lurya6 cna6t . aphop kigweina6t ar ykigwei-
neu. apha6b yn ubein . apha6b yn germein.
a pha6b yn lleuein . naſ llad agheu . Nys 3
ad2a6d taua6t . nyſ traetha keuda6t . onyt
y d2inda6t unda6t o2eu . Poenedic gethern.
pobyl my6n mycwern . poenoſyeint uffern
gethern gaetheu . archaf arch ym naf . y 7
dewin doethaf . nyt ym arwerthaf heb y
wy2theu. O2 lleth2i ar heul . o2 lle kyuyt heul.
nam rodho y gyth2eul y2 y gȳth2eu. Y2 ygyt
aruoll y2 y pymharcholl . y2 y arch v2i6doll.
ae archolleu . Y2 y car abſalon . y2 cur yd6y
v2on . y2 gwaet ygallon ae v2on v2i6greu. 13
Yd archaf ymtat . yſp2yt a rat. rann oe wir
garyat . ual ymgo2eu . Kynn yſgell med2a-
6t . yſgar am pecha6t . meda6t nyt meu.
Poenedy kynnes. kaffelgo2diwef . kȳmun
achyffeſ . alles llyſureu . Ole6 acaghen . a
chym6yll amen . achymot amreen . y2 19
hynngo2eu . Ny b6yf l6th dia6c . ny b6yf
leſc oſynna6c . ny b6yf weith2eda6c . cam
weith2edeu . Ny b6yf gyhudgar . ny b6yf
ymladgar . ny b6yf anhegar . ynhogi geu.
Ny b6yf hoedyl gywall . o weith2et arall. 24
ny b6yf 62 aghall . erbyn angheu. ameN

[D]u6 yngyntaf ykyuarchaf . bennaf
bieu . Nef adaear agwyllt ag6ar . 28
g6a62 yſp2ydyeu. Mo2 adyfred mur ‸teyrned. reit
wed radeu. ar ffuruauen ar holl p2eſſen.
b2yſſur donyeu. apha‸ra twys ef an p2yn6yſ .
p2yn godeheu . ar holl bobled . ac nyt ry-
ued . r6yf ſynnh6reu . Jeſſu ieſſu avyd a 33
vu . tr6y vud getheu . Mae yn uedyant . ma-
62 ogonyant . g6ant go2eu . Ymae yn kan-
uot ac yn g6ybot holl wybodeu. Nyt oes
v2enhin . deus domni dim . ynn yn eiſſeu.
Pam nat yſty2 yparch ſ6ydwy2 . perchen̄
ſ6ydeu . Nat an d2os gof . ywyllt adof. 39
y da6 angheu. Ac na6dant rac aglywant.
[o gleuytyeu.

B2yder diryа6. pab2yt yda6. eud6yn 6ynteu.
Ac nat g6ell barn. eurgled kadan̄. argl6yd cadeu.
No2 dyn g6annaf. adift adlaf . yny dadleu.
D2udyon vydant. d26c ybarnant . ameubarnev.
Heb dim nefa6l . or6yf byda6l. byt gyfreitheu.
Kyfreith hocket . achuhudet . 6anet bieu. .
ac ennwired heb d2ugared . ad2yceireu.
Ag6yllti neb . ha6l ac atteb . gattel poeneu.
ad6yn reudus. yngamly2yus . l6y2 ofutyeu.
Ydyd ada6 nybyd difra6 . g6y2a6 geireu.
ar wann griftа6n . yn agkyfya6n . digra6n dagu.
Y2 neb aeg6nel. go2mod ryuel. ryua62 gāmeu.
Nybyd un v2eich . heb u6y noe beich. o bechodeu.
G6ae hocked62. g6ae guhud62. o2 gohodeu.
arbalch gyued. herwyd troffed. tryfo2 ob2eu.
Panwir uarner. yggoleuder. fer afygneu.
Gey2 b2onn douyd. affywedyd. nyt oes wadeu.
Nyt oes allu ynerbyn ieffu. na fynn d2oeu.
Nac efguffa6. nachudya6 b2a6 b2at uedylyeu.
Yna y telir aghenn yftir. enn6ir eneu.
Ybob t6yll62. ac eth2od62 . eu g6eith2edeu.
Pan 62thotter. y62th niuer . nef ob26yeu.
Ydyg6ydant . eiffeu g6arant . g6ae y2 eneiteu.
Ymp6ll uffern. gyt argethern . wern welieu.
lle mae trift6ch . athyw yll6ch. all6ch alleu.
Ar kyth2euleit . euherbynnyeit . oerō boeneu.
Pob kamweda6c. pa6b ys ofyna6c . rac eufafnev.
Yndifgy2nu. danned arnu. o2n ymliweu.
llidya6c vydant . llym yg6anant . arkigweinev
G6en6yn atneir. g6ed agkyweir . my6n. peir poeneu.
Ac eu cronni . yhir goethi . g6aeth noc ageu.
ac odyno weldynatro. d2yc damweineu.
Eiry ayarre6 . aruthy2 wynt gle6 . agla6 dinev.
ag6aeth heuyt. oed odef cryt. my6n cra6n byll eu.
Yneb nych2et. eu kyfryntet. b2yuet b2oueu.
Weldy yna. perchen traha. trahir gāmeu.
Yn hardymer . gan luciffer. b2yder b2adeu.
Oed g6ell mynet . yn llekaffet . g6elet goleu.
G6ylua62 urenhin. y go2llewin. llewych d2efyn eu.
Ygymryt g6led. ua62 enryded . rydit gerdeu.
Gey2 b2onn douyd. ynd2agywyd . gywir donyeu.

B2enhin gogonet . b2einya6l y weith2et : ny
cheit oe barth eet na phlet na phla. Pei na wnel-
hei. vegys yharchei . rei ryua62 d2aha.
To2ri yg6ahardon . achȳnal llad2ō . ath2eif-
fa6 g6einon. g6nn nath dykya. D26c
vyd o2 diwed . difper ygamwed . dr6y ualch-
der reuued . ryuic nyt da. Yfty2 di en-
nwir. her6yd atreythir . gandu6 ny cheffir.
dim kywirha. Eithy2 g6iryoned . ag6ar
tagneued . ag6ir trugared . ual y gwedha.
Ed2ych dyuuched . kynn mynet yth ved.
o g6naethoft gammwed . naryuedha.
Bot yndir talu . ger b2onn y2 ieffu. lle
y g6elo y tri llu . y trallawt awna.
Gwae y2 fa6l agredan . os kamwed aw-
nan . y2 t6yll uyt truan. adifflanna.
Ac ny ny medylyho . ar6y dirpero. y r6yf
a gaffo . nyt ym goffa. Kyt boet kyuanned.
byda6l gymy2red . g6led g6neir enryded .
awnna. G6eleis lywelyn. luoed eil meruyn.
a chymry tervyn . yny ty2ua. G6eleif ben-
naetheu. g6yned ar deheu. colofynneu cadeu.
kyt o2fedua. G6eleis wy2 yntrin. ameirch
myfterin . ag6in ag6erin . a g6ar6yua.
G6eleis luoffyd . a chyued beunyd. a byt
ar gynnyd . gynnif g6y2da. Hynny aeth
heiba6. val ymchoel dyla6 . maepa6b ynada6.
oet dibarha. Nycheiff kyuoetha6c. uot yn
hir hoedla6c . v6y nochynnhīna6c. na chyn-
henna. Yfty2yeit travo . rac poeneu agro .
babeth a geiffo. beth agaffa. keiffet bop dedwyd.
ywled ny deruyd. llewenyd llonyd. ffyd affynna.
Nacheiffet hocket . tr6y gam guhudet . nef
yny thecket . kanythyckya . Pan l6y2 udylyer.
penyt p2yt p2yder. poen gam edyllder. o ver
eua . Nat oe gāmwed ef . yd aeth arglwyd nef.
yp2enn diodef . edyl traha. G6ae nyt mat
anet . bechoda6l weith2et . tofted vyd g6elet.
gol6c l6y2d2a. Dangos ffrowylleu . ae holl
archolleu . aegeth2eu aegreu . aeg6c a6na.

Hynn awneuthum i. beth awnaethoſti. med criſt keli .ri reit oed yna. Bot gleindyt parawt. ynerbyn trindawt. rac trallawt pechawt. deduawt diua. Gwae wynt y kebydyon. ar hocket dynyon. ar camwlyon. nyt adolha. Gwelet eu madeu. dꝛos eu camwedeu. yn uffern boeneu. benyt gudua. a gwelet mynet y nef ogonet. y ſawl a gaffet. ar y gyffuryf da. Y gan lewenyd y wled ny deruyd. yn tragywyd. ryd rat gymannua. a MeN.

Canu tyſſilyaw yw hwn. Kyndelw ae cant.

Dvw dinac dinas tagneued. duw dynawd nam kawd ymkamwed. duw doeth ydeythi teyꝛned. teyꝛnas wenn was wirioned. Duw amdwc ymdogyn anryded yw wennwlat yw rat yw ried. yn elwch ynhedwch ynhed. yn hodyawt yn hawd varannhed. ac eilrod eilrod gyhyded. areilrec eildec dꝛyganed. aganwyf ymrwyf om racwed. ragoꝛ uam rac ram ragyꝛwed. Tyſſilyaw terwyn gywryſſed. parth am nawd adꝛawd adꝛyſſed. peris ner oꝛ niuer nadꝛed. pꝛaff wiber wibyat amryſſed. Mab gardun ardunic nawꝛed. Mabolyaeth aruolyaeth wared. Mab bꝛochuael bꝛonn hael hawl oꝛned. goꝛpu nef yn eiuyonyd duded. Mat gyꝛchawd garchar alltuded. kyꝛch kyflawn kyfle diſroed. Mat gymerth arnaw pꝛaw pꝛuded. pꝛif obꝛwy obꝛyn trugared: mat ganet o genedyl uoned. mawꝛ wledic mawꝛwlat tyllued. Mat goꝛeu madeu marthoed. ac yꝛ duw diofryt diofryt gwꝛaged. Gwꝛeic "ennwawc "annwar ythꝛoſſed. aetreidwys butrwy ennwired. llann uechann vychot y berthed. llann ymroñ y challed. Dynyawl bobyl ny boꝛthant iawnwed. Jawn yduw diuanw eu reued. ar eubꝛyt eubꝛadawc uuched. ae gweryt ac ef ae gomed. kedawl ud kadell etiued. cadeir coꝛ yn cadw haeloned.

Kedwis dꝛeic dꝛagon gynnadled. caſſau caru creuloned. karet bawb keradwy diwed. kerennyd kynn keryd kared. kerit oꝛ vygkerd ygkynted yn yt gar gwyꝛ gwanar gwinwled. Caraſ ylañ arllen gan gwared. ger ymae gwyduarch vch gwyned. gwyduitle glywde glew deachwed. gwyd vynnwent gwydua bꝛenhined. Beird neuet niuerawc oꝛſed. bꝛeiſ[c] adoꝛth ehoꝛth ehofned. bꝛeinhawc loc leudir kyuannhed. meiuot wenn. nyt meiwyꝛ aemed. **Kyndelw ae cant.** kynd'

MJs med treis nys treid yſgereint. nys daeret treſret ytriſeint. mwy yndi gweſti gweſteifyeint y balchnawd. noc amrawt amreint. ae balchlann y vꝛeint rwng ybalchneint. ae balchwyꝛ ae balchwyꝛ teſſeint. aebalch lwys eglwys eglurureint. ae balchrad aebalch rod trameint. Ae balchawꝛ yn awꝛ yndeweint. ae balchgoꝛ heb achoꝛ echwreint. ae balch offeiryat ae hoffeiryeint. aepharawt offeren hoffeint. Balch y bagyl bagwy eur yheinyeint. balch y lloc rac y llifueiryeint. anhebic yꝛbleit ablyc heint. affleu freu aphꝛyuet llyffeint. athan poen poꝛthoed digofyeint. vffern wern ffuryf y henneint. kynn ar naf ernywed wythheint. wyth p[er]ſ wythpꝛif wyth p[er]ſkymeint. Kynn ergryt penyt poenofeint. poꝛthwyꝛ duw poet wynt vygkereint. Pan vo pawp panvwyſ heb heneint. ynoet dewr degmlwyd arhugeint. Pandel bꝛawt rac bꝛonn uchelſeint. amrodwy creawdyꝛ kyreiueint. kynn mimneu kynnybwyſ gywreint. kyndelw wyſ kynhelwaſ ovꝛeint. kerd newyd ymrebyd rygeint. kein awenn gann awel bylgeint. ~~~ **kyndelw.**

Pylgeineu radeu amrodir. rod rwyd gallrwyd gatyꝛ ytgenir. Canu dꝛeic bꝛydein abꝛydir. obꝛyder berthualch yt berchir. beth ymae meiuot aehamdir. berth eluyd rac eluet ennwir. berth y lloc wꝛth lleu babir.

berth ychlas ae chyꝛn glas gloewhir. Berth
radeu rieu rygredir. ae credỽy credỽch na
thỽyllir. Tꝛanc ar duỽ traethaf naellir.
traỽt ar dyn ae tremyn trỽy dir. Peꝛiglus
pellus pell dygir. pall arnaỽ pỽyllaf y dog-
nir. Pꝛeſſỽylgoll dꝛỽy doll egir. pꝛeſſent
vꝛadỽ vꝛadaỽc ygelwir. Pobyl vyd yn an
gỽyd yngelwir. paỽb ohonam am yn kam
yncoſpir. Awnel iaỽn ratlaỽn rymolir.
Auyd ryd ydyd yt uernir. Auo gỽyl golev
yt nodir. golỽc duỽ arnaỽ adodir. Auo
gỽann ỽꝛth wann ỽꝛth iaỽnwir. yn llỽꝛỽ
pỽyll pell yd atrodir. auo llary llawen ry-
gyꝛchir. Ac auo llachar ry llochir. Auo gỽ-
ar gwell yt uodeir. noc auo annwar ac-
ennwir. **Kyndelỽ ae cant.** kynd'

ENnwir dyn ael yth erbyn. ennỽaỽc
uyd uegys yheruyn. Enỽ dꝛeic dꝛa-
gon amdiffyn. annwar var vedgyꝛn
eiſſydyn. Tiſſiliaỽ teyꝛned gychwyn.
treis wenỽyn terwyn toꝛyf erchwyn.
panaeth gỽꝛ goꝛmes uuelyn. gỽeith
gogỽy gỽythgat ymoſtryn. Pann gyꝛ-
chỽyt ymlynwyt rỽyt rynn. ymplymneit
ymỽꝛthuyn. yn reidun oꝛun oꝛeſgyn.
yndyd reit arodaỽc yggrynn. yn rodỽ-
yd ebꝛỽyd ynerbyn. yn rodle gỽyach
gỽyarllyn. Ygkyfyꝛgein kyfwyꝛein
kyfyꝛbyn. ygkyꝛgoll tewdoꝛ toꝛ dychlyn.
ygyfvꝛanc powys pobyl degyn. ac oſw-
allt uab oſwi aelwyn. ynaele oual am
ovyn. Oed aelaỽ coel cỽynaỽ can vꝛynn.
ynryuel ynryvaỽꝛ diſgyn. wrth digyꝛ
ketwyꝛ kadyꝛwehyn. yngkynnif sarff
Kyndelỽ unbyn. seuif ef ſeuit duỽ gennhynn.

Can uod duỽ yt vun y dilenn. tut
wledic elwic elvydenn. tir gỽꝛeid
goꝛỽyf rac vnbenn. Tiryon mon meill-
on ymoꝛbenn. Tiſſilyaỽ teyꝛned nen
bꝛenn. teyꝛnas dinas daſgenn. teyꝛn
vard ae kan kadyꝛ eurbenn. teyꝛnwaỽt
teyꝛnwyꝛ kyngen. kynnydwys kynnif
kygoꝛffenn. kynnỽys glein kynn glas
dywarchenn. Kynnadyl kerd kerennyd
gymenn. gein wennwas heb gas heb
gynnh. llann aỽnaeth aelaỽuaeth lofleñ.
llann llugyꝛn llogaỽt offeren. llann tra
llyꝛ tralliant wyꝛdlenn. llann dꝛallanỽ
dꝛallys dinoꝛbenn. llann llydaỽ ganllytwed
wohenn. llann benn gỽern bennaf daear-
enn. llann bowys baradwys burwenn.
llann gamarch llaỽ barch y bercheñ. **Kynd' ae cãt.**

PErchenn coꝛ kerd woſcoꝛ waſgaỽt.
ketwaſcar cas llachar lluchnaỽt. lluch
varan lluch uann y volaỽt. aruolyant urd-
yant vꝛd enwaỽt. Berth veinot o virein
logaỽt. lloc uaỽꝛueith am uedueith uedꝛa-
ỽt. teruyn tec ym terwyn beidaỽc. Aweles
ny welir hyt uraỽt. Caer rufein ryued o
lygaỽt. caer uchel uchaf y defaỽt. kaer
ehang ehofyn y chiỽtawt. ny chyfret y
phobyl ae phechaỽt. caer arheul kaer di-
dꝛeul didꝛaỽt. kaer bellglaer obellglot
adaỽt. kaer barchus barhaus baraỽt.
Aberit y bererindaỽt.. **Kyndelỽ ae cant.** kynd'

PEnnyadur kerygyl kereſſyt. ket
achꝛet achꝛeuyd ygyt. periglaỽꝛ peri-
glus wyndyt. Gỽyndaỽt gỽynn gỽirion
oꝛmodbꝛyt. pereit waỽt pernaỽt perheyt.
Per uolyant eſboꝛthant eſbyt. peir kyfreith
kyfrỽyd yn kyuyt. Kyuoeth duỽ anduc
yggỽynuyt. kyua vyd yꝛ pꝛydyd ae pꝛyt.
pꝛydeſt loeỽ pꝛyder dihewyt. Diwahard
y vard y vennỽyt. diffleiſtoꝛ teutoꝛ toꝛ dif-
fryt. Diffyꝛth hael hir bꝛochuael bꝛoglyt.
graduuel greidyaỽl y ỽꝛhyt. gỽyꝛth aw-
naeth nywneir hyt ennhyt. Nywnaeth-
bỽyt eiryoet yꝛ ynoes byt. oe ataf etwyn
canllyt. Ydyfu adeil ar y hyt. Gỽyꝛth arall
gỽerthuaỽꝛ ydeturyt. grannyggre dybu
dybꝛyt. gre yggredyf yn lledyf yn llucuryt.
ygkarchar yndaear yn yt. Poſt powys per-

gig kedernyt. pobyl argledyꝛ arglỽyd di-
ergryt. poꝛthloed bud poꝛthloes oe vebyt.
yneluyd penn mynyd penyt. Kynddelỽ. k' 3
PEnnydỽꝛ pennaf ygreuyd. agredỽyſ
y duỽ deus douyd. cretet baỽp y peir
lluoſſyd. lluoſſaỽc ydaỽn ydetwyd. Credaf
da ny diua nydiuyd. nydiffyc onyt ydiffyd. 7
Credaf vi vyri vy rybyd. vyllywyaỽdyꝛ cre-
aỽdyꝛ credouyd. credaf ywen am reen am
ryd. mat gynnull maỽꝛ weryd. Credaf
ypoſt p̄ſſent pꝛeſſỽylwlyd. am peris oꝛ pe- 11
dwar defnyd. Credaf y peryf nef yn eluyd.
amgỽnaeth oburaỽꝛ yn bꝛydyd. kynddelỽ. kynd'
PRydyd ỽyf rac pꝛydein dꝛagon. paỽt
kerd cadeir pꝛydydyon. Glyỽ amryd
ragoꝛueirch gleiſſon. gleiſſyeit liỽ ꝛ glas 16
ganoligyon. Meu deturyt meint gỽꝛyt
gỽꝛon. mal ygỽnaeth mechdeyꝛn haelon.
meirch argeirch yn garcharoꝛyon. meith
gerdet. mygyꝛ gytret geidꝛyon. Ymeiuot 20
ymaent arỽydon. arỽꝛeid ywreid vꝛythyon.
Ymaỽꝛwled ymed ymaon. ythꝛetheu yỽ traeth-
aduryon. Ydeugreir gyweir gyweithon.
agyuyt yngyuoethogyon. y hynaf henyỽ 24
oe thiryon. handit ryd rỽng ydỽy auon. Y
ſygynuab gleỽ gloeỽ rodyon. a uolaf auolant
veirdon. karaf y barch yharchdiagon. cara-
daỽc vꝛeinhaỽc vꝛeiſc rodyon. Card oleith o
lud eſboꝛthyon. periglaỽꝛ perthuaỽꝛ poỽyſ-
ſyon. Delỽ yd ym yndiamryſſon. amlugyꝛn
am gyꝛnn am geinyon. yn vntref untreul 31
wledolyon. yn undaỽt vndat vꝛodoꝛyon.
Can dꝛugar can war werydon. can terỽ-
yn can toꝛof eglynnyon. Can doꝛuoed
niueroed neiuyon. can vod duỽ. can vot 35
ynwiryon. Amrod vyggwledic gỽleityadon:
dꝛefret gỽlat waret woꝛthoꝛdyon.
Kanu y duỽ. kynddelỽ ae cant. kynd' 38
DEudenggrad benn berchenn bꝛad
bꝛiodaỽꝛ. deudeggrad dyweñwlat
moꝛ uat moꝛ maỽꝛ. duỽ dewrwir pellir 41

pỽyllaỽꝛ on kynnhen ꝛ dilen obꝛeſſenn ban 1
yn bꝛyſſyaỽꝛ. Deu edꝛyd yſſyd aſſynnhỽyꝛy-
aỽꝛ. deu erbyn agheu aghychwiaỽꝛ. doeth
wlat nef adef adaf wychaỽꝛ ſeil ꝛ vffern yỽꝛ
eil dureil dyꝛaỽꝛ. Ouer diuuner llyther lle- 5
aỽꝛ. ofyd acheuyd yt achꝛetaỽꝛ. offyꝛyf yoli
tri odꝛaethaỽt berffeith. oegỽyded ieith oe
gỽydaỽꝛ. berthideu rieu rywaſgaraỽꝛ. ny
mat boꝛthes mam mab nwydidaỽꝛ. per 9
othit donyeu byt dynyaỽl ogaỽꝛ nenn ꝛ
dynyadon betheu benn bob euaỽꝛ. Parthỽyſ
rỽyf ratlaỽn daỽn diburaỽꝛ. poꝛth ym gỽa-
ỽt tauaỽt digarcharaỽꝛ. berth gyuoeth 13
llỽyꝛdoeth llewychwaỽt [beunyd] ꝛam elyf vedyd am
eluyd glaỽꝛ. Gỽedy golodyd odywyllaỽꝛ. gỽe-
dy golỽc urat goleuat gỽaỽꝛ. Gỽꝛth keli y-
oli kynn neithyaỽꝛ dayar ꝛ gỽyl dꝛugar dy 17
gar vo dygerdaỽꝛ. Kyt gỽypỽyf hediỽ haỽd
uot uch llaỽꝛ. ny ỽnn yꝛ hynny a wyf heuaỽꝛ.
gỽyꝛ reen ymreit ryd y olaỽꝛ hebdaỽ. rac
ynperiglaỽ hebperiglaỽꝛ. gỽdam yngoꝛllỽc 21
gỽꝛ llỽydỽc llaỽꝛ. gỽꝛ hydyꝛueu gheu yggygellaỽꝛ.
Kyghoſſi maỽꝛduỽ moꝛdybꝛyt yneb ꝛ kygh k'
all nỽy goheb oe gynuebyt. kyntoꝛaỽꝛ
yſſyd yſ ef ancryt. kyghallenn dilenn oꝛffenn
oꝛffryt. kygeudon adaỽ odiofryt criſt ꝛ kygafa-
ỽc kyfyꝛdꝛiſt kyfyꝛdoſt benyt. Kanyỽ ydyn
diuanỽ y vꝛyt. kygreif diaỽl kygỽl kywyt. 28
kynghaỽs auyd traỽſ aved triſtyt meith ꝛ
kyfreith dioleith kynn lleith lleturyt. Kyw-
yꝛdoeth ryỽ gogel bᵃt annel bꝛyt. kyfyꝛdỽyth
kyfaſyꝛdỽyt pꝛifwyth pꝛifwyt. kyuaruaeth 32
amaeth am aruedyt tỽyll ꝛ kyfranc geu gym-
hỽyll am pỽyll ympyt. Kyfyꝛgnaỽt ymke-
udaỽt deuaỽt heuyt. kyfredec achỽec chỽe-
rỽ hir ennyt. kyfreit oed ympleit oet ym
plegyt uot. kyfragot dyuot tu vyggỽeryt. 37
yn llỽꝛỽ llỽyth eluyd douyd andyt. yn llaỽꝛ
lliwettaỽd anglaỽd anglyt. Ynllỽꝛ yt yd gỽ-
yd hyt yggỽeryt llaỽꝛ ꝛ yn llỽꝛỽ un kyuaỽꝛ
yd ynkyuyt. O areu angheu aeren ergyt. 41

ooerued poenwed pa6b yvywyt . oarwar daear do6n ygyt dydbzat . oarwein pecha6t lletta6t lleturyt . Ny rygar trugar traſyberwyt . ny ryda6 ana6 oeann6ylyt . Nyrygodwyf r6yf rymg6eryt odygyn: Nyt r6yd wy gynnygyn gyndiebzyt . ny rygollwyf du6 ode6zed byt . ny rygolles nef ny bo ynuyt .

e ENuytrwyd awyd ewyc lauur d6nn: anuedy y kar6n p6nn penyadur . heb fynnyeit ynreit r6yd echlyſſur : aheb wybot bot byt moz ampur . rybu erthyſt yn rybu arthur . gynt rybu amgyfra6t g6ynt g6an tra meſſur . rybu ulkeſſar keiſſaſſei ſlur y gan ud pzydein pzit y heſgur . Rybu vzan uab llyz llur6ym adur mat : ygkamp ygkywlat ygkat yghat yghur . rybu erk6lff ma6z r6yſc dida6z dur . ryuyc angredua6l . greidua6l greidur . Rybu gam weda6c mada6c modur ffa6 : rybud vu ida6 dila6 dila6 dolur . bu alexander byt lywyadur . hyt fygnoed nefoed ny bu fegur . Pam nawyl pobloed pa6b yndoſtur pla : pob trah yndiua ac yndiuur . pop naf oe niuer pob ner pob nur . pob nenn ympreſſenn yn ampzyſſur . G6zthot r6yf holla6l holl yſcrythureith : g6zth6yneb aweith y6 y wneuthur . g6zth awyd dzagywyd trag6yladur . g6archedid eluyd dybyd diſpur . g6erthevin vzenhin vzeifc pennyadur byt : g6zthladet om bzyt pyt pechadur . Gozthywys nef oed nyued eglur . g6zthyf ny bo triſt criſt creadur .

CReaduryeu nef na6d dialaeth . seint : kyzreiueint gymeint gymedzolaeth . cared ym ynni neut mi ae maeth . Caru amynnu uy mabolaeth . caraf yolaf tri dz6y drudannaeth ket : canret om g6aret yz a6chg6zdaaeth . Can ryd du6 douyd da6n ehalaeth : can rann rat goleude6z ffr6ytheu fraeth . can cly6 ankenny6 kymh6yll6zyaeth . kein llywya6dy creaodyz cred6n rywnaeth . Ca6d catwent p̄ſſent pzeſſ6ylyaeth anhydyz : kanys bzeu mal g6ydyz hydyz hudolyaeth . yzteir perſon byt bit yth aruaeth . yztri yn ia6nwir ia6n 6zogaeth . Yz vn du6 vn dyn navit hydzaeth bzat : yz mab rat yztat tec henaſyaeth . kan duc pymwhan criſt pymoes ogaeth . oyg : ogyuyg gymodogaeth . oangoz te6doz tut alaeth . gymhwyll : otwyll oditwyll dywyſſogaeth . yn dyndit ympzyt ym mru panaeth . yndolur ygkur ygcozfozaeth . kynnydwys ma6z6z ma6zureuolyaeth gnif : ynkynnif ybzif bziodozyaeth . kynyt vu vinheu heb f6yſeu faeth . gan andu6 vzy vzenhinyaeth .

BRenhined benn ban ythanet hael : bro oed yſcauel yſgouunet . bzenhin pob ffin pob ffa6 dyghet . bza6 k6ydam ygyt ygkryt agkret . Yn uffern gethern gaeth dzeſtet erwan : ynaffan poethuan peitha6c dz6ydet . Yndaffar taeruar tan amgyffret . yn arffuruyd lle ny ll6yd kerdet . yny daeth cayn can y weithzet . cam : ygkyweithas nam nymbo vyned . G6dam pob annwar daear dyzet . godef gr6n yſg6n anyſgoget . Godef6n g6ydl6n gwaelaet aruan : g6yth gyman ynllann yn ll6yz gywet . ami am a6yd yngeheuet . ynafurina6 du6 ynefuriuet . archaf danc kynntranc . tr6y eirolet meir : hyt namg6nel kellweir coll agkyffret . kynn dy la6 gychwyn tydyn tytwet . can dalu y du6 y dylyet . Can lleng egylyon kein lliwet obeith : kynn lleith rac kyfreith kyweithaet . Kaff6yf o yoli criſt keli ket . caffel ynadef na6d nef nodet .

A M E N ~

Canu y du6 . Kyndel6 ae cant .

UN argl6yd [kyfr6yd] kyfreithgar wledic : awle-
dych heb auar. vn mab du6 diff6ys y-
daffar. vn mab meir meitra6l diarchar.
vndofyd tragywyd trugar. vn rieu r6yf
nef adaear. vn g6zon g6za6l y daffar. 5
vn af wen owedi glaear. Ymperyf kynn
perigyl b6yf car. om cared caraf6y ediuar.
ny vo dull uadeu dall vydar. odyn du6 a
b6yn ynbzifgar. Ryuerthir ennwir yn 9
annwar. ynargl6yd uffern wern wanar.
Rychyzchant vnpeir teir trydar. kyn-
nadled kenedloed ampar. llu bzithyon bzo-
dozyon bz6ytyzgar. Eil g6ythlu gozdyar. 13
Tzydyd llu nywllud kyuarwar. llug6yn-
nyongwynvydic agar. Ynhuenyd na6d
yn huana6 nef b6yf adef adu6yngar : 16
kynn b6yf g6an efgus g6ynnefgar. b6yf
g6as du6 g6efti dialar. kynn b6yf aghe-
na6c aghennwar. hoedyl hoedzan hoen 19
eban abar. kyn aghenn agheu athzugar.
argywed gloes glaffwed glar. kynn dir-
ua6z gyfva6z gyfyfgar. kynn nom d6yn
ym diwed garchar. kynn oerga6d agla-
6d agklaer. ygg6afc ygg6ifc der6 a 24
g6yar. Vzdeu ren reithua6z g6a6z goar.
Jndex rex [rec] ouyd hygar. yecheda6l keda6l
ketwafcar. Eirchyat lla6 rodyat llachar.
Ja6n omda6ndoeth ar llauar. Ya6l heb
doli arwar. Yolyd 6yf on6yf ynauar.
yolaf y du6 y dif6yn y uar. 30

Rac bar anperyf penn haelonaeth.
R d6fyn deifna6c vyd yalaeth. yn anoes
y mae [m] oes ma6zwaeth. ma6zdzygeu bzydeu
bzad6zyaeth. Oagkret agcrftonogaeth.
agcreuyd yffyd yffywaeth. g6ell gobzit 35
gobz6yon edwaeth. heb heneint [heb heint] heb hir
aeth. kynngoztho g6arther uarchogaeth.
kynn g6arthrut kythzeulaeth. Nyt g6all-
a6c vzada6c vzad6zyaeth. mab du6 : yz 39
mabdyn dirparaeth. pan gymerth ma6z-
6z mar6olyaeth. ympzenn croc ancrea6dyz
ni aaeth. Ef an car ankyzcha6s ynaeth.
o vffern cra6nwern creulonaeth. ef bieu
radeu ratlonaeth. vch na6 tozof na6 tyw-
yffogaeth. ef is nef uch nef uch na6tra-
eth. yffyd ny fymut y bennaeth. Ef an
r6yf yn r6yd neitrolaeth. g6elligrat 6
g6allouyat g6elluaeth. Ef aued auedyz
oearuaeth. aryf haf naf neftic hynauya-
eth. Ef yn ureifc yn vzonn ehalaeth.
ef ada6 y dangos a6naeth. g6na6n yzda6
kynn bza6 bzeuolyaeth diohep woffep 11
wanaeth. Erbyn bza6t bza6 vyd bratwry-
aeth. douyd barnant ryd arygaeth. yz
amfer y ffr6yner pob ffraeth. nyweryt
mewyt mil6zyaeth. G6z ang6yl ni a- 15
g6eledigaeth. g6elat 6y g6elitoz ynaeth.
M6y yt gar g6a6z g6yz g6zdaaeth. noc
yt gar car kerd kebydyaeth. llei ytgar
llauar no lla6uaeth. m6y yt gar lla6zyd
no lla6gaeth ~ ~ ~ ~ 20

LLewenyd llu nef llawena vymryt
yth wynnvyt ythwynnva. mab
du6 by6 vylly6 am lleha. omlle dz6c
amdyd6c ymda. Dayoni vy ri am
rydha. ryd ryb6yf gan vy r6yf r6y 25
g6na. reen reithleu rieu rat gyua.
ratla6n doeth r6yf kyuoeth coffa. O gan-
treigyl atreg6ch yma. Oc an cam an-
kymer ettwa. trugara6c argl6yd tru- 29
garha. 6zthyf y 6zthyt nam pella. pell
ydwyf on6yf yn ech6a. ar ny uo p6yll-
a6c nyfp6ylla. Eithyz ozic nythzic
na thzefna. hoedyl etuyn hoendyn di-
bara. hoetran hydyz hydzeid aetreida. 34
Tzeul trydar amcar namcaffa. nam
golud ymgolochwyda. o gatwent pzef-
fent y bzyffya. dial blas aual blys eua.
O amra6d amreint diara. oamry6 38
amryuys v6yta. O buchwant chwen-
nychu traha. obu ch6ec bu ch6er6
o dyna. chwerdit byt boda6t andiua. 41

Yndiuan6 yndiuant yd a . ynchwedyl atuei-
la6c yd atueila pa6b : o2pobloed ny bara .
Peris ef peryf nef nodua . perada6t para-
dwys wydua. pereit loc y en6 yna. y adaf
adef ny vwyna. ffrwyth l6ythlenn waſtat 5
wen weſtua. ynffr6ythla6n offr6ytheu
terra. Terr6yna6l yecheda6l yacha. ba2d
athya6l athua6l athua62ha. ~ 8
Ma62 defnyd bedyd bendigeit rieu : r6yf
reidyeu rat uolyeit . mola6t du6 mo-
laf aedyweit . ae mol6y nyſmolaf ofeit.
am ob26y am ob2it vy reit . am ieſſu caru
ky2b6ylleit . Caraf yd2eth ad2aethant 13
geinyeit . traetha6t ber y bura6 eneit .
Rac oer uer6 uffern wern woneit . rac
oeruel uchel ucheneit . Rac to2yf agkyſcot
agkyſgeit k6ynuan : rac t62yf tan taer 17
yneit . Rac awyd afr6yd nyt afreit . rac
afy2d6yth afy2d6l gywydeit . Rac buched
gan bechaduryeit . rac treul hoen ynhir-
boen ynh6y2beit . ynhirg6yn g6en6yn 21
g6einiuyeit . rac go2trud kyth2ud kyth-
2euleit . Kyth2eulglas g62thgas g62thgri-
fyeit . rac go2meil yſpeil yn yſpeit pechu:
rac pecha6t o2dyfneit . Go2dyfyn vi. 25
go2ten ri r6yf greit . yn r6yt ureint yn-
rann seint ſeinyeit . Yn r6ytl6y2 ynfynn6-
y2 ſynnyeit . yn r6ydha6l h6y2da6l hirdode-
it . Ymp2i dull kynnull kynnheilweit . 29
ymp2i doeth kathyl kyuoeth koethyeit .
Ymp2yſſur llauur llyuy2doneit . ymp2eſ-
ſent ymp2eſſ6yl eneit . Yn ado2th eho2th e-
hofyneit . kyfy2gein : kyf6y2ein glein gloe6
heit . Du6 am rod r6yf vod uedylyeit. 34
rann didann go2chlann go2cheithleit .
to2yf eurin wertheuin 62th reit . yth ger-
da62 g6erthua62 g62thuynnyeit . Rac
b2a6t raun baran barn beirnyeit. pan 38
varner tri niuer tr6y neit . bernit du6
and6yn y weñbleit . y neuoed yn neuot
yneit. A MeN-J-J-J ~~~ 41

Nyt ynat neb d2ut ny d2efn6y . g6aſta6t :
kynn g6iſca6 auar6y . auar ma62 2
ymb2onn lla62bann ll6yth6y . mo2 vyd ll6yd
llonyd lla6 dad6y . mo2 atrec pob ch6ec pan
ch6er6y . mo2 adf6yn dif6yn digon6y .
Criſt kulwyd poet r6yd ymrangh6y . om 6
rang lles neges nam nag6y . du6 amduc
omd26c yd2am6y . y tremyn y d2emit ofr6y .
mo2 detwyd ad2eid ad2ag6y . ar h6yl arhael
v2onn tragy2ch6y . Kannky2ch6y dews di
ard6y . ky2ch clotua62 am dira62 dir6y . 11
Pymhoet pobyl rac pobyant o2d6y . pym
hoes byt aheuyt ynh6y . G6ae uab dyn
dilit y gamd6y . ygkamlit eithy2 gob2it
gob26y . yſgeryd yſgared v6yv6y . caru 15
g6yt ynryhyt yn r6y . Ynr6y yd am6c ada-
mun6y b2yt : rybenyt ry bech6y . pechadur
pechodeudirp6y . adirper p̄der p̄f arl6y.
ar l6yn kynn kyſtl6n keſt6y . keiſſa6 nef 19
g6ar adef gwar6y . Kann go2eu andu6 an
datpr6y . tr6y geth2eu ach2eu achym6y .
cann g6eryt crea6dy2 ae crett6y . kann g6a-
ra6t g6erinualch nef6y . kann diffy2th
trinda6t tri mack6y . odan trimeib glan 24
glein ov6y . Kanys ef aued auynn6y . kanys
mynn mynnaf agar6y . kerito2 car co2
karat6y . canret cret creuyd am rod6y .
kan g6ledych g6ledic eur gylch6y . kylch
huan kynnan ny6 kann6y . kynnheilwat
kynnheilwet v6yv6y . cann gynndel6 kyn- 30
nel6 kannho2th6y ~~~ a M E N ~
Candigones du6 an diflann . verroes :
yneiryoes yneiryan . G62 an g6naeth
ae g6nel am danā . trugared kynn meued
mablan . G62 anpeir an peryf glotuan ~ 35
g62 g6ychdoeth g6ych gyuoeth gyuan .
G62 an g6y2 ang6ara6t oe rann pymoes
byt : y2 bedyd y ieuan . g62 ygkret ygcreuyd
nyt g6ann . g62 ygcroc ygcroes bed2yuan .
G62 awys a v2ys y v2a6tlann . ef ada6 nyt 40
atta6 ef attann . Pan wnel du6 dangos y varā.

dydỽyre dy daeret arnan . dychꝛyn tỽꝛyf
toꝛuoed yneban . dychyꝛch hynt dychꝛe gỽy-
nt gwaetuan . Dychymriỽ tonn amliỽ am-
lann . dilleinỽ llyꝛ didetkyꝛ dylann . Dychy-
mer ufelyar bar barn . dychrys gỽꝛys gỽ-
ꝛes tande allan . gỽedy kennllennic wedy
kalan perth ⁊ pan boꝛther glyỽ ambann .
wedy ſerch a ſeirch meirch meingann . 8
emys llys llyſſeit uch ebꝛann . Gỽedy treth
mal traethaỽt Jeuan . kynn glaſued kynn
glaſſu vyggrann . duỽ am ryd omreidun 11
ovan . rỽyd obeith oweith ywinllan . ac yna
daỽ bꝛaỽt bꝛaỽ gymann . ardeheu vy rieu
vy ranN ..

Einion ap Gwalchmai. 15

Duỽ dewin gỽertheuin gwyꝛtheu .
dy wallaỽ adan rann othradeu .
dynyadon defnydyeiſt ythodeu . dynaỽl
dyndonyaỽc ỽyf vinneu. Daỽn yſſyd 19
ym yn iaỽn yndyn ethꝛylith ⁊ athꝛylỽyn
bỽylladeu . dyn ỽyf glan aphann offeren-
neu . duỽ douyd rec ouyd reithleu . dꝛyc vab
ỽyf yt rỽyf rym goꝛeu. bydỽn da bydim 23
diamheu . kynn mablan wythꝛann weith-
ꝛedeu . kyt bỽyf dꝛỽc byd dꝛugar ditheu.
Herỽyd dagreuyd dagreu dadolỽch ⁊ dydel-
wynt ynhydyꝛ hyt vyggrudyeu . cam amot
kymot omkamwedeu . kynn bỽyf raỽt 28
bedꝛaỽt ymplith bedeu . kyndyuot chwerỽ
gyuot chỽedleu . duỽ amgat ymyỽn kaereu.
nef ⁊ duỽ a glyỽ vyllef ymlluc vꝛydyeu.
Duỽ amgỽnel gochel ffraỽt oeruel ffreu .
ffrwt uffern aſtrus ffraỽdus ffrydyeu . 33
duỽ amgỽnel omgỽeith goleith gỽelieu .
duỽ amgỽnel goglyt selwyt ſulyeu . duỽ
amdiffero omdiffareu . duỽ dỽc vi attat y
maỽꝛ tat meu . Duỽ nymkerydych om 37
kerydeu . dyd y keryder y karedeu . diwed
nybyd itt nadechꝛeu . nybu ny bỽyf triſt
ythdadleu . Boet ef y talỽef hael rỽyf rieu .
arlann eurdonenn yꝛ y donyeu . can gur
adolur artal glinyeu . can gymryt penyt 1
penn elineu . ym muched goꝛỽac yꝛ geireu
maſỽed ⁊ adoeth eithyꝛ meſſur ar vyggeneu.
Poꝛtheiſt yꝛpymoes gloes glaſſveireu.
pym weli keli keluydodeu . poꝛthỽyf 5
y boen edꝛyd mynyd mynneu . parthꝛet
a mynet myn yth gigleu . penn cret vu
welet dy welieu . panyth archollỽyt oth arch-
olleu . Can boꝛth egylyon gỽylyon goleu-
nyt perthyn yth tat mat vy madeu . Kan 10
pereiſt douyd dyd yn veu . namgat y
gythꝛeul yꝛdygythꝛeu . Dygroc croes
wydin urenheu . diffyꝛth chỽechoes byt
rac pyt poeneu . amheraỽdyꝛ creaỽdyꝛ
oth greu bu gwaetlyt ⁊ gotlaỽt ny bydaf 15
oth gyfreitheu . Gỽynn eubyt vyneich
vyỽn eglỽyſſeu . eglỽyſgar hygar hygadỽ
gloeſſeu. diwedyn werin wirion gathleu.
dynyadon dynyon diamreu. gỽae ef ae
peris perigyl agheu . panwanpỽyt ieſſu 20
yny aſſeu . Gỽedy doeth ef yꝛ diodeu . duc
anreith uffern yny affleu . Agỽedy hynny
hynn aoꝛeu . gỽir ypꝛegethir ypꝛegetheu.
gỽelet yn mynet mynwaỽl dedneu . gỽyl
gyuachauel na chof amheu . Goꝛeſgynnỽ-
ys mab duỽ dyſyeu . nef uchot ⁊ goꝛmod 26
yỽ bychot obechodeu . Yn urdeu reen yn
rann deheu. ynỽꝛaỽl kedaỽl kyt aſeineu.
boet ef yndibenn bot yndibleu . heli yn
ennlli hyt yn henlleu .. ~ 30
Gwedy dywedut gan annwyt geu .
agỽedy heuyt gỽyt goꝛdercheu .
Gỽedy kyſſynyaỽ kydyaỽ kadeu . gỽedy
dỽyn goꝛuynt ỽꝛth y goꝛeu . Gỽedy gỽydy- 34
eu garu llu alleeu . alliaỽs achaỽs uche-
neidyeu . gỽedy gardu rỽy gỽedy kerdeu
byt ⁊ gỽedy gwyt plegyt ypylgeineu .
Gỽedy ymdaeru barnu bꝛodyeu . gỽedy 38
hir erlit gobꝛit gobꝛeu . Gỽedy gỽythomed
ſened ſſyneu . gỽedy gỽaſſanaeth y penna-
etheu . Gỽedy kyganaỽc keingyeu ydyn- 41
[dit.

g6edy llit^yn ymladeu . gozp6yf ygan du6 1
v2y:g6edy g6edieu . gozuot gozffowys
parad6ys bieu. Myn nabyd dyn nahyn
na ieu ÷ neu naf trad6d trallaɓt trall6y-
by2 eiffeu . Archaf arch ydu6 ardodeu 5
nef ÷ nadotto pedy2 gloeu . Ymlludyas
ymadas y2meu. ymtref tat ym karyat
kereu . Mihangel amdel ymd6yn adnev.
mal yduc k6yneu llen allyfreu . Mal 9
dyuot^eluod eluyd geleu . mal creuyd hywyd
kynnyd keneu . Meir afeinlyn marthin
matheu . marcus alucas Jonas eneu .
ardu6 vy eneit kyfreit kyfreu . Eiro- 13
l6ch fef6ch yn ych f6ydeu . Mydy2 vy eiry-
a6l ba6l pandel ym agheu . hael meitra-
6l nymdeha6l omvndiheu . Mi kynn
b6yf araf nym bo areu . my6n creuyd 18
affyd apha6t radeu . Mynnit ym eir-
ya6l gredua6l gradeu . menyt wed
du6 doeth ythgyuoetheu . mynet ym
g6aret g6ar uedylyeu . Mola6t y2 trin- 21
da6t mal g6edieu . mynnit ym gy2ry-
ueyeint m6ynnyant creireu . du6 adiof-
v2yt arueu:aruot perffeith g6eith gozeu .
kynn gozwed ym med poet meu . A A) en.
PEryf nef pura vygkeuda6t . par
ym du6 parablu ohona6t . parabyl
g6ir pand2eithir traetha6t .peruegys 28
pur uelys uola6t . Perigyl y6 ydyn y
diwarna6t .panuo ygkared buched be-
cha6t . pan del rac ieffu trillu tralla6t .
Pa6b ada6 atta6 pobyl v2a6 y2 ura6t .
pobyl byt hyfryt eudifra6t . awneir ar 33
nywnel y garda6t . ediueira6c du6 ae
kymera6t . Adynyon g6iryon yneu g6y2-
da6t . G6erin diwerin di nydiozgra6t .
g6ae ef y argl6yd nef ny bo para6t . 37
Nytoes darogan dyn truan tra^lla6t .o2
g62 ae gozeu madeu meda6t . Cret ti
ida6 racll a6 yn ll6z6 anffa6t . vn dyd 40
adouyt ynni ae dywa6t . y cofpir enn6ir

y cofpa6t aer gyt ar genedyl uedyffya6t . 1
Ac eiffoes kynn gloes glasued tywa6t .
penyty6n g6edi wn yn ang6eda6t . rod6n 3
v6yt y2du6 adia6t beri ÷ crift heli keli can
uvyllda6t . Nachyfbyd6n uot heb yfpyda6t .
g6ennwlat nef yn adv6ynda6t . G6ymp 6
ed2yd douyd deua6t y radeu ÷ ny ryd2aeth
neb taua6t . Ragoz6n greuyd affyd affa6t .
rac agheu lletrat b2at b2edychya6t .
G6edi6n gwyll6n byd6n bara6t . par 10
arg62 ar62 yn rywara6t . Pan ieffu v2y oe
v2enhinda6t . ydoed pymoes byt ygkyt gaeth-
wa6t . yggauael ÿggwael yggwela6t uf- 13
fern . ynafleu oerwern ynerdygna6t . Ar-
dunedic du6 ardel6 ohona6t . awnaf argl6-
yd naf nerth pob kiwta6t . Cad6n ureint 16
deweint kanys deua6t .du6 ner ny gymer
gam efguffa6t . Nachyfg6n can6n canon
ara6t . känyt ogyfgu yda6 g6afga6t .
Ardu6 adef ynef vylle ll6yb2a6t . yny 20
ed2ina6 v2y rac y d2inda6t . Yerchi ymri
r6yf na6 ra6t g6erthua62 ÷ g62thvyn vy
eneit pan el omkna6t . boet ef y byd6yf
g6edy bed2a6t . gyt ar vndu6 ma62 yny-
vnda6t 25
ADef nef neirthyat oth rat boet r6yd .
ergly6 om g6edi keli kul6yd . Argledy2
ohonaf naf na6 hywyd . argleitryat mei-
d2yat medy2 a om a6yd . Ar eupechodeu
puchyffwn ar6yd .croc ÷ ym d6yn croes 30
y2 crift ar vyfg6yd . Agheu y2 eneit av2eit
afv26yd . Ada6 y bucha6 am bech26yd . bych-
ot gouyget tr6ydet tramg6yd . buched an-
ued2ed y ynuytr6yd . beich o bechodeu nyt
bechod26yd . bychydic dall agkall agkyfar-
6yd . kynnglaffu vygg6ed kynn glafued 36
g6yd . gleffin deyerin werin wog6yd .
kynndyuot kyfnot . ny kyfnerth26yd .
kennadeu agheu ag yngyuarwyd . kynn 39
bot ym oerglad boet ym argl6yd.rydal6yf
ia6n yn ratla6n r6yd . Cann ediuar6ch kyf-

r6yd ym ieſſu ⁊ wedy kymynnu ym kym-
henr6yd . kynn ar grudyeu dagreu dyg6-
yd . kynn g6erydē lann nyt g6aratwyd .
Etwyn vyd treul dyn trugeinml6yd . 4
at vyd hoedyl hidla6 rac lla6 ny ll6yd . ad6-
yn pob gozll6yn pan diozll6yd . ad6yn ar-
all pall p6yll eilwyd . ad6yn med ag6led
g6ledic hylwyd . ad6yn haf hirwyn kein
ll6yn canll6yd . ad6yn march pennill e- 9
bzill ebz6yd . ad6yn h6ysg6z g6z agozwyd .
Ad6yn g6yz ter6yn taer gyuann6yt cat ⁊
pan vyd kedyzn yn ymozth6yd . ad6ynach
kynach gennyf boet r6yd ⁊ kein uoli
keli kallonnogr6yd ~~~ 14
GOſſym6y tram6y tromdigued . byt ⁊
goſſymuttit bzyt bzat anmyned .
gozſach arllaſſach lles maranned . goſſ-
ymdeith eilweith andielwed . Goſſymuta6t
g6a6t g6edy maſſwed . goſſymut gouut 19
goſ6y nazared . Goſynn6n treul6n traet
a byſſed . tref yd aeth du6 nef y6 tangneued .
ymmru mozoyn ^fwyn^ ovoned anna ⁊ du6 g6yl
uaria va6z gyhyded . pan uu ympzeſſeb
ympzyſſur wed . yz ych ar aſſenn gyt a 24
ioſſed . Y gozeu rieu rinwed pann anet ⁊
adoeth ywaret yla6ered . Kynn bei mab
yntat rat r6ydannwed . yreen ar yſpzyt
gyt amgeled . Dz6c ydaetha6 6zth6ynèbed .
ia6n y erot greula6n y greuloned .
G6erthu ieſſu yſſy ryued . aozuc idas 30
odigaſſed . g6eith vernit g6ythlit g6yth-
loned yz byt ⁊ g6zthuyt uu gywyt y argy6-
ed . Cann ryuu yz werin oennwired . a-
vzedych6ys criſt crea6dyz uuched . Kyſya-
6n aedeu kyuannhed ardir ⁊ enn6ir di-
uen6ir y etiued . archaf arch ym naf 36
yn n6yled . yz archolleu doll gan dillued .
y d6y vzonn auu ar ued yargl6yd : na vy-
zoawyd yn ouered . Y gozff aedi6 eidun ryſ-
ſed . ymy6n eur donneu hyt y danned .
Kann mynn6ys yz du6 difuroed arna6 ⁊ 41

na uynnet ae la6 lad kalaned . Omynn o 1
amp6yll kym6yll camwed . mynnet ym war-
et o ia6n wared . Nadalyet diheu d6yvlyned
ygyt ⁊ yuot ynybyt hyt hir hoedled . Paham
nat edzych tla6t yny dloded . moz vyd hoedyl
egin y bzenhined . Nat h6yzach y d6c du6 6
teyzned ragon ⁊ no meibon eillyon ny eill
troſſed . Ymken ym keinwa6t dyfryded.
ymk6yn bz6yn d6yn bzenhin g6yned . 9
G6aevi argl6yd du6 am dewrgled dideich ⁊
g6ynn eubyt 6y vzyneich oe ureuoled . mal-
yduc oedec enryded . y d6c du6 pa6b yny di6-
ed . Digarat auyd digared rac lla6 ⁊ heb 13
allel huna6 rac anhuned . ef anef alla6z
g6z ma6z aemed . ef yn un dihun dianhyed .
Ef gozeu rie ratloned . ryuu ⁊ g6za6l ieſſu 16
penn llu llaryed . Ef yntri ynri ac nyt ryued
reithgar . bwyf g6af du6 kynng6eſti dayar . ā .

W'n fardd ai k. ac nid oes yma ei dechreu.

ADu6 am troſſ6y om tra fal6der . atta6 ⁊
y ia6n obeitha6 awybyther . y gym-
ryt penyt kynn g6yt g6ander . y gywy- 22
det lann didan dyfynder . y ffyd y greuyd
y gryfder . mynet ⁊ eidunet tr6ydet tra
yngatter . Y achuba6 na6d nywatter ydaf ⁊
ardeu hynaf ny byd ouer . erchi pozth dewi
parth yd elher . nyt arch agkyfuarch agky-
uamſer . Meir a mihangel pan delher . 28
b6yf tr6yda6l kynnadyl kynnoc ucher .
Men nat ia6n troi tr6y agkallder . na
cheiſſa6 tramda6 yny trymder . Nyt ef
andiffynn nac andiffer yna ⁊ dywedut 32
traha tr6y gam ober . nyt ef ang6eryt g6yt
goz6acter . nac an ryd y dyd gan edyllter .
Nyt ef ydeir nef onerth llonder . nac o
nerth ymſang yn vn amſer . Ys g6ell yn 36
gyſpell goſp aphylgeint ⁊ yny oli aſeint a
ſeith pader . Pedyz wynn ang6zthuynn
g6zth yz ygder . ysti a6zthyt a 6zthotter .
rac teulin trinet tri niuer ada6 ⁊ artry- 40
dyd yla6 y luciffer . ardeu ardeheu yggoleud'.

yggoleudreuat auat uoler. Mat bu ynllyw
ynllythyr uoleit :ageiff y eneit yſpeit oeſp-
nyt mat anet nyt mat aner . o edrych arduw
adiuarner . ny mat gymyrth araf ny gymer
penyt : Kanywyr ennyt pa hyt atter . 5
Ny mat erlyn dyn dim ehofynder . gwat
went preſſent heb pryſſurder. Yſediuar vyth
tra vyther yndi . ys yr antroi yntrachallder.
Ys yr antreiglaw treiklyt an kywyt an cam-
wober : tramawr yt ymdawr amdonyer. 10
oda tranghedic yt adwy yſgarer . truan yt
etuyndyn pan dwyller . trwy duw ydiuant
pan diuaer . Truan aglywaf ar eglycter :
bot traſerch ſyberwyt penyt pynner . tra
ſegur amrud am ryw hoewder . ys dybyd 15
ydyd ydialer . Dybu griſt ymbru ymbru-
der yrō : deuwn rac y uronn vrynn oliuer
dydaw mihagel ual ygweler . rac llu egy-
lyon tiryon tyner . Dydeuant attaw a 19
dotter ymmed : dybwyf om kamwed duw
amkymmer . dybo ymdiffryt kynn pryt
pryder . gwr adiffyrth pawl pawb adiffer.
Diffreidyat mawr rat mawr reith . 23
dyrchauel : deus yr iſrael dewiſ gyf-
yeith . duw gennyt gennyt bwyſ kedymde-
ith . Athitheu beryſ gennyf gannweith .
Aminneu bwyf teu bwyſ teith diarſwyt: yn
dwyawl annwyt proffwyt priſyeith . Gwae ef 28
draethadur kynn llauur lleith . nythraetho
ohonawt arawt areith . gwae diwarth diw-
yl dioleith am y eir : ny lawer leueir ouab
meir meith . Gwae nygret trinet kynn 32
ryret reith . gnawt aelwyt diffyd auo diffe-
ith . Pan uynnwys dews dewis ardeith ar-
naw : wrth wynn y gannllaw nybu ganlleith .
cayn ygkyfrin acagkyfreith . kaedic uſ-
fern ar gethern geith . 37
Awarawt pymoes byt o geithiwet .
uffern : oblith y gethern gaeth eſ-
vriuet . kynnbwyſ gwr gweryt poet gwr 40
gwaret . amgwares oboen obop aelet . aw-
nel kyfarchwel kyuarchet . breſſwyl yr ar- 1
glwyd awyl gan y welet . Ac an clyw ani
ny glywet . Ac angwyr yn llwyr ynllwrw tyg-
het . Ac ankar yn war ac anharbet . ettwa:
Ac ny gar traha trahyweithret . Ac ny 5
geis nathreis nathraws gerdet . Ac ny
gymwyll twyll trwy ymdiret . Ac ny varn
odir ydaeret . ydyn: o nys rydilyn odylyet .
Eiryolafy ar ueir uy eiryolet . yr ydwy 9
gared namdigaret . Yr awr y ſafwyf ſafet
ymkymhorth . ymdydwyn yr porth parth
athrinet . Gwerthuawr uihangel am gwrth
uynnet . amdyduch o yghenawt drefvret. 13
Paneruynno gwr gwaret y tramgwyd :
yw awnaf y arglwyd y erglywet . Archaf
yduw dwy unet unffyd achreuyd achret. 16

gwalchmei

Truan a annyan ynni o ampwyll . tra
charu preſſent pres kynnhywyll .
tramoed omdawn duw y gymhwyll . trem-
mynt uy mryt ymbrat athwyll . Trugar- 21
awc douyd a dreiha vygkeryd . hyt nabwyf
herwyd kreuyd kerd dwyll . Credaf griſt
nefoed neued gannwyll . kein uedyd vyn
duw yndyw yſtwyll . 25
Eſtwyll ayſtyrywys deus defnyd . dirnat
digynrat gymryt bedyd . delyeſſit Jeuan
ieuanc detwyd . diheu uab duw nef yn dwſyr
echwyd . Achaws y dyfu uchel vri ym mru 29
meir : yr mawr hawd llu llewenyd . llawen vyd
reen yny ryhyd . Rycherir ynhir yny herwyd .
hi yn vam wy that . hi yn wyry heb wat . hi
yn hollawl rat yn rec ouyd . Hi ynn verch 33
yw mab ymod yſſyd . hi ynchwaer yduw o
dwywawl ffyd . A hi ahawd borthes lles llin y
enhyd . Rac llwyth wyth pechawt priawt prif-
wyd . prineſſit mab duw mat gerennyd .
ernwy goygwy gobrwy gobryd . pryderwnn 38
gyfnot dyuot douyd . Adafneu oegreu ar
ygrocwyd . credaſſant oe dawn yndiwenyd .
deudec eboſtol dethol doethwlyd . credwn eu

kyuot ac nyt atuyd . yn unda6t trinda6t
yn dꝛagywyD ~
TRagywyda6l du6 tragyuan6yf ⁓
traetha6t ohona6t ahanden6yf ⁓
Oꝛda6n ryloueiſt rylauar wyf . yn
aſleu ẏgeu agywyd6yf . Ac ynrynna-
6d ffra6d ffraeth ydad6yf . yn urdas
heb dꝛas dꝛos abꝛyd6yf . am bꝛyt ar
gymryt gymra6t am n6yf . kyuar6s
myn6s meu y kaff6yf ~ ac yſſy mi du6
adi6yck6yf omdꝛ6c : oe trugared . kynn̄
mi tramgl6yd . ac amg6nel peryf pan
pericl6yf . perffeithweith ouec adec dal6yf ⁓
TEilyngda6t ada6t adef g6irin . trei-
thitoꝛ tramoꝛ trama6ꝛ deruyn .
tir rygymerth criſt ogroes od6yn ke-
thꝛi : tr6y am rygolli daeoni dyn . Du6
amd6c yno ana6 tremhyn . tramh6y
karad6y kaerua urdyn . dewiſſach
gennyf kanys perthyn . dyfnn difro-
ed no med melyn . Melys y6 pecha6t
pan yherbyn digreit : moꝛ tr6m yꝛ e-
neit ynydetuyn . edined maſſwed moes
amkanlyn . ediuar auar ef nys dech-
ꝛyn . ediueira6c da du6 ae keinmyn .
ef keiff kerennyd ae ffyd ffechyn .
Erytheolaf reen rybud ennyn arhyn'
ha6d : haed6y yff6yſgynt hael goꝛwyn̄ ⁓
GOꝛvynn ạetremyn dꝛamyꝛ dꝛefret ⁓
y treia6 cared caru mynet : my-
nyd ymdꝛaeth criſt argeing dydwed
dayar : kynnb6yf abar ambo lludet .
ll6yttit vygkywyt ygkywir cret .
ygcreuyd ynffyd ynffa6 ganret . Ym
dyd6yn omdu6 ymdylyet . o gatwent
pꝛeſſent pꝛef efuriuet . Efryd vyd
dechreu dyn dewred gyfureu : aedi6-
ed efdiheu agheu yghet . ac nyt go-
chel gocher6 dꝛ6ydet . g6ely agklaear
dayar dudet . A g6ae ni oꝛneit yn
rydodet . ynrygna6t pecha6t pall gy-
[niret ⁓

Rac ant6ylla6 byth obeth hebret . ygolli
teithi tranc afneuet . ac yſſy ymi uedyc
aued g6aret . angeu : . adod6n ynneu yn
ymdiret . yſef argl6yd nef anerthaet . y
diofryt g6yt g6edy ryret . Ac ym reen
g6ynn g6ann yſtlynet 6yſi : ac ys meu
erchi arch geinmyget . kyꝛreiueint oꝛ
meint meith gyhuſſet . ry g6neuthum
odim odꝛycweithꝛet . antrugara6c argl6-
yd trugarhaet 6ꝛthyf : ami y6ꝛtha6 nā
g6rthodet . amdu6 amdiwyt arbet . er-
byn bꝛa6t trin̄a6t trinet ⁓

Canu y dewi agant g6ynnuard bꝛecheinya6c ~

AM rodho douyd dedwyd deweint . a6en
gan bylgein pandel pylgeint . awyd
boet kyfr6yd bardoni : kynnel6 ade6i y-
deukymmeint . Nydyly coꝛn med keinyon
medweint . bard ny wypo h6nn hynny dy-
geint . nyt ef y kanaf can digyoueint ⁓
vym mryt : nam6yn mi aepꝛyt kywyt
kywreint . Ys m6y ykanaf kynno hene-
int . canu dewi ma6ꝛ amoli feint .
Mab ſant fy6 goꝛmant . goꝛmes feint
niat : nalletrat yn rat r6yt yſgereint ⁓
Yſſit rat yny wlat a mab ameint : ygky-
uoeth dewi diueuel gereint . a rydit heb
ofut heb ofyn amgen : heb oual kynn-
henn kylch yheneint . Onyt bleyd adꝛe-
yd tr6y y wythneint . neu hyd goꝛuy-
nyd re6yd redeint . Ef kymerth yꝛdu6
diodeiueint yntec : ar donn acharrec
achad6 y vꝛeint . achyꝛchu rufein rann
gyꝛeiuyeint . ag6eſti yn efrey g6ſt di-
amreint . a godef palua6t dyꝛna6t
trameint . ygan uoꝛ6yn di v6yn di-
wyl ydeint . dialwys peirgl6ys pergig
dyfynneint . ar ny las lloſget lluoed
lleſſeint . Dyꝛchaf6ys bꝛynn g6ynn
bꝛeinya6l y ureint . ygg6yd feint
mil ma6ꝛ afeith ugeint . archafael
kaffael gan weſteiuyeint . dyꝛchaf6ys
[dewi bꝛeui ae bꝛeint

Y Vꝛeint ỽꝛth y vꝛyt y vꝛeinaỽc ae
eluyd ynryd yn riedaỽc. ar Jwer-
don wlat ys rat rannaỽc. ardeheu ef 3
bieu aphebjdyaỽc. a phobloed kymry a
gymmer attaỽ. ac aryd ynllaỽ llỽyꝛ dei-
thiaỽc. Tꝛael yn erbyn yꝛparth uodaỽc.
padꝛic aeluoed yn lluossaỽc. ac ef an
gỽꝛthuyn nat ofynaỽc. ar trugared 8
duỽ ar trugaraỽc. agaro dewi da di-
ofreidyaỽc. ac agaho aekaro ual kara-
daỽc. agaro dewi ual deu eiryaỽc nauit ∴
nacharet nallit nalleidyꝛ difyaỽc. aga-
ro dewi diofredaỽc. caret offeren len laỽ-
eraỽc. agaro dewi dagymydaỽc. caret
ymwaret ac yghenaỽc. Agaro dewi 15
ual difudyaỽc doeth ∴ rygelwir ef yn
doeth yngyuoethaỽc. Deu ychen deỽi
deu odidaỽc. dodyssant hỽy eu gỽarr
dann garr kynaỽc. Deu ychen dewi
arderchaỽc oedynt ∴ deu garn ager- 20
dynt yngyt bꝛeinaỽc. yhebꝛỽng anrec
ynredegaỽc. y lascỽm nyt oed trỽm
tri urdassaỽt. Edewit bangu gu ga-
rỽynnaỽc. ardeu ereill vꝛeisc y urech-
einaỽc. Bandel gouyn arnam ni ry 25
bydỽn ofynaỽc. rac goꝛmes ketyꝛn
cattybꝛunaỽc. ar duỽ adewi deu niue-
raỽc. yt gallỽnn pꝛessen pṡsỽyl uoda-
ỽt. AmeN 29

Bꝛeinyaỽl vyth uydaf pandelwyf
eno ∴ ny byd ynebꝛo abꝛyderỽyf.
Gỽelafi. offeireit coetheit cannhỽyf.
canaf eumolyant meu ydelỽyf ~ 33
Gỽelaf wir yn llỽyꝛ allewenyd mur ∴
achllen uch allaỽꝛ heb allu clỽyf.
Gỽeleify am ucheꝛ uchel eu rỽyf.
agỽꝛaged rianed rei agarỽyf ~ 37
Gỽeleify glas ac urdas urdedic haeloni
ymplith detwydyon doethon doethỽyf.
Ymplỽyf llann dewi lle auolỽyf.
yt gaffỽyf y barch kynnysarchỽyf. 41

Ac obleit douyd diheuuard ỽyf ∴ ac nar
naỽd dewi ydihangỽyf. adigoneis y o 2
yggỽyf diuri ∴ yduỽ adewi ydiwyckỽyf.
kanys dichaỽn dewi nysdiolchỽyf. gỽna-
et eiryolet ym am aarchỽyf. ~ 5

ARchaf rec yndec adigeryd ỽyf ∴ y
erchi ymrỽyf rỽyd gerennyd.
yduỽ gyffeuin dewin douyd. ac y 8
deỽi wynn wedy douyd. Deỽi maỽꝛ
mynyỽ fyỽ fyỽedyd. adeỽi bꝛeui gyꝛ
y bꝛoyd. adeỽi bieu balchlann gyuelach
lle mae moꝛach amaỽꝛ greuyd. A
deỽi bieu bann geibyꝛ yssyd ∴ meidꝛym
le aemynnỽent yluossyd. a bangoꝛ 14
esgoꝛ a bangeibyꝛ hennllann ∴ yssyd
yꝛclotuan yꝛclytywyd. a maenaỽꝛ dei-
ui dioꝛuynyd. ac aber gỽyli bieu gỽ-
ylwlyd. a hen vynyỽ dec otu glennyd
aeron : hyfaes ymeillyon hyfues 19
goedyd. llannarth llann adneu llan-
neu llywyd. llann gadaỽc lle bꝛeinhy-
aỽc rannaỽc rihyd. Nys arueid ry-
uel llann uaes lle uchel. nar llann yn
llywel gan neb lluyd. Garth bꝛyngi 24
bꝛynn dewi digeỽilyd. athꝛallỽng
kynnvyn keyꝛ ydolyd. A llann deỽi
ycrỽys llocaỽt neỽyd. a glasgỽm ae-
eglỽysgyꝛ glas uynyd. Gỽydeluot ar- 28
uchel naỽd ny echỽyd. kreic urna
dec yma tec y mynyd. ac ystrat nyn-
hit aerydit ryd. Rodes duỽ douyd def-
nyd oeuoli ∴ dewi ureui vꝛenhin llew- 32
enyd. Ragoꝛ maỽꝛ uch llaỽꝛ rac lluos-
syd. penn. argynan conet cret abedyd.
a bot oegylchyn kylch yueyssyd. hae-
lo athiryon athec dꝛeuyd. a gỽerin a 36
gỽirodyd. agoꝛuot gỽaret lliwet
llonyd. llỽyth daniel aruchel eu heue-
lyd. Nyt oes yn kadỽ oes amoes am-
yn vdyd. llỽyth maryet maỽꝛwedus 40
eu merỽeryd. gỽell pob un dyuun deỽꝛ
[noegilyd.

andeỽꝛ andiffer andiffyn uyd . adewi angwe-
ryt rac kryt keryd pechaỽt ⁊ ymaes maeſta-
ỽt dydbꝛaỽt dybyd . adewi ae goꝛuc gỽꝛ biei-
uyd. magna uab yn vyỽ ae uarỽ deudyd . 4
Adewi rywelat yny rihyd . val kyfliỽ aheul
hỽyl yſplennyd . Yſſit ydewi da gyweithyd .
ỽꝛth wann achadarn achadỽ ypꝛydyd . ac i-
daỽ y mae ual ydetwyd . detwydyon bꝛeui 8
yny bꝛoyd.

OVedꝛu canu coeth anrec yhael ⁊ kefeiſ
y archauael kaffafy oſtec . ogyrchu 11
bꝛeui bꝛeint ehedec . dim goꝛden yn llawen
llaỽer goſtec . Y uoli dewi da gymraec ehoſyn ⁊
ouod byt abꝛonn obꝛydeſt chỽec . O bꝛyſt dy-
lleſt dull ychỽanec . y vꝛeui adewi doeth gym-
raec . diogel y naỽd yꝛ neb aekyꝛcho ⁊ diogan
y vꝛo diogywec . Rac creireu dewi yt gryn 17
groec. ac Jwerdon tiryon tir gỽydelec . O
garaỽn gan iaỽn gan ehoec. hyt ardyỽi
auon uirein athec . Oꝛ llynn du llet uu llit 20
gyhydꝛec . hyt ar tỽꝛch teruyn tir acharrec .
Dodyỽ ydewi deheubarthec beir ⁊ ydial ual
diweir dỽyn ywarthec . Dothyỽ ydewi yn 23
heuec gan boꝛth duỽ . poꝛth dynyndiatrec .
Dothyỽ ydewi diffreityat tec . rys maỽꝛ
mon wledic reodic rec ~ 26

RYmedylyeiſy hynn yhonni . urdaỽl y
vꝛdas anueitꝛaỽl ⁊ auedyꝛ rodi . rỽyſ
radeu bieu beird yỽ uoli . allenallyſreu allen
bali. Pandeuth offreinc ffranc oe erchi. 30
yechyt rac cleuyt rac klỽyſ delli. Wynepclaỽꝛ
didaỽꝛ dim nywelei . Peſſychỽys tremỽys trỽy
uod dewi. Merch bꝛenhin dwyꝛein doeth y-
ureui . aphꝛyt agỽeryt y gyt ahi . ỽꝛth glyỽet
dahet tyghet deỽi . aeuuched wiryoned wiryon
ynni. ael ymbedꝛaỽt mynnỽent dewi . nyt 36
a yn uffern benn gỽern boeni . apheulin a
pheunyd yggoꝛweli . y geiſſaỽ diffryt y deerỽi.
Ny allỽys gỽerin gwaret idi . hyt pan y gỽa-
raỽt gỽirion dewi . ar adar ae haroei . nyt arho-
ynt ỽy neb namyn dewi . Ac eſ aedyduc oll heb
eu colli . yn vn yſgubaỽꝛ uaỽꝛ ar llaỽꝛ llenwi . 1
Pan ryuel arwyſc ffichti . ros eluyd pob keluyd
geilỽ dewi . agỽyꝛtheu aoꝛuc gỽerthuaỽꝛ dewi .
buobeith kanweith kynnoe eni . Danuonet 4
idaỽ didanberchi . oneſ dec adef adỽyn weſti .
allaỽꝛ dec nyeill dyn diſgỽyl arnei . ychwanec
kyuoeth creuyd peri . Credỽch aglywych kedỽch
dewi . ynychllaỽ allu byt gyt achỽi . ar uagyl
eur y phenn ffoỽch racdi . val rac tan toſt yt wan.
tyſt duỽ idi . arureich ureiſc ae vꝛynn . gỽynn ⁊ 10
uchaf uchel beri . ar llech dec dꝛos wanec athꝛoſ
weilgi . aedyduc dybu duỽ ỽꝛth y thꝛoſſi . ac nat
vo yny uro breint atheithi . eithyꝛ trimỽc yn
amlỽc oe amlennỽi . a vynnduỽ dybyd byth ỽy
voli. a uynno nodet kyꝛchet dewi. 15

DVỽ auolaſ yꝛ eiryolet . ym ⁊ kany allafy
dim heb duỽ trinet . Dewi ynehang yn
rann rỽydget . ac ynyg diedig dewi waret.
Dewi maỽꝛ ar ymoꝛ mynych nodet . ry gel- 19
lwir ar y tir rac diwrthꝛet . agỽeſti ydei gỽ-
eſtei rodet . ar bop ſant goꝛmant geugant
gonet . A dewi ae treidỽys tros dytwet eluyd ~
arſeint ſywedyd detwyd tyghet . Ac y vynyỽ 23
ethỽyſ eithaſ dyuet . atheyꝛned ethynt athe-
yꝛnget . ar uab nonn hael uronn hawd ogonet ~
ardewi uab ſant ſyndal dudet . Dewi maỽꝛ
mynyỽ mat ygỽelet . penn argynnan
bedyd creuyd achꝛet ... 28

NYchꝛonnes rodes radeu . wallosyat ⁊
rudeur adillat uat verthideu . ny cheff-
it gan naſ nac oe eneu . nychaffat gỽꝛeb
namyn gỽyꝛtheu . Gỽꝛthebet hyget y hygl-
eu gerdaỽꝛ ⁊ gỽyꝛthuaỽꝛ bꝛiodaỽꝛ bꝛiaỽt 33
dedueu . Oꝛdaỽ llyghes dꝛom trỽm ygeireu.
y geiſſaỽ kymraỽ kymryt pꝛeidyeu . rỽng
mynyỽ armoꝛ maỽꝛ adꝛoeu . auyd ⁊ ar yeu
llywyd lliỽdyd goleu . Collant ar llygeit ar 37
eneidyeu . ny welant nalliant nac eu llog-
eu . achyghoꝛ awnant achennadeu . y hebꝛỽg
idaỽ ebꝛỽyd dẽtheu . Tꝛydypla wydyl avlỽyd
diheu . tri dybud mynyỽ mynaỽc bieu ~ 41

Peuſydỽys treſynỽys diffỽys treſyneu. ynam 1
gant hodnant oꝛmant oꝛeu. O anuod boꝛa bu
diameu. ydeuth eſ y uynyỽ fyỽ ſynhỽyꝛeu. 3
keſſỽyt kythꝛeulaeth gwaeth gỽeithꝛedeu. ny-
allỽyt a uynnỽyt methlỽyt ỽynteu. Ellyg-
hỽys gỽꝛaged eugỽꝛegyſſeu. rei gỽynnyon' 6
noethon aethan uadeu. Yggỽeꝛt yggỽꝛthwa-
reu gỽyꝛth aoꝛeu. kerdaffant gan wynt arhynt
agheu. Edewis padꝛic dꝛỽy dic dagreu. llone-
it llech llauar hygar hygar hygleu. pan aeth 10
y Jwerdon ywyꝛth ynteu. ac eigyl racdaỽ dꝛaỽ
dꝛathonneu. aduỽ ae mynnỽys mynyỽ ydewi:
kynn geni yn ri enryuedeu. pan bꝛegethỽys
hael bꝛegeth oꝛeu. valcoꝛn yt glywit gloyỽ y-
eireu. 15

Kynn ſyꝛthei vꝛỽynen ar urynneu. oneſ :
nefoed y gadeu oe hanodeu. ny ſyꝛthei yꝛ-
llaỽꝛ uaỽꝛ uilltireu. namyn ardyn urdaỽl vꝛ-
dynt ſeinyeu. adewi oed bennaf oꝛpennaeth-
eu. aduỽ yngỽybot y deuodeu. Ac eſ oed uch-
af yꝛ yndechꝛeu. byt: aheuyt kerdynt ygyt 21
aninheu. Dewi differỽys y eglỽyſſeu. dicho-
nes rac goꝛmes goꝛmant greireu. aphynna-
ỽn dewi ae phynnhonneu llaỽn : llawer un
ratlaỽn ffrỽythlaỽn ffrydyeu. ac ol yuarch 25
aeol ynteu : ys atwen y maen y maen elldeu.
Yſſit hynn arurynn gỽynn goleu. uchel :
gan ochel dꝛycoed dꝛycweithꝛedeu. Mynogi
apherchi apharch beinckeu. yn eglỽys a 29
chynnỽys achannhỽylleu. Ysſit gyuedach
gan gyuedeu. acharu duỽ yndꝛech no phen-
naetheu. Yſſit gan unbyn unbarch dynolya-
eth : yſſit unbennaeth. yſſit unbenneſſeu. 33
Yſſit eſcob llary uch alloꝛyeu dewi : pym all-
aỽꝛ bꝛeui bꝛeint yꝛſeinheu. Ac y uoli dewi
dothỽyſ yꝛ deheu. poet doeth uon am clyỽ am-
gỽerendeu 37

YGỽꝛ auolaf gỽir ogoned. nywnaeth
nagỽaeth na gỽythloned. Namyn o
bell dygymell gỽell gỽiryoned. adygynnull
ſeint yny ſened. ſeint angaỽ allydaỽ llu edꝛys
[ſed.

Seint lloegyꝛwys ac iwys aſeint ygogled. 1
Seint manaỽ ac anaỽ ac ynyſſed. aſeineu poỽ
ys pobyl enryued. Seint Jwerdon amon a-
ſeint gỽyned. Seint ‸dyſſeint acheint achynnadled.
ſeint bꝛecheinyaỽc bꝛo hywred. aſeinheu 5
pꝛeſſent woꝛment tired. Dybuant ygyt
ynun oꝛſed. y ureui ar dewi da y uuched. Y
gymryt dewi dygymroded. yn bennaf yn dec-
kaf oꝛ teyꝛned. Oꝛdigonyſſam ni gam o 9
gymared. kyuodỽn archỽn arch diommed.
dꝛỽy eiryolet dewi aduỽ aued. gỽae anat
gỽennwlat gỽedy maſſwed. Dꝛỽy eiryolet
meir mam ratloned. amihagel maỽꝛ ym 13
pob aỽꝛued. Dycheuer vydỽn nylu amylary-
ed. dycheuer vydỽnn ninheu am dꝛugared.

gr vab ryꝛynat

Och hyt ar vꝛenhin vꝛeint ucheldaỽ. ha-
eldat goleuat llygat allaỽ. nachꝛet pe-
chadur y diuuryaỽ. hynny el y bỽll y bell dꝛigy-
aỽ. Naphoeni geugallonn dꝛeulaỽ. namy- 20
net ogriſt*** yꝛgroc yꝛdaỽ. ac nawyꝛ yn llwyꝛ
llebydyaỽ ynarglỽyd. athꝛỽy waratwyd y wir
adaỽ. Bei medylyei dyn ae vedylyaỽ. auu o
dolur ar y dwylaỽ. gan gethꝛi paraỽt. yn ky-
thꝛudyaỽ cnaỽt. eſ ny wnaei bechaỽt nae ry-
buchaỽ. Bei na bei vndyd douyd andaỽ. dyd
bꝛaỽt ynbaraỽt yndiburyaỽ. argỽaet yn 27
giret. ardyd y croget. ae dỽylaỽ arllet wedyꝛ
llidyaỽ. ar gỽaet yn ffrydyeu ygkylch y vꝛon-
neu. ae holl welieu heb eliaỽ. ae goꝛon yn 30
dꝛein. ac ynteu yngelein. ae benn yn ang-
krein. wedyꝛ greinyaỽ. Ac ol y ffrowylleu ar-
y yſtlyſſeu yꝛ gỽneuthur angheu. aphoen
idaỽ yꝛ pꝛynu mab dyn oꝛtan uſelyn. y 34
gan y elyn. aoed yn aelaỽ. yꝛ dangos yꝛ
byt. y boen ae penyt. yꝛ ydỽyn ygyt o gi-
dỽm laỽ. Ac yna y dyweit ydyd ucheneit.
mae eſ diryeit. oe eneityaỽ. acham guhu- 38
dỽꝛ. acham uſurỽꝛ. athỽyllỽꝛ llatỽꝛ. bꝛada-
ỽc dwylaỽ. alleidyꝛ annonyaỽc. adyn deu
eiryaỽc. aglỽth adiaỽc. dial kymraỽ. agot- 41

achelwyd ageuaỽc creuyd . kanyt eidunt 1
ffyd . ffoynt racdaỽ yblith ygethern . y wae-
laỽt uffern . ylle y mae migynwern . agỽe-
dyꝛ vignaỽ . achynneu odan . adefni bꝛỽnſtā.
aphob marchdaran yn ymdaraỽ . Rac tra
gỽꝛes ytan agoꝛmod boethuan awnaeth 6
baraban ybenydyaỽ . yꝛ kythꝛudyaỽ cnaỽt.
yꝛ dial pechaỽt . perchen dꝛycdeuaỽt adel at-
taỽ . archỽn yꝛ yſpꝛyt. keli oth blegyt kynn
pꝛid agỽeryt yngỽarandaỽ . achaffel ag-
henn ac oleỽ allen . achymot anreen . kynn
non reinyaỽ . anefaỽl oꝛſed . arann dꝛugar-
red . achꝛiſt oꝛ diwed . yn dỽyn attaỽ . AMen.

Gruffud uab maredud bab dd' aecant yr groc .

Caraf bennraith . coꝛ aryannweith . carei
rinwed : Crair gair agat . ydꝛwy ga- 3
ryat y dꝛugared . Croc caluaria vaerdy gra-
cia . vaỽꝛdec ryſſed . Crededun benn . hael vo-
ꝛwyn wenn . havl virein wed . Cret bennde-
vic . lys wyꝛennic . lwys wawr anned . Canne-
it wyꝛthyeu . kanon radeu . kain anryded. 8
Cadeir ffair ffyd . kedaỽl vvyd . ket eloued .
Kyflaỽn dawn dar . y rwym galar . ar ym-
geled . Coeluein elen . eurei uoeſſen . ar
y vyſſed . Kelemic rat . cadarn wennwlat .
kedyꝛn winwled . Coꝛyf arderchaỽc . caer 13
dec eurawc . coꝛ digared . Coꝛon eureit . cary-
at vwyeit . kiriet ueued . Keinllun teckaf .
bꝛenhin hynaf . y bꝛenhined . Coet berued-
not . kain y uaỽꝛglot . cun nef eurgled . 17
Cael ym grym grair . rat oe boꝛtheir .
reidyeu berthed . Culwyd ener . adyng
niuer . oe dangneued . Colofyn llv cret . a-
rannwaret . oꝛ ennwired . Coel egylyon . 21
olin uanon . olan uoned . Dylan natur .
uaỽꝛdec eglur . uordwy gogled . Delis arw-
ein . o dwfyꝛ dỽyn . y devyr dired . Dyduc
moꝛdon . ar ydwyvꝛonn . arwy dyfỽꝛed .
Dyfyꝛdwy waedgrec . aryal gỽanec . arael
gỽyned . Delw werthuoꝛaf . aglotuoꝛaf . a 27
glutuaỽꝛed . Dadyl yſbꝛydaỽl . oꝛgeiryeu
maỽl . yꝛ gỽr āmed . Doꝛ koꝛ keinmic . duỽ
yỽn ryuic . dewin reuved . Dar eneidyeu .
dilit vꝛodyeu . dilet vꝛyded . Dawn tlaỽt 31
anoeth . dayar wiwgoeth . dioꝛwaged . di-
nam loewder . diweir ener . duỽ yꝛ wirioned .
Da yỽ y boꝛth . adiamoꝛth . adiomed . Delỽ
vyỽ uarglwyd . eurlliw arwyd . ioꝛ llawered .
Dyſc ffyſc ffynnyant . agỽir uolyant . y
goꝛuoled . Dedyf ledyf loewdoeth . eureit 37
gyuoeth . arot gyued . Doeth gaerlleon .
dec anregyon . digynryged . Didꝛei uolyant .
duw da varant . diouered . Didꝛiſt griſt
ges . oꝛgan hoedloes . eur gynhadled . Delỽ
uireinryỽ . yꝛ pꝛynu byỽ . oꝛpꝛenn arbed . . 42

1194

Dvc moꝛwanec dec odu gaeaf. llys llaỽꝛ
lleon gaỽꝛ llun gwaỽꝛ gwympaf. 2
Divei ion eruei arvaf y ganmaỽl. delw
vyw uab dwywaỽl vyn ne duỽ nefaỽl naf.
Di warth dꝛyfoꝛ coꝛ poꝛ perffeithyaf. diw-
yt greir y ueir uawred hoffaf. Dewin 6
kain yeſſin kynn iſſaf waelaỽt vedꝛaỽt.
a nud diwyꝛnaỽt y naỽd arnaf. Doeth
dꝛos vꝛic tonnyar kar kadarnaf. dethol-
walch balch byỽ llyỽ llaỽenaf. Dogyn 10
vedyd grevyd digrifaf dꝛamwy. drỽy va-
ỽꝛdwy dyfyꝛdwy defyꝛdir eithaf. Dwywa-
ỽl haỽl haelwaỽꝛ a vaỽꝛuolaf. deuaỽt wa-
ỽt wider ffer ffurueidyaf. Dovyd lun e-
hun henw goꝛuchaf. nenn uab meir w- 15
enn ar bꝛenn bꝛenhineidyaf. Didwyll
bỽyll bellwaỽt ffaỽt ffydlonaf. datyein
kein kynnyd dyd diwaethaf. Didaỽl ve-
ith y deith doethaf benndevic. wyrennic
uedic vud iach achaf. Dodyỽ not eur- 20
glot ioꝛ gỽlat bellaf. lloegyꝛ llwyꝛ yn gỽe-
ryt vyt vodꝛydaf. Duỽ ieſſu arglwyd dew-
iſſaf. gynagyꝛ dihagyꝛ eirw llinagyꝛ ar
llun gỽympaf. Y delỽ vn mab meir yd ado-
laf. odilis areith gỽeith gỽerthuoꝛaf. Y 25
daly ynof cof kyfyaỽnaf. dꝛemyn. y dylyn
tydyn llỽyth plant adaf. Eryꝛ egyl doꝛyf
hoewloꝛyf haelaf. ioꝛ didwyll o nef eureit
adaf. Ardelỽ moefen hen hynaf y gynnyd.
vꝛdas llin dauyd gỽyd gỽedeidyaf. Anuon-
es cannlles kaenllanỽ bꝛeiſtaf. anrec 31
loegyꝛ uaỽꝛdec uoꝛdwy gloewaf. Anreith a
gobeith gỽbyl ffrỽythlonaf ioꝛ. yſbꝛiw dy-
lan moꝛ yſbꝛydolaf. Ennwi y vardlef ion
nef a wnaf. ennwant llythyꝛ deckant llath-
yꝛedickaf. Ennwaỽc arderchaỽc archaf y
nodet. rodet trỽy giret tri agaraf. Awr 37
arwyd mab meir o eir araf. arwraỽl keda-
ỽl kadeir deckaf. Eryꝛot eurglot arglwyd
pennaf yỽ. a llyw marw a byỽ ryỽ radlonaf
Arwyꝛein croes griſt aoꝛeuraf. ar oꝛoꝛ koꝛ

kaer glaer egluraf. Elen ae kafas. alaf 1
yſbꝛydaỽl. trydyd dyd dedvaỽl aỽꝛ haỽl oꝛhaf.
Doeth delỽ vyỽ vy llyw llyꝛyon. pꝛif
obeith pꝛaff adeilyat yeith pꝛoffỽ- 4
ydolyon. Daỽn aphleit gỽeinyeit uỽch gỽ-
ynnyon uoꝛoed. aphꝛifdec lyſſoed ffrydeu
gleiſſyon. Darogan dylan deil gerw gw- 7
elwon. moꝛ y vydinuaỽꝛ goꝛ vu y danuon.
Duc o gaeth alaeth uaeth alon ovit. y bo-
byl y rydit bibyl arodyon. Deheu rybud
mat dihaerebyon maỽl. a naf arwraỽl nef 11
eryꝛon. Doꝛ koꝛ coeth kyuoeth. dar coſyon
arllwybyꝛ. gwaỽꝛ yngoleu wybyꝛ gỽir egy-
lyon. Gwerthuaỽꝛ eurlloꝛyf toꝛyf tirion
y bleidyeu. da y eneidyeu dianudon.
Gwaret a rodei gỽirion goludaỽc. agỽaỽꝛ 16
dlyedaỽc yꝛ gỽir dlodyon. Crupleit di dw-
ylleit deillyon kanhwynaỽl. bud awr amo-
daỽl bydeir mudyon. Cleuyt anyanaỽl cle-
ivyon divꝛaỽbwyll. neu anuedyd bwyll o
ynvydyon. Gwyꝛ berffeithyaỽ dꝛaỽ dꝛagon
gogonet. o euraỽ gỽaret y rei gỽirion. 22
Gwaredaỽc vynaỽc vanon bꝛenhinbꝛyt.
gỽeifc urdas ybyt ae gofgoꝛdyon ~
Gwynvyt oe vebyt y ueibyon adaf. ae
diuei alaf y dwyvolyon. Gwymp arwyꝛeĩ
kein kanon beruednot. ac aỽꝛareith glot 27
y goꝛwyꝛon. llyna anrec da deon y gwyꝛtheu.
o vyỽ alloꝛyeu euyll aeron. O ꝛy uaỽꝛ go-
eluein geyꝛ auon dyfyꝛdwy. o lawen obꝛỽy
olynn ebꝛon. O luchynt helynt holyon 31
dwyꝛeinuoꝛ. ac o lynnt taboꝛ lan atteby-
on. O aỽꝛ geudaỽt ffrỽyth oergytyon
mat. y dỽyn adurn rat y dynyadon. 34
llithꝛaỽꝛ gỽanec dec dogyn arwydyon ffyd.
llywyd merweryd llin meir wirion. Llath-
ꝛeit bleit eneit yon y gogonyant. a deheu
uolyant dioualon. llwybyꝛ berffeithꝛwyd 38
rwyf rodyon goludaỽc. llytwaỽc gỽareda-
ỽc llydw gỽerydon. Llun llawnrat karyat
coꝛon ydangnef. ac yoꝛ lluoed nef o gaer lleō.

Duc moꝛ koꝛ. kywir. delỽ vyỽ llyỽ
llawir anenn ny phlygir naỽn
a phlygein. y lys lwys uardlef yleon
wenndꝛef. llun ameraỽdyꝛ nef gan
llanỽ mirein. Eryꝛ pum weli. traỽs 5
hael tros heli. eur uawred geli. ar
vỽꝛd gwylein. Anrec bꝛiſdec bꝛyt.
y roi bud yꝛ byt. y veir ydeiryt o 8
voꝛ dwyꝛein. \ Credadun vn yỽ. cre-
ir meir marỽ abyỽ. croeſdec euraỽc
lyỽ. yỽ criſt agarein. Keidỽ rat yſg-
grythur. kadarn bennadur. creadur
modur creawdyꝛ madyein. Koꝛ ioꝛ
eurdꝛeſnat. kywreint wneuthuryat. 14
mawr ucheluabrat mair ae choelue-
in. Kovyl gwanec dec diſt. koſyon
diathꝛiſt. kyvaraỽd achꝛiſt myỽn ky-
vwyꝛein. llathyꝛ groc ovaneic. llythyꝛ
araỽt ffaỽt ffeic. lluryc aryan dꝛeic. 19
llyw yꝛ goꝛon dꝛein. llyỽ byỽ budy-
gaỽl. llawir yſbꝛytaỽl. llawen arwra-
ỽl. lleir arwyꝛein. llwydyant nerth
berth byt. llw gỽir hir hyfryt yn 23
troſſi iechyt rac traỽs ochein. lloer
koꝛ ioꝛ arab. llwyꝛ gyfarch parch pab.
llun y oꝛeu mab. llaỽn eur amein. 26
Doethineb elen. amgwnaeth goꝛaw-
en. ahirweith moeſſen vu yarwein.
Dwywaỽl waỽl wahaỽd. dauyd ae 29
hurdaỽd. duỽ ae goꝛeuraỽd. dec arwy-
ꝛein. Delỽ yſbꝛydolaf. dogyn rat tat
teckaf. da wieil adaf. diwael oedein.
Doꝛ koꝛ poꝛ pevyꝛlwys adoeth g°eth
gynnwys. olys baradwys y lwys 34
bꝛydein. Ry wnaeth faer glaer glaer
glot. delỽ loyw hoyỽ hynot. yꝛ didwyll
oꝛuot. o yoꝛ datyein. Ratlaỽn daỽn a
doeth. ri tri trichychyuoeth. y loew 38
gaer goeth. o vꝛo loygyꝛ gein. Rywo-
gaeth cedꝛus. rwyd fwyd cipꝛeſſus.
o geinghyeu epinus. ar y gynghein 41

Rinwedaỽl vaỽl vud. ny vaeth gaeth
gythꝛud. roet duỽ oe deurud. rat da
dwyꝛein. Boned med molyant. byd
yſſyd o fant. anaỽs gogonyant. nys 4
goganein. Balch delỽ elỽ eilyat. anaf
nef wennwlat. aner oed wirdat. naỽ
rad wardein. Bꝛeiſc diweir greir grym.
bꝛeint y feint nym fym. bit y ardelỽ
ym. byt ae hurdein. AMEN. 9
Doeth delỽ ner aber wybyꝛ vỽch
eluaer. nef naf gwerthuaỽꝛ
mireinglaer. dwfyꝛ dir koꝛeglur wir
kaer dyfyꝛdwy oꝛ moꝛdwy maỽꝛdaer ..
Moꝛ odyſc mab meir aduc. maỽꝛed
deith gweith gwynnvydir. olygaỽt 15
greir loewget groc. y loegyꝛ dir o-
leugaer dec. Llyna gein goeluein vu
gael yn lloegyꝛ. llawget greir oꝛ iſra-
el. llanỽ aeduc oe dec auael. llun cit
ehun. croef duỽ hael. Llanỽ llwybyꝛ 20
glut. lloegyꝛ dut y duc. llun llyw pum
oes ar groes groc. mawrchwedyl llaw-
en gan wenic. marchoc bꝛonn moꝛdon
maỽꝛdec. Doeth delỽ nenn ar bꝛenn
bꝛeinyaỽl nef. a wybyꝛ yny gỽbyl dodef.
ny doeth rec o dec danghnef. duỽ byw
gaer y debic ef. Doeth croes o wial
moeſſen. a delỽ ar vꝛic moꝛ dylan. 28
ner oduỽ nawrad dewin. naf gerllaỽ
nef gaerlleon. Creawdyꝛ llun eidun.
adaf lyw o nef. ny wyl neb y gyfryỽ.
creir kaer maỽꝛglaer amerglyw. 32
croes dec dan eurdelỽ criſt yỽ. Tec vu
dꝛe to tonn welwgaen. ath v* y vꝛo
gaer ythwn. toꝛ greir gwerthuaỽꝛ vy
mawrboen. terra kaluaria virein. 36
Lles hynot llin clot llunclaer. llyw
nefaỽl llawn auael llwybyꝛ waeth
faer. llethyꝛ dyfyꝛdỽy moꝛdwy maỽꝛ
daer. llithꝛaỽd moꝛ llathyꝛgreir koꝛ 40
kaer ~ ~ ~ ∞ ∞

MEu ymozalw obwyll diſal6 o
bell dwyſa6l. a meir geir goeth
eiryan wywdoeth. eur rinwedawl. Go-
zeu y6 meir. glandat boztheir. gleindyt
bertha6l. O berffeithzwyd ar bop ar6yd.
awr bybyzyawl. Seren y6 hi. not go- 6
leuni. nyt gelynya6l. Lloer engylyon.
agwerydon. eic wareda6l. Mam tang-
neued. athzugared. yeith ragoza6l. 9
Temyl yz mab rat. neuad garyat. na6d
ac eirya6l. Hyna6s uozwyn. hynot ad-
vwyn. ohen6 dedyſawl. Hoew vam ieſſu.
ha6d y charu. hed6ch eirya6l. Hil g6eilch
groec. hoewl6ys bziſdec. hwyl yſbzyda6l.
Heul y dwyzein. honn oed riein. hoen 15
dwyzea6l. Gabziel geuda6t. oe eur daua-
6t. ae eir dwywa6l. a vu gennyat ym
elldotyat. ymwyll dida6l. Pan gat mab
meir. hen6 o vardeir. hynaf urdawl. O
deilyngda6t. g6ir uozwynda6t. g6yzyf
vireinda6l. Gozuc ave. doeth arwyze.
deith ozeura6l. Gweith g6ynvydic. 22
d6yn o ffyznic. dan uffema6l. Adaf ae
blant. oe divwynyant. o dwy vaena6l.
Dayar anef. kynn poen odef. cun peu-
nydyawl. Aeth g6a6z y glot. ar bzenn
hynot. yoz bzenhina6l. Yz llewenyd. 27
rat abedyd. reidyeu byda6l. Yeithyd
ffyd ffyzd. wyth ugein myzd. aeth oe
ganma6l. am ygreivyeint. diodefye-
int. du6 adeua6l. Kyzcha6d criſt naf.
troſ ueich adaf. treis vucheda6l. Pum
oes o ff6zn. y ba6 gym6zn. ny bu 33
gama6l. Yſgynna6d la6z. lathyz ni-
uerwa6z. llethyz nef eurwa6l. arde-
heu r tat. vn trimeitrat. yon trame-
dza6l. Bzenhin didla6t. arbop kiwda-
6t. eurbab keda6l. Bit ef nef na6d.
byt abzyna6d. bu du6 bzeinya6l. Da
vu yzannerch. y anna verch. o yn 40
ni ya6l. Ar les pobyl gret yz ll6yzwa-
ret. ozlloer

wyzya6l. Gozffowys rat deongaryat. di-
engirya6l. ymru z weryd. geirllewenyd
gozllewinya6l. Yoz ſeint bzeint bzeiſc. yn
du6 va6zweiſc. yn divarwa6l. Yn vab ffrw-
ythla6n. yn vy6 diga6n. ynvudygya6l. 5
Yn yſbzyt bud. deheu rybud. diarhebya6l.
Yn vn athzi. tric ywedi. tragywyda6l.
Yn vzenhin wybyz. hael doeth ewybyz. hw-
yl deithia6l. yn vza6t ffa6t ffyd. gwirion
vuyd. g6erin nefa6l . . . 10

MErch Mam **** odiweiR
waet. chwaer yth dat o rat eiryoes
evawyz yaue wyt. regina anroes eneit.
Mamaeth bzonvaeth bzenhin vu. moz wy-
byz hir nef tir tra. meir angeil6 mozwyn
geli. mev amovyn mam aue. Tiſt arwyze-
in y gleindyt. ti veir vu z diwair waret. 17
tec oth gaer glaer y6 dy glot. temyl y
griſt tev aml6c rat. Rat mat meir ge-
ir ragozi. anduc ondygyn an ymdzo. gras
oeſſoed argroes ieſſu. ar annerch tec wyz
anna. Meir vam y arglwyd y moz. anaf
athat nef athiR. ym kad6 rac r6ym bzad6
bzydeR. oe bzat tr6y garyat trugaR. 24
Tec rec rat t6f mat mam g6ir b°ffwyt.
nef gwell no neb yth varnwyt. temyl
yth uab maeth yth wnaethbwyt. a neu-
ad y6 vy na6d wyt. 28

ARlwyR* waret. griſt ythanet. naf
nef dzefret. na6s gogonet. nys go-
ganein. Ar dyſc arda. yl6yth tra. rac 31
mvzn ma6zbla. obenn eua. yboenovein
ar volyant geir. arvilyoed greir. ar ua-
6l y veiR. ar ua6z na6deiR. ar varn a- 34
diein. Arberffeith vzyt. hoewvzeich hyf-
ryt. ardeheu byt. ardu6 deiryt. ardatwy-
rein. arda6n k6plaf dewin doethaf pan
gyzcheiſt naf. lluoed adaf. lle yd oedein.
Ardzefyn ozdwy. ar dzeis dzam6y. oer 39
leith arwy. yngloes dirwy. ynglas dyzein.
argroes irwyd. argadeiR ffyd. ar gedyzn

grocwyd . arget geluyd . ergyt goeluein .
Argynhyꝛchaỽl . radeu dwywaỽl . argoeth
ganmaỽl . ar gof euraỽl . argyfwyꝛein . 3
Ar daỽl maỽl mat . ardemyl garyat . ardei-
lỽng rat . ar dut y kat . eur dadoc kein .
ar glot gyhoed . erglyw ꝛ pobloed . ar arglỽ-
yd ym oed . ar glaer diroed . arglaỽꝛ dwyꝛe-
in. Argatholic dyd nadolic . eir maỽꝛhydic
awr wynvydic . yꝛ wen vadÿin . arbỽyỻ le
yndyt . arbefyꝛ yſbꝛyt . ar boꝛth yꝛ byt . ar
lef blegyt . arlỽys blygein . Ardangnheued .
rat anryded . ardꝛugared . ar wir uawred
ar wyꝛy virein . ∞∞ 13

ARchaf gulwyd . diwaradwyd . dy wiỽ
radeu . ac y ueir dec hael oꝛoec . hil o
rieu . achỽbyl aỻwyꝛ . ynof fynwyꝛ . o nef
feinyeu . Ac engylyon agwerydon . agỽiỽ
radeu . yt varglwyd dat . yꝛdy garyat . eur-
deceiryeu . Roi naỽd yth waſ . rac bꝛaỽt ogaꝛ
rac bꝛat ageu . Rac barn kedyꝛn . abeich
edyꝛn . o bechodeu . Rac kebydyaeth . rac
traỽs aruaeth . rac treis arueu . Rac 22
kynghoꝛuyn . avyd elyn . y uedylyeu .
Rac creulondeʀ ynydener . anudoneu .
Rac mvꝛn athwyỻ . adogyn gymwyỻ . a
dygyn gameu . Rac gwaeỽ dan vꝛonn .
rac gwyth galon . rac gỽeith gỽyleu . Rac
dỽfyn lefged . adigaffed . adic eiffyeu . Rac
treis arỻwybyꝛ . och amyl ewybyꝛ acham-
lyeu . Rac traỻaỽt byt . rac traphenyt . 30
rac triphỽeneu . Rac tan uffern . aedꝛyc
kethern . aedꝛỽc hitheu . Ae chas oueint .
ae goveilyeint ae geueleu . ae chaeth wen-
wyn . ae choecwannwyn . ae chicweineu . 34
ae chynydyon . ae chỽn duon . ae chwyn diev .
Ae phyꝛth heyꝛn . ae thanỻyt gyꝛn . ae thin-
ỻwyt geu . Ae tharth ae ỻỽch . ae thiryon-
ỽch . aetharaneu . Ae roſt bꝛynnic . ae reſt
ffyꝛnic . ae rwyſtyꝛ ffyꝛneu . ae bꝛeyveryat .
aebꝛont baryat . ae bꝛỽnt beiryeu . Aehot 40
genỻyſc . ae hir deruyſc . ae hoer dyꝛueu .

ae gỽythlondeʀ . ae gwanniuer . ae gỽanaueu .
ae dygyn gymỽꝛn . ae duoer fỽꝛn . ae daear feu .
Joꝛ deg radwlat . yaỽn abꝛynyat . ion y bꝛeineu .
Yno kyꝛcheiſt . aragereiſt . oꝛei goꝛeu . Oth
hyneuyaeth . enydigaeth . eneit eigyeu . 5
Oth vod yth ued . oth enryded . aeth yn reideu .
Othuaeth athuaỽl . othdelỽ dwywaỽl . oth
daladyuieu . Oth vynedyat . eur dy dyat 8
ardy deheu . Pevyꝛ vihangel . kun glwys
angel . kyn gloes angeu . Penn kymenda -
ỽt . yỽꝛ peundidlaỽt . pan vo dadleu . Poꝛ 11
coꝛ karyat . per y vꝛedyat . pur y vꝛodyeu .
Par ef nef naf . adiwarthaf . yỽ dywyꝛthev .
Y dwyn vyſpꝛyt . rac hoedyl deugryt . rac
hydil dagreu . yth wlat rat rec . yth windei
tec yth wyndut teu . ythle amlỽc . yth 16
lỽys olỽc . yth lys oleu . AmeN—o—J

BAltaſſar gynnar gennat duc anrec
odec iaỽnryỽ garyat . o arwyd
yawn gyflaỽn rat . o eur tawd y eir ytat .
Digyſtud anrec amdec yſtwyỻ rat duc
yꝛhydyꝛ eur gannỽyỻ . ieſſus uab koeth
doeth didwyỻ . iaſpart oꝛ myꝛr nyt byꝛr
bwyỻ . Gỽnaeth melchioꝛ euri oꝛ arwyd 24
gouec vod vnyaỽnrod yn anrec . y iofep
dat rat redec . y ieſſus dwyn tus daỽn tec .
Baltazar durbar dewrboꝛ awnaethant
oe maỽlfant a melfyoꝛ . ennỽaỽc iaſpart
eurwart ioꝛ . anvon anregyon ragoꝛ . 29
Doeth oꝛ dwyꝛein kein keiff bop aỽꝛ eur-
glot . y arglỽyd nef aỻawr . arwyd y vot
ynglotuaỽꝛ . eur myꝛr athuf wedus 32
waỽꝛ . Yꝛtri aroes y trỽy rat . teir an-
rec ueir yꝛ kreir cret . feren heb laỽ lys
erot . arodes gyuarwydyt 35

Gỽr. uab maredud aecant. y dudyr uab gronỽ

Lleỽ glew gleiſlym grym gryt flemy-
chu. lloꝛyf koꝛyf kat keimyat 3
kamon daſgu. Llaryeid walch geirwalch
goꝛvu abꝛỽyſgyldyryf llyꝛybyꝛffyꝛyf
bꝛigyꝛyf bꝛagat vylchu. llit pꝛit pꝛif
yngknif yngnaỽs kyꝛchu. llyỽ glyỽ 7
glỽyt yſgỽyt eſgar bylu. Llyꝛ ovyn aer
vꝛỽyſcdovyn ar vꝛeiſcdu vꝛonndoꝛ llaỽch
veird yoꝛ ang[h]oꝛ enghyl dachuedu. Llỽyꝛ
darogan bꝛan ym bꝛaỽt y ku. vab dyfyn-
wal aryal gal digelv. Llwydyant ruthyꝛ
llin uthur aeth lle bu ffrollo llavyn ge-
lyngno clo clot enynnv llun run gun
gỽyned ved veneſtru. llyꝛ getwiſc eryꝛ
gat waſgaru. llunyaf waỽt tauaỽt 16
yꝛ tyuu ymbyt. llunyeth dihewyt bꝛyt
o bꝛydu. llywch fflamdur dudur dadyl
diblygu. llachar dar bar berth vaỽꝛ
nerth varnv. llacheu glotoleu yngleỽ
dalu gỽeith. pan vei wyarlleith pum
feith fathꝛu. lleivyat digiliat galon 22
grynv llaỽ rodet nodet nud gyſtadlv.
Lliwrud waeỽ dilud wiỽ devlu ffyꝛnva-
el. llaỽrud hael diwael duỽ oe adu. Llat-
win ỽꝛaỽl greir boꝛtheir barthu. llyt-
waỽt wawr byꝛthwaỽꝛ beird gartre-
fu. llaỽn gyflaỽn hoewdaỽn llỽꝛỽ hae-
du om bꝛaỽt. ny wnaeth trindaỽt 29
ffaỽt ffoꝛd oe gablu. Taryan llwyth
tewdỽꝛ gỽꝛ oe garu. tremynyat faeth
gat feithgampalltu. Tỽꝛ gỽꝛ gỽꝛd
bleit greit grym karku yngadoed 33
tarw. ar arỽ aeroed doꝛuoed daruv.
Tꝛyſtan hir amdir yn ymdaeru. tra-
ỽſ maỽs maỽꝛdꝛut clut clot enynnv.
Teruyſc llew dewrdyſc llit ardu gat
gvn. taryf kun rỽyf alun yn ryuelu.
Tꝛachwerỽ verỽ vaỽꝛdoꝛyf loꝛyf koꝛyf
kaethlu. trychyat bꝛyt gryt grỽydyꝛ 40
vꝛỽydyꝛ vꝛedychu. Tꝛoches goeluein
bꝛein vwch bꝛu gỽyarllif. trech yngnif
no rif y riwallu. Tꝛyuer kat neirthyat
nerthaỽc allu. Tꝛevyn heilrwyſc hueil
riſc heyꝛnblu. treiglaỽd klut dattaỽd 4
clot hyt deutu havyn. travynllỽgyꝛ aelif
lavyn loegyꝛ elyſlu. Tꝛeigyl om bꝛonn
annerch ſerch difyꝛchu. tra gleỽ llew
lleiſyat gat gymynv. Taerleif gỽyar 8
meif gỽaew irgnv gỽaetlin. tỽꝛyf ta-
ryf tan chwefrin dꝛin dꝛemynv. Trỽy
vꝛys oe lys lỽys dwys deifyvu. trỽy vꝛa-
ỽt y geudaỽt. trỽy ffawt ffynnv. Tꝛỽy 12
lithyaỽ bꝛanes trỽy lethu noꝛthmein.
trỽy lathyꝛ arwyꝛein gein geinhyadv.
Tꝛỽy rat mar gwaỽꝛ gweiſc yn bꝛeiſc 15
bꝛynv. trỽy rod trỽy vod voes trỽy oes
ieſſu. Trỽy eur boꝛther mer maethlu. mihagel
paỽl pedyꝛ gradivel y del oedv. ∞

y ſyr howel uab gronỽ

Gweleis leỽ doeth hael gỽiwlỽys
wledeu. ae loywueryd ynkael y
alaueu. Ynrefnant winllys yn refneu 21
clotuaỽꝛ tra ydoed yngwaỽꝛ kyn trei
oedeu. A cheinadlu beird acheinodleu.
achenedloed yſp oechynatleu. achwyn
vtlef wyf och yn natleu lit. achael avyn-
nit achoelveinyeu. agỽyꝛ ieueing beilch
agỽaryeu. agỽiraỽdvꝛ beird agỽꝛodeu. 27
A gỽar gỽmpaf clot myỽn gỽir gam-
peu nud. ar eil eurvud eiryoel arueu.
Arodi yn ymỽng rudyon emeu. arỽyd
oꝛchwylyon ryderch heilyeu. Areadyꝛ
owin ynghychrieu hydyꝛ. myỽn eur 32
agỽydyꝛ muner gỽaỽdeu. Achyꝛd a-
deinyaỽc acherd danneu. ywch y neuad
dec achyneueu. Achein adwyn walch a
chynnedueu heird. achyuedach beird 36
och oe vadeu. Echwyn yỽ adyf achwyn-
adeu. ochein edyꝛn bꝛonn vcheneideu.
Achos galar ioꝛ nychỽſc goleu gynif
llevein anidꝛif llif ynagreu. Vchel rodaf
wyf achul rudyeu. och ar daear naf 41
ywch eurdyeu. Echwyn girat vuoch

vn goꝛeu ion. echwng hoewrym mon ae-
chynghoꝛeu. Echwyghaỽd deigyꝛ bard
ywch y eneu. och anawd yndic gyt a chỽ-
yneu. Echyghaỽd ym boen achenigy-
eu. hiraeth. och yngot awnaeth anwych
angeu. Yaỽn alarus wyf ynyal oꝛyeu 6
vn oleurwyd triſt yn noluryeu. Am o-
leuvꝛyt kadw amyl ylyfreu da. am ei-
rie beda mawr wybodeu. Amgiriet
a maỽl am gar nyt meu. am garyat 10
gỽyned aeragoꝛeu. am gudyaỽ howel
ym godeu tramgỽyd. am gỽydaỽ varglỽ-
yd roi gỽaed vaỽꝛgleu. Tꝛauaelaỽd vym
ryt trỽy ovaleu. treiaỽ buarth clot vn
tri bieu. Tꝛỽm adolur vyd tramedyly-
eu kar. amlyỽ ac eurdar amlỽc vꝛdeu.
Tꝛimỽy yỽꝛ gogleis tra mawr gigleu.
tri phenyt galar rac traphoeneu. 18
no chwerw alaeth bꝛonn gan chware-
leu dur. trymvꝛyt arlavur tromvꝛwy-
dyꝛ lifyeu. Tꝛech yllidyaỽd honn tra cho-
lledeu. trỽy hanner y vꝛonn yꝛtra hei-
neu. nodꝛycannyan fflam ydꝛỽy gyn-
neu derw. ogymell hirerw gem alloꝛyeu.
Tꝛiſt y goꝛuc duỽ traỽſtec eireu. troſla-
wr dayar mon. treiſlwyꝛ dieu. trevyn
hyglot ydoeth travyn hygleu nyt byw
trỽm eryſſyt yw trimỽyꝛeiſſeu. Kann
aeth amlỽc yoꝛ kainytheimlaỽ lwys 29
gyfoth. mab meir liaws gouev. gỽaedaear
wyned gwedieu gytuot. gwiỽvynnei
pob clot a gwaevinneu. Yꝛgwyargroc
leyn ar gwaew irgreu. areit bꝛynaỽd
yn rat a bꝛeinev. athiwarthaf deith ath
hoyw wyꝛtheu greir. o ragoꝛ pwyll meir
ioꝛ yꝛ eigyeu. Dwc heb lyſſyant duỽ dec
y blaſſeu. wyꝛ ydedwr mawr eur y dudyeu.
yn iawn rydit nef anyan radeu llwyꝛ. o
glot aſynnỽyꝛ glat y ſeinyev. 39

y dudyꝛ vab gronỽy.

TRoſſes ym grym griſt. oedeith ueith
uaengiſt. trỽm eidylgoꝛff triſt. tra 3
medylgar. Tꝛeiglaỽd kaỽd kyffro. trỽyꝛ
vꝛonn honn heno. o vot klot klytno dan
do dayar. Tꝛiſt wyf murnglwyf maỽꝛ.
trin erwin aerwaỽꝛ. roi gleỽ llew dan 7
llaỽꝛ. gaỽꝛ goꝛdwyar. Toſt goſt gyſtudy-
aỽ. o boen hoen hebdaw. ymdaỽ ffrỽt
wylaỽ. aphꝛit alar. Tꝛeiſſywyt von yn
veith. troſ ruthyꝛ uthyꝛ anreith. trisy-
ei bum trifeith. myỽn gỽeith gỽyar. 12
Tꝛỽm wnaeth maeth maeth meithiw. yg
gryt ryt ariw. trom aergrwydyꝛ vꝛwy-
dyꝛ vꝛiw. a lliw llachar. To gro maendo
mur. agud nud natur. tudur waew 16
aergur. wiỽ aeurgar. Terwyn gwyn
bꝛwyn bꝛonn. nyſ kel naỽs kallon. treigyl
y ovwy honn. tra glew avar. Tꝛaỽſud
nud nawell. treul mil hil hiriell. travyn
treꝛkaſtell. vedgell vudgar. Tꝛyſtan 21
glewdan gled. oegeith deith dytwed. triſt
iaỽn yỽ gỽyned. treiſtwyn gwanar.
Tervyn dioer oer oed. toꝛyf lloꝛyf koꝛyf
kadoed. toꝛyfoed aer vilioed. awr vuelyar.
Tỽꝛyf lletvꝛyt bꝛyt bꝛỽyn. teir ieith gỽe-
ith gwenwyn. tervyſc myſc maỽꝛgỽyn. 27
dioer dwyn dewrdar. Llew llyw lluoꝛllin.
llavyn eurdꝛavyn aerdꝛin. a llywyỽꝛbydin.
kynn llaỽꝛ bydar. Llawer blyngder bloed.
oedwyn kwyn kyoed. llew oed llyꝛ gedo-
ed. lluryc otar. Llwrỽ alaeth gaeth gud.
llawgreir nedeir nud. digraỽn hywlych
grud. deigyꝛ anhalar. Lloꝛyf oed llyꝛ bei-
dyat. kynn maen kaen kaeat. llu blanc 35
tꝛanc tꝛomgat. lluchyat llachar. Lluny-
wyt bꝛeudwyt bꝛyt. amdoeth koeth kerd
glyt. llaw dꝛeiſ daſgwr gryt. llwyꝛ dꝛiſt
yſgar. Llenn gel dawel do. agud grud
agro. llwybyꝛ kyffro ffrollo myỽn tro 40
trydar. Llawr llytwed ved ueich. llem
llithvꝛein llwythvꝛeich. a llithꝛỽꝛ bꝛyneich.

yỽch llethyꝛ bꝛanaʀ. lLawir weiſc vꝛeiſc vꝛe-
int. llỽ doeth koeth kywreint. llit gỽeir ge-
ir gereint. oed veint y vaʀ. Neut toſt goſt
gymwyll. amgoeth doeth didwyll. divꝛat
gat gannwyll. eurbwyll aerbaʀ. Neut
.coꝛ muner maen. glas gwas gwiſc dur-
gaen. is grud glo gro graen. ger taen
tonyaʀ. Neut maỽꝛ awr ochein. am loꝛyf
kynnoꝛyf kein. neut af y leuein. nyt wyf
lauaʀ. Neut diledyf gredyf grann. dỽyn
gỽaỽꝛ dan llaỽꝛ llañ. nyt adauel gwañ. ne-
ut ediuaʀ. Neut chwerỽ herỽ hynt. oe
vard hard helynt. neut lletkynt llech-
ynt llacheu darpaʀ. Nym daỽ dyd llaỽen.
na geir goꝛawen. na gỽen nagỽynngen.
am ioꝛ gỽingaʀ. Ner ffer glewder glyỽ.
nerthaỽc lytwaỽc lyỽ. ny welaf ymbyỽ
y gyfryỽ gaʀ. Naf nef naỽd naỽkant.
ae ryd ffyd ffynnyant. gyt ac ederyn
ſant. trigyant trugaʀ ~ ~ ~ ~ 𝔈 𝔇𝔲𝔡.

Awdur hael eglur. heul ogled a
lloer. oer yỽ kwympo dioer. kam-
peu dewred. Eryꝛ kyꝛchat kat. kytwed
paredur. aryf eingyl dudur. dadyl diom-
ed. Arwyd yw tramgwyd trymgof gy-
ved bꝛonn. oer vyd kallon donn. dan let-
vꝛyded. Aruthyꝛ gynygyn dygyn dogned
ohiraeth. aros marvolaeth eurvab ma-
eth med. Joꝛ kiwdaỽt hoewffaỽt oꝛhoffed
dagnef. oed ef wendꝛef nef naf bꝛenhi-
ned. Ae vꝛaỽt ffyd avyd vyth yn agỽed
dꝛiſt. y dꝛỽy giriet criſt y dꝛugared.
Anhebic myỽndic dygned ucheneit.
nyt heb lad eneit vurblỽydyned. Vn
da iaỽn hirdaỽn harded llewenyd. di arỽ
allonyd oed erllyned. Aelaỽ pan vu dꝛaỽ
edꝛywed eurdoꝛyf. y gwnaeth lloꝛyf kat
koꝛyf. koetkỽn dachwed. Eleni gwaevi
gwiỽ veued blygu. dꝛỽc vu dỽyn dꝛeic
llu. llyꝛ gymroded. Nyt atwen rodi y
dan dytwed llawr. llew glew moꝛ glot
uaỽꝛ gawr gyvꝛyſſed. Neut edyꝛn teyꝛn
hyt lann tued dꝛaỽ. mal hỽnn gỽynaỽ
bꝛaỽ bꝛeuoled. Neut ydiw hediw haỽd gỽ-
myꝛred kat. dan doꝛ koꝛ kaeat. rat anrydꝫ.
Neut atuoes einyoes anued amaſarn.
neut atuarn kadarn kedaỽl uerthed.
Neut utwaed y vard neut atwed kerd-
aỽꝛ. a hoew eryꝛ waỽꝛ yn hir oꝛwed.
Neut atueil bueil buangled yngryt.
neut atuyt gwyndyt. gỽindei ſylwed.
Neut otua troua trauyn kanwled beir-
dyon. neut atboꝛyon mon meu gyuan-
ned. Neut adwyth balchlwyth bylchla-
vyn dꝛoſſed llyꝛ. athudyꝛ beñgỽyꝛ is gỽe-
rytued. Ner ffer ffyꝛyf eurgyꝛyf aergyꝛch
ryſſed glyỽ. trauv vyỽ vy llyỽ llaỽ gyfly-
ed. Nyt oed reit oe bleit blodeu gỽyned
dut. nac ameu golut nac amgeled. Neur
aeth trỽm hiruaeth trỽy gymherued bꝛoñ.
y boen yꝛ gallon honn anhuned. Neut
myuy duỽ vꝛy odivꝛoed maỽꝛ. agỽyn dỽyn
doꝛ gaỽꝛ gwaỽꝛ gỽirioned. Nymdoꝛei ſyꝛth-
yaỽ amſered galar. nef ar y daear niuer
dyed. Neu dyuot trauot trevyn alltuded
hir. ymoꝛ dꝛos y tir enwir annwed. Neu
vꝛenhin dewin diwed goꝛthꝛymaf. tros
vꝛadaỽc aea traỽs vꝛaỽt gyhed. Neu diua
traha teruyn chwerỽed garỽ. am eurgarỽ
y varỽ yny vaỽꝛed. Tꝛỽm oedwyn yw
kỽyn kynn hywed varw. yn llys bennry-
nyd oed ryd reuved. Tꝛy llew gỽarant
cant ywch kynnted beirdlu. gỽledic eur
ſỽllt vn gỽlat a goꝛſed. Tꝛaỽs iaỽn eil
meriaỽn. maỽꝛed vn ovec. travyn maỽꝛ
dec di vrec dyvyꝛ gymyꝛred. Tꝛeſneu am-
yl vꝛodyeu amlaỽ vꝛoded heird. di ryuic
yỽ beird adiryued. Tirion hil beilchyon
hwyl balched kadwr. taryan lỽyth tewdỽꝛ
gỽꝛ goꝛuoled. Toꝛyf plymlỽyt yſgỽyt
oſged arderchaỽc. taryf euraỽc lytwaỽc
vynaỽc voned. Tꝛỽy wyꝛthyeu goꝛeu diga-
red

dutno beuno ytvo yetiued. Tꝛef ner dec
niuer dagneued gadeir. ae peir pevyꝛlwys
greir vab meir ae med. ~ ~ ~ ydudur.
ARglwyd didꝛist grist gỽir dist gỽar-
deR. eurglaỽꝛ nef allawr alloer loe-
wdeR. Oeraf meith varỽdeith vu ar vyꝛder.
arwyd yỽ nanllwyd llwyꝛ edyllteR. Aer
dꝛanc llew kadeu parableu per. eurdꝛavyn
eruei lavyn aryf oliueR. Aruthyꝛ ar vn
ruthyꝛ ameith dꝛymdeR. aros atueil eil
alexandeR. Ochabarus wyf dꝛỽy glỽyf
glewdeR. vot hynn odechꝛyn eil gỽyn gw-
artheR. Ywch elaỽꝛeid vꝛyt gryt grym-
uster eclel. arwyn varỽ vaỽꝛeir doethdeR.
vcheneidyeu man mab meir yỽch ser. a-
chynudaỽ glaỽ gloewdeigyꝛ lleuveR. A
chan llewic trist achwyn llawer. achaỽs
traỽs treifglut heildut haeldeR. Ech-
ỽng ioꝛ gỽenllys. ffyꝛyf emys ffer. acha-
ru gỽindei och oꝛgwardeR. Gỽnaeth tu-
dur aervur aruot lymder. kynn rudgla-
ỽꝛ llawr llann y rann ratteR. Gỽyarlle-
ith triseith traỽs ehovynder. gỽaeỽ irllw-
yd adwyd edern gryfdeR. achat vꝛagat
vꝛeisc amgỽisc wychder. achamaỽn yn
llaỽn llit ablyngdeR. achau heyꝛn chw-
yꝛn chỽerỽ naỽs dicter. achoꝛyf toꝛyf tir-
uaỽꝛ myỽn gaỽꝛ gyꝛddeR. Achꝛyt gryt
argrỽydyꝛ abꝛwydyꝛ bꝛyder. acharu dei-
vyꝛ gan vꝛein crein creulondeR. Achꝛeir
gỽyned wenn yn benn balchder. achꝛiaỽ
idaỽ eidun dewrdeR. Acheneuin dꝛin
amdꝛi amser. achynavon gleỽ achein
niueR. achlot agoꝛuot ymgỽir valch
ner. achlybot yweith yweith yỽchlaỽ a-
beR. Dar ovoned amyl dewr avuner. i
dayꝛet vꝛeisc weisc walch eurvalch arueR.
Diwreid y vaendy doꝛ advwynder. dirỽy
rybud tost dur oꝛobeR. Deryỽ ectoꝛ
nerth dioꝛwacter. darvu amdꝛeic llu llỽ-
yꝛ oꝛthꝛymdeR. Dogyn gur poen dolur

panvedylyer. dogyn gaỽd amhudaỽdam
vy hyder. Dihagyꝛ oed glybot yglot gan
gler. deheu keimyeit bꝛwydyꝛ duỽ ae kymeR... ydud
AEr vyngkỽyn echwyn och ar gyhoed
veir varw blodeu kenedloed ÷ deryw
clot y kiwdodoed. doꝛ ohil yoꝛ dewr hael oed.
Amyl wylaỽ glaslaỽ glỽyslenn ae maỽꝛ-
gud ameurgoꝛyf ryt onnen ÷ emreys
barch amras berchen. amyl deigyꝛ allef
yoꝛ nef nenn. Gwiỽ dỽf yoꝛ gỽaevi dy
vot. gỽaỽꝛ gỽeilch gỽyned ymmed mut ÷
durdỽꝛyf kei ardaerdoꝛyf kat. dewrder
grym. doꝛdoꝛ agryt. Galar callon a-
golỽc. amgwna yndꝛist grist ymgroc ÷
othꝛoi doemat wythꝛyw dic. dan gaen
maen mur dudur dec. Gỽmydoet vy
mronn gwaew anodeu trist. treif dw-
yn yoꝛ bꝛynn byꝛdev ÷ gỽae y genedyl oꝛ
chwedylev. gweith tra galar meith yỽꝛ
meu. Tꝛavyn treul ongyꝛ gwyꝛ tre-
vyn gwaỽꝛ doethwlat ÷ trin gyꝛchyat
gỽꝛyat gaỽꝛ: treigyl yꝛ vꝛonn honn
hoet tramaỽꝛ. traglew rym llew dan
rỽym llaỽꝛ. Roet dan vaen glasgaen
glỽysgoꝛyf heird gedoed. hard o giwda-
ỽt digeffizd ÷ ynghoꝛ llen gỽen am gwe-
heird. ynghud llysty bud abeird. Gỽan
vꝛy yỽ kymry kymawred dyvyꝛ gwe-
nwyn deivyꝛ y fflamged. gỽann llys
allann gỽann gwyned: gỽann mon
am yoꝛ gỽin amed. Rwydyꝛ didaryf
bꝛỽydyꝛ roet ardudur hael hwyl ywe-
in neu vetwyꝛ: goꝛeu eurdꝛeic agerir
gweryt nyn gỽeryt nenn gwyꝛ. Po-
nyt tost dogyngost dygyngud. pevy
dꝛavyn par eurllavyn aerllad. pann
mon amdꝛeic penn mynyd. penn ke-
nedyl penneic gwyned ... ~ ~ ~
DOeth ybleit eirchyeit erchyll
hir annerch aclhwyꝛ ennill
bꝛỽydyꝛ gỽirlavyn travyn treꝛkastell.

Bꝛwyn adogyn gỽyn oedygyngoll.
Ragozaỽl pob rywgiriet. oed vargl-
yd vd vawrglot. traỽs ovyn tir treis
viat. traſeviſ kynn treis ovit. Gwae
vi lozyf eurgozyf gỽawr aergur ky-
varyf. gwaeỽ didaryf gỽiw dudur:
gwaſgu llew gỽaſ glew gleifdur. gỽiſt
haearn gaen ymmaen mur. Amyl
ywch grann oe hynt vangoꝛ. ymdi
dyꝛ deigyꝛ amdudur. aelaỽ ynof y alar.
elyngryt alun gryfder ~~~

Olaf yỽ ner niuer nevaỽleur a-
naỽ. ozonỽy rwyſc greidyaỽl. ka-
er ar aer kar arwrawl: kedyꝛn oſtỽg
deilwng daỽl. Kadw hyfryt iechyt. ech-
el gredyfaỽl kat ucheldat mat meidꝛa-
ỽl. yꝛdydonn vꝛonn yreinhyaỽl vꝛen-
hinaỽl: ath greuloes ath groes ath
(margin: ath boen gulwyd hylwyd haỽl ~)
groc vꝛeinyaỽl. rat yſtyꝛ reit ath gan-
maỽl. kanhoꝛthwy veir vy eiryaỽl.
kannwyll hard athvard ath vaỽl.
Kadarn uchaf naf ked*** neſaỽl. ar-
glwyd. erglyw lef negeſſaỽl. amlozyf
kozyf kiwdaỽt gỽaỽt gỽywaỽl. am lew
gaỽꝛ am le gwraỽl ~

Oth hireint eurvꝛeint aervꝛat.
aryneic. ozonwy vꝛwydyꝛ gy-
chyat. nyt oes naberth nerth neirth-
yat: nahydyꝛ vud narud ynrat.
Nanenn napherchen napharchyat.
arvard. roiſt y veird dydillat. nachyng-
aỽs bwyll echyngyat. nachyngoꝛ my-
dyꝛ ragoꝛ mat. Tꝛavych naf yn glaf.
gloyw gvnyat hoewlozyf. hywlych grud ally-
gat. traỽs yn gawr gỽynllaỽꝛ gỽinllat.
troſſed gỽledic ozſed gwlat. Och vi eryꝛ
gỽyꝛ gwryat pennadur. vot poen edyꝛn
arnat. yechyt ahyt hoedyl garyat. athꝛo
neſaỽlgoeth doeth dat. Och wael dꝛym-
glwyf rỽyf. rodyat bud uawred. bydaf va-
rỽ am danat. oth wiſgoed gwymp ath wiſ-
gyat

ath waſgawt ny vu waỽt wat. Dyuot
deỽꝛ aruot aeruaỽꝛ ffyſgyat trin myỽn
triſt oval gwaſtat. mur dur dewr darpar
kar kat. meir a wyꝛ maỽꝛ a irat. Othire-
int hoewvꝛeint nyt hyfryt yꝛvn. ozonỽy
lavyn creulyt. oth eir ath aryf gedernyt.
ath glot veith nytaw gweith gwyt. Oth
wengret giryet gỽꝛyt anirgel. yn eur-
gat dihewyt. ath dawn athdinam leindyt.
ath ouec athbꝛifdec bꝛyt. Och ner vot gỽ-
ander echel gỽyndyt traws. nym gỽnel tre-
is diofryt: erglyỽ griſt vymaỽꝛ dꝛiſtyt ar-
glwyd grym am eurgled. Reen rwy volaf
naf neſaỽl wryt gỽir gwar et boen achlevyt
rat yſbys bud reit eſbyt. rud baladyꝛ ger
rayadyꝛ ryt. Ryued yw vy myw vymyt am
arglwyd amaỽꝛglỽyf yth blegyt. reith ruth
vꝛwydyꝛ aergrwydyꝛ ergyt. rywyaỽc di vꝛa-
daỽc dy vꝛyt. Ryhael eurgreir meir maỽ-
ꝛed leindyt hydyꝛ. ath ro hoedyl ac yechyt:
ri reuved rudgled rodglyt. ri rỽyſc heird ry
reuved beird byt. ~~~

Os claf modur mur mawred garanaỽc
gozonỽy greir gozſed. gỽiỽ eneit beird
gỽae wyned. gwaỽꝛ gỽindei ny haedei hed ~
Nawnadic tremic trỽm leturyded veir yꝛdy
vaỽꝛ dꝛugared. amgar am giriet reuved. am
gein etmic wledic wled ~ Vcheneidyeu meu
ochwna med vymryt heint vymraỽt ky-
uanned. vchel dar echel dewred. yechyt oe we-
deidbꝛyt wed. anhyfryt yꝛ byt bot anhuned
clwyf ar vy rwyf nyt ryued. aryf golovyn eryf
ymgeled. eryꝛ teyꝛn medwgyꝛn med. Oer yỽ
hirvot clot clo ryſſed gỽendozyf myỽn gwander
yn goꝛwed. eurllyỽ o haelyon voned. aerllew
balchglew. bolch y gled. ~~~ Och vi arglỽ-
yd rỽyd rỽyſc natur ywein awyd deỽꝛder arth
nat yſtyꝛ meir dy doſtur. ath glevyt vꝛỽydyꝛ
vaỽꝛvꝛyt vur. Yechyt ỽꝛth vymryt vymraỽt
eglur daỽn ygan duỽ pēnad. athdel othheint ath
dolur. athdiledyf anaỽd gaỽd gur. Arwyꝛein maty
ein modur eur anaỽ. ozonwy vab tudur. aruot
eirpeir paredur. aryf yn yng. aer dirvyngdur. ~~

Lledyf dedyf doeth eurgoeth oergyt mola6t. a nef y2d2inda6t hoev2a6t hyfryt.

Gruffud uab maredud ae kant 2

Llaryeid ueir gyweir digywyt riein : y
naf od6y2ein nef adeiryt. Llawen oet
eiryoet rat uebyt. ouec : ob6yll gyhyd2ec
ob2ifdec byt. llunyet ma62 aget meir y gyt
arfeint : llewenyd grifieint bo2thureint 7
berthv2yt. llwydyant eur uedyant yn ll626
aruedyt. glwys : yn lla62 baradwys rac p6y
penyt. llaryeid ueir o2geir heb gyt. y ganet:
ymab gogonet get gedernyt. lludya6d der-
uyn dyn ydan myglyt hir : llewenyd pob
tir g6ir y gweryt. ll626 rec oes b2ifdec. yf-
p2yt ratla6nd2em : lla62 wawr ua62 uethlē
lli6 gem gymryt. lliw ll6yby2 g6anec dec
amdyt lewenyd : lloer lla62 ll6y2 gynnyd llu
bedyd byt 17

Meir ma62 d2iftit byt : b2yt ab2yderaf.
meir ma62 dy wy2theu oleu alaf. **Merch.**
Meir hoen ha6l hirdyd heuelyd haf : meir
nymgat hwy2wat hirwae6 toftaf. dan 21
v2onn liuyedic my6ndic dycknaf. Meir o
ued6l rat meir ufydaf. meir ouedyant nef
os mar6 uydaf. meir windei gadeir. wen-
dec adaf. Meir dy2o bo2their barth ac attaf.
Meir gein kynn yd6yf ogl6yf (ynglaf) meir loer 26
wend2ef nef nerth ageiffaf. meir o2 ifrael
hael heul o2uchaf. Ma62ed vy2d voned me-
ir adv6ynaf. meir werthua62 glot ua62 me-
ir wa62 wympaf. Meir alonyda6d ma62
lin adaf. Myna6c ufyda6l mam nefa6l naf.
manon d6f g6iryon g6aret arnaf. 32

Argl6yd r6yd anryd tangneued. eur-
glo b2o b2einya6l gymroded. ergly6
vi 6yt ri pob rinwed. aergledy2 pedy2 pei-
a arglyt uyt vodur teyrned arglein kein rac keithyaled.
dyaf am maffwed. ocheueift o2chyvig 36
annwed. achur olauur eil awed. yn p2y-
nu o2 p2enn ardyfynued. na uyd na ued6l
vyggomed. na uit lit gan ly6 b2enhined.
na vadeu uedyant go2hoffded. dy b2itw-
erth arnaf naf nazared. ochereis becha-
6t achared. acheryd acharat wraged. 42

ath2eiffa6 g6eineit ath2yffed. ath2yffo2 ath2e-
iffic falwed. abylchu vyggeir abalched. heb
olchi balch ued6l fymled. ogaml6 ac amyl
digaffed. ac ymlan6 o gamlit ryued. ac 5
amlaf gaml6yby2 div2oded. ac yml6g62 o
gaml626 g6aged. ac amlaen gamlas ennwi-
red. ac ymlit mo2gymlad chwerwed. Kynn
g6ifta6 my6n g6afca6t maenued. kynn 9
gwift rifc r6yfc gaen dytwed. kynn g6af
wher6 irder6 oer dyed. kynn gloeffyon kyn̄
glaffu y2danned. kynn glaffar diwedar diw-
ed. kynn g6eithla62 kynn g6ythla6n gynted.
kynn g6ythleith feith d2utueith d2oetued. 14
g6ir lawir ly6 mo2 athired. g6a62 day-
ar deheu agogled. g6ediaf g6i6 diagy2
uerthed. ymot ymatyein d2ugared. yth
wynlla62 yth winllat o2fed. yth winllann 18
yth wenllys anned. ieith wledic y me-
dic an med. ythwen̄wlat arglwyd yth win-

Ardwy2eaf naf aner. egylyon : [wled
clot ion g6erydon g6areda6c ffer. 22
ard6y2ein matyein meder ia6nder. keuda6t :
ardwy2ea62 wa6t ffa6t ffydlonder. eura6c
a muna6c muner degradwlat : arglwyd r6-
yd rodyat g6irdat g6arder. ef ang6naeth
o gaeth geithulinder weinyd. ynryd bu ufyd
d26y ffyd ffy2yfder. ef aroes ar groes gryffy-
eu gollet. b2ec : y waet y rydec bu chwec chwe
r6der. ef adiuan6 llan6 llinagy2 dyfynder.
ffraeth : ef awnaeth uch ffraeth traeth trei
ac aber. ef awnaeth aruaeth bop aruer di-
ueth. a phob ry6 unpeth treth lle traether.
dyn dil6fy2 o d6fy2 d6fyn loewder. glan : athan
vn annyan pan ennyner. ary6 awy2 ll6y2 35
ll626 adf6ynder. ffyd : ao2uc douyd ac nytouer.
adu6 y6 vy lly6 lle mae doethder. ma62 : a
dayarlla62 g6a62 g6a6t adirper. adar g6yllt
ag6ar g6ir doethder v2odyeu. wyby2 eiga6n
ffrydyeu fycneu afer. Ynylle y bu ynmedu 40
bud hoewder achles : ac yny lle y colles y lles
y lles llawer. yfty2yet d6yf gret natoes gryfder

Merch: Merch amain ach6aer glaer eglurlaf. 6yt ygrift did2ift did2anc waeffaf. Mireindec ovec ufyd c6plaf. mo26ynda6t ffa6t ffyd dyd dedfolaf. Meir d26y ha6lder ner nerthoed hyttraf. ath2adeu dithe6 doeth yth uarnaf. Mat Meir uat eruel dat ar vy6 ot af. meir neut tew ua6leir. ti auolaf.

kyrch y lle ymae Merch uyr.

kerth : na nerth didaỽl berth dadyl aboꝛther.
nat oes hebdaỽ pꝛaỽ lle pꝛouer radeu : diwed na
dechꝛeu parableu per. nat oes rat na mat me-
dꝛỽn amſer ffaỽt : dy eithir ri tri trindaỽt u-
thur wawt wiỽder. Gỽae a gretto bꝛo bꝛeuol-
der vuched : gỽae awnel troſſed ynylle y treiſſer.
gỽae eſ arglwyd rỽyd yny lle yroder nac :
gỽae eſ dyn goꝛwac auac ualchder. Vnwed
haỽl didaỽl. hudaỽl uyꝛder deruyn : yỽ hoed-
el dyn tremyn trỽm oꝛober. ac adeilat bꝛat
bꝛyt ſalỽder dꝛydỽ : ar deil odur bedỽ nyt ar-
beder. neu hyd aỽꝛ echwyd ynochoꝛ creicuerr
leſyn : neu leiſſyat aegeuyn myỽn treuyn try-
uer. Rac hirdilyt pꝛit pꝛaỽ ufullder bꝛyt : 14
ri y byt am dyt dyſc achallder. rỽy gaffỽyſ
vy rỽyf rỽyſc didꝛymder hed : kynn bed ſeith
dꝛoetued agwed gỽander. Ragoꝛ rỽym kyg-
hoꝛ keigheu pader criſt : regeu diathꝛiſt tiſt
lle tyſter. Ryd ym gỽnel douyd rac diuer
dꝛamgỽyd rỽyd arglỽyd hylỽyd haỽl gyfrỽ-
ydder. reen llen llathyꝛdꝛef nef naſ dỽywol-
der chwec : rec dius naỽſdec adeus noſter.
Arglỽyd duỽ erglyỽ eurglaer uannyeu :
Arglỽyd llanỽ athꝛei rei onreideu.
arglỽyd lluchynt gỽynt agỽyllt ffrydyeu.
moꝛ : maỽꝛ dy rat athwyꝛtheu. arglỽyd e-
glurder ſer aſycneu : arglỽyd gỽyllt agỽar
dayar dieu. arglỽyd gỽendꝛef nef naf deruy-
neu wybyꝛ obeith rat uedylyeu : arglỽyd moꝛ
athir gỽir gỽaredeu. Arglỽyd nos adyd kyn-
nyd kanneu. Arglỽyd teruyndyn donyeu
goꝛuchaf goꝛuchel noduaeu : tydi aanet 32
get gret greireu. o ueir wir eureir uaỽꝛ wy-
ꝛyoꝛeu. Tydi aued vꝛy vꝛeineu yſpꝛydaỽl
yſpꝛydoed gỽedieu : ti adaỽ dydbꝛaỽt didlaỽt
datleu. yꝛ barnu yꝛ trillu trallwyꝛ bynkeu.
Ti uab meir ỽyt creir creaduryeu duỽ : heb
diwed heb dechꝛeu. Tydi reen llawen llen a
llyfreu. adygynwerthỽyt gynt dꝛỽy dogyn 39
wyꝛtheu. yꝛ dec ybyt tec bu teu arhugein.
odatyein a dotyeu. Tydi arglỽyd rỽyd rinwed

eu bop aỽꝛ. arodet dan lawr uaỽꝛ uỽꝛyadeu.
Tydi duỽ gỽedy gwawdeu coſ : y dwyt kyuo-
deiſt yth radeu : am hynn wawr pob llaỽꝛ
lloꝛyſ eneidyeu. ỽꝛth ueibon dynyon dꝛagon
dꝛeigeu. Dilitya vy arglỽyd dy aelodeu 5
ym : amyl ratlaỽn uedyanneu. o gỽnaeth
am eurlluỽ buỽ bechodeu : a cherydus dꝛỽc
acharedeu. Ereiſc dewin bꝛenhin bꝛeinyaỽl
ſeinyeu : nat dy uar arnam amgam gỽym-
peu. yꝛ dy gythꝛud loes yꝛ dy gythꝛeu. yꝛ dy
goꝛon dꝛein ỽꝛ da goꝛeu. Oeda ni vy ri ri-
nyeu tyſtolyaeth : rac toſt dolur agheu. 12
Ll Oꝛoſ bꝛenhinaỽl. doeth dewinaỽl. gor-
llewinaỽl. gar lluwunyon. llywyd
ranneu. hyt uedyanneu. lleỽ hydyꝛ can-
nyeu. llywyodoꝛ keinon. llym lauurya. 16
nam dolurya. na thoſturya. ieith dwys diri-
on. lle digared. gyflauared. yntrugared.
yn ri gỽirion. lle didoſtryd. llys lluoſſyd. 19
lle dangoſſyd lladin gyſſon. lle riedaỽc. di gam-
wedaỽc. lle gỽaredaỽc. llugỽerydon. lle ky-
vanned. llu rianed. gỽaỽꝛ uaranned. gỽyꝛy
uoꝛynyon. lle neſolaſ adeduolaſ. duỽ a
uolaf diouualon. lle canmolut. llaỽꝛ maỽꝛ mo-
lut. ehang olut y hengylyon. llit a chaſſeu.
ympob plaſſeu. y vafleſſeu eua vlyſſyon. 26
lliaỽs guryaỽ. llym doluryaỽ. llu diuuryaỽ llat-
ua wirion. llaỽꝛ waỽꝛ warant. lluoed barant.
llethyꝛwaỽt garāt. llithyꝛwaet goꝛon 29
C Oꝛ eurdar urdas diwyllic. kar kyuar
kyſvỽlch barnedic. coꝛof gỽendoꝛyf
gỽyndyt arbennic. kaer eurglaer arglỽyd
bonhedic. Creaỽdyꝛ aineraỽdyꝛ moꝛ gỽenic
athir : a theruyn wybyꝛ llithꝛedic. Kynn 34
mynet yꝛ maenued hirdꝛic : kynn gỽely gỽa-
elaỽt pꝛyuyedic. kynn gỽelet gỽales nych-
yedic. Caffỽyf griſt uy rỽyf uy ryuic. oth 37
wlat. ac othwled ny diffyc. Kynn pallu pūp
ſynnỽyꝛ pỽyllic. kynn pỽll dỽſyn pall diualch
etmic. Kynn pꝛoui oꝛ pꝛyuet ffyꝛnic. pecho-
deu tremygeu tremic. Kẏꝛiedus arglwyd 41

bỽyf karedic vꝛy yny uro dewiſſic ⁊ yꝛdygroes
arloes liſyedic . ar kethꝛeu bu kythꝛudyedic .
argỽaeỽ ar gỽyar llithꝛedic . ar gallon glaer-
uroñ eglurvꝛic . Ar bedlaỽꝛỽyt gỽaỽꝛ gỽyꝛẽ-
nic . ath eni aeth ynoꝰ lle ytric . oth anet ny 5
budeith unic . athdeith arglwyd rwyd rod
bꝛouyedic ner ⁊ a nef damunedic . ar wara-
ỽt o ffaỽt ffenedic.arwarant eua blant blen-
nic . ar waret yꝛwerin boenyedic . oꝛwyꝛy 9
eur wirion lathꝛedic . arweryt yꝛbyt bendige-
dic rat aroet duỽ nadolic ⁊ kynn gỽnaethoſt
nyt coſt kudyedic . vi geli yn golofynedic . eur
dec rec ragoꝛ deudyblic . ardỽy rỽy rỽyſc can-
maỽlyedic . ardal mal molyant ſein ſyꝛic . ar-
dydelỽ ardelỽ urdedic . Keli naf pobloed ymke-
lennic dec ⁊ dỽc ui yꝛwlat nydiffic . 16
MOlaf arwyꝛaf ar eireu pꝛydyat ⁊ maỽꝛ
dat y mab rat mat amodeu . Molaf
heuyt bꝛyt bꝛodyeu diatneir : un mab meir
diweir oꝛgeir goꝛeu . Molaf yn ffraethaf 20
yn ffrỽytheu yꝛ holluyt ⁊ yglan yſpꝛyt pꝛyt
pꝛiaỽt wyꝛtheu . Moꝛ vnduỽ adyn donyeu
credadun . un athꝛi deun athꝛo dieu . Moꝛ
vndat un rat un reidyeu purffaỽt ⁊ moꝛ vn
vꝛaỽt un gnaỽt yngỽneit ninneu . Maỽꝛ 25
greaỽdyꝛ bꝛynaỽdyꝛ ar bꝛenneu gloewgroes ⁊
pumhoes o bumloes o lys agheu . My vi
vy ri tri trỽy nertheu vynaf ⁊ atynghet-
vennaf bob anafeu . O awyꝛ diwyꝛ adeheu 29
dayar ⁊ ac uffern uarwar bar berỽ byllyeu.
ae chas ae chỽmpas ae chỽympeu meddaỽt.
aphechaỽt y cnaỽt cnỽt anaeleu . Ae bꝛat ae
redyat aerỽydeu duon ⁊ ae hir eiſſyngyon
aharſangheu . Hyt na allont ym am vyg- 34
kammeu wed ⁊ neb ryỽ ar gywed dyed dieu .
Tꝛỽy gyffeſ trỽy les trỽy leiſſeu hedỽch : trỽy
ediueirỽch rac llỽch llycheu . Tꝛỽyꝛ tat ar
mab rat yn reityeu hyfryt ⁊ trỽyꝛ glan yſ-
pꝛyt pꝛyt pꝛiaỽt wyꝛtheu . Tꝛỽy diweir loew
ueir . alaueu eglur ⁊ auu em antur y uam 40
ynteu. Tꝛỽyꝛ egylyon llonn llunyeu eurnaỽ

taỽd ⁊ ny ſyꝛthaỽd yꝛ claỽd yꝛ claf dyeu .
Tꝛỽyꝛ ebyſtyl rỽy rỽyd bꝛegethwyꝛ toñ ⁊
llonn ⁊ trỽyꝛ archegylyon diryon dyꝛeu .
Tꝛỽyꝛ pꝛophỽydi ri riedeu dyſgeit ⁊ trỽ-
y henafyeit bleit y blodeu . Tꝛỽy y pedwar
gỽar gỽiryodeu ragoꝛ ⁊ agel yſtoꝛ coꝛ kaer 6
y ſycneu . Tꝛỽy Jeuan galan goleu y gyflỽꝛ ⁊
uedydỽꝛ ygỽꝛ angỽyꝛ ninneu . Tꝛỽy arỽyd
gloeſwyd trỽy eglỽyſſeu yꝛffyd ⁊ trỽy uedyd
kynnyd kynno bedeu . Tꝛỽy ffyd trỽy laſſwyd 10
trỽy leiſſeu rinnwed . trỽy wed ffeir anned effe-
renneu . Tꝛỽy hinda uaỽꝛda vyꝛdeu diletrith trỽy
wenith trỽy wlith rith anreithieu. Tꝛỽy wynn 13
trỽy wenyn. trỽy wineu winbỽyf ⁊ trỽy baradw-
ys lỽys leis oꝛganeu . Tꝛỽy veint y loewvꝛeint .
aelyfreu kyfa ⁊ awna y bara ynburgoꝛffeu .
Tꝛỽyꝛ gret trỽyꝛgiryet . trỽyꝛ geireu lladin :
awnargwaet oꝛgwin rin yn rieu . Tꝛỽy dy 18
varn gadarn athgadeu dydbꝛaỽt ⁊ trỽy dy
bꝛiaỽt ffaỽt naỽt eneityeu . Tꝛỽy vy rỽyf y
bỽyf heb efyneu diaỽl ⁊ trỽy eiryaỽl y ſaỽl ar
ſeil gynneu . Cartrefaf trefnaf trafneu goleu-
ni ⁊ trỽy uoli vy ri tra vỽyf inneu . 23
NYt oes hael ieſſu ny bu ny byd ⁊ digaſdad
leu yỽ dy gyſtedlyd . neirthyat gỽiwredy-
at gỽaredyd pumoes ⁊ o dꝛymloes eur groes
irgreu arwyd . ageu aderuyn y dyn y dyd ⁊ ag-
gard uyd galar ỽꝛth ygilyd . Agenn gyfrỽyn 28
gỽyn yny gynnyd balch ⁊ mal hoedel hudaỽc
walch y ehedyd . Erglyỽ ui vy ner yỽch ſer yſ-
ſyd ⁊ eurglo incelo med ſeilym dauyd . argleidyat
trefnat trafyn bꝛoyd gỽynuyt ⁊ am try o gyỽ-
yt ym tragywyd . Yn creir ỽyt uab meir 33
moꝛach gynnyd ⁊ anllawen aỽdur an llunyedyd .
Yn nenn anperchen parch llonyd paraỽt ⁊ an
deheu deuaỽt anduỽ douyd . Yn ner reit hyder
an rat detwyd ⁊ yon gỽꝛaỽl ewybyꝛ an gỽir 37
lywyd . Yn tat unyaỽn rat an riyd . didꝛiſt
eurloew ieſſu griſt arluoſſyd . Nat na thw-
yll na bꝛat ar dy bꝛydyd ⁊ nat vꝛec ỽyt wiw- 40
dec ar dy weỽdyd. Nat agkallder ner yn dyd

ym creifyeint : na digyaw y feint yn
dec yssyd . aysyoes nyt oes nos na
didos dyd : alpha hebot clot clo llu
bedy d . vn athri ari arybud a rat a
that di gronnyat dygerennyd . ..
Llacheu gwynyd llyw dwy orfed . llew darswyt.
llucheden bar wrth aer escar arthur yscwyt.
llafyn trafyn treigylgat tec kynnheilyat deucan
haelwyt. llwybyr gryt bryt brwysc lliaws getrwysc
lleas gatrwyt . llyr osgordyon wythleith galon
nyth lyt gilywyt. lluruc vrwydyrchwant oth
dewruedyant nytharueidywyt . lluossawc drafyn
eurgryt lymlafyn. aergreu blymnwyt .
llunyeist oruot o lewdwr clot hyt loewdir clwyt .
lloegyr deifyrgodi : arawn ynni uryen annwyt.
llorof corof cannwled eislath durgled aeslwyth
dorglwyt . llyw llym grym gryt oth dewr blegyt
nythhirblygwyt. llew lluorllin milwr torchtrin
mal aerdwrch trwyt. Gwnaethost ynaer katcun
eur uaer coetkwn iruwyt . llithyeist ath ron
aerueryuon aruoreuwyt. Gwnawn glot ynteu
oth drawsgampeu nythdreis gwympwyt. Gwas
yggarthan athrwm ogan ny thremygwyt .
Gwaew gweithliwet hyloew giryet hael yw gorwyt.
Gweilging ongyr yttec eryr etto geirywyt .
Gwaewar trymffysc mawl oth eur dysc mal yth
urdwyt. Gwerssyll porthvrein oth arwyrein yth
oreurwyt. Gorsafwrtrin dewrdwrwf kunin dur
daryf kynwyt. Vyggwalch balch berth. da oth
uawrnerth doe yth varnwyt. Vyggwelygord coet
dur osgord kat taerysgwyt . Vympor llawget ti-
rion drefret taryan dryfrwyt. vygkedymdeith
aessawr eurvreith oeswr aerurwyt. Vygkaryat
gwrd kymmen agwrd kam awnegwyt . Vygkyf-
vwyrein vygkar durllein vygkarw dewrllwyt.
vygkorof torof taer . vyndreic yn aer vyndragon
wyt . ~ ~ ~

Englynyon y sul .

Duw sul eurlyw byw bywyeit arwyrein
o riein gein ganneit . uthurwed anry-
ded ynreit . ythanet benn reith eneit .
Duw sul rat ieithuat yth uedydywyt naf nef
adaear broffwyt : mawl ieith ior mal yth eurw-
yt . mab y wyry ueir o eir wyt .
Duw sul eurgreir meir mawred y doethyon
y doethost lyw nazared . gwertheuin dar tru-
gared . gwyrthuawr ior buduawr orbed.
Disalw ner duwsul ynef . dec eidun y duc
adaf o dreis gwyn o draws gynnif . odram-
gwyd ufferndrymgof .
Duwsul vn eidun adef y creawd creawdyr
rat athangnef . ygglein hydyr ygglynn
hoewdref . ygglan eir egylyon nef.
Duwsul dec anrec vnrin ogaryat y goruc
nef dewin . dwywawl wawl weisc vreisc vren-
hin. di vurn weith weith ydyswr ynwin .
Duwsul arglwyd rwyd rodyat duc uoessen
odec uessur caryat . oloes reit olwys redyat
ae lu or eifft olwyr rat .
Doeth Manna alpha eilffawt reen onef
yn reit niuer moyssen . duw sul duw gwir
gorawen. feint breint brynawdyr llywyawdyr
Orpum torth hawdborth heidbal [llen .
ardeu bysc ior oed dibwl . ry borthes meus
deus duwsul . radeu heb ammeu bummil .
Duwsul goeth y doeth deith wiradeilyat
gwedy dilyw dyhir . vud rat gangawat
gywir . vod rec valch noe dec y dir .
Dar nef adaear diagyr briawt dawn dor
eigyawn ffynnawn ffawt . dwys olwc ri tri
trindawt . duwsul y byd brwydyrdyd brawt....

Dylyem pwyllem kynn pell ynyal yg
angeu ffrwyth yr aual . dyvot yn cof
drwy oval . gereint duw goron y tal.
Arodeist varglwyd ar odeu mawred dros
yn meirw bechodeu . gwaet or vronn doll ar-
cholleu. y redec or cnawt tec teu.
Mawr gewilyd vyd na vadeu ny gwnawn
yn enw y goreu . gwelet cur adoluryeu dyd
brawt y teilynggnawt teu. Athelw athwylaw
arllet dy delw pam nat adolit erom truan
awryt. erbyn gorwed ymed mut. arwyd dyvawr
boen irat . eres pam nawnawn yrot ....

Trahaearn brydyd mawr ae kant.

Dv6 a6naeth offraeth fr6yth adeilat ⁝
arbedwarpoſt coſt kyſtedlyd rat.
Neuada62 wenll[ys] owinllat adon ⁝ o waet 4
y gallon d6y uronn difvzat. vn o2pyſt y62
tyſt toſt ydiwat ⁝ argl6yd didzamg6yd deheu
dzomgat. G6ell y6 p6yll noc eur ogaryat
peryd ⁝ per y6 y gynnyd pur y gennat. 8
Eil o2pyſt kynneil kein oleuat ⁝ treul g6ir
llud6 kywir mal llit kawat. Tec aganu6-
yll pwyll pell ynat ydyn ⁝ ydylyn gweſtyn
gob2yn g6aſtat. T2ydyd poſt kynnyd y6 yn
kynheilyat ⁝ ogo2 clech6ittio2 mydy2 gygho2
mat. Rac pob amh6yll t6yll rac kymh6ylly-
at geu ⁝ go2eu yeneu eiryoel ynat. Pedwy2yd
poſt ryd o2pyſt rodyat ⁝ pennaf ac uchaf poſt
naf nefwlat. Nyt edy hirb6yll dat y dat hir-
bla ⁝ kynnyt at wna da da6n ymb6yat. Pann
del yn ungel pobyl yn vngat ⁝ anuon anreigy-
on y2 anregyat. Dyn kywir gloeſſir mal 20
gleiſſyat auon ⁝ aa y2 g6ahodyon gan gyhudy-
at. Ac malkynt lluchynt lla6ch annogyat ⁝
llawen yeith perffeith pob gobeithyat. llauury-
eit o heit o hat llubedyd ⁝ llonyd digeryd uyd u-
vydyat. Car anant molyant milyoed bo2thy-
at ⁝ co2on ath2a6on dedwydyon dat. Keren-
nyd kynnyd kynniuyat dygyawdy2 ⁝ crea6-
dy2 hael llywya6dy2 heul alleuat. Buched 28
ber6 troffed treif ymdygyat ⁝ bychan vyd urd-
as g6as kas keiſſyat. Pann uo kadarn barn
unbeirnyat agnus ⁝ parhaus criſtus croes 31
diſg6ylyat. Pa6b ada6 y la6 y ly6 neirthyat ⁝
po2 g6y2 g6ir ery2 y6 yn g6aredyat. Pyt
ungryt y62byt ar bat ar donnyar ⁝ trugar
du6 bannyar uo ynerbynnyat. 35
Molet pob lliwet lly6 argl6ydi ⁝ mygy2
wa62 nef allawr mab ma62 mari.
Mo2 ha6d ym om na6[dd]yn nomni agnus ⁝
a patris criſtus c[r]oes dat eni. Eurdzeic 39
un ffeleic enw a ffilij ⁝ ſpc ieſſu ſanctus a
ſancti. amen ef y6 yn reen an ri didzamg6yd

argl6yd da kul6yd y6 du6 keli. Co2on ath2a6-
on yn kar ath2i ⁝ kaffom y aruoll oll kynn rac
yn kolli. Creir dedua6l b2einya6l y6 yn p2if
amhera6dy2 ⁝ criſt crea6dy2 huawdyl hual g6-
eilgi. Kymerth croc yn uerth y2 nerth ynni ⁝ 5
croes y2d6yn pumoes ogyuoeſſi. Ynben kun ky-
uun kyuodi awnaeth ⁝ y2 plau pl6yfogaeth
plant kaet[h] kayi. Jo2 trugar penn[y]ar penn
haelyoni ⁝ adiga6n oeda6n d6yn ryuerthi.
Argl6yd ma62 hyl6yd mo2 heli athir. ar62
kywir g6ir g6i6 y uoli. 11

Trahaearn heuyt ae cant.

Diofryt do2gryt grym ar62yeith ⁝ de62 h6el
digel dygyn ad2eiffweith. D2eic balch2y6
keinlly6 kunlleith gelynyon ⁝ dragon gan goſy-
on. g6nn g6yngyſyeith. Gwelet ar giwet oer 16
argyweith ⁝ g6edy g6alch rodyat gat gedymdeith ⁝
g6aet ryeidy2 beleidy2. heb oleith yggryt.
G6ae vym ryt ymyt ymot noſſweith ⁝ lletta6t 19
gredyf bytha6t. griduan hyt beith. llauurg6yn
g6en6yn dirr6yn d[y]rreith. llafar lludaffar lle
diffeith heb ri ⁝ lla62 tywi tewi ll626 nat hyweith.
llinon yſgy2yon lle6 aes g6y2ieith. leucin ac 23
ubein. amd6yngobeith. llugy2n b2eiſc dey2n b26-
yſc deith mo2gymla6d ⁝ ll6yby2 fa6d lloegy2
do2yf ga6d. ll6g62 d62yf godeith. lleon de62-
der ffer ff6y2 anno2reith llain d2in b2enhin. b2[y]an-
eich agh2eith. llwyth te6d62 treiff62 triſeith b2e-
hinyaeth. llary lla6nffraeth bennaeth. beird-
uaeth b62dueith. llit annyan dylan taryan 30
teiryeith ⁝ lla62 rudlein yſgein arwein eurwe-
ith. lle6 p2ud ket dilud kat dyleith kaca6
lla62 ll6y2ura6 ll6tla6 ⁝ llit lly2 lletyeith.
P6yll kei pyll myduei po2 pall medueith ⁝
py2th pibyluac dinac da6n ganhymdeith ⁝ po2 35
gryt lles eſbyt llys oeſbeith nat byw parglyó
digabylry6 deheu g6bylreith. Parhaa6t mola-
6t mil offymdeith ⁝ pann gwy2 ma62 ery2 om
meur areith. P2ud nud yd dilud oed daleith
trydar ⁝ par galon eſgar gelyn oeſgeith. Bit 40
ida6 ana6 ynat kyſreith ⁝ paradwys tatwys

tut pob gỽynnyeith . paraỽtrod unrod anreith
ny deruyd . kerennyd peryd purffyd perffeith ⁓
Dvỽ dewin bꝛenhin bꝛeinyaỽl neirthyat .
doethuab meir abeir oebur gennat ⁓
Daỽn hyſpys dyfrys divꝛat gerennyd . y bꝛif awe-
nyd herwyd hirwat . Gan wyꝛyon haelyon hil
digronyat ⁓ aryf creulaỽn camaỽn einyaỽn ynat ⁓
ardal eurbennyal . erbynnyat anant ardemyl
blant molyant milyoed boꝛthat ⁓ Nywadaf
barnaf kan wyf beirnyat naweiſc arglot bre-
iſt bꝛỽyſc dychanyat . Acynyplith yn rith an-
reithyat nymkeir . heb greir dileſteir ac effeiryat .
Kywir wyf haedwyf hedỽch arat kyffredinrod
bod bydin gyꝛchyat . o bỽyỻ mur didwyỻ maỽꝛ-
dat didꝛamgỽyd . arglỽyd kulỽyd rỽyd rỽyf
goleuat . Anuonaf traethaf treth ogaryat
eurchwedyl ymkenedyl kanon bꝛytyat . awen
yn ỻawen rac ỻiwyat kelwyd ny bỽyf goỻ gyn-
nyd gangaỻ gennat . Eiſſeu ſynhỽyꝛeu mydyꝛ
eiryeu mat . oed ymi goỻi gỽeſti gỽaſtat .
Peiryeu ffrỽyth wledeu ffraethwlat per heilgyꝛn
pur laſneu erdyꝛn pyſt kedyꝛn kat . Gỽae
bieu madeu med a gỽinỻat . gỽerinoed ỻyſſoed
ỻes pob eirchyat . Gỽahodyon rỽydyon arod-
yat dꝛeigyeu gỽiỽ gyvedeu teu tywi yſtrat ⁓
Dagyuoeth peunoeth poen ymbỽyat agoỻ-
eis y dꝛeis dꝛoſſed ffyſcgyat . a gaỻu keinỻu
kanỻaỽ hat meruyn . ac yſgeirloeỽ lynn . ac
yſgarlat . Gỽir uolir ynhir gywir gawat . gỽ-
eilch hirvꝛyn teruyn toꝛyf gymynat . Gỽaet
werin olin leidyat am eryꝛ . gỽyꝛ bleinyat
ongyꝛ o blỽyf dingat ⁓⁓⁓

egin. rif moꝛgregin. vỽꝛd achegin y veird chỽ-
eugein. Nyfarganffo dꝛycdꝛem wannffo. oꝛ
ỻe ꝛranffo y kymro kein. Naỽd ac arwyd
ym ner trarỽyd dakyfarwyd duỽ kyfỽyꝛe-
in. Gỽynvyt clerwyꝛ ac overwyꝛ. aphader-
wyꝛ hyffaỽt arwein. Gỽꝛ myỽn grafdec. ar
dir glafdec. glot adafſec gỽladoed difdein.
Gỽafgaỽt kerdaỽꝛ gỽifgi roduaỽꝛ. gỽaỽꝛ 8
dỽy vaelaỽꝛ gỽꝛdivilein ...
Divilein yỽ da val nud. diwac byꝛdeu y
neuad. dewrvab phylip awdur vod. diveuyl
eiryoet yỽ dauyd. Dauyd hỽyl ieithꝛyd 12
hael athꝛo kyfyaỽn. kafas bỽyỻ digyffro.
gỽꝛaỽl [hael] hylwyd gymro gỽynnbyt trỽy vy-
wyt tra vo. Tꝛa vo ynhoewvꝛo dianhyfrec
doꝛ ardir maelaỽꝛfaefnec : gỽled beunyd
vuyd ovec avyd ynỻys dauyd dec. ~ 17
Tec atteb kyfundeb kỽyn. trevyn ỻawndec
tra vo n ỻundein : trỽy y gyngoꝛ aeoꝛoen
try y bleit att yꝛei blaen. Yblaen dadyl
ganthaỽ nyblyc. ada yngkyngoꝛ y duc. ffyn
nyant gerdet urdedic. hoffei reyngyl y hoeỽ
ffrangec. Ffrangec da loew dec diletyeith
a vedyꝛ. dyfgaỽd vydyꝛ pob kyfreith ffynnon
dirion bedeirieith ffynnadỽy bann rỽy beñ
reith. Penn reith maỽlweith amolut 26
poſt pywys vadaỽc rac pyt. pinyỽn glew
grỽn goleugret pennkerd pob kyfreith ve-
ith vat. Mat rỽyd gỽnn ymat rodgar. 29
mydyꝛieith ynbenn kyfreithỽꝛ. y mae oꝛ
tuhỽnn yꝛ moꝛ. mal yꝛeur maelaỽꝛ eryꝛ.

Gwilym du o aruon y syr gruffud vab ‸ azkant.

REn trindaỽt araỽt eiryf ỹghyſtud 33
ry wnaethoſt am boſt nedeirgoſt nud.
Rieu rat bareu beri goꝛchud. ỻeỽ **** ka-
er galch dew gleỽ glyỽ dat annud. Ry vlin
yỽ attal ỻỽyd aryal ỻud. ry vlỽng yỽ 37
echwng echel deuryd. Ry vlaengar aerdar
urdaỽl roduud. hael reflac wael rỽyfc mael
yꝛ kael kud. Ryued yỽ yn vyỽ veird nyndu-
hud. yvot reinyat clot cletren ulaenrud.
Ri dinoꝛwec dec dygyn ryuud gỽyned. !
gan faeffon gogled maỽꝛed moꝛud. ỻe ym
am walch grym gryt oleurud. ỻetvꝛyded
mynych gredyf hirnych grud. ỻỽꝛỽ gohir
ỻawir ỻawer kud. gan eingyl. ar ỻaỽꝛ ka-
er degeingyl dygynagyſtud. ỻuoed awydy-
at ỻaỽ rodyat rud. ỻỽybyꝛ dꝛut aer dylut eur
diolud. ỻedelit ỻit pꝛit pꝛifud eidunet yry- 5
delit ket kyt agruffud. ỻỽyꝛ ynveird aneird
anoew dꝛablud. ỻiaỽs eiffiwet am nodet nud.
ỻwydit y rydit oꝛat ufud ỻewenyd naỽ cant.
pꝛif volyant pꝛud. ỻithywyt oewennỻaỽ
bod wallaỽ bud. ỻavyn fflamdwyn ual 10
bꝛỽyn bꝛein ar golud. ỻỽybyꝛget ỻawvꝛo-
det ỻafrud gelynyon. ỻeỽ dj ymryffon ovon
voꝛ rud. ...
n yt digeryd duỽ neut digarat kyꝛd : neut ỻei gỽ-
yꝛd y vyꝛd oveird yn rat. Neut ỻiaỽs vꝛỽyn kỽyn 15
kanwlat yghyſtud : oth attal ruffud waeỽ rud rod-
yat. Neut ỻit vy ỻethꝛit ỻathꝛat othadaf : ỻathyꝛ
wyrd ymdanaf y ymdanat. Neut ỻet vꝛyt vy mryt
vymrat adyvu : pan daruu ri ỻu roi ỻaỽ arnat.
Neum ỻadaỽd trymgaỽd ỻew tromgat pywnaf : 20
pam nadoydi attaf. neu vi attat. Neum ỻỽyd
triſtjt pꝛit pꝛif wrthꝛychyat ỽyf : othꝛigyy vy
rỽyf myỽn rỽyl gaeat. Neum ỻỽyꝛgur ỻauur ỻi-
vyat vyggoꝛoen : neum ỻud dygyn boen. hoen hun
ar lygat. Nam ỻeſteir vab meir maỽꝛ arnat. vy 25
mar : eỻwng ym vyaerdar kadarnbar kat. Maỽꝛ
glỽyf aoꝛwyf eryꝛ kyꝛchyat gleỽ : moꝛ oed ryỽ ym
ỻeỽ ỻywyaỽ ꝛdẽgwlat. am eurglot hynot hynn
adiwat eingyl : ym maỽꝛ glaỽꝛ tegeingyl tegoꝛbỽyỻ-
at. am argled troffed treiffyat ygkyni : am erglyỽ
dewi gỽeſti gỽaſtat. am arglỽyd hylỽyd hỽylyat
yn aeſſaỽꝛ : ar vꝛeint karcharaỽꝛ kyꝛch oer irat. 32
Pei meu pibyl dieu dyat talyein pan gyꝛchaỽd el-
phin par trin trychyat. Pỽyỻvud ruffud byd beid-
yat yn heyꝛn : penn teyꝛn kedyꝛn ket wallofyat.
Pybyꝛ eryꝛ gỽyꝛ gỽꝛyat ynggoꝛſed : pobyl oꝛuo-
led med wled wledychyat. Poſt katgun eidun 37
ef awydyat byt : parth eſpyt peirgryt greidyaỽl
ffyſgyat. Nathoedit rydit rat ymadꝛodeu nath
edeu donyeu dinam bỽyỻat. Nathatueil bueil 40
bwat gỽyndonyd : nathatvyd ythdyd kẏnyd kenat
Nath adỽn otgỽnn gunyat : pẽnadur : oveỽn
kaer galch vur vy modur mat. 43
m at amdiffynnyat keidwat kiwdaet. modur

gwaedur mur mervyn deuawt. Mydyꝛ eiryeu rieu
ṛaawt eil moꝛgant: mygyꝛ volyant rolant ffynny-
ant affawt. Mirein ruffud bud bydin wasgawt.
moꝛyen dysc rodffysc reidffyꝛyf ẏgknawt. Myvyꝛ
giriet ket kadꝛawt kalchvynyd: mwyvwy gẏnyd
ryd rodyon didlawt. Medw ym gwnaeth hiraeth
herwr keudawt: madeu vyrieu deu diwarnawt.
Medwl lletvꝛyt bꝛyt mod bꝛawt ediuar: meglyt
dꝛeic llachar lluchynt medꝛawt. Muner clyw clot
ryw llyw llewychwawt: meic vn arynaic pꝛif dꝛeic
pꝛiawt. Med wledeu donyeu dunawt oe gyuarch: my-
uyꝛ barch llywarch llywyd kiwdawt. Mi awyꝛ
vy ri rwyf odivꝛawt: meith vot mis hebot heb awc
ffawt. Mygyꝛ naf diffwyffaf dyffoffawt ynaer:
menestyꝛ gledglaer taer twꝛw gaeafrawt. Moꝛ wael
attal hael hwyl anarawt: moꝛ wann byt trymvꝛẏ
wedy tromvꝛawt. Moꝛ wae ym ymae medꝛawt gyf-
flauan: ygkastell rudlan reitlwy walstawt. archaf
y grist naf araf arawt: yꝛ y gallon̄ don̄ aevꝛon̄ vꝛiw
gnawt. allwed nef sened son vndawt vꝛeui: ellwng
ym vyri duw tri trindawt. — Ren trindawt ara-
wt eiryf yghystud: &c. **Llyma odleu gwilym agant**
N eut kynnechꝛeu mei meu **gwilym du y syr gruffud.**
anhuned: neut kaeth yssy waeth amaeth amed: net kyn
hebic dic dygyn adꝛoffed tist yꝛ pandelit crist wedw ath-
rist wed. Neum kur olauur ym aeloned. neut keryd do-
vyd nat ryd rudgled: net cof sy ynof ysanwed y veint
neut kywala heint hynt di ryued. Neut kaeth ym
dilit llit llawered. neut keith beird kyfyeith am eu
kyued: neut keithiwet ket nat ryd kyt wed nud: ka-
dyꝛwalch ruffud brud bꝛeidin tachwed. Neut kwyn
beird trylwyn medw ankwyn med. neut kawd ym anawd
menestyꝛ kanwled: neut carchar anwar enwired eig-
yldut: aerdꝛeic llann rystut vynut voned. Neut nam
dyhud bud bum arygled. neut nam dijt llit lliaws
blyned: Neut nam dawꝛ duw mawꝛ maranned naf
glyw: neut nat ryd vy llyw llew tref garned. Neur
wuṛ oe eisseu deu digyued. neur wyꝛ beird kan
wlat nat rat reuued: Neut ef arwyd gwir neut
ouered gwyꝛ: wꝛth welet vy eryꝛ yny vawꝛed. Neut
truan ym gwan gwaew lletvꝛyded. neut trwydet galet
ym amgeled: neut trymvꝛyt gwynd gwander dyed
bꝛaw. neut trwy eu treissyaw ameu trossed. Neut tra
hir gohir gloew babir gled. neut tra blwg echwg echel
dewꝛed:

1227

Neut trei kwbyl oꝛmei mawꝛed allwynin: neut mis
meheuin wedw oꝛllin wed.
N eut mis meheuin meu heuyt gystut. neut
nat ryd gruffud waew rud yn ryt. Neut erwan
ym gwan gwaew cryt engiryawl: neut amdꝛeic
urdawl didawl ym dyt. Neut erwyꝛ omgwyꝛ ym
gweryt crist ner: neut aruer ouer beird niuerbyt.
Neut arwyd nam llwyd lletvꝛyt ym callon: neut
eres nat tonn honn aryhyt. Meu ynof mawꝛgof
am ergyt goual: am attal aryal vꝛyen ẏggryt.
Mal cofein kywrein kywryt vard dunawt: meu
ym dꝛeic pꝛiawt gwawt ny bo gwyt. Meu gwawt
gan auan uvydvꝛyt frwythlawn: o gof katwalla-
wn bꝛenhindawn bꝛyt. Ny wnn walch gwaewdwn̄
gwawt dihewyt clot: athi heb dyuot pada bot byt.
Neur wyꝛ pawb ynllwyꝛ llyyꝛ vꝛyt gynnal: nat
hylithyꝛ eur mal. mel y wrthyt. Nat oes nerth
matverth ymyt oth eisseu: gwledeu na byꝛdeu
na beird ygklyt. Nat oes lys ysbys esbyt neut
dibeirch: nat oes veirch naseirch na serch hyvꝛyt.
Nat oes wed na moes masswynyt ywngwlat: nat
oes rat na mat eithyꝛ gwat a gwyt. Neut gwaged
trossed traws gedernyt mon: neut gweigyon
aruon isreon ryt. Neut gwan̄ gwyned vann
ven ydergyt cur: neut gwael am vodur eglur
oglyt. Neut blwydyn ydyn diovꝛyt agar: neut
blaengar karchar grym aerbar gryt. ..

1228

Diwyt yw ymbꝛyt braẅt hed pur yncof par enkyt ym buched ∵ duẅ yn uach moꝛach maẅꝛed. dẅyn croes deithuẅyn criſt ythued.

BEd maẅꝛed meith. penn rẅydnen reith ∵ bit obeith byt. Bydẅn yno. bud yn hoew vꝛo. bydin hyfryt. Bodyannẅn griſt. bydin didꝛiſt. bud iaẅn detryt. Buan y tynn. y bꝛeiſclu gẅynn. nyt bꝛẅyſcle gẅyt. Poen doluryaẅd pan yncreaẅd. creaẅdyꝛ bywyt. Bꝛenhin trachoeth. oꝛ un kyuoeth. wꝛ ankyuyt. Vꝛy ar deheu. o rẅym bedeu. temleu tomlyt. Delyt ynof. dilad geingof. diledyf gyngyt. Duẅ dy ganlynn. diwael oeſbꝛynn. dẅywaẅl yſpꝛyt. Da vyd tyuyant. dẅyſc ogonyant. dyſc y gennyt. Bꝛoyd aſya. ac affrica. pla oe plegyt. Bara yngic. an peir gẅledic. gẅlat lan vywyt. Byd gwaet oꝛgẅin. boet yn vy min dewin diwyt.

FRẅythlaẅn a chyuyaẅn achyuoeth y gerd ∵ gẅꝛd dꝛahaearn eirgoeth ∵ ffaẅt gẅyꝛ oetnaẅt gẅaretnoeth. ffraeth dauaẅt. detholwawt doeth.

Doeth ynn gẅyn oedẅyn oedaẅn gynnyd ∵ detholryd bꝛydyd. bꝛaẅt ffyd ffydlaẅn. Doeth uab rẅy goꝛonẅy geir unyaẅn ſyberẅ ∵ doeth dichwerẅ y uerẅ hyt wlat ueiryaẅn. Dyhir nawelir waladyꝛ naẅn kerdeu ∵ diheu yẅ agheu dagreu digraẅn. Da uu ffaẅt ^ywaẅt^ y wiaẅn dewin: da vyꝛdin ae lin olwyth meirch^y^aẅn. Da lef oet eiryoet oe ratlaẅn ardelẅ ∵ da ardelẅ kynnelẅ kyndelẅ keindaẅn. Da elidyꝛ gẅir gwarant iaẅn ganon ∵ gẅꝛ odoethyon mon mynnẅes eig^y^aẅn.

Da lywarch kyuarch kyfenẅ iaẅn urdas ∵ da dauyd benuras digas digaẅn. Da odyuet ket kadwgaẅn ruffud ∵ daoꝛyeith digud aryeith wgaẅn. Da oed rẅng kaeroed keredigyaẅn rym phylip a gẅilym aethlym wythlaẅn. Da gyuoꝛun un einyaẅn uab gẅalchmei ∵ aganei ffynnei ual berẅ ffynnaẅn. Da gneppyn warthꝛyn o werthꝛynnyaẅn dut ∵ oed gerd eſgut lut ladin gyuyaẅn. llygat gẅꝛ o dẅꝛ edeirnyaẅn artal ∵ odit y gyſtal ynnyal vnyaẅn. O dytwet uaẅꝛ llet hyt uoꝛ llaẅn yg gẅy ∵ hyt gaẅꝛnẅy uud rẅy arued ruaẅn. Tꝛahaearn om barn em beirnyaẅn kerdꝛeit oed bleit penn keirdyeit keimyeit kam maẅn. Tꝛindaẅt tros uolaẅt ual ygẅnaẅn yth vꝛeint ∵ trẅy eiryoled ſeint kereint karaẅn. Tꝛo reit y eneit yunyaẅn gymẅys trefret baratwys ffraeth lẅys ffrẅythlaẅn. ~ **Llyma awdyl a gant gruff.^d^**

Neut triſt ym gẅnaeth criſt **vab maredud vab mared^d^** croes dãgneued ∵ net tros ovi^r^ **y ronẅ bychan vab tudur.** llit a llet vꝛyded. Neut ryuaẅꝛ gollet nyt ryued am clẅyf ∵ neum try yn hynẅyf tra anhuned. Neut trym vꝛyt penyt poen divaed ∵ o gyfrangk trãgk travyn llavyn llaẅ vꝛoded. Neut tromvꝛaẅt tauaẅt am etiued lleẅ ∵ eruei kychwyꝛn gleẅ arueu cochwed. Neut truan ym gẅan gẅaeẅ irlloned. neut trahir madeu gleẅ lacheu gled. Neut amlẅc ymdẅc dygned galarurẅyn. aveirẅ oꝛwyllt gẅyn oe varẅ oꝛwed. Neut trẅm hepcoꝛ ioꝛ doꝛ y dewred ∵ neut trom anreith veith gẅeith gẅythloned ∵ neut treis traẅſlozyf o ael tired meic. mynet eur valch dꝛeic myẅn daearued. Neut bꝛeid yẅ ym vyẅ oe varẅ dytwed. neut bꝛaẅ yn treiſſyaẅ am yn troſſed ∵ neut bꝛonn donn yẅ honn oe hanned adꝛy. am golovyn kymry ae ymgeled. Neut bꝛeuaẅl chẅedyl toſt varẅ koſt kanwled. neut bꝛẅyn kẅyn canmyꝛd am gyꝛd gyued ∵ neut bꝛeudẅyt arſẅyt oꝛſed gynheilyat. am lawir ynat loeẅ wiryoned. Nym doeth nagẅyngen nagẅen nagẅed. oe dyſvꝛys agheu dan lifdyfred ∵ nymdaẅ eithyꝛ wylaẅ uthyꝛ dialed chẅedyl. dꝛos virein genedyl am dꝛaẅs vaẅꝛed. Neut hiraeth am gẅnaeth gaeth gynryged.

neut herwyd tramg6yd tromgat gytwed : neut tra edyꝛn
ch6erwed g6en6ynic afreolus dic oe var6oled. Nybu
am nat by6 lly6 llawered : gollet vn doſtur mur marā-
ned : yꝛ pan las g6anas g6yned bervednot. hydyꝛ deyꝛn
aeglot hyt ardued. Kynhebyc vydei nyhaedei hed. t6ꝛ6
toꝛretwynt graen am gaen gogled : kymr6t ma6ꝛeir
glot kymra6t m6ꝛed daer : ȳghymynat aer yghymi-
ned. K6yn goleu y6ꝛ meu mi aeharwed. treia6 goꝛon6y
trauyn moꝛd6y med : kof gar6 oe l6ꝛuar6 yalarued o-
ed : abeir vilyoed heb oꝛuoled. Kȳnyd eh6ybyꝛ oed kynn
noedyed. kolovyn oſgoꝛ^lla6ꝛ lla6ꝛ arllechwed. katvleid
teyꝛneid teyꝛned ener : eurlli6 y vaner o ieirll voned.
kompot clot clutveird o heird harded. k6ympei greu
āgheu eīgyl galaned : Kein durya6l y bar y6ch kynda-
red gryt. yngg6yth gerwin vꝛyt ȳgg6eith garwed. Ko-
ꝛyf ioꝛ doꝛ durgr6ydyꝛ vꝛ6ydyꝛ divꝛoded. koꝛyf toꝛyf
lloꝛyf lleidyat oꝛwlat yꝛwled : kun reget vnllit my6n
kynryged blin. karyat ryueltrin kiryet reuved.
kywreint oed yvꝛeint vꝛeiſc an myned. kyweir oed
y eir eur gymyꝛred : kywir oed ywir o wi6 ryſſed
beilch. o genhedla6c weilch oegynhadled. keueis
alaeth hir enwir anwed. a galar dar doeth koeth
kyuanned : ac utwaed danvꝛonn ac atwed triſtyt
abylchu vymryt. o var6 balched. Kauas ras vꝛdas
eurda6n vuched. kenny6 dewin nef kynnoediwed.
kaffo garyat rat anrydedallu. vn ragoꝛa6l vu yn
rugared. A M E N.

Casnodyn ar kant.

TRindaot dibechaot duo bych diwahan
ami ri roydlan om kan kenffych. Mab
diatneir meir moz uynych ymbyd : aeth saeth
seith bziwyd ffyd amffuruych. Ym doyn om
goenoyn nymgoenych uffern : affeith geith
gethern surwern nyt sych. lle mae llawer
gwae waelwrych anescoz : llu du diystoz ffyloz
ffoldzych. Differ vi uynerac nych uffern
gnot : artan bzonstan bzot rot rydunnych.
arpydew llenn rew llaon rych kyllestric : ar
peir geir garodic peithuric poethvzych. ar-
pzyuet calet collyaocchorych syznyaoc. afroyd
foyd sodlaoc tresglaoc treisglych. Aphob ryo
distryo troy distrych fflamdaod. aphoyz loyz loes
gaod adzaod edzych. Diryeit uyd teleit tal-
grych wythlonder : dur aeruur aruer ar
ny gerych. Direidon dynyon nyrydonyych
dat : dirryd ffyd ffoat bzat ac bzedych. Dyzo
rann yth wann wynuyt wrthrych haol : oth
wlat vat veidzyaol yz maol mynych. Yth
wled llyo buched lle ybych tragywyd : llaoz
maoz mireindyd llywyd llewych. llys didos
di nos daon wledych racllaoz : llenn ot not
neidyao naglao nymgolych. trugar gerennyd douyd diuan.

TRindaot dibechaot nyt da bychan : troi
bzyt attat tro gloewrat glan. Tzi ac un.
kyuun moz yo kyuan. trugared ried reuved royfan.
Tzagywyd ybyd nyt dyd diflan. traa ny pha-
ra ny pheir didan. Tahir dielir dir darogan.
Tzeis dyn aobzyn ennyn anyan. trist gosp
gost ffozndost gost afferndan. Tzinheion
dynyon danyal ogan. trafalst kynn amdo
gro agraean. Tzu moz anghall dall dull
anciryan. trossi troy gammoed agymeran:
Tzannoeth hebgyuoeth heb gyfroyuan. tra-
ot angeu aereu uedeu vydan. Tzahy yo pop syo
nasynhozan. trymder lucifer aeloes affan.
Tzosy gam aruaeth kynuaeth koynuan.
trymgoydaod heb naod yglaod nyt glan.
Tzauael nam oegam goaelflam aegoan
trachywed llechwed lluch atharyan. Tzefnaodyz lloyz huaodyz lloer
ahuan. trefneist affurueist o ffyzyf amcann. Tzefneu ampryffleu
geneuagan. treul gyuadef nef naf pob atuan. trengit aecollo
lloz o tro truan. Tzaethaot oth uolaot vilioed gymann. trefn-
eist syz amyz mozaol dylan. Tzefneist daearuaoz aechlaoz a-
chlan. Tzefneist wern uffern affeith fathan. trefret y bzyuet lle
ydymbzouan. Tzoch heol yscol efgar boethuan. trallaot yz giot-
aot nyt ymgatwan. Tzaos y bu iessu penn llu llydan. trao yz-
ymdarao ar dozof fodan. Tzeul gyuoz tros vor kyngoz kyngan.
Tzeidle ydethyo ffraeth lyo ffroythlan. traetloes yny groes
grist ehunan. Tzareit im
erchi mal am ozchan : traroyd uyd kuloyd am
bob kalan. Tzugared ahed haedwyf om kan :
troy ciryolaoz maoz meir a ieuan.

TRindaot di bechaot duo ny bechaod : treid-
wyfy nef yn adef y naod. Tzist uyd tragyw-
yd troy gaod ae kollo : tristyt vzyt vzaotro vzoytyz
gyuannaod. Tzeiffwyz nyt ystyz amdost ansaod :
trossir pob ennwir ynhir ynhaod. lle ytrosset
kiwet kawatsaod niuer : tru lu luciffer aer-
gler oerglaod. Goae adyt y vryt myonbyt ae
baod. goae adoc rac goann yrann rynnaod.
Goae dic. goir dzeiffic dzysaody amkan : goael
dzauael dzyuan goaeo tan aataod. Goae auo
cretffo tro troydet vlaod : goae divoyn goenoyn
cargoyn curgaod. Goae adivzeint seint. a seily-
aod temleu : goaoz maoz murgradeu gredyf
ymadzaod. Goae avynn gobzyn gobyz uffendaod :
goae diuiaoc llidiawc lleidyz traallaod. am
berchen o bzenn abzynaod pumoes : per ffer ffur-
ueiduoes ffroyllloes ffraod. Erpenyt bywyt hoedel
uergyt haod : wrglan diwahan ynywahaod.
Yzwlat uat ueidzaol auedzaod andzas : yzwled
hed haedblas heb gas heb gaod. ..

ANturyon hoylyon heli a thonneu athynny-
on ued ynri : ynat pob golat rat rodi vn
ion athzawon athzi. Tzindaot yngoaraot an
goarant. tri vnyawn un nerth gogonyant.
Tzoy ytat a rat ynreityant : troy y mab gonaet
baob bop grymyant. Tzoy yz yspzyt ygyt y
gadant. trindaot ynundaot goediant. Tzist vu
grist yny groes dygyant : trauael hael hoylaod
aruolyant. Tzaot goener bu ffer y ffynyant :
trydyd dyd dodyo odiuant. Tzos dyd deugeinuet
ket katwant : tref nef y niuer ef goelsant.

Tzeidyom ni ami a mozgant ∵ tr6y deu uoz kygh6z
kygharant . Tzeth ymdeith yn ueith anuethyant ∵
traeth a bzynn aphennrynn aphant . Tze6 ny
lud ryle6 eil rolant ∵ tra6 yz bza6 arbzyuet goz-
mant . Tzeth6yf du6 o diwed vy mant . tra v6yf
trauot6z vn amrant . Tza mynut tr6m ynof 6
ychwant ∵ tremynnu treiſſu trosliant ..

TRinda6t ffawt ffer ∵ tref nef niuer g6ar-
der g6irdat . Tzech wyt no neb . tr6y da6n
atteb treid6n attat . Tzau6yf vymyt ∵ troych 10
heb wyt : ymbzyt rac bzat . Tzeul bennydya6 ∵
ard6y gurya6 yzdygaryat . Tzauel achur gyt a
dolur g6edy dalyat . Tz6m gymmereiſt tra6s 13
ynpzyneiſt ozpzen crocrat . Tz6y dyhoelya6 dzaet
ad6ylya6 dzut adeilyat . ag6ae6 dan vzonn ag6a-
et g6irion g6erin bzynnyat . ar byt paladyz
yn diangadyz amd6y angat . ar dall athwant 17
oth uadeuant nythuu diwat . Creeiſt deus ȳ
dil6yguf y deulygat . Creda6d ynteu yz g6yzth-
ua6z greu goleu g6ylyat . Ae g6naeth gol6c o dy6-
yll6c adiwallat . ac ae g6naeth fyd odi vedyd y-
dyuodyat . Cryt agȳmyzth rac ofyn ma6zwyzth
mur g6ynn yeithiat . Cret ae g6ara6t oe va6z 23
becha6t beich oed anuat . Creir pob teruyn cre-
d6n dyfgyn . credo dyfgat . Credadun eir criſt
ymbzu meir ma6z oleuat . Bzenhin argret oed
pan anet yn pen ynat Bzeinya6l efcoz bzeint feint
feil coz doz dengredwlat . keneuinglot mab kynn
bot na phab naphyzyf afyzllat . Cant egylyon
gein egluryon glozia gannyat . Doeth trywyz 30
tec atheir anrec anrydedyat . Eur tus a myzr yz
g6z nyt byzr yny perffeithzat . Seren bu r6yd bu
kyfar6yd bu kyueiryat . Ovlaen ytri y uenegi yn-
ri rodyat . Era6t greula6n nybu gyfya6n. ny bu
gouyat . ar adoli ygriſt keli kolofyn lleuat . arch-
6n yzhael alud trauael ympob troyat . aberis llen
ac efferen ac effeiryat . ard6fyz yn win aphobry6
hin . a phob ry6 hat . a nos adyd a g6ellt ag6yd afyd
ffyzyfrat . a g6yllt ag6ar moz adayar ma6z ard6yat.
adengrad nef adiodef da awydyat . yzy haelder yzy
niuer vyner neirthyat . Bot yndiwed yn trugared
ynro garyat. amē .

TRinda6t dibecha6t buched wirion ∵ tru-
gar tr6m y uar kar g6ar g6edwon ∵
tri y6 du6 keli kolofyn deon . tr6y rat ac vn
mat keinyat kanon . Tzech y6 ef tat nef 4
naf gleinyon radeu . noz creaduryeu gozeu
g6zon . G6z dinam digam dygyn y alon .
g6z da6n veith gobeith reith reuduſſon. 7
G6zdidic g6ledic g6lat egylyon . g6zdedua6l
g6za6l bieurgozon . G6z agynnyd dyd, dydon
ymdangos . g6z a gynnu* nos dzos dzeiſſogy-
on . G6z agynneil feil feith urdolyon. g6z 11
agenny6 y6 awyd dynyon . G6z kȳmen pen
llen y lleodzon. g6z kymm6ys kynn6ys kan-
n6yll deillon . G6z kymmot achlot achlefy-
on ov6y. G6z kȳmozth gobz6y dz6y dzauae-
lyon. G6z ny chud y uud y vedygon . g6z 16
ny chel awnel odichwelyon . G6z ny char
murnurat lledzat lladzon . G6z ny chein-
myc treis cleis cledogyon . G6z ny chȳm6yll
t6yll tyllod hoelyon bza6 . y dzaet ae d6ylya6
dolur callon . G6z aaeth yny gna6t gaethza- 21
6t gethzon . g6zddal g6y dial gan ideon .
Doeth oe greu purgoeth perging dzudyon .
yzpumoes pumloes pumlif cochyon . Du6
uab meir y6 creir criſtonogyon byt. da y g6-
yz goglyt mebyt meibō . Rac kaffael trauael
tri an wirion kaiffas fudas f6dan pabilon . 27
Kyffeff6n [keiſſn] orat kyffon . kyffes dz6y benyt a
Ja6nvzyt ion . kaffom l6ys gyn6ys gan ozch-
ozdyon nef . kartref g6ir adef y g6erydon .
Selyf ynat tat teu dec . feilyeith nyt g6yryeith
gozwac ∵ feith dz6y obeith ueith uedic . falym
6za6l feilym aozuc . 33

GOzugum ryrret puret peryf ∵ gozmod
obecha6t ar ll6fyzgna6t llyf . Gozeu oed
uadeu ozneu oernyf : gozwacter ygler ouer
ayf . Gozwac bechadur gle6dur gledyf guthzus
yeir achweir nycliwyf . Gyzrir y benyt 38
deturyt didzyf : gared fa6d ganth ga6d ∵ yzg6erth
g6dyf . Tozwed hir yſtir yſtoz hybryf ∵ gorwiſc
llann y6ch grann poendann pandef . Gozmeil

pzidlad nyt nad nedyf . gozmes y6 cluda6 aela6
elyf . g6z hyb6yll kym6yll kynn daear •
wryf . gozeu da wyztheu y6 du6 6zthyf .
Gozffwyf deith didzift neut crift ud cryf . goz-
ffen digynnen da y6 gennyf . Gymm6yll
dyfc ffyfc ffer nyt ker kaerdyf . gem gaeruf-
falem . geireu felyf ⌄ Selyf ⌄
TRinda6t para6t pur . tra6s ma6s moes
eglur . tr6y rat mat modur mur mire-
in6ch . tro vi ri ratla6n . trafnidyz dinydyz
da6n . tref nef naf kyfya6n diga6n deg6ch ⌄
Tzeidwyf r6yf r6ydwynt . tros uoz coz ker-
rynt ⌄ groec dec deruynt ha6duynt hed6ch ⌄
Tir g6ir g6eringret . tymyz g6yz g6aret .
tat rat reit nodet . get gadarn6ch ⌄
Tut lut ludzamm6y . tec rec ren of6y . teith
ueith uaeth gobz6y . tr6y attreg6ch ⌄
amgynnal g6al g6yd . seith bza6eith bzi-
wyd . pecha6t ra6t ra6t rewyd . kyñ trech-
dyd tr6ch . llunyaf naf neges . llunya ym̄
lym̄ les . llydā lan loches g6ares g6ar6ch ⌄
llogeil feil felyf . lle nyt pzif de pzyf . lla6n
nerth berth beryf . gryf digrifu6ch ⌄
lly6 g6lat uat uedyd . ll6ythbeir creir cre-
uyd . lleithic g6ledic g6lyd . dyd didan6ch ⌄
lleuat rat rinnwed . llyna da diwed . lle yda-
eth ffraeth ffr6ythwled . y med medyz6ch ⌄
llaryed hed hodya6 . lle g6yl h6yl heilya6 .
lla6z nef dzef dzeidya6 aela6 el6ch ⌄
llys vzy hy hoewbl6yf . lles gne de digl6yf .
ll6yd r6yd r6yf del6yf dz6y dadol6ch ⌄ ⌄
REit oed im obleit y blodeu pennaf . redy-
at y6 attaf ynghaf agheu . rat heb d6yll
garyat oz dull gozeu . y garu g6ledic lleithic
ll6ytheu . Kanyt oes na moes na meffureu ia-
6n . ganun angcrifta6n ryla6n roleu . Er-
[y]6n dyd dyfyn teruyn tyzueu . yz berchir pob
g6ir goennwir geu . arvynyd pibyl byd po-
byl bedeu ygyt . ar gynnullyt cryt creadury-
eu . a ieffu aelu arla6 deheu . a e loes dzos
bunioes ae groes ae greu . a e darn lemdoeth

goeth herwydg6yth eu ha6l . wyboda6l noda6l ar
eneidyeu . Ny cherir ennwir dyhir di heu . ny cheryd
dofyd diuan6 cāmeu . Nychar hael [dzugar] dzygeu pzeffenna-
6l . ny chanma6l dida6l dedyf egl6yffeu . Nychyrch
kamweda6c vzada6c vzydyeu . hedi6 bza6 geithi6
arbzegetheu . Ac ef avozy veryf kythzeul wall ⌄
dyndall dzut anghall dan dzaet angheu . Credaf
6zclyd6z clot di eiffeu . a wnaeth tri amfer bzyder bzo-
dyeu . Oes gyntaf adaf odeu an oleith . heb reith
heb gyfreith peith pechodeu . llewyt eilkynghoz
eurdoz urdeu . llenn taplys uoeffen gan reen rieu .
llyna ybu da dechzeu dioledyf . amfer gredyf dan
dedyf gynnedyf gynneu . Tzydyd deuth bedyd doeth
wybodeu . amfer rat mab mat g6ylyat goleu .
H6nn da abara h6y no bareu cna6t . hyt dydbza6t
aera6t giwda6t gadeu . G6ae nychar kynn clad
pzid grad grudyeu . kymryt rann benyt rac rynn
boeneu . G6ae agar dayar ad6yeu atwed . ac na
char buched fened feineu . G6ae ny wyz fynnwyz
ll6yz y6ch llyfreu . g6ae ny wyl kyfyl y reit coueu ⌄
G6ae ny weinyd ffyd ffyzyf dedueu dengeir . yz mab
ma6zgreir meir kadeir kedeu . Kar y tat ynat
en6 diammeu . anrydedar vam di nam donyeu ⌄
Na wna nathzaa nathzinyeu anuat . nathzeis na
lledzat na bzat bzydyeu . Nalad galaned gared gu-
reu . nalofc dei nyt llei noz lladuaeu . Navyd kam [yf]
dyftyd moz doft ammeur ia6n . byd grifta6n dedla6n
ympob dadleu . Keis ymgad6 athl6 ath lad os geu ⌄
kaffagyt ybyt budur y gyfreu . Kyffegrir kywir
rac ka6adeu g6all . cufful call nyt dall nyt t6yll
eiryeu . Ret att berigla6z pura6z pareu . reudus
kerydus rac karedeu . Edzych y llebych bachet
dechzeu g6ed ⌄ koffa dy diwed oerued arueu . lluyd
feith bziwyd rewyd r[l]weu . llia6s y6 kyngha6s ac
eu keingeu . lleuyt fyber6yt fyb6ll ffeu hirdz6c ⌄
uffern dywyll6c m6c megineu . llyckzyt kyng-
hozuynt cl6yf letkynt cleu . llawer llawr niuer
llwyz anaueu . llit g6ae aedilit am daleu kamwed .
llefged g6aelgared nyt g6al gozeu . Kebydyaeth hir
gaeth waeth weithzedeu . cabyl a vyñ erbynn oer
boen atneu . Godeb glythineb gl6t[h] eneu ampzyt.

godineb heuyt gwyt gwedieu. Rac yseith dyleith ac yw doleu. rygaeth elynnaeth eu tatmaetheu. Bit seith weithꝛet cret ualcreireu ympleit nyt trwy gerydeit trugaredeu. Coelaf naf pennaf warthaf 4
wyꝛtheu. colofyn gwed eofyn y gwedieu. Duw [abeir] ameir om oꝛyeu kysson ym offenn gwirion ganon geneu. Diwyt wyf ym rwyf nym gat clwyf cleu. diwed enryded dewin reideu. Reudus wyf dyn blwyf dawn bleit yngwꝛthꝛych rac goꝛthrech kythꝛeuleit. 9
gwꝛaf naf nef ymeneit. gwyꝛ keli vy ri vy reit. Reit oed ym obleit ⁊ cetera. ~ ~ ~

Elaw Jawn yw dawn gne gwawn gwawthwec. eiliw ewynvꝛiw gwynnwiw gwanec. eilyeis hynot glot gloywdec wennlliant. eilyawd y molyant mil yghwanec. Eilw dꝛeidyaw nymdaw traw trwy gystec. eluyd twfclotryd dyd na deudec. Eil kein galet ret ym reitrec obeith. oleuveith 17
hoewdꝛeith bꝛeint ehedec. aryal bugethal bꝛif dial bꝛec. arwyd dieilwyd rwyd von redec. Ar howlun lu hun. hoen gwynuanec maen. pann wisc tonn vꝛwyscflaen gaen am garrec. Eir- 21
gall diwall ball bwyll o gywec. eiryoet yndi oet hoet gyhydꝛec. Eur mal ambudal dolur attrec vꝛaw. yn llaw wyl andaw gan eil indec. Eiryan verch gynan kynnran kannrec. eryꝛ tymyꝛ gwyꝛ gweilch disaefnec. arglwyd gulwyd 26
rwyd rwyf groec rugylchwyꝛn ellwng o heyꝛn y teyꝛn tec. Meu geiryeu goleu gwyl wyndodec. mi awyꝛ moli hil ri hawl rec. Meith hir y cludir clot anrec tauawt. moꝛ didlawt ygg wawt ygg wennhwyssec. Menawt molawt gnawt gne 31
tonn waedgrec. manar [wisc] glassar auar wa ouec. Myꝛd ae mawl heb dawl diledyf chwec lwyf ieith. mawꝛdawn gann hymdeith oesteith ostec. Mein uirein riein gein gymraec. mwyn vo- 35
ꝛwyn hundwyn hoendygyn gystec. Mynych lle llewych lliwe hoec ym. men ym duc gwennlw lym ar rym redec. Mynet yꝛgwelet gwennet gwanec ⁊ manon wawꝛ aruon gouyon gouec. Maengaer glot be daer glut balldec mygyꝛ 40
uann. meingann dyn eurwann y dinoꝛwec.

Bv oerchwedyl kenedyl kwyn ennwawc tristlawn. camp meirchawn kwymp marchawc ⁊ bud avyd rygud yrawc bit heb vyt bot heb vadawc. ~ ~
Madawc oedmarchawc meirch farruc kein vwꝛ eil kynuawꝛ catgaduc ⁊ dywann garw 6
duw angoꝛuc. dan sygyn poen dygyn pan yduc. Duc duw dat bost kat kytuaeth heird eirchyeit ⁊oe oꝛchud neb ny chweird ⁊ dygei yggwyleu digeird. digawn oevawꝛdawn y veird. ~ 10
Beird wisgawc uadawc o uot awꝛ hebot yhybarch grist nymdawꝛ. derw herw hiraeth maeth meithuawꝛ ⁊ bwꝛw naf o lwꝛw nef y lawꝛ.
Y lawꝛ uadawc uawꝛ vur eruit trystan banndꝛaws taer oꝛdinit: trallawt eingyl giwdawt gedit dꝛyllyeu aelodeu oe lit. 16
llidiawc oed uadawc uedwyꝛ naws garthan gyꝛthyei eigyl yngkynghaws ⁊ llet kadoed lluoed lliaws. llit kedic llaw dꝛeissic dꝛaws. 19
Tꝛaws uadawc aruawc eiryf fathyꝛfarn aerllu trauu tu to haearn ⁊ trech oed y nerth trwy verth varn. trwch adwy noꝛ tri chadarn.
Kadarnbleit eirchyeit yoꝛchud bu trist trawsdec uadawc eilnud ⁊ kadyꝛwalch llu kyt uu y vud. ket yn neurllet an arllud. 25
arllud yw ynbud bed anglad madawc. modur beird a neuad. arllwyssyat kywlat rat rad. eurlliw helym aerllaw hylad. 28
Hylad beird digeird wyf digu oedwyn hylwyd kwyn kynn daruu ⁊ hawl uawl uilwꝛ twꝛ toꝛyf lu. hylaw rod heil uod hael uu.
Bu oꝛchwedyl. ⁊ cetera. 32

Dreic llu kann daruu dewꝛvur. dꝛut vadawc aruawc aruer: dꝛwc nadoeth mawꝛ anlloeth moꝛ. dꝛeigylbꝛys dꝛeis dyꝛys dꝛos dir. Dirrwyn kwyn keinyeit lwyꝛwys. derywllyw lliwet aros: dur bꝛwydyꝛdoꝛyf kerdgoꝛyf kard gas. dewr nenn [benn] perchen parchus. 38
Parchus vadawc deifnawc doeth. pob kynn halyawdyꝛ llwyawdyꝛ llwyth ⁊ pibyl yꝛllawꝛ llu mawꝛ lle meith. pawb gynt ydethynt ydaeth

aeth madawc

aeth mada6c ennwa6c anwat . uthur gyf
lam uargam ua6ꝛget ⁊ athꝛo bꝛ6ydyꝛ gyffro
dꝛo dꝛut. uthur eſcutruthyꝛ yſg6ytrot ⸗
Roda6c vada6c vodur lleng . rat winllat
wenllys ehang ⁊ rudgled kynn der6ued 5
duruyng. reid yꝛth aeruleid arthurll6ng ⸗
Bl6ng eingyl eſt6ng eid6ng oed ⸗ blodeu
kampeu k6ymp lloegyꝛuaed ⁊ bla6d galar
amgar g6ꝛeid. blingur eiryf blaengar ar6‸yd ⸗
ar6yd ff6yꝛ nafl6yꝛ nefly6 ⁊ ar wnaethoſt
hoedyldoſt hedi6 ⁊ aer gattra6s yꝛ llia6 lla6 ⸗
oꝛ goet tref dan llef d6yn lle6 ⸗ 12
llew gle6 gloe6lan gangynwyt . llauur naf
a6dur nef aet ⁊ lla6 ana6 yꝛ lle6 eneit . llew-
enyd lly6‸bedyd boet ⸗ Boet llawen reen r6yf
llen ll6yꝛ 6ꝛth uada6c bur ennwa6c beir ⁊
byt am walch grytbꝛyt bꝛ6ydyꝛdaer . bei
tes nyt eres neut oer ⸗ ⸗ ~ 18
Oer vu y gyꝛd vyꝛd ueirdꝛoec . arof dyd
ketryd katr6yc ⁊ aryf aergled arwed eur-
waec . eryꝛ tut murdꝛut ma6ꝛdꝛeic ⸗
Dꝛeic llu kanndaruu . ⁊ ceta ⸗ 22
AMdꝛiſt 6yf goꝛff6yf ymgoꝛffenn . ymdꝛo
call kynn dirwall deꝛwen. ymdꝛeigyl
bꝛat y6 bꝛyſſyat bꝛeſſen ⸗ ymdꝛa6t ffa6t ny-
pheit vyggohen . amdylyn amd6ylann 26
hafren . amd6yn k6yn kynnhebic maxen.
am vedꝛu canu kynn aghenn . am uada6c
deifna6c dofyn awen . am nur pur ual pe-
ir kerituen . am ner per paroded paſgenn ⸗
am nerth berth a barthei ychen . a meirch
eirch y archwyꝛ aren . Omkyuoeth amkan-
doeth ymken . amkyueillt keueis 6ꝛth ag-
hen . amkofua6dyꝛ amllywya6dyꝛ llawen.
amkyfuarch amparch am perchen . am 35
kyfued ym maenued ymen . Nym kyuyt
triſtit treis diwen . amkoꝛyf toꝛyf tyꝛuahoed
ohen . am kar rac eſgar rac agen . amgyſ-
tal eiryf aryal uryen . amgoſt guſtennin 39
uab elen . am vydꝛoed meſſuroed moeſſen ⸗
am veidꝛa6l kymuna6l kymmen . amuodur

ual mab mur moꝛyen . am uada6c 6yt vyt
voda6c bꝛatwenn . amyl na6d du6 y de6in-
adyen . amled hed o rinnwed y ren ⸗ ⸗ ~ 3
Ren llen allyfreugoleu galar . r6yf gl6yf o
gleuyt lle6 bꝛyt bꝛ6ydyꝛ bar . R6ym di
d6ym dodi ri r6nng daear . rebyd ryd r6yd ⸗
win . adewin dar . Reda6d ca6d ymcof dof .
divefylgar . r6y am6y ymae no g6ae nyt 8
g6ar . Rydꝛanc ieuanc ia6n . da6n diwattwar ⸗
reit ry6 lly6 lleas oeſcaf eſcar . R6yt yſc6yt
eſcut dꝛut 6ꝛth dꝛydar . rot aruot arueu ke-
neu kynnar . Redyat kat kedyꝛn deyꝛn 12
di uar . ryt byt b6yt vyꝛdoed wiſcoet waſcar ⸗
Ryng wellyng walla6 heilya6 h6ylyar . rif
. llif llu vueil ulkeſſar . Reid arueid aruot
wedy clot klar . redet vet ueidꝛa6l dreigya6l
dꝛugar ⸗ ⸗ ~ ~ ~ 17
Tꝛugar g6ar g6ir . tricciet hoet hir . k6yn
6ir keinud . Tꝛiſt griſt groewvꝛa6t ym
wyꝛ wylna6t am wa6ꝛ eilnud . Tꝛumgoll oll
y6 . tramg6yd ynlly6 . trymga6d nyn llud ⸗ 21
Tꝛeulffraeth maeth med . treiſ y dewred ⸗
tra6s y deurud ⸗ Tꝛoſſed meruyn treiſſy6ꝛ
gelyn . gerdbꝛyn g6ꝛdbꝛud . Tꝛyſſa6ꝛ oed ym ⸗
tra uu walch llym . g6iwrym g6aewrud . Tꝛoſ-
fed y glo . manar amdo . mynoꝛ ymdud ⸗ 26
Tꝛaethu oed6yn . tretheu adv6yn ⸗ hirg6yn
h6yꝛgud ⸗ Tꝛaetha6t ennwa6c . trathec va-
da6c auedyꝛ g‸uffud . Tꝛareit ymi . rac tra 29
phꝛovi . coſti kyſtud . Tꝛ6y arwyrein . treidy-
a6 owein . diheꝛ duhud . Tꝛ6y hir bara . a
dv6 donya . y datannud ⸗ ⸗ ~ ~ ~ 32
Dat anhuda6l ha6l y6 hywled owein . di
dwyllgein yſgein d6ꝛein dewred . Dedueu
tra6s geneu treiſg6ned grychyat . da6n y tat
rodyat boꝛthyat berthed . Du6 g6ae ui d6yn
ri dyn ryud y vy6 ⸗ 6yf amr6yf r6ydli6 nyt 37
by6 neut bed ⸗ Dyfyꝛwledic eilic ywyled amget.
dyuet ydꝛoſſet oed et ryſſed. Divei ual g6alch
mei . g6eilch maeth med ag6in . diſlin ſarff by-
din yn rin ried . De6ꝛ dyuyant rolant . r6ldaered

plyml6yt diarf6yt yfg6yt eurgl6yt aergled.
Dur eil arthur mur. ma6zatwed arlu darfu
lle ry vu llawer reuved. Doz ioz dygy voz dagy-
ued ennwa6c. deifna6c oed uada6c uyna6c uo-
ned. Dar doethyon ganon g6yned adehev
y llogyz agigleu. lloegyz agogled. Dir y6.
ar gywir argwed der6in. daeara6l yfgrin de6-
in diwed. Dyzys d6yn oelys l6yf gyuanned
llynn. dyza6z g6a6z g6aewrynn kynn cañ
mlyned. Dyzodat ynrat enryded divza6. deu
rud ud ida6 ahodya6 hed ~

Hedwled fened y feint. hael diwael uael
ueint. hy dyly vzy vzeint gyt ar vzahã.
Hyn6yf gl6yf 6yf oll. honn gallon donndoll.
h6yry g6yzff6yz ffoll getkoll gytkam.
Hiraeth ffraeth maeth meu. hut dzut lut
lityeu. her6 uer6 ch6er6 ch6edleu. godeu g6dã.
H6zd d6zd b6zd beirdwin. hoed6yfc vz6yfc r6yfc
rin. her wifgner ffer ffin. goflin gyflam.
Hydur nur cur kaer. hydyfc ffyfc myfc
maer. hoet adoet oet aer. ffloew diglar flam.
Hyder ffer uer vu. heit greit bleit blygu. het
baelet llet llu. trychu tracham.
Hydir wir hir haf. heb atteb neb naf. hynt
g6ynt kynt k6ynaf. mab m6ynaf mamm.
Aeth ffraeth uaeth uangoz. uthyzla6n da6n
ia6n ioz. oeth doeth goeth gynghoz. ma6zgo-
oeth margam ~ Auar bar car ca6. 6yf r6yf
gl6yf gluda6. ef nef dzef dreidya6. rodla6 r6yd
lam. Amdzift 6yf. ut prius ~ ~ ~ ~

Kynn b6yf g6as grudlas gredyf anuon
b6yllvza6 obelluro gaerllion. da6n obeith
kyfyeith cofyon. dyn g6yl y6 uann6yl ouon.
G6ae bieu madeu med6 gofyon dogyngud
meu dygynga6d oualon. g6anngein riein rud
ffion. g6edus hael ueinus heul von. Tec dy-
gaf yz haf arhoew uanond6f y dyuu ym govyon.
ta6l ha6l hyl6yth oualon. teith hyder meith
hoewdir mon. G6eleis panngerdeis gozd6fyz
avon rin. g6yl riein di anuon. g6ir difemyl
a g6ar difon. g6a6z hirdyd ma6z. harded mon.

Rud hydneit ymreit bu ron vyn nigya6. car
h6ylya6 cur hoelyon. ran oual lann rin auon.
r6yl y mae meinwyl ym mon.
Mygyzwenyc ablyc amoblygyon mein. men
ymaen vyngcofyon. myzd ynwyzd o iwerdon.
moz awylch m6yn amgylch mon.
G6i6 aweith g6a6tueith. g6yt uanon riein y
rieu doethyon. g6ir uoli g6yz oualon. g6ar
dzemwalch. g6a6z v6ynualch uon. ~ ~

Synh6yrus deus du6 gozuchaf. fywedyd do-
vyd diuei haelnaf. fef 6yf yt vy r6yf
r6yd araf geinyat. fef 6yt ucheldat mat mo-
dzydaf. Synh6yza ynda donyeu attaf. f6yd didla-
6t owa6t aweinydaf. Syrcha6d gly6 vy ry6
r6ng taf athaóy. ferchir y6ch con6y ual y
kanaf. Saethuarch keindzafnidyz dinidyz da
naf. feri eglur vzynn kynnkynnhayaf. Sy6
dŷma6z r6yfwa6z yzhaf arbennic. fozedic
eidic elwic alaf. Am verch ruffud ud adyfc
mozdaf. vab Jozoerth kãnerth kŷn6zyf goz-
faf. Neut ad6yf ogl6yf ynglaf h6yz dianc.
neit adoet gyfranc oz tranc trymhaf.
Poen rya6t deua6t ot adefaf panvu berigyl
wann. amgann gynaf. Peunyd p6yll berthyd
pell bozthaf yzhonn. penyt bzonn dilonn de-
lwẽtnychaf. Hepkoz gozoz moz mon nyallaf.
hybarch dyno vzo. vreint talheithnaf. Hybo-
eny6 vy hoen nyhunaf obleit. hebogeid ly-
geit eureit araf. Heb vy chwaer wennglaer.
mozwyf wannglaf. hebu gne nyt lle nyt ll6-
r6 arnaf. Hyb6yll glot did6yll dodaf ar efpyt
heb wyt. y loer bzyt al6yzbzydaf. Hir ykein-
mygir kerd wir waeffaf. her6yd da6n diga-
6n ual y dygaf. H6yzda6 oeheilya6 h6ylaf
ar ueirduyzd. y vyzd dzos geinwyzd adza6s
ganaf. Hoenegluruann kann kynn ery
gayaf. hi awnaeth keli acnywkelaf. Hyl6yd
wa6t deua6t yndiueiaf bun. hoewlun hael
eidun o hil adaf. ~ ~ ~

Vythcant annerch da6nferchdyn. uthur
vzys vzo henrys urenhin. Aeth dzos ned

wed wahan . athawy **arlywy lun ⌄
llywyawd llỽydrangaỽd . llud rin . llathyꝛ-
uein gein gann vañ valchlun . troſſof cof
pob kyfryỽ dyn eithyꝛ aỽt .aeth am gỽaỽt am-
gỽen ⌄ Pereis ffyſc glutdyſc glotdull . peri -
gyl hun yꝛbun obell . peris gỽenn gỽañ yg-
kyfyꝛgoll . paraỽt y aỽt geinwaỽt gall .
Ot ergyt bỽyt bꝛyduoll .y bob riein uein vỽyn-
dull . rann aỽt om gỽaỽt auyd gỽell . ne ryñ
eirỽ ⌄ no rann arall ⌄ ~
Ymdyd ef avyd oveddaỽt traſerch treiſic yỽ
vyndifraỽt . ym dic katwedic keudaỽt ami
kyfoedi cof aỽt . ~
Ryhỽyꝛ ym ynllỽyꝛ kael llỽꝛỽ ffaỽt om
ſerch os archaf ynbꝛiaỽt . ryaỽd y bum eil
ryaỽt . ry hir ymoedir am aỽt ⌄
Ysbꝛein vaỽꝛ liỽ gỽaỽꝛ ale gỽaỽt hirdꝛic . a
hỽyꝛdꝛy om keudaỽt . ys bꝛeid ym vyỽ glyỽ
glỽyſnaỽt. ys bꝛaỽ pell adaỽ pall aỽt .
llyna lys nyt a diwyꝛnaỽt ombꝛyt .am
bꝛyder vyndifraỽt . lle lloerwiỽne llỽyꝛ wa-
ewnaỽt . llifgỽyn llaes a dỽyn llys aỽt ⌄
Kigleu kynndifieu defaỽt kyntevin : kant
auar vyuyꝛdaỽt . kyꝛd etneint glỽyſneint
gloeſnaỽt . kerdgar kat adar koet aỽt .
Y kof ys ynof ys anynaỽt y try tragyỽyd
om keudaỽt ⌄ anghenndyd herỽyd hirwaỽt .
angeu ymedeu am aỽt ~
Dagyngoꝛ ragoꝛ rac vyndifraỽt ym : am
naſcaf ynbꝛiaỽt . dỽyn hỽyl dyngỽyl golev
waỽt. dan vꝛic y goet wic ac aỽt ⌄
Erchi merch vy ri rodnaỽt ys gỽneuth -
um . ys gỽnaeth gỽyt tros uolaỽt . arỽyd
nat ratlỽyd rydlaỽt . eres ymoedes am aỽt ⌄
Tꝛavỽyf ry hir glỽyf ryaỽt y ỽꝛthi hoet
beri hut baraỽt . nymdywann didanded-
yfnaỽt . nymdaỽ kyfadaỽ cof aỽt ⌄
llaỽer annerch ſerch ſeilyaỽd bꝛat aele bro
deilaỽ aelogaỽt . o wlat ueith glutweith
glotwat . voꝛgant aredant araỽt ⌄ ~

Klyỽ yỽꝛ meu goꝛeu gỽꝛeid ganllaỽ . llyỽ
llawer haelder ffer ffuryfeidaỽ ⌄ llewych
uab arab y euraỽ clot pꝛud ⌄ Jeuan uab gruffud
uud uedylyaỽ . llyỽ nym gỽneit teleit talym
damunaỽ . llewenyd a neb traveỽn hebdaỽ ⌄
llyỽ am dyſgaỽd haỽd hodyaỽ gerd berffeith
nyt ual ſothachieit beird keith kaeaw ⌄ llỽyd
ragoꝛes les luoſſyd vꝛaỽ . llỽydgar rac ieueinc
veinc vydinaỽ ⌄ llym gyngoꝛ ragoꝛ yn rỽygaỽ
darpar lladgar rac eſgar derỽ rac yſgaỽ ⌄
llathyꝛwaỽꝛ nyt oed uaỽꝛ eiryf gaỽꝛ guryaỽ ⌄
llỽꝛỽ bꝛi daeoni dieu anaỽ ⌄ llỽybyꝛ digaeth
y iarllaeth yeurllaỽ ieuan . llwyt llydan daryan
llit yduryaỽ . llỽybꝛaỽd ehaỽnffyſc adyſc idaỽ.
llỽypꝛa oe nerthureich y vꝛyneich vꝛaỽ. llit er-
dyꝛn kedyꝛn keidyaỽ neu ỽꝛleis . lleis llỽgỽꝛ
dinaſtreis . lloegyꝛ dinuſtraỽ ⌄ llam lloegyꝛfflam
llỽgyꝛfflỽch dꝛyſſỽch dꝛeiſſyaỽ. llit duraỽtyꝛ hu-
awdyr hueil uab kaỽ ⌄ llỽybyꝛdỽꝛyf moꝛgynnỽꝛ-
yf maỽꝛ gannaỽ nerthwir . llanỽ ennwir am
dir ynymdaraỽ . lliaỽs gyſtlỽn hỽnn honneit
gyvyaỽ . llaỽchblas agauas adas eidyaỽ ⌄ llys
hyſpys dyfrys divꝛaỽ waſſanaeth . llỽy uchelỽꝛy-
aeth llary ffraeth ffrỽythyaỽ . llauuryỽn kan-
ỽn keinyeit heb daỽ . llauaueird digeird dygỽn
attaỽ . lle mae maỽꝛ cur llaỽꝛ ker llaỽ llys haelnaf
llann rann rymhuffaf goethaf geithaỽ . ~
Kyꝛcheis ỽꝛclydỽꝛ clot tauarn athꝛef athꝛauot
med ogarn . car caeth y var coeth y uarn . kat
valch kadyꝛ eurwalch cadarn ⌄ ~
Kadarn y eiruarn ae eruit ae haỽl hael ieuan
eil pebit : keitwat rac bꝛat bꝛỽydyꝛ ymlit ⌄ kat
ol . eil eidyol y lit ⌄
llit rỽyſc tan chỽeifrỽyſc chỽefrin yỽ ieuan .
llafyn garthan gyꝛthyỽꝛ trin ⌄ llydannryd y
gỽeinyd gỽin . llat lleỽ beidyat llyỽ bydin ⌄
Bydinlet hirget hỽyꝛgard yỽ ieuan . baed rỽ-
ydgan rudgoch dard ⌄ bodlyỽ croyỽ heilhoeỽ hael
hard ⌄ budlaỽn oe vaỽꝛdaỽn y vard . ~
Bard ỽyfi ymri rif llỽyꝛ aruaỽꝛgerd aryf aer
gat eſtraỽnffỽyꝛ. bard ynteu goꝛeu aegỽyꝛ . beird
[loewgerd bỽꝛd oleugỽyꝛ ⌄

G6y2 ieuan diuan deua6t ffr6ſt b26yſctreth
g62 b2eiſctreul med am6ſt . erd2eint gere-
int agoꝛ6ſt . g62dv2i eur goſti o2g6ſt .
G6ſt gynnal heildal haelder g6y2 ieuan
gar ieuanc nud aruer . goſgeidic nur eilic
ner . goſgo2d loewffo2d eliffer . .
Erc6lff gryf ſelyf ſeil wledic ryderch r6yd
Jeuan wae6 yſſic . aryf aer didaryf urdedic .
ar glot y tri glut y tric .
T2igywys ma6l hoewd6ys mal haedu oia6n .
y Jeuan gan ueirdlu : adyſc glot ffyſc heb
vyſc vu . vd card go2chur kerd gy2chu . caſno
Gwedy creir creawdy2 diuei llan6 mo2 dyn .
gymlawd na6d noe. nyt g6all ymwyn-
ball y mae . nyt gwell creir no meir na m6y .
Mwyaf geir creir creawdy2 nyf. meint b2e-
int b2einha6ldat vchaf . ma62dal gynnal yw
gennyf . meir yn eilgeir anwylgof . Cof ieſſu
llwyth b2u b2eint nodua diſgleir . diweir veir
verch anna . o2w mawr y6 maria . o2at pur
dat am peirda . Da vu uo2wyn vwyn venw-
yt arbennic . erbynnyeit glan yſp2yt . deifna-
6c veir diweir diwyt . defnyd dwyn bedyd y2-
byt . Byt greawdy2 llywyady2 llawer . bit
greir ym veir rac yvar . pibyl awnaeth
ffraeth ffrwythdir . pobloed a muryoed amo2.
Mo2 amherawdy2 r6ydyawdy2 rod . mur
grea6dy2 llwydwa6t nym llud . mo2wyn
gann par ym rann ryd . ma62 garyat oe w-
lat aewled . Gwled gyfya6n om dawn ym
d6yn ambeb26ng . bwyf deil6ng adolwyn.
diſgleir diweir veir vo2wyn . g6a62 tut g6ir
vynut g6y2y vwyn . Mwynyant adalant
dyly pob geneu ygonon y6 hynny . moli trin-
da6t o2 v2a6t v2y . mola6t ma62wa6t meir
wedy . Gwedy vt ſup2a .
Ny dyweit prelatyeit p2ud ynmoli meir
geir go2mod . eglwys woga6n wi6-
da6nwed . eglurder dedyf hanner dyd . Dyd
barn kadarn o2tho wrth . du6 dy dat hir
wat hwy2warth . dywet em barth2et ym bo2th.
diwyt eir diweir veir verth . Berth obeith
gyfreith gyfriſ . parch ahaelder mam ner
neſ . pall y mae nyt kae ym koſ . p6yll ma62
didwyll meirdodaſ . Dodaſ vymryt rac
pyt poen . dida6l ha6l ar hael vo2wyn .
dyt ym reit ym bleit o2 blaen . didwyll
va62 gannwyll veir gein . Kein virein
vo2wyn dibech . kannwyll pwyll pell y
llewych . kynnedyf meir kynnyd mo2ach.
kynnil hoedyl kynnal hedwch . Hedwch
llary digriſ6ch ll6y2 . ha6d clybot g6ir glot
g6awr glaer . hi y6 yn goga6n da6n dioer.
heul gein h6yl virein hael veir. Meir am
peir ympura6 cret. ma62 ann6yt gla62 e-
neit glot . kynn bed ſeith d2oetued ſyth
d2ut . kynnys poen kynnwys penyt ~
Ympenyt ergyt argoel . ombod rac go2-
mod go2meil . mi veu ynni vo annwyl.
meu rwyd meir hylwyd mo2 hael ~
Hael y6 hardvam llyw pob llwyth . hylw-
yd dawn obop ia6n ieith ieith. heul dwy2eī
ua62 gein veir goeth . hwyl ua62 annwyl
vireinyaeth . Mireinyaeth val y g6naeth
gwnaet . mat ma62 arat meir eiryoet.
mo2wyn eurdwyn aurdwyt . min pob
dewin aedyweit . Ny dyweit vt ſup2a

Bledyn tu ae cant y duỽ.

Glandat gỽir gelwir ar grist galwaf.
gleindyt haỽd dilit y hadolaf. Gloew
dꝛe vyn gỽbyl uod rod rad uchaf gynnyd
glotryd digeryd duỽ agaraf. Rỽym gouei-
lyeint heint hynt dihiraf. roes ner ffur- 6
uauen eurnen arnaf. Ren trugar y
uar. o vaỽꝛ gamaf dꝛeis. rodei os heydeis
hyt naf haedaf. Reidyach meu bellach
mi abỽyllaf. rec ffaclaỽꝛ bud maỽꝛ bod
meir awnaf. Rydit om goujt a gaf gan 11
drindaỽt ryd ffaỽt rỽy bechaỽt ny rybuch-
af. Rod haỽd naỽd awnaeth rif hyuaeth
haf. rinnyeu ſul oleu os haỽl alaf. Rybum
pỽyll bꝛud bud bydaf ỽꝛth gyfreith rac keith
wyỽch obeith a achubaf. Rei a warchadỽ bꝛa-
dỽ bꝛỽt ac oeraf. ryvỽyf iaỽn llundaỽn y lle
nyt af. Ri di ſalỽ yalỽ a iolaf racdaỽ. rỽydyf
bỽyllaỽ idaỽ adyſc pennaf. Rinnwedeur pader
a gymmeraf. reỽ deincryt o glyt eglỽys pen-
naf credaf. Rac bꝛat nos gaeat naỽs gay-
af uffern. ryuel dywyllwern gethern gaethaf.
Rydoeth crist ygknaỽt gỽaraỽt gỽiraf. 23
ranneu oe donnyeu a eidunaf. Riein ueir
diweir wyꝛy lanaf detwyd. rat defnyd bedyd
byt arwaeſſaf. Gỽedy gỽydyn dodi ri rywoc
caf. gwaetffreu gras wyrtheu ar groes 27
warthaf. Adoet arteith wieith owaethaf.
latron Jdeon trychyon oedynt trechaf.
A chludaỽ holyon arwirionaf. achlỽyf gỽe-
lieu ãgheu yngaf. Achladur ieſſu ar iſſaf
waelaỽt a chludbỽll tywyllaỽt araỽt araf. 32
Gỽꝛ agyfodes yn gyfneſſaf. goꝛeu bibyl odeu
y bobyl adaf. Goꝛuoled oued vſydaf gyfenỽ.
geir uolir yhenỽ ae enỽ iaỽnaf. Anroes
peth llunyaeth llonyd uydaf. am ryd dyd di
gaeth yndiwaethaf. Amro naỽd digaỽd dec

loewhaf dꝛemynt. rac annoꝛuynt hynt heint
aganaf. beich o irlloned nys arwedaf. Buched
trỽyꝛgỽirdat keitwat katwaf. bud heb lud oꝛ-
chud archaf ynhollaỽl. bod tragywydaỽl vyn
nefaỽl naf. ~ ~~~ 5

JEſſu adyun odeuaỽt gỽarder yoſſot lleuuer
ffyd iaỽnder ffaỽt. Oeſſwed tyngnheued yng
knaỽt meir byꝛffeith. eiſſydyn gobeith gỽirde-
ith gỽyꝛdaỽt. Ys ef bieu nef naf awaraỽt pla.
ys eidaỽ derra dỽydꝛa didꝛaỽt. Ys meu digỽym
rỽym rym gỽaỽt ygymhỽyll. ys mynn vy hã-
bỽyll yndidwyll naỽt. Ys tat ym nyt bꝛat neut 12
bꝛaỽt ac arglỽyd. ys tut didꝛamgỽyd arỽyd
araỽt. Didanc oedyꝛdanc aỽdurdaỽt creaỽ-
dyꝛ dygyaỽdyꝛ ameraỽdyꝛ maỽꝛgymhendaỽt.
Daear gỽnaeth afaeth ueithwastaỽt pobloed. 16
ym maỽꝛ eithafuoed moꝛ athyvaỽt. Apharat-
wys lỽys les paraỽt diwed. ydyn dibechaỽt da
buched iaỽn dibechaỽt. Gỽaedyn kynn dyfyn
dỽvyn waelaỽt kudugyl. o ſyꝛth ymperigyl 20
ſỽꝛth amharaỽt. Arhed diwared. gỽiraỽt an
amſer. aruer goꝛmodder agar meddaỽt ~
Na medylya blas blas diaỽt ieſſu pann vu yny bꝛy-
nu ar bꝛenn trallaỽt. Aroet kynn adoet. kein
adaỽt idaỽ. yꝛ goꝛdinaỽ llaỽ llyỽ bedyſſyaỽt. 25
Gỽeini berỽ byſtyl chwerỽ chweiris raỽt di
vỽyn gỽinegyꝛ gỽenwyn vꝛaỽgỽyn vꝛagaỽt.
A mab di vꝛadỽ gadỽ geudaỽt rinwedaỽl mei-
dꝛaỽl yſpudaỽl y yſpydaỽt. Meir chwec virein
dec voꝛỽyndaỽt ffrỽyth laỽn. moꝛ iaỽn ieith 30
randaỽn vn athꝛindaỽt. Duỽ adaỽ arnaỽ
diwarnaỽt kyhoed diwed yꝛ oeſſoed toꝛuoed tyꝛ-
uaỽt. Dyuot yn hynot anhunaỽt myvyꝛ.
dydetkyꝛ pybyꝛ paỽb oe vꝛaỽt. Ydangos aroꝛ
arỽyd traethaỽt vann. daỽngof rann kymañ 35
kam ydivraỽt. Gỽir obeith uoddeith. ufyddaỽ-
ỽt oꝛſed. gỽaret heb omed y bum **hyꝛdaỽt.

Arch6n adef6n adywa6t pader yner kyfuander
y kyvunda6t . aneurbenn perchen parch bꝛia6t
raclla6 . ynerbyn atta6 dyd bꝛa6 a bꝛa6t . ameN ⌣
Ydu6 uchaf y kyfarchaf 6yf kyuerchyd . eidun
berchen a da gymmen y dygymyd. Bꝛenhin
g6lat nef yma y bu ef mi bieivyd . bꝛeinya6l 6
bennaeth vd hynafyaeth oed hyneuyd . Bꝛa6tle
kyfreith . g6ir eurdaleith . g6a6ꝛ ardelyd . budran̄
oe rat kan ygennat . kein y gynnyd . Budi 9
sarruc . byt eu goꝛuc . b6yf digeryd ⌣ Coeth ueir
ua6ꝛvꝛeint ar ychꝛeivyeint . wir ychꝛeuyd . Kauas
oe naf bom llawenaf bump llewenyd . kyntaf
ryvu . reit yn kan vu . rat ankenuyd ⌣ Kynnel6
ang6nel . kennat a bꝛiel . kanneit wybꝛyd ⌣
Da6n ar6yꝛe dywa6t aue . daua6t ufyd ⌣ 15
Did6yll 6ꝛthi du6 y cheli . vu y chilyd ⌣
Eil urdedic . du6 nydolic . nydidolyd ⌣ gan enry-
ded gein ediued . geni douyd . lleuuer kyfya6n
lla6n oꝛtrida6n llynar trydyd . lle ydanreg6yt . du6
an pꝛoffwyt . dewin pꝛif ffyd ⌣ llewych uab meir .
rat bit wireir . reit bedweryd . lly6 sudea . ac wyꝛ
anna . o gerennyd . G6edy daruot odeu hynot 22
y dihenyd. g6energ6eith dymp . yꝛ gras arw-
ymp . argroes irwyd . O vꝛat Judas . byt alanas
bu dilonyd . A bꝛa6t bilat ynat afrat eneit 25
efryd . Cof gogonet . vn tr6y dytwet antri det-
wyd ⌣ kyuodi naf . oꝛ lle issaf yꝛlluoffyd ⌣
Pymhet diffael kyfarchauael kyueirch ufyd ⌣
pan ysgynna6d ara6t atra6d eureit etryd ⌣
Nerth abara y sant wylua . aseint eluyd ⌣ 30
Ner bꝛenhina6l naf acheda6l nef uchedyd ⌣
Oꝛ byt pan aeth . ma6ꝛ de6inyaeth meir di-
wenyd . Doeth niuer kein . y gael arwein
y geloꝛwyd . du6 aedeulu y gyfleu yngyfluyd ⌣
Coꝛff bendigeit a hy eneit . meir huenyd ⌣ 35
Caryat gleindit nef y gelwit yndigelwyd .
Pob dim kywrein . goꝛeu coeluein . goꝛuc kel-
[vyd ⌣

Pedwar amser hynaf bader . a hen6 bedyd ⌣
Gaeaf g6annwyn reit oed oꝛllwyn . rat ader-
llyd . Haf kynnhaeaf . ymoꝛ dyfnaf . a ma6ꝛ-
defnyd . a h6yl alaf . lles uodꝛydaf
llys uedꝛidyd . a hael aela6 . ama6ꝛ wiria6 5
amerweryd . a heul oleu . alleu vereu a
lleueryd . a lla6ꝛ eigyawn . anlly6 harda6n
alli6 hirdyd . a lloer nossa6l . ar6y osa6l y
rei yssyd . Naf ac argl6yd . y6ꝛ g6ar gul6yd
ar g6ir goelyd . Nef adaear . ag6yllt ag6ar. 10
ag6ellt a g6yd . arch6n yꝛ tat oꝛdeheuwlat
vꝛdeu hywlyd . Yꝛ ydechꝛyn . geinwi6 ofynn
gan wae6 evyd . Erbynnyet[ni] trugar ynni.
tr6y gerennyd ⌣ Erbyn dylyet oꝛ p6ll vy-
net yꝛ pell vynyd . G6yt amdaruu o gam- 15
garu ac ymgeryd . G6edy penyt naf tr6y
gywyt . nef tragywyd ⌣ ~
Dedua6l ma6l molaf didꝛist grist greir 18
naf doethaf didanaf dydaeoni . Dinam
uam vurdeu . diweir geir goꝛeu . dieu y donyeu
wyt vn athꝛi . Digrif bꝛif bꝛoff6yt . dyndit odit
wyt . dodwyt bo vrd6yt y6 bru yꝛdi . D6ywes
les leindit deilyat rat rydit . dilit alewnit o
oleuni . Disal6 gal6 g6ylua . defnyd dyd di 24
bla . deuda doeth yna du6 otheni . Dee lle llew-
enyd . o veir creir creuyd . Divꝛat uat uedyd ⌣
detwyd ryd ri . Dodaf naf nefa6l . del6 ardel6
vꝛda6l . dec rec ragoꝛa6l vꝛenhina6l vꝛi. 28
Dedyf gannerth nerth na6n . deith obeith ieith
Ja6n . digaeth ffraeth ffr6ythla6n . wi6da6n wedi ⌣
Dꝛemrod mod madeu . dꝛugar gar goꝛeu . dꝛo-
eu medylyeu . meu adoli . Dꝛ6y eireu geu gan ⌣
a dꝛ6c g6c gogan . a becha6d annyan . buched yn
ni . ll6ydvꝛeint meint mantoed . ll6yꝛaf naf nef-
oed . ll6yth g6yth g6eithꝛedoed . baroe[d] beri ⌣ llum-
man rann rinnwed . llywya6dyꝛ haeda6dyꝛ hed ⌣
llaryed di uuled y6 dy voli . llud[dy]was bas b6yll ⌣

lla6noeſta6n yſt6yll . llef did6yll gymm6yll
gem p2off6ydi . lluyd dyd diffael . lly62aſſry6
y2 iſrael . lla62 uffern wern wael trauael tre-
vi . lle nymgat mat meir lledic d2jc d2yc 4
eir . lle ykeir ll6yth globeir . glybot poeni .
llawr ofyn dofyndaear . llys flam gam gym-
ar . llachar o varwar yny uerwi . Eurgla62
a62 arwyd . ergly6 rodly6 r6yd . eirglot bot
bytl6yd gul6yd geli . Argleitrat nat noeth .
y2tan pan poenboeth . argl6yd coeth gloe-
wdoeth y2 argl6ydi ~ ~ ~ 11

Lly6 go2llewin . llawryd urenin . llaryeid
v2einyeu . llwydedic dat . lla6n ogaryat .
llen ago2yeu . llewych argl6yd . llyuar gul6-
yd . lleuuergoleu . llywya uuched . lleiaga-
red . y llew go2eu . llys gynheilyat . lletneis
llochyat . llitna6s llacheu . Divevyl y g6na-
eth . dirr6yn aruaeth . dewr yn arueu . Di-
uei aerbeir . diua kardeir . dovi kerdeu . 19
Dilis wledoed . dilud kedoed . dylad kadeu.
Dileſc onnen . deulit uryen . dylut aereu .
Dinas g6inllatt . dinac rodyat . donya6c 22
radeu . Doeth adigrif . dy2a62 gynnif . do2
arganneu . Du6 da6n allael . diwan ry hael .
dewin rieu . Douyd yth wled . d6ys anryded
daſſwyn radeu . Digard uack6y . d6 go2on6-
y . dec y rinnieu . Dar trer ykaſtell . dewred
kadell . diwreid cadeu . 28

Gruffud uab dauyd uab tudur ae cant .

Cruit newit nwyf . aruer cler am-
c6lyf . ervynnyeit ymr6yf yd wyf yd-
a . Ar6yd wa6t eruyn . ar oet vnvl6ydyn .
awara6t toppyn velyn v6la . Arwydyon 33
rodi . awna haelyoni . caledi cronni cry-
nu awna . Ereill arodei arwyd rwyd
vyd rei . peit uei aedy2rei mo2 y derra . 36
Ery2 g6y2 g6arant . Arwy2ein moly-
ant . ardunyant ffynnyant itt y ffyn-
nya . Ed2yd g6einyd g6a6t . atneu
kerd taua6t . ara6t om meithwa6t 40
ytt nymetha . Y2m6yn mireinſon mo2-
6yna6l dynyon . a ſon llatteion ae llettya .
Y2 m6yn llifd6ynlleith . g6a62 geinlla62
gynlleith . g6a6t obeith gwennyeith am
g6enyda . Y2lli^9^ lluch Jona62 . y2 nef llef a
lla62 . y2 m6yn g6a62 uaela62 nam gouala . 5
Yr cof dof dyfr6ys . bun loewlun liwl6ys .
cann6yll bowys l6ys amdilyſſa . Vy r6yf
am reuved . o roy 2 geir gomed . rianed g6y-
ned ath ogana . keli ad2oſſes 62thyt vyn ne-
ges . cul6yd ath2odes lles ny6 llaeſſa . Colof-
yn p2yſtattun . coelueineu a62tun . cattkun 11
kein eidun eil cuneda . Kalandyd pandel . ke-
lennic digel . howel aer d2auael ny wy2 dro-
ua . Kytwed buelin . katwedic ladin . kyfrin
kar ieſſin my6nco2 aſſa . Kiriet na6d get
nud . kar p2udua² p2eid uud . kanyt eirch 16
gruffud nath2ud nath2a . Kadeir eir eur-
boſt . kadarn laefuarn loſt . kady2 ffraethl
ffroſt da uuoſt eithy2 dy v6a . Kynnal gyw-
irdeb . ac en6 ac wyneb . y2 neb ry6 atteb nam
ry oetta ~ ~ 21
Dof* gennat teithuat tuthua poendethol
pony deuthoſt di ettwa : du6 aryd y dettwyd
yda dieu mi bieur b6a .

Nyt lle ym geiſſa6 . llauur b26yngur b2a6
rof aph2yt ala6 ual ffr6t 6yleis . 26
llunya6 tangnheued . llifrann g6^a^n gwed.
b2eint kyflauared . kyflauuryeis . llidia6c
uugenti . llityant r6ytyant ri ‸^b^eida6 yhen6i
pan y henweis . llithget b2einget b26yn . 30
llaes virein uo2wyn . llyma vy ma62g6yn
nyt ameurgeis . Rac lli6 tonn ertrei . mae
vy lla6 arnei . rei ae ryfedei nafr6y vedeis .
llifa6 vynggrudyeu amllad heb arueu . 34
minneu y madeu nyſ medylyeis . Ynyllun
kyntaf adecl2eu gaeaf . pan vyd anaraf
tonn uaſſaf ueis . Y2 vnuet vl6ydyn o oet
atheruyn . ya6nder y6 gofyn hynn a honne^i^ .
Ardec r6ymdec rin . tr6y lit ac o2din . ooet y
b2enhin b2einya6c kemmeis . Yn llygrant
ymgrañ ynlle ygelwir llann . yn lloga6t votuan

hoetran hydꝛeis . Yngheindꝛef aber angheudꝛeul llawer lle ybu ner niuer naf agolleis ⁓ yngkym6t pennaf arllechwed uchaf ydyn a garaf nysdigereis . Ynsirydyaeth don . yn sir gaer aruon lle bu ron dꝛagon dꝛeigeu emreis . O mynn6n vyngkl6yf gan li6 tonn . 6ꝛth r6yf . nwyf nyt esgoꝛ6yf kan dwys gereis . Yꝛdeugeins6llt not o ysterlingot . vynnamaes amot mi ae symmeis . PG6enn a hoew y6 honn g6ynlli6 ertrei tonn . pann vyd eglur vꝛonn allonn ylleis . ae g6adad6d yn ueith yꝛ llys dyfrys deith . cam ac anghyfreith g6eith g6ythla6n dꝛeis . Dy g6yn vu gynneu dylad heb arueu . a llafneu geireu g6yꝛon lletneis . amll6 beith ledit ageir llesmeir llit . yn vy6 nath welit edlit atreis . Aby6 ythwelaf yba6p ytystaf . abꝛa6t aarchaf ac aercheis . Nadilyn6ch dla6t nydjlyna6 6a6t . ar ol eur daua6t lliw eiry diueis.

Detlis hoet ynhaf didla6t yth welaf . dadlev ny allaf ac ny elleis. a diallu 6yf adeallṇ6ꝛ cl6yf . adyelluyd n6yf kan dyelleis . Deallet doethyon dyuot dialon . o g6naeth penn dꝛagon dꝛ6c y6ꝛleis .

Nyt eilha6s digna6s dygneis da6n dadleu . ar dyndi dla6ᵗ c6ꝛteis . nomynet h6yꝛget hirgeis iwerdon o von y ueis

Dauyd bach uab madabc wladeid ae cant ⁓

MJ aweleis lys ad6y adec llys . ac ny weleis lys moꝛ l6ys etmic . arllys ahofaf yꝛ lles y6 phennaf . nyt llaes y molaf mel kelliwic . ynll6yꝛ deg6ch nef yn lla6ꝛ bachelldꝛef . y lle y byd dolef bob nydolic . a llu ogereint allynn tramedweint . allewychu bꝛeint bꝛo hil meuric ⁓ a llawer kerda6ꝛ . allawengrytha6ꝛ . allewenyd ma6ꝛ y6ch lla6ꝛ llithꝛic ⁓ a llef gan danneu ⁓ allif g6irodeu . allauar gerdeu goꝛdyfnedic . a lli6 goch baladyꝛ gan llin kadwaladyꝛ . a llafyn g6aet raeadyꝛ coel ueingadyꝛ kic ⁓ athꝛo kerdoꝛyon athꝛydar meibyon . a thꝛablud g6eissyon gossymdeithic . athꝛullyat trablin athꝛalla6t kegin . a thꝛailli6 ar win y wann blyssic . Teir kynnedyf yssyd tirion lewenyd . arbꝛiflys dauyd di veuyl ryuic . By dyn bynnac vych . by gerd avettrych . gyt ac annodych yn enn6edic. Dyꝛet pan vynnych . kymmer awelych . ag6edy delych tra vynnych tric ⁓

Prys g6yꝛ vyn niua . ys g6ann ymatwna os g6enn ae g6ada . g6ydyn yd holeis .
Mae ymbꝛa6 glywet g6ybot ag6elet carwet edynyuet edynywen feis ⁓

Grufud uab llywelyn l6yt ae cant ..

VYargl6yd r6yd reen dy varn gymen.
divurn gameu. vat rat rinwed athzu-
gared athzo gozeu. Vyntra6s gna6f gna6t
odic becha6t aduc beicheu. Val nat divzo ym
yriuo am y r6ueu. vyggodineb vygglythi-
neb vyngl6th eneu. vy enuigen vygkerd aren
vyghard eiryeu. Vyndiogi vyndireidi over
oedeu. Vyngwall vnpzyt vygg6ann 6zyt
yngwennereu. Vyggozmod ſon enwa6c loeſ-
ſyon yn egl6yſſeu. vyndichellyon y lad dyny-
on alud donyeu. Vyndzyc vedda6t anhoff
ara6t yny ffeiryeu. vyngham ueſſur bzat
ac uſur. bzyder g6yſſeu. Vy chwant yz byt
ar vyzr ennyt ouer ranneu. vy ffalſt gyf-
reith yny bzytyeith yny bzotyeu. Vyggozch6-
ylyon einyoes holyon yny ſulyeu. vygkam-
deg6m abeir kid6m ber6 hockedeu. vy
ennwired taer adzoſſed tozri dzyſſeu. vyg-
gauaelyon ozwac holyon arwyz kilieu.
verdzym grym greir. bzenhinuab meir oz-
geir gozeu. veurgla6z g6a6z g6yzth kynn
kil yngyzth kynn cael angeu. vy chwant
cant k6l vygkañ med6l vyghun madeu..

Ỻyma gerd ſefnyn .

Llathꝛaꝩd dꝛos vydoed dꝛumoed dꝛimꝩy.
ỻwybyꝛ not gwynn vꝛiwot myn gꝩyn-
vꝛeuwy . ỻiw ewyn ar dyn yꝛ dwy adlif ỻanꝩ
mynutrew ỻif ỻynn mynedwy . ỻewychaꝩd
kyfeir creir credadwy . ỻanꝩ gꝩir geyꝛ dyfyꝛdir [e]
olann dyfyꝛdwy . ỻun am peir maꝩꝛeir rac
amaerꝩy deigyꝛ . ỻiw loeꝩ deurud eigyꝛ ỻeilei
dirꝩy . ỻawen oꝛdꝛefwen hyt ydꝛywy ỻeis
lonn om kaỻon̄ y honn ahꝩy . ỻe bei kein
yꝛthyei kannoꝛthwy eſbyt . ỻiꝩ eiry vedꝛus
vꝛyt ỻaw eurvodꝛwy. Eirmoet y kereis wr-
leis arlꝩy aryf kat [waeꝩ] didaryf keitwat adwy .
Joꝛ dieidil mil a mꝩy oꝛ ieueingk . eiryaꝩl
gerd ffreinc aryal garꝩy . ỻathyꝛlenn bꝛyt
ỻawen bꝛiaꝩt ỻywy . ỻyꝩ ae glot gernyꝩ oglyt
gaꝩꝛnwy . ỻew kymeỻ caſteỻ ỻavyn kyſtwy
aergrꝩydyꝛ . ỻaeſwr govꝛwyſc vꝛꝩydyꝛ ỻaſar
gyfrwy . Olwyn dyuot perffeidvot pꝩy . eiliꝩ
bꝛiꝩ bꝛeiſc vꝛonn maꝩꝛdon moꝛdwy. yꝛ ner et-
myker oet makꝩy o ſerch . vnyaꝩn hoewdec
verch o nann heudwy . Aeth cant dꝛꝩy vedy-
ant dꝛaꝩ o vaꝩdwy . uthur bwyỻ geir didwyỻ
ac ardudwy. Eirchyeit ae dyweit o dawy ae gꝩ-
aꝩt y dygynnvỻ ffaꝩt y degannwy . Deuꝩn
benn mynyd ufyd ovwy . dinas dan ſolaſ a
dinſilwy . Dyvynt hynt tremynt tramꝩy
beird gꝩyned . y gyfragot gwled agafrogꝩy .
Tꝛa vo teyꝛneid volchꝛeid valchꝛꝩy . dꝛagon
nenn doethyon yn nindaethꝩy . Didlaꝩt kein
wiraꝩt myn kynnarꝩy walch . oes loeꝩ bara-
byl balch is laꝩ berwy . Dyludꝩꝛ eĩgylgat
yngat angꝩy . didlaꝩt weith lwyſieith dadyl
alaſſꝩy . Dewrwiꝩ telediꝩ taladwy rodyon
da gludwr beirdyon digeladwy . Da vu
glot tudur aerdur oꝛdwy . doꝛ kymen oꝛoꝛ
kamaꝩn arꝩy . Da iaꝩn geir unyaꝩn go-
ꝛonwy vyỻyꝩ . divei voned yꝩ da veuvanwy .
Kwyt yſgwyt yſgꝩnn gymarred . reit
eirchyeit oꝛchwyl ỻawered . riuo dy
wledeu ryued o geỻir . oꝛ rybarthꝩn wir yꝛ
roi berthed. Rot eurglot vargꝩyd a maꝩ-
ꝛed . reit eirchyeit oꝛchwyl tangnefed . Rac
ỻit vꝛo deu dwyỻ rac ỻet vꝛyded raꝩt roit

1259

tuꝩ arnat naꝩd ri teyꝛned . Ret eurget ergyt
tros wyned . ryt gwynvyt gꝩanvard arỻechwed.
Ryꝩ lꝩyſwaꝩt ath beir ry laſwed vy guarn.
ri ny dꝛeiſſyaꝩd wann run odꝛoſſed . Rꝩyſc hoe-
wvꝛꝩyſc hyfryt yth gyued. rec maꝩꝛdec moꝛ-
daf dy gytwed. Ry vein veryd ꝩyf rꝩyf vn
vaꝩꝛed ỻyꝛ reit ym golovyn gwyꝛ rat amgeled.
Dinydyꝛ hydyꝛ hyder ynggoꝛſed . dawn [cof] kyf-
yaꝩnder enmyned . Dieu gedernit dyhed ath
vlymlwyt adec keinwlat ꝩyt adeucannwled.
Dar oeſpar eſbyt diomed . Doꝛ eurioꝛ
dewr aryal maꝩꝛed . diwreid kebydyaeth a
dewred . y dyn dꝩy gamp vynaꝩc yn di gꝩ-
ymp voned ~

Curꝩꝛ dꝛeigyeu keryd greigyeu . cleroed
eigyeu . klarei dygyat . Koethem geiſſyaꝩ
keith ogleiſſyaꝩ . kedyꝛn dꝛeiſſyaꝩ . kadarn dꝛꝩſyat.
kyflym redeis . kyfle credeis . kein y hedeis kanon
hoewdat. kyn̄ ebꝛꝩydet kaꝩn hir dꝛꝩydet . koelyꝩ[n]
rꝩydet . kaỻon rodyat . yn vynychaf odyarch-
af . ef yꝩꝛ gꝩychaf ꝩyf argochyat . ymoleſtei oe
kyn̄eſtei . y beỻweſtei hybwyỻ waſtat . Arwyd
ffyn̄u . eur yſtyn̄u . aerdiſgyn̄u . urdas gen̄at .
Aryan ỻeſt[l] . ar ffeneſt[l] . ar y reſt[l] . eryꝛ yſtrat .
Bꝛyſ y parei . bꝛynꝩꝛ clarei . bꝛith agarei bꝛatheu
girat. Bꝛiꝩ achleiſſeu . bꝛein dieiſſyeu b[a]yder leiſ-
ſyeu . bꝛꝩydyꝛ loeſſyat . ỻꝩyt aglewgein bot
eil ywein. berꝩdaꝩn gywein . beirdyō gaꝩat .
wrth dyneilyon . berth gyfeiỻyon . byd oe deiỻyō
bud oe diỻat . Gar pꝛofadꝩy . geir taladꝩy . gꝩꝛ
aradwy . garꝩ y redyat. Gwyt nyſengis . gw-
yn adꝛengis . gwar diengis . gꝩyꝛd oe angat .
Groes yꝩ geyꝛyd . gꝩeilch gerennyd . gꝩelwyf
dꝛennyd . golut rannyat . Gwalch ỻe delwyf
gꝩnn y gꝩelꝩyf . gꝩedy delwyf gꝩaꝩt adeilat .
ỻwyꝛ myn creireu . ỻe bei ffeireu . ỻunyꝩn
eiryeu. ỻonn ennyꝛyat . ỻwyd rieni . ỻud
dꝛueni . ỻes oed eni . ỻyſſoed ynat . ỻiaꝩs
ueidyaꝩ . ỻwyd vꝛeidilaꝩ . ỻudyꝩꝛ eidiaꝩ .
ỻaꝩdeꝩꝛ rodyat. ỻafneu hirion . ỻetneis
dirion . ỻochꝩꝛ gꝩirion . ỻychꝩꝛ gareat .
Sefnyn agant yꝛ aꝩdyl honno .

1260

Defnyn ae kant ⁓
Mygyꝛduẃ hard mae bard balchffaẃt
kyuanned myẃn bed mod buched ma-
deu y bechaẃt . Moes rat molt paryat ⁓ para-
ẃt digrifyeith meith maẃꝛdẃyn gẃiwdeith
myꝛdin geudaẃt . Mackẃy meu uoꝛdẃy
myvyꝛdaẃt garẃvloed mat oed meu wiſgo-
ed mẃꝛei waſcaẃt . Med kyhoed milyoed
molaẃt aneirin . maergẃin murgẃerin
meir aegẃarat . Dyſgeis gur dẃyſgur
neut yſgaẃt teruyſc . dyſc dyꝛrẃyf adyſc di-
ryuedaẃt . Dycknaf duẃ eurnaf diwarnaf
dygyn uu. du doe gan dꝛillu dogyn o dꝛalla-
ẃt . Dẃyneurwas di vas deuaẃt diweckꝛy
ydy dirwely daear waelaẃt ⁓ Dieinc dꝛos
uaẃꝛgeinc uargaẃt grud pꝛydyd . deigyꝛ
ryd diefryd deu aeafraẃt . Gẃiẃ uyd ger
bꝛoyd y bꝛiaẃt deigyꝛgoſt . garẃ ffroſt gan
gẃayfdoſt gẃynaẃ gẃeddaẃt . Gẃneynt
dꝛaẃ gẃyꝛyndaẃ gẃꝛ undaẃt uedgyꝛn gar
chwyꝛn ger teuyꝛn goꝛeu tauaẃt . Gẃae
niuer glewder gloewdeuaẃt pobloed dꝛaẃs
vywyt oeſſoed dꝛos uedyſſaẃt . Kauas
kẃbyl urdas rac kabyl oꝛdaẃt haẃd kaẃd
kein ymadꝛaẃd kynno medꝛaẃt . kyſyaẃn
kathyl uaẃꝛdaẃn uardaẃt diletpei cof rei
ket diuei cadẃ adeuaẃt . Keingeu coeth
datleu keith didlaẃt darmerth. kyngerth
kẃyn joꝛwoerth kanon eurwaẃt . Kudyaẃd
llaẃꝛ kẃymp maẃꝛ amaraẃdyꝛ gywreint.
coꝛ ſeint coꝛff haedureint . kywir ffyduraẃt ⁓
Bꝛaẃt ffyd pob pꝛydyd pab pꝛiodaẃꝛ gẃa-
ẃt gẃydyn ynn vyẃ bedeiraẃꝛ : bot
arioꝛwoerth gerth gerdaẃꝛ bydar kud
bed lliwrud llaẃꝛ ⁓
llaẃꝛ duoer yẃ llei ꝛdyall . lletty ioꝛwoerth
daẃnverth dull . agarẃbẃys crynvein gei-
rẃ bell . ac irbẃynt derẃ ac oerbwll ⁓
Pẃll agud yꝛud oꝛif pennkeirdyeit .
gẃlat ganneit glot gynnif : paẃb ae
gẃyl llit gynvyl llif . pellet deigyꝛ pylleit
[digrif

Digrifẃch dieu grevyd . dẃygrefft bard
urdedicrod : dodet yngaeth doe dan gud .
dogyn trauael dic nyt ryued ⁓ ~
Nyt ryued troſſed traferth treis galar
tros golofyn kerd bytuerth . amarẃ yn
bard maẃꝛenẃ berth . ymarwein digyꝛ
am ioꝛwoerth . C
Euraẃd ioꝛwerth geinuerth gan . erlly-
ned gẃir gyued gẃin . araẃt tec o oꝛeu ton .
oꝛod duẃ aeuraẃd dyn ~
Dyn doethbẃyll didẃyll . dodeis vloed
gyngherth . dẃyn ioẃerth lẃysuerth leis :
araf ydꝛef oer vu ꝛ dꝛeis ywaelaẃt llaẃꝛ aw-
Gẃeleis am uard hard hylithyꝛ . [eleis ⁓
gẃedy darllein gẃaẃt eurllythyꝛ . baradẃyſſe-
id berẃ diſathyꝛ . bꝛid aderẃ bꝛeudẃyt aruthur ⁓
Aruthur alaethꝛuthur olithꝛaẃ pꝛoffẃyt
medylywyt mod wylyaẃ . dinydyꝛ dagreu
ymdanaẃ defni glut deuvẃy no glaẃ :
Glaẃ bꝛyt ẃylaẃ bꝛat alar . gloewon dagreu
aglywir . nychwyt anavẃyt niuer . na chaẃn
Da gerdẃꝛ haẃlẃꝛ haelyon [ragoꝛdaẃn gerdẃꝛ ⁓
agudywyt gẃydyat ffyꝛyf amryſſon . dauot-
yaẃc beid di vutyon . didlaẃt traẃs vwynwaẃt
Gẃae ger mon o veirdyon [tros von ⁓
vyꝛd . gẃiſgaẃ ogoꝛff gẃiſgi gerd . gẃeat diffaſt
gẃaẃt gẃaẃt hyffoꝛd . gẃaſc llaẃꝛ gẃeiſc kerdaẃꝛ
[gẃiſc hard ⁓ ~
Bꝛyt ar olut byt o byd maẃꝛdodaf bꝛyf
ſyaf lle ygwelaf bꝛys llu gweilyd .
Bꝛeint nef hun adꝛef hoewvat ryd y keit .
bꝛeinyaẃl haẃl henbleit gynnyd ⁓ Gwy-
ned bꝛeiſc adurn divurn . neut vuyd arber
bꝛenhines haelder gloewder gwledyd . Bꝛẃ-
yſc vydaf ot af ydyd ymgwelo . bꝛo amyl yẃ
yno ym lewenyd . Pꝛydaf allunyaf oe llonyd
ualchdut. paraw . aelaẃ olut oꝛſut yſſyd ⁓
Perdaſtein coeluein keluyd . lauarwaẃt. para-
ẃt berth dauaẃt gan boꝛth dovyd . Pꝛif de-
gẃch dilẃch eiry dolyd kynn glaẃ . pꝛaẃ
nwyf gyꝛ[y]f anaẃ nyt goꝛvynyd Pꝛiaẃt o

oleuwaỽt eilewyd hyfryt . pꝛyt gem ar deu
vyt gymar dauyd . Gwaỽꝛ gerdgar hỽyꝛwar
herwyd adnabot . goꝛuot ar hoewglot gỽiỽ
ireglyd . Goꝛhoffder llawer med llywyd k
kerdev . geiryeu amyl vwryeu ymleue-
ryd . Gỽir gymwyll yphwyll ae ffyd ae ch
champeu . goꝛeu ffuryf bꝛodyeu gan ffyꝛyf
bꝛydyd . Gwaret yỽ rwydet y ryd oe gwydꝛin.
gỽin oꝛ llaw yeſſin yꝛ lluoſſyd . Ragoꝛes ka-
res keryd ny haedei . rei ae ry volei llaỽꝛ hu-
velyd . Rac bꝛeint merch wyndeint llenn
dyd wybodeu . oꝛ moꝛ bu goleu maỽꝛ bwy-
gilyd . Rodyat yngharat yngheryd gwyn̄-
galch . riedaỽc dꝛemwalch wylualch eluyd .
Riein loew virein . leueryd gwaſtat rat
hylwys blannyat . heul yſplennyd.

Gruffud uab dauyd uab tudur .
Gỽyl vun adꝛy hun drỽy hut kurortho
car ỽꝛthyf dywedut . nyt diboen nam at-
tebut nyt hawd ymadꝛaỽd a mut ~
Mut a balch hil gỽalch gỽeilch nỽyf yth
welaf oth uarnaf ieith vaỽꝛnỽyf . mon oed
henỽ menydhenỽyf . minneu llaes gofeu lleſc ỽyf.
Gỽannlleſc wyf hut rỽyf hoet dꝛỽc . am vn
geir o du maengaer amlỽc . gỽannach adic-
yach ymdỽc gỽennllyf hil gỽanllaes olỽc .
Dy olỽc treiſỽc troſſof ỽyf alltut aa villtir
hebof . dyn aryd geuyn argof . dyỽet eir diwyt
Dywet eir kyweir yn ol kaỽat nỽyf ∻ ⁎yꝛof .
can goꝛỽyf cỽyngirat . ae yꝛ gỽerth canner-
th kennyat . ae oth uod enỽ rod yn rat .
Ym ny chat yn rat reit atteb eilwyd eilyỽ
gỽendon moꝛeb . nac yꝛ gỽerth nac yꝛ nerth
neb . y gan honn etton atteb .
Atteb dihaereb hir orchwyl eneit adyweit
haỽlbleit hỽyl . ys adef ueingan annỽyl .
adeu bꝛat goleu bꝛyt gỽyl .
Nymbyd dyd llonyd allun llary gỽanllaes
ar llaỽꝛ gỽenllys eittun . aminneu hydyꝛ
ym annun . meu nỽyf cur rỽyf yỽch caer run .
Kymmeret haelet hoewlun om dolur am
dalu pỽyth vy hun ∻ arblas glas glỽyslaỽꝛ
eittun . ar bleit y heneit y hun .
Nym gỽnaeth gỽaeỽ alaeth gỽiỽ elyn
hyt hynn . onyt honn yn eittun . na chof
na chanu arovun . nachaỽd uthur anaỽd
Gỽydyỽn na haedyỽn hadun ⁎eithyꝛ vn .
hy gereis hoeỽ gares yn eittun ∻ gỽydyei
agỽydyoꝛ annun . gỽedeid elyneid wyllun .
Wythnos ym annos om annun gyffro aeth
etto ỽyth eittun ∻ ỽyth atteb aaeth attun
aethant dan gud heb uud unn .
Amyl dꝛỽy hiraeth yd aethan . amot rỽyd
awyd awen ∻ omgeneu eryeu eiryan .
eurdylat attat eittun .
Yt oed cam llỽꝛỽ kytcam llif . nat anuonut
hut hoewdỽf . oeittun gen̄at attaf . hyt tra
⁎geit eneit ynof ~

Dieu y kymer ner nef . ydeu eneit dianaf.
eneit yỽ hirwen gennyf . ar eneit awyꝛ ynof.
Hoffter uyd doethder deithdut adyſger y-
dyſgaỽd yꝛ dywedut . argoꝛeu geiryoel vy-
nut . y gem bỽyỻ hy dỽyỻ ahut . 5
Tꝛỽy hut bỽyỻ aſtut abeỻ yſtyꝛ gỽenn
tuae gỽann ae hepkyꝛ tro mỽy vỽy traha
myuyr . trech odỽyỻ nogỽirbỽyỻ gỽyꝛ .
Gỽyꝛ nỽyf gỽir gannỽyf gỽaỽꝛ gannỽyỻ 9
ỻethꝛyd amỻithꝛaỽd ym goꝛffỽyỻ . deith wyl
boen . dyn detholbỽyỻ . doethyom mal deiỻyon
adỽyỻ. Tỽyỻ aſymut pỽyỻ *peỻ defnyd
medỽl . mal dyn medỽ diaỽtryd . hoengỽaed
grec gỽanec gỽeunyd . hun am neb un 14
ym nybyd . Kyntaf uu adaf odyn amoꝛỽyn
wyl am aeron . adeugymar trydar trin . y
gelwit gouit gyuun . Vn vu adaf amaual .
ac eua kyt bei gouul . aroes oe merchet
uedel . oe meibyon doethyon dethol . 19
Ynol adaf naf nỽyfrad kynnkyfreith pab
nae dꝛablud ygoꝛuc paỽb y gared . ae gares
yndigeryd . Digeryd uyd ryd rỽydgael.
da y gỽnaeth mei dei oꝛdeil . deuoet dan
goet ydan gel . y minneu ui am annỽyl . 24
Gỽylya bỽyỻ hirdỽyỻ hỽyꝛdỽf . golỽc kynn
mod diodef . ac enniỻ dyſc ac ynnif . ac antur
byd yn gyntaf . ~ ~ ~ **Idem gruffud .**

Dvc gỽledic kedic odu coedyd ros . nyt
naỽt rus ardetwyd . orỽym garỽ . o 29
rym geryd . oꝛ annodun run yn ryd .
Doeth run hir ydir deỽꝛeir abeỻdꝛic . gan
gedic kein gadeir . ỻe y gỽnaeth run gyf-
un gyueir abertho vaỽꝛwerth yueir . 33
Tꝛỽy nerth geir mab meir maỽꝛ eidun
catoed : gỽnaeth kedic credadun amlỽc
uod oꝛ anodun . ymdangos yꝛos oꝛun . 36
Run goeth ual ydoeth odeith gaentach
gyꝛch ogarchar dieiryach . o raf bỽyỻ
yꝛos beỻach . ydelỽyf onỽyf yniach . 39
Yn iach eryꝛ gỽyꝛ gỽaỽꝛbendefic rin ydo-
eth run uonhedic . yꝛos nyt yꝛ dangos dic
oꝛỽym kadyꝛ orym kedic .

Ym naf agaraf avedyꝛ gỽyꝛyaỽ gleif ac a
ſeif heb ſyꝛthyaỽ . aergled rad . eurgled rud
aỽ . arglỽyd boet rỽyd ybyt dꝛaỽ . **Ide gruffud . .**

Evꝛ a mein coeluein y cael kae melyn
da evyn dỽy auael . arwydyon mat 5
yadael . oꝛod daỽn hoewuod dyn hael .
Rod hael rec auael ry gauas amwaỽt y
dauaỽt ydiuas . vnỻythyꝛ ỻathweith kyw-
eithyas . vn ỻiỽ ac eur gỽiỽ gaeꝛ gỽas . 9
Y gỽas a***auas gofein rod argeis rud eur
gae tec riein . gỽaethaf nawyꝛ arwyꝛein . gỽ-
eith eiryeu meith eur a mein .
Bud diueth mỽynbleth manbleit mein
ſidan myỽn aryan maen eureit . bun ae 14
roes rann einyoes reit . bu ynkylchynu
kylch eneit . . Gỽae rac ovyn duỽ dyn oꝛ vann
ybo ageiſſyo gỽꝛegyſſan . gỽanec dec gouec rec
rann . gỽat goſſodyat ſidan . Nyt meu rec
atneu rac atneir dilis roi gỽꝛegis gỽꝛeic 19
diweir . doe ymdoeth kyfoeth kyweir . da o vyỽn
gra a vu ỹ greir ~ ~ ~~~

Llyma gerd madaỽc dỽy greic.
Gwlat yn tric traỽſdic llỽꝛỽ treiſdwyn
grufud dogyn arllud dygynoꝛllỽyn. gỽꝛ
odedyſ gỽꝛeid adwyn. gỽyꝛ o dir kynyꝛ ae
Kwynỽn vyt y gyt am gyỽ- •[kỽyn.
ed moꝛdaf. kundewred aráf ardeu-
ryỽ uawred. Keneuin vy min a med ar
ankỽyn kyñ dỽyn bỽꝛd ãmwyn beird
diomed. kadyꝛ ruffud dꝛaỽſvud dꝛoſſed.
dioſnaỽc kadarn vab madaỽc riuyaỽc
reuued. ket diledyſ gynnedyſ ac ãned
didꝛangk. kynnif vn vod ffrangk kyn-
noe vaenved. yn heirllys y gwys gỽeiſc
dycned nat byỽ. llun teyꝛneid lyỽ llin
teyꝛned. Balch y beird bobyl heird har-
ded hu yſcỽꝛ bꝛyn hynawalch gỽꝛ bꝛenhi-
neidwed. Ynreſgoet yn roet anryde[d] dige-
ird ym ae virein veird am overed. Yn
gynt noꝛ lluchwynt dir llechwed yſtrat
douei ugeinwlat diuei gannwled. Tale-
ithlys emys diomed teulu tylỽythlu a
vu ovyỽnberthed. Taladwy arlỽy eur-
wled gan eryꝛ y bellennigwyꝛ bỽyll vn a-
gỽed. telit gỽaỽt tauaỽt etiued dedyfaỽl.
kan y goꝛff oeſuaỽl kynn goꝛffwyſued.
Talaf ymeurnaf marwnaỽt gỽynwed
treiſ am bwyth a geſeis byth oe gyued.
Ny bu laỽ dꝛeiſſyaỽ leỽ dꝛoſſed ymlaen ny
ragoꝛei chwaen oryỽ gared. Ny bu dlaỽt
ymraỽt dꝛỽy gymroded wir nac ennwir
dihir hyt dyd dyhed. Nyt anghyfunei
dangnefed ffrỽythlaỽn. ny ruſſyei gama-
ỽn hirdaỽn harded. Ny bu wann ãnyan
anned atholo. hyt tra vu yno hytraf voned.
Oe gyngoꝛ tros voꝛ traỽf vaỽꝛed kyꝛchit.
y kaỽn yn rydit kañ anryded. Oe gynrein
mirein amyl maỽꝛed yn llaỽ. ogyſtal anaỽ
oe gyſtlyned. Oelynn kaỽn vervyn vaỽꝛ
ualch cled gỽyndyt. oe dillat bum clyt hyt
hydyꝛdiwed. Oe laỽ bu anaỽ buaned llif
nant. oe blant vn y gant yny gynted.

kymen eil moꝛyen elỽ maỽꝛed atteb nyt
ae doethineb ny doeth wyned. kymanvaỽꝛ
eurwaỽꝛ arwed yꝛdangnef eurlyỽ werin
nef ar lawered. Kymer di duỽ tri truga-
red attat lyỽ lochwed yſtrat yth wlat ath
wled. AmeN. **Madaỽc dỽy greic.**
MEin agud deurud trom vu yn
dirwy. muner uab madaỽc rieda-
ỽc rỽy. Myỽn arueu goꝛeu oed eil garỽy.
mỽyn aerua bu da y dwyn faſſỽy. Ma-
neruaỽꝛ eurlaỽꝛ amyl y arlỽy. mynoꝛ
ved diwed kỽyn bꝛo daỽy. Myỽn eruit y
lit oed daladwy. maen oeruar y gar maỽꝛ
alar mỽ. llefir yꝛdeifyꝛdir amgylch dyfyꝛ-
dỽy llauuredic vyd llef ar adwy. llỽyꝛ yn
gỽnaeth douyd hirdefnyd hỽy. llad ygen-
nym eil llyỽ degannỽy. lleyn dwyn on
kỽyn amdu konwy llaỽꝛ mon ac aruon
goꝛyf eur gyfrỽy. llin haelyon doethy-
on gwlat din daethwy. llefant hyt bꝛydyn
llynn llumonwy. lleyn ae kỽynyn dꝛof
dỽfyꝛ kawnỽy. lluoed ae gogylch hyt am-
gylch gỽy. Ry aniben ỽyf eil ronabỽy.
ryỽ vꝛeudỽydyd moel koel keladwy.
Ry weleif ruffud ryffyꝛyf ardwy. ri llỽyꝛ
ym medwi is llaỽꝛ maỽdỽy. Ry weleis
kynn kỽyn yꝛd dwyn erdwy. ryỽ haelyỽ
hoewon hywel goꝛonỽy. Dewr gadarn
rufud ardir gadw. dogyn o vꝛeudwyt yỽ
llyỽ llaỽ vodꝛỽy. Naf ae ro kulwyd ebꝛỽyd
obꝛỽy. naỽ alar ym yỽ nawelir mwy.
Mỽy rann diua ꝛ grann adyfỽꝛ grud
dꝛoſtaỽ gan dꝛiſtyt ae kyſtud. no dyfỽꝛ
dꝛos dꝛaeth ny vaeth vud naỽt am oꝛeu
ffaỽt ruffud. Gruffud kynn maen
gud o vyỽn mein gyꝛ llann dan rỽym
llenn creſydwyꝛ oed enỽ maỽꝛ a gỽaỽꝛ
y gỽyꝛ. ac wyneb dꝛos wlat gynyꝛ.
Gwlat yn tric traỽſdwyn llỽꝛỽ treif-
dwyn gruffud. dogyn arllud dygyn oꝛ
llwyn. gỽꝛ o dedyf gỽꝛeid adwyn. gỽyꝛ
[odir kynyꝛ ae kỽyn..

Madawc dwy greic ae cant 1

Arwedeiſ uaſſwed om g6ed am gwa6t
o2wacder llawer lliwyant keuda6t .
arwedwyf vy r6yf kynn r6[y]m kna6t aru-
thy2 kynn gloes oduruthy2 kynn glas 5
vedza6t . Rat ac yſpzyt byt bot ynbara6t .
rof ac eurgreir meir ma62 gymhenda6t. ym
vnffo2d ardu6 om anffa6t . Byngkeu boet
meu v626 beicheu o var6 becha6t . T2aha a
oſt6ng trahy yſta6t. troſſet enwired ynan
wara6t . T2i ang6naeth vyt kaeth koeth ell
yngda6t lles bylchu oed eres balched era6t .
Rad[l]la6n y6 mab du6 ac nyt rydla6t . roes
bym ſynn6y2 ym amyl ym gwara6t . Kam-
re callon lonn leindyt kna6t d6yla6 . ſyn-
nya6 g6aranda6 pob g6iria6nda6t . T2a6s
ym p2ynu vn vud y d2inda6t . troes bum
oes er groes gras bedyſſya6t . Gallu o 18
yngder gellyngda6t pobloed . d2ut y6 wir
naf oed d2idiwarna6t . fr6ythla6n awy2 ll6-
y2 ll626 dynyolda6t . ffrydyeu ſer ſygneu 21
yn neeu na6t . ffra6d gaeaf rac haf hyva6l
deva6t hin. fr6yth ffraeth egin gwin g6e-
nith pyſga6t . Daear ac adar goedyd waſ-
ga6t . mynyded dyfred criſt nyndifra6t .
Nos adyd douyd dyfun baſta6t . mo2 tra-
eth awnaeth gynt no2ſaeth ſeith niwarna6t .
Kynn hir annud p2ud p2id athywa6t . kyñ
hwy2 ennill pill pell ryueda6t . Kynn r6y-
myat dyat odia6t gloeſſed. kynn chwerwed
dyed dial medda6t . Kynn anghyflym rym
rwyma6 2 dwy va6t . kynn anghyfl62 g62 32
my6n gar6 d2alla6t . Kynn perigyl vynet
kynn para6t o2wed y gaſtella6l ved ac yſty-
lla6t . Kyffes penyt hyt hydy2 ufudda6t . 35
coffau ieſſu ochaf oeſſa6t . k6byl d2offi bu-
ched d2of becha6t p2ydyd . caffwyf gerennyd
kynn b26ydy2dyd b2a6t . . ameN . 38

Madawc dwy greic ae cant

Mab y gof gla62dof diuieu myn par-
chut perchen clap achodeu . van-
nwyl ny pharchafinneu 62thyt y t6yll 42
glevyt teu . [Carngoſta6c go2a6c go-
2eu ytt dewi adewis clafdyeu . cas vegy2
keſt egy2 cos dageu kly2 athffuſt aduſt oed
deu . keis gnap ag6na glap . glippy62 tãmeu
caſgyl . k6ſc o vy6nodyneu . ffroena adeil dy
ffroeneu . ffror a oth garno2 yn ffreu .
Colya6c y6 g6elet kilieu y llygeit ma- 5
62 vyd ll6gy2 cramỹneu . colles rann oth
amranneu kall gla62 kellweir va62 y6 2
veu . [Kyuot d2ycwas cas keis laeth b2ô-
neu moch ymachub ath gl6yfeu. ac ir dy-
hun dy glunyeu ac oer y6[2] kelwyd ageu . 10
Keis glafres gynnes dan dy ginneu 2
nos yn neſſaf yth arueu . kymer rac g6-
2es glafeſſeu . kim6ch b2ynnic vo26ch b2eu .
Byd gyweir ar ffeir keis offereu claf cl6yf9
d26yn ag6efleu . eiſted leidy2 ffrom ar dom-
eu . ym myſc moch keis veilgoch geu . 16
Arch vla6t arch wada6t arch wedieu[r] byt
herwyd bot yt angeu . arch y2 y groc waed-
ogeu . arch y wr g6ann rann o2 reu ~ 19
Arch eſgy2n achy2n acharneu deueit ac-
ireit o2go2eu . ymbil amwer yth ffereu.
ymdioſc rac lloſc y llev . ~ 22
Keis d2a6 gyveirya6 govereu peras poe-
ra dolovynnev . mae r6ng pell yth bibell-
eu . ma62 vyd coſſ[i] clafri cleu. ~
Rei adel goch[el] daly gucheu 62thun mae
erth6ch yth leſeu . ryued beñ llechwed lluch-
eu ho2yn tin gan y2 heint teu . 28

Mad' dwy greic ae cant . y vo2gan ab dd' ab ll'

V6ytty pobloed af attat vo2gan . va62
gar oſp ac eirchyat y dewiſtrevyn dywi yſ-
trat . d2ennyd d26y nerth douyd dat . 32
Tat maeth p2if veird heird o hirda6n uo2-
gán va62gar kadarn kyfya6n . g6ymp o2
bo2th kymo2th kama6n . g6ych bo2 o hil io2
hael ia6n . Ja6n y rodes y2 ieſſu . ana6 36
caredic yno . ana6d rac y haelyoni . ennill
y gyfry6 ynny . [Ynn y mae tydyn oet
tyd . lleſ ua62goſt llys vo2gan uab dayd .
dyn agos nyt anegyd . dyn obell y vedgell
vyd . [Byd ynvymryt g6ynvyt g6ir . bud 41
tec bu oe rec rago2 . mynet wlat vymhenna-
dur . manw[l] pa6b 62th vy muner. [Muner
yſſyd my6n eur ſut . mo2gã bennadur 44

maỽꝛgat . meneſtyꝛ cler myỽn yſtyꝛ clot .
meiſtyr maỽꝛ o dỽy vaỽꝛ dyuet . Odyvet
pan adefer hyt ym mon lle yd ehet moꝛ .
ny welet ac ny welir verthaỽc yꝛ pan vu 4
arthur . caſtell nyat kymell kar . coſt dalu
gỽyl kyſtal y gỽꝛ .
Gwr clot ryd yſſyd ynanſodi . goꝛuud-
yaỽc varchaỽc pan vei erchi . gỽꝛ 8
kadyꝛ rud baladyꝛ mal rod beli maỽꝛ . gỽaỽꝛ
dan deỽ aeſſaỽꝛ duỽ yỽ oeſſi . Gerdwy iſ tawy
ny chyꝛch tyỽi gỽꝛd voꝛgan dyſtan alaỽ dꝛoſ-
di . gỽarant y anant daeoni kyfrin . gỽerin 12
vyꝛd vydin o veird vedwi . goꝛeu y barnant
o wlat geri . goꝛon yꝛ aỽꝛhon y eryꝛi . Gỽnai
man y delei namyn doli gỽin . mỽy no dỽfyꝛ
melin ymen deifi . gỽnaf ym bꝛaỽt araf eil
bꝛyderi . gỽiỽ adivilein gỽaỽt y voli . Gỽ-
naeth ynteu vinneu vynni n llaỽenach . 18
oe lifrei n valchach noc eilifri . hir y gatto duỽ
myỽn daeoni . hỽyꝛ y dycker ner rac yn oeri.
Herwyd gỽych edꝛych edꝛyt kri arglỽyd . ary
ehutrỽyd ae wrhydꝛi . hylwyd achadarn lle
bei holi . hygleu ar dỽy voes hoeỽ gler doſi .
Hard auael vur hael vy ri neheubarth . 24
hwyleu dewr diwarth haelder dewi . hael am
vud vu nud o vyỽn nodi . dianael voꝛdaf my-
ỽn daeoni . Diſerch vu ryderch y rodi tryſoꝛ
poꝛffoꝛ affyloꝛ eur a phali . deu well yỽ moꝛ-
gan ny ỽnn dewi . dwywaỽl llyỽ gỽꝛaỽl llaỽ
egoꝛi . dedyf paỽl yn aỽꝛ treul noꝛ tri oꝛ go-
gled ym duỽ ywyned da y eni . llavuryaf y
vaỽl geyꝛ gỽaỽl gỽeilgi llamſach deheubarth
yn wr llimſi . llỽybyꝛ hard y bꝛifuard bꝛoſi 33
obennllyn goſyn ryt odyn ae reit oedi . hỽnn
yỽꝛ aruedyt ergryt eurgri . heb vyneigyeit
ffyꝛd heb vynegi . Myỽn yſtryỽ ydaf meneſtl
clotryd . moꝛgan uab dauyd [ryd.] rieni . mal ſeth
uab adaf [ydif] dyvi panaeth y baradwys wiỽdỽys
wedi . Adylyn ol cler ny wnaeth doli rec . yỽ
vireinllys dec o voꝛ enlli . llew gleỽ gleif gỽ-
yar llwybyꝛ bar beri . lle llaỽn daỽn digard
bꝛifuard bꝛoſi . lludyei enynnei yn ynni ga-
lon . lladꝛon deifyꝛ kaethyon dꝛỽy dỽfyꝛ cothi.
lle gỽna riein gein gỹneſodi . llaryeidaf 44

merch mam ae llaỽ rodi . lleucu lle pꝛydu pꝛyt
a rieni ryỽ . lliỽ aryen ydiỽ eiry ynodi . llvny-
af amolaf glot yỽmoli . llerw doeth eur gloe-
wdoeth o arglỽydi . llwybyꝛ da aweda dy wedi
voꝛgan . llathꝛeit liỽ huan ar wynllethꝛi . 5
Rat da aweda roet duỽ idi vun . o vyỽn gỽyꝛd
aphali . llun tawel uchel llanỽ tyỽi . llawir
vyỽ hir ef ahi . ~ ~ ~ **Idem madaỽc .**
Eſtyꝛyet bobloed yſtoꝛya deykyn ny
med akyꝛ odirda helem dꝛaſſur hy- 10
lam dꝛỽſſa hil gỽꝛach nyt o dwyach da .
Gwedy kael gauael ar geva wennllys lle
ydoed winllat gỽyꝛda . ae ſeigyaỽ deykyn
ſỽga . ae barch gan gleꝛoed ae ba .
Oe gyt vot iſſot ar vꝛo aſſa ſant . lle yd 15
oed ſeint achyꝛchua . eithinoc revyꝛ aeth
yna . voly dwyn yn valch oeda . Luciffer y
gler gloꝛya baỽ dikỽſt vu deykyn oe dꝛaha.
keillyaỽ g penn vꝛith grath cỽlla . keivyn
bꝛan ydiỽ ꝛ kevyn heb ra . Tꝛỽy barth 20
trevyn hirwarth tra vu n herwa byt . ar ol
bot ynwrda . bỽyt vynghar oed vỽyara a
phys aphipkneu aſſa . Tꝛuan y groeſſan
egroeſſa perthi naſ poꝛthei gardotta . triſt
vu ꝛ hyder oglera . trigwaeth noc ydaeth
yda . Pꝛofes aruer cler cloꝛya ireitlyt 26
ardyle medỽ gỽaſſa profes ae vꝛatt varch-
natta pꝛofi rei yny tei nyt ta . Pꝛofes van
dꝛottyan ledꝛatta yſcubeu oꝛ eſgobaỽt yma
pꝛofes yn ogloff loſſa . pꝛyf baỽ bꝛeint chỽ-
ifyaỽ bꝛỽnt chwa . Gwerthaỽd oed anaỽd 31
odyna ꝛ gỽꝛthban gỽꝛthbenn ugeincach-
ua . gỽerthu ꝛ tabar yꝛbara . agỽerthu ꝛ
baltoc du da . A cholli reiboc aeth y chy-
lla yn lludỽ llỽytwan withongyl rõgca 35
ae thymyꝛ tlaỽt ae thãma . ae chaỽs dꝛỽc
yỽ gnaỽs ae gỽna . Sef a vynnei ꝛ llei-
dyꝛ ſwef awna gỽibyaỽ . acheiſſiſ achaỽſſa .
ſothach oe revyꝛ aſaetha . ſeithvryt ſathyꝛ 39
plegyt pla . Diuiaỽc leidyꝛ kipiaỽc co-
pa rech chỽytua ae not yỽ amot yma .
nyſ gỽnaeth ar kyfryỽ nyſgỽna . Syn-
yỽch ar deykyn a ſenna pobloed piblyt 43
lyſſant goꝛerwa . durun catt yn lledꝛatta .
deurud oen deryỽ yda.

Idem madawc dwygreic

Crist arglwyd didzist edzyt gyfyawnd' traws aglander tros y gleindyt. creir llywyawdyz kofyawdyz ankyfyt dydbzawt kiwdawt iawn vzawt kedoed vn vzyt. Kymen gadeir nenn gedernyt difrec. kein a verthyz tec kwynaf wzthyt. diua os dilwm duvyt areglyd. defnyd gwe newyd gwae aniwyt. Gwnaeth enaeth hiraeth nyth wryt bzethyn. gwynn y gael y glyn̄ yn gul aglyt. Gwilym gwyden gwelbzenn gulbzyt heb ereidyz. gwzneidyz gozmeflei-dyz garw amyflyt. Tingkyz greffdyn bze-thyn bzithyt achwennych dwyen adeurych dwn nyw deiryt. Dihaedwlan dilan. delw hwydvzyt letpei. difdei gwadottei gwe adet-tyt. Kafgyl gigleu chwedleu chwytlyt gozn-efwz. krwydyzwz goganwz am gic ynyt. Cas bzyf ywzthyf awzthyt kyngreir krw-ydyzffeir kopzys dwy ffleir kipyz yftifflyt. Cribin danhedgrin anhudgryt gynted. krychwed kyw nadzed crawn aedzyt. Kyz-bwyll hwnn awnn ennyt y crocker. croen ellyll gwillmer dzic ver dzyc vyt. Canaf dy val-af du vawlyt gidwm kerd y yftilwm hir-llwm hozllyt. Ki aeth arol bzein kythzeul-bzyt fatan. kwthyz bzan gal y garan agel gw-zyt. Crimogawc myllawc mallw gerbyt di-vlas. krynwas kzych lliwlas crach a lleulyt. Cringrys traet efyzllys tradyfyzllyt tin-bleth. kreth gwarac kyfeth gwyz ae kyvyt. Creawdyz amerawdyz am wryt amen. croc vagyl ydwyen agwyden gyt. Gwys arnaw gwyw y feirnyal. gwall mawz oed gwillmer eidil. gwell gennyf gwyllyawc annel. gwahawd ki noz gwehyd cul. **Madoc**

Anned golet oer annec nadolic. deleif rukynn hyfrec. ar barth rwng dwy oewarthec d'at chwein heb diawt chwec. Heb gyhydzwyd med heb gyhydzec lles. na mod llys dinozwec. heb roft nac erchi goftec. heb ranneu llettyeu tec. Eithyz ynoch zwm lwm wylamec lygeit. ae lew gerd ffi-lozec. ac warr ar bentan karrec. ae din ar hunyd grin grec. ~ **Idem mad'.**

Gwrach dieiryach grach gwzych pyzth eirin vzadw gwrach achadw gwzach hychin. gwzach heuis megys megin. gw-zach hyuagyl vlew fwagyl vlin. gwzach ar-uthur gwzach uthur gwzach eithin alaf. gwzach arwaf gwzach erwin. gwzach egozet gyffredin gwzach garth gwzach atharth oc thin. Gwrach du gwzach hirdu gwzach oz-din dzafael. gwrach rywael gwzach rewin. gwzach eirwt yfgrwt yfgrin. gwzach oeraf lawn anaf lin. Gwrach yffyat oeffwat yf yffwin anghynnwys yz ynghennos wyzdin. gwzach yfgithzawc difgethzin. gwzach ny ochel trauel trin. Gwzach gallawdyz gro-enllawdyz grauellin hozawc. gwzach lecha-wc gwrach lychwin. gwzach abzec ynyche-gin. gwzach afylfur llywyadur llin. Gwrach ettaeth gwzach gaeth. gwzach gethin letpei. gwzach vlottei gwzach vlewtin. gwzach daer gwzach maer mehin. gwzach hagyzdlawt heb wirawt heb win. Gwzach fach gwzach malach gwzach melin odyn. gwzach robyn reib dynin. gwzach nym dawz uawz vur-gin. gwzach vantach gwzach groenach grin.

Madawc dwygreic ae cant

Avallen bezen beth ath bozes a ym peis am llaw mywn lle kynnes. merch dlawt rwyd waelawt ryweles y mann. gael kynn gwyl ieuan gnwt man mal mes. Malt verch dauyd ryd oed yzes mawz aduc neithwyz llwyz y llewes. Poeth vurfen vinwen o vyn-nwes kac dzein putein din angkrein nyt a ynangkres. Pan oed vlyffic honn hynn amfomes pwyn'darogan vu pandozroges. Pont da bot deincot dinken gwzes gyfed ygkylch ydaned aedi-dones.

Rei yn amrỽt myỽn kỽt kat yny mȳnỽes . a llawer yngkud ympob llawes . Rei ahaỽd verwaỽd verỽ aual trigỽꝛes . tan reib abo perllan rei abobes .

Avallen beren aboret ym plas y . chnỽt clas o vlas o vlys merchet . ffrỽytheu yỽ gangeu rac ynget arnei ffraeth y duc blottei gallei galet . Teir avallen per poꝛet o anuod . ny rodit o vod ac ny rodet . vn ym paradỽys a anet ynggỽyd rỽng hen a newyd yn eniwet . Eil yndỽyn rydeil rodet y vyꝛdin . buched gyffredin werin waret . Tꝛyded hard ym gard amgerdet goꝛmes . mul y dibobles malt biblet . Rei yn amrỽt myỽn cỽt kat yn mynet dꝛaỽ . rei gỽedy ygỽydyaỽ gỽyt agodet . Rei a haỽd verwaỽd verwat yſtlet ban . reib abo perllan rei abo-

Avallen beren beraf dan [bet. deint . gỽelwyf athdivwynaỽd myỽn gỽal trymeint . Am gyhỽꝛd goꝛmeil a goueilyeint . achꝛỽydyꝛ achlafri ahi aheint . Malt verch dd' hir vynyd veint . merch dingrach dꝛyffwrach o dꝛoſwꝛeic neint . Arodet y neb rod gogȳmeint . ahỽnn malt wael gỽylffael gelffeint . Seith gaſtyꝛ aeth yndi a ſeith ugeint . olodꝛeu rieu ry anghyỽꝛeint . Pꝛif vuched merch wedỽ oed wyꝛ medweint . plygei eu kalyeu amgylch plygeint . adengniaỽl adynn kỽbyl oe dengneint . dyn ny wyꝛ ffrỽytheu ſallwyꝛeu ſeint

Avallen beren mae ffrỽyth kangen gỽae nyt ogymen kyndy gỽymaỽ . Kyt goſtỽng dy vꝛic ar coetvach helic o vaalt vꝛynnic lynyedic laỽ . Over vu gywein y polyon ar dꝛein rac maalt butein gythyꝛ vein gỽthyꝛuaỽ . Hyt pꝛyt pꝛenn llath pont. holl davyngoll dyvyngont hydeich dꝛoſtã vꝛont hy y doeth dꝛoſtaỽ . Kyt ryt rit kann was . kevyn weinlevyn wanlas . cas oed y chwmpaſ wedy y chỽympyaỽ . Tynnv ꝛ aualeu toꝛri ꝛ kangenneu . oeruel yỽ dyꝛneu . am yỽ darnaỽ

Yꝛ auallen a vu beren kyn dy boꝛi . mae ffrỽyth dy vꝛic oed di vnic o daeoni . Hat avaleu ada bynneu oed heb enni . pan doeth gevnel traỽſgoet reſſel . troſ gae dꝛyffi . Malt buttein llyna gelein llaỽn o guli . Ardwy ganghen . oꝛ a vallen y gỽnaeth volli . kael tromlatheu achꝛyſlenneu echꝛyſlonni . tynnv yſgaỽ lỽyth dogyn y dylỽyth dygyn adoli . maỽꝛ adyſgeis kann ogeneis kynno geni . Myꝛdin ymgỽneir dyd y bo ꝛ ffeir yny pheri . Med bugelyd o veiryonnyd over ynni . Maỽꝛ aſonyeu am gangheneu y gynghenni . Oer y kyweirywyt . kann ehangwyt kynn noe hengi . areith anhec aeth yn vallec oethinuolli . Oꝛ gỽyd oed veu . tynnu tyꝛꝛeu ac eu toꝛri . Kylch y harffet rac y dofynet oed yn deſni . ar deil gỽyduit aele gỽelit ol y gỽeli .

Avallen beren abereis . y goffot yn gall ageiffeis . am kyllell y dyd y colleis . ac oꝛd ovyỽn gard y himpeiſ . Kyñ klybot dyuot diueis vaỽ baelder . veheldyn ãghỽꝛteis . agoſtỽng gyſtal gỽlattreis bꝛigaỽclỽyn oed bꝛaỽ agogleis . Om irlỽyn yd aeth am oerleis . amaỽꝛlỽyth parth aglañ marleiſ . meheldyn gylyn gelein henbeiſ ledyꝛ aledei dan ekeis . gavyluedal gỽnwal vgein weiſ geuel gel gulyon y hiryeis . govit pꝛit yꝛ pꝛyt aweleiſ . govyn hyñ arhon ny phereis . gavar hyſvꝛam vaỽt gam vwyt geis . vonllỽmach no llũman lañ verreis . Mae yneidi wꝛyf mein eidyl moel deꝛchwein maalt dyſyꝛchw oerchwyl. achub dꝛycbarabyl uchel . a medỽ weithꝛet a medỽl . allỽyt ffoll olỽc llet ffol. ac yſtlomgỽthyꝛ gaſt lemgul.

1275 1276

Madawc dwygreic heupt

Gwedy gruffud nud yn nyd gwꝛthg
groch trin gwnae oeingyl gwaetlin
purgin purgoch. Py gadarn hoewvarn
hyvoch bennllyn. ac yſtwy ellmyn hyt
gaſtellmoch. Byth weithon hoetron e-
hutroch crom beth adaw attom lynghes
dꝛom dꝛoch. Pẃy agleif aſeif olan ſoch
yngadyꝛ. ageidw ae baladyꝛ hyt goet
beloch. Gwedy yngglyn̄ egwestyl gwydyn
och gyfarwyd. allif am arglwyd allef ma-
wꝛgloch. Gwelygyꝛd trimyꝛd trom och oꝛ
gollet. gwelet y darget ae lafyn durgoch.
Pob hyneif pennkerd pawb ohonoch. am get
kwynet ygollet kyntagalloch. Betuei vyw
vy llyw llafyn oerucloch ſeis. bydei anniſle-
is bydin offloch. amach argamawn amoch
wꝛth gaſtell. afflamygeu pell afflamogoch.
agwaſgwin agwꝛd gwaſ gwineugoch coeth
llawꝛec arwydgoeth lluric durgoch. Chwithev
yſeinyeu ſynnyoch amdangnef. dy eur
bennaeth nef yt erbynnoch. yꝛ rengi bod
duw y ryngoch ybyd. ryd kynn naw uettyd
y nef attoch ~ **Madawc heupt ae cant**

Tpꝛue loe lo leuawc y gynffon. affen y
gylyon yſſy n golyawc. Pꝛyf cloffdꝛoet
ym roet rat lwynawc mirein. teneugoec elein
tin gagalawc. Eidyon ygelwynt oedawc ma-
rw dywen. nyt mwy noꝛ chwannen ar erchw-
ynnawc. Nywelet gan wr newylawc gallon
anuon ryw eidyon ywch rewedawc. Moel gra-
uangmyꝛ byꝛ bareuawc tindwll. meint cw-
kyll trydwll nythyꝛ troedawc. Malathꝛiſt y
roes meleithꝛawc eidyl mil tarw y gynnil ta-
rogennawc. Yn attethol plant vn teithyawc
henuon ynwell noꝛ eidyon callon keilyawc.
ynlleiaf vn rod yn lleuawc omach. yn llun cot-
owrach grach grauangawc. Kynnic ym vut-
red kinyawc dꝛewedic. gwell ym ympadric kȳ
nic keinyawc. Rawn gwꝛcath mwꝛchath nyt
marchawc tramwed ryued yꝛ bawed nabyd
bywyawc. Ganet yngytoes gynawc adeinyoel
ohil henuon voel goel gadebawc. Amgȳnic
ym bꝛyf em ginnyawc lawes ardeſ agolles
gandeit gellawc. E melltith vab duw
diawc y dyꝛy. y dy ae veudy odei vadawc.

Tpꝛue loe lo lom y gynffon.
penbꝛyt hyt hydyꝛ pil ohil hen-
uon. kam y gwnaeth ath wnaeth vethy-
on bywch diffeith py weith diwyt yeith
adaw eidyon. Deuthum ymkyngoꝛ a
gwyꝛ doethon. detholeis keiſſyeis niuer
kyſſon. doeth vn yſgymun yſgymon
pobloed. llygru ꝛ adaw oed llygrei llygrei
rodyon. Edewis yn rod vnvod anuon.
ych dwnn y vyꝛywn dan evoꝛyon. Roi
pꝛyf hwyꝛ carnwyꝛ mal keirnyon pꝛyꝛ
beth. anverth nyt kywerth vnoꝛkywyon.
Tuthyeis agwillyeis ardꝛaws gwyllyon.
y geiſſyaw yꝛ adaw gan gas arwydyon.
kael kymar dyfyꝛiar dwyvꝛon anghyman
gwann y ffuryf allan ny phawꝛ veillyon.
Eres ym ſomes mynſein ſimon oer
oed gynnic dioer darw edynogyon. y va-
dawc oedawc eidyon gwaratwyd. dwy yſ-
gwyd henwyd ardyd hinon.

Tpꝛue loe lo leiaf owarthec ywer-
thu ny medꝛaf. pꝛit ydyn y dwyn
hyt attaf. pꝛin arod ovod a vedaf. pẏf
an roet enryded lleiaf. pꝛyt hoꝛllyt hw-
yꝛllo goꝛffennaf. piblyt ny chyvyt nychaf
dim yꝛdaw ymyꝛdyd kynhaeaf. mantach
bach bychan ygwelaf. meint ffuret ny
phawꝛ wellt calaf. Mil eidil idaw ny phꝛy-
daf. moel ffwlbert ar guert gaeaf. Mwy
coꝛff gwad yw llad nyſ lludyaf. yꝛcoc os
llwdwn kic ageiſſyaf. Mae ruat yꝛ rei y
tyſtaf. mae bꝛanoꝛ gyt ahoꝛ haf. mae
cloffi oꝛ cliffit bawaf. mae ꝛ bendꝛo ar
yllo lleiaf. mae ꝛ dauawdwſt gwſt geſt ach-
laf oedawc. arneidyon debygaf. Gwr ae
roes gwydyat voes vawaf goꝛuynyd geir
vanon pꝛinghaf. gegeilwas gogulwann
lleſgaf. gogalet gelyn kyfneſſaf. Gwerth
iſſel eidyon gwarthuſſaf vn rod yn anrec
nyſ mynnaf. Pan golles llawes
lliwyon gwyw gimwch gogymeint coꝛn
ſebon. nyt aei ardꝛei dꝛwy auon. atwed adꝛeſ
dinreſ don.

Ny cheiſſywyt yꝛda6 na chyſſon ffeireu 1
na pheri daly lladꝛon . nathꝛa annoc ſ6ydo-
gyon . na thꝛeſi na ſi na ſon .
Digia6 am dana6 ach6ilkeis . mal am
chwalkys ynggwimon . dimei nycheit 5
yꝛ veidyon . delei yꝛ ffeir wyl veir von. ~~~

Madawc dwy greic ae cant .

M a6ꝛdu6 vy naf mi ae keiſſyaf rac 8
m6y kaſſeu . Mab yſpꝛyda6l y veir
dynya6l . o va6ꝛ donyeu . Moꝛgat 6ꝛth reit
y bop eneit o bei boeneu. Pꝛyna6d bumoes
ar yꝛ eurgroes . yꝛ yꝛ irgreu. Gwedy kyſtud gl6
yſ achythꝛud. gleif achethꝛeu. Gwnaeth criſt
oll6ng wyar teil6ng wi oꝛ taleu. Eurgroc 14
ieſſu lle ydyngu ll6 yt angeu . Pꝛenn o hy-
naf gweal adaf . g6yl aodeu. Gwaet an pꝛyn-
a6d aerbynna6d . ar y banneu . Criſt onaſred.
yn trugared an tri goꝛeu . Credu ida6 y we-
lia6 y welieu. Y vot ehun yndꝛi ac vn . heb
dꝛo ageu . Mar6 achladu. ma6ꝛ a ieſſu. nyt
mwy ꝛ eiſſyeu. Yꝛ llewenyd yny trydyd. vn oꝛ
tridieu. Y gyfodi diwarth geli da . wyꝛth goleu.
Ac eurgroc lan . dwylla6 ſwdan. dall oſſodev.
yſpeilya6 plas uffern eirgas . yff6ꝛn oer 24
geu . Goꝛeſgyn nef yꝛdiodef yꝛdiodeu. Trym
vedyly6n . dꝛut yſtyꝛy6n . dꝛ6y doſt eireu. Yn
dielwet yn taervynet yn teruyneu. March-
a6c vrda6l . ny byd g6ꝛa6l. ny byd goꝛeu .
yn ſeith dꝛoetued y bon oerved o bun aruev.
Nagle6 gallon dan arwydon. d6yn y radeu.
Na gle6 garyat na gl6yſ ſangat my6n glo- 31
es angeu. Nyt oes diwed nadedyf g6yled. na
dyd goleu. Nahoedyl na byt . o doſt echꝛyt nyt
oes dechꝛeu. Nyt oes garyat nac vn dyat . nac
vn dieu. Eithyꝛ criſt ae del6. nyt oes ardel6 .nyt
oes vꝛdeu. Athꝛ6y ida6 yꝛ y hoelya6 yꝛ y h6y-
lyeu. yꝛ y bꝛynu. yꝛ y werthu. yꝛ y wyꝛtheu.
yꝛ y ymlit yꝛ y rydit yꝛ yꝛadeu. Ac ymgyfot .
eurdꝛeiſ oꝛuot . ardꝛa6s arueu . ynerbyñya6 39
barth ar eidya6 . berth y radeu . . yꝛ y gythꝛud
yꝛ y dyud ar ydeeu. AmeN. **Mad' heuyt** 41
k yffeſſaf ma6ꝛnaf ymeurner . kyffeſſa6l
om ha6l ym holer . y ieſſu oeſſoed gyfla6nd'.

Ac y veir virein eglurder . abecheis beicheu
o wacder . y bechu my6n buched ſymylder.
Ebychan dial abecher o becha6t heb o-
chel ffalſder . yngeiryeu camlyeu lawer.
yngweithꝛet galet ny geler . ynghywyt 5
anghywir aruer . ym med6l amadeu
vy ner . am ſyꝛthya6 om ſerthed hyder ym-
hob vn ohonun henwer . a mab meir ma6ꝛ
y gyfia6nder . am dyfu ediuar bꝛyder . Ac ma-
deu mod namdialer. Om gallu am goll6g
vy ner . kynn ymdynn yn amdo pꝛinder. 11
Ag6iſc der6 dꝛachwer6 edꝛycher . a daear
dyat o vyꝛder . am ada6 ym mut gyfyngder.
yn oerued yn eruyn pader . yn arwyd anwreid
wander . yn araf yn aros vamſer. yn eres 15
mae nyꝛys valchder . a dyuot ny thyckya
diuer. diwyꝛna6t yꝛ vꝛa6t a vꝛodyer. Yvynet
o vaena6l dyvynder . y vyny y vynyd oliuer.
Anholi ynheil6ng doethder . Ac atteb y griſt
yn gatter. Mihangel ehanget gaethder. yn
gallu yn goll6ng vchelder . o pheidy6n . a
phedyꝛ ankymer . AmeN . 22
Oe vam du6 arnam da eurnenn a doeth
ac ydaeth urdonen. euraf naf nef a phꝛeſ-
ſen urda6d abꝛeinya6d y6 bꝛenn. I ~ 25
Pꝛenn agymyrth g6yꝛth gwerth pobloed
owaet . nyt owyt yſpꝛydoed . croes dec yn
kynnal criſt oed . creu oe radeu ir ydoed.
Oed g6aetlyt g6erth byt rac bot ******. 29
kaethder pꝛin pꝛenn ydaeth di6 g6ener. oꝛ
pꝛenn yꝛ bed g6ed gwander. oꝛ bed aeth ef ar
nef ner. Ner aanet y gret grym nadolyc
rac tremyc tr6m . da vu ymaethlu methlem
du6 eurvab adiweirvam . ~~~ 34

Llyma weithyon gerd Risserdyn. [1288 l. 9]

Dagreu tros vadeu llyỽ traws vydin dꝛaỽ . daỽ enỽ dꝛeic eurllaỽ yndꝛagoꝛllin . Dꝛut lut lavyn harddꝛavyn doꝛhirdꝛin toꝛuoed dewrboꝛ gỽaỽtlwyd oed durbar gỽaetlin . Dedyf redyf rein oꝛ vlaen dyd aervlin gymysc . dewyꝛffysc duc daerdysc dwygat oꝛdin . Dyed yỽ diwed dewin ymladdyꝛyf . dꝛutlyꝛyf dal traffyꝛyf deu lit tryphin . O glywet mynet ym meinin argae. amneit goꝛwyllt wae ym neut gerỽin . Arglỽyd yꝛarwyd oꝛeurin lewych . ardwys gythꝛud gỽych aer disgethꝛin . Aryf lithâreu bꝛỽytreu neut bꝛatrin kerdaỽꝛ ynllaỽꝛ roi haelwaỽꝛ ari heilwin . Och kỽympyỽ kanllaỽ ach keinllin gỽelydyꝛ . echel deuweisc hydyꝛ uwch ael derwin . Tꝛaỽs darỽ bꝛỽydyꝛ agarỽ bꝛadỽꝛ egin ffreingk. taer vedylffyꝛyf eingk . toꝛuoed elphin . Tꝛavyn llafyn llwybyꝛ vꝛyt gryt . digrin baladyꝛ . taradyꝛ tỽꝛ eurgadyꝛ hyt tir ergin . Tꝛeulwed cost anned custennin vynut . tyꝛueu myfyꝛ dꝛut toꝛyf ymevin . Tauaỽt vn araỽt aneirin gwaỽtglaer . tec kyffrytyỽꝛ aer tei kyffredin . Howel gaen vuel aryf gyntevin blaỽd . haỽd y glutdel ffaỽd wyꝛ gỽlatoed olffin . Hael heilgost eurbost erbin ysgỽyt . hard arueu vỽlch vur hyꝛdeiryf vylch vin . Hydyꝛ aer vathyꝛn ae veithꝛin clero ed . hyder llawer oed hyt oꝛllewin . Hynt nym byd llonyd heb allwynin wed hepkoꝛ dor dewred hywled hoewlin . kat cur rỽyf arthur ry vaỽꝛthin deigyꝛ dwysc . kaf am vrdaỽl rỽysc cofeu myꝛdin . Cud pꝛidlaỽꝛ gỽaỽꝛ gỽerin bendevic clut y aros dic clo daeerin . Clỽyf dyed atwed etwin digonyant . clyỽ cut maỽꝛ ruffyant am ioꝛ iessin . Kein llỽyꝛ garyat rat yn rin yỽchelbꝛaỽ . kanllaỽ nef idaỽ . eil naf eidin . ~ ~ ~ [Kyrch 1288, l. 12]

Annyaỽn bill hirdaỽn o ball harded . Aennwaỽc valch vynaỽc o veilch voned . Annwylgein virein o vaỽꝛed didwyll vn ny vỽꝛỽ y phỽyll yn overed . Maỽl y hirwendoeth mil ae harwed . manon eur hoewdal myỽn enryded . Meuanỽy kywy oleuwed pꝛiflỽys mygyꝛ hoewlamp bowys magỽyꝛ hywled . Govynei vaỽlgerd yngyvanned . gỽennlỽys eursỽllt bobyl gwin llys oꝛsed . Gỽasgaỽt inseil waỽt ansalwed aruer gymar hy ener gem rianed . llythyꝛ ae dysgaỽd vunllathꝛeid osged . llunnyat tioꝛneir llin teyꝛned . lliỽ divꝛisc lluỽch wisc eiry llechwed maenaỽl . llỽydei amot maỽl llaỽ diomed . kerir y maỽꝛdỽf nyt yꝛ cared . kadeir y vaỽleir ket oꝛuoled . Kymendaỽt tauaỽt etiued lỽydyant . kỽbyl iaỽnwaret cant keibyl ennwired . Cuvynaỽc wympwaỽꝛ kyfyaỽn agỽed . cludaỽd ewybyꝛ dawn clot o diwed . Coeth y gỽnaeth eu maeth a med . bueilsathyꝛ . claer eur vꝛeisc goꝛff llathyꝛ cler ar vꝛỽysged. bit arhyffaỽd hoedyl byt oꝛhoffed bu vlaen nodet beird byỽ vlỽynyded. Bwryat geir divꝛat bꝛyt geirỽ dyfred glut . bylcheim y golut balch amgeled . Digloff y molyant hyt wlat gogled . dec moꝛof mon di gymared . Dyat dyvyꝛdꝛỽffyat divar dꝛoffed coeth. deall aelaỽ doeth diell wyled . Goludaỽc kymmar haelwar heulwed . goꝛonỽy vychan gỽꝛon vuched . Gwymp glot dawn hynot dianhuned deigyꝛ . gỽiỽ ryỽ groeỽeigyꝛ gỽawr y gỽꝛaged ~ **Risserdyn ae cant**

Vy rỽyf geyꝛ conỽy goꝛeu kanyat vmydyꝛ vy vn en[eit]waỽc hydyꝛ vy iaỽnynat . Vynghet vynghiret vỹgharyat perffeith . vy meith vaỽꝛ obeith vy Joꝛ abat . Vy arglỽyd modlỽyd medlat wallaỽ gyꝛn . vynggwiỽ rodyon chwyꝛn vyngỽaredyat . Vy mraỽt ffyd kynnyd med keinyat gerdaỽꝛ . vynghanoꝛthỽy maỽꝛ vyng

hein neirthyat . vynghartrefrỽyd rỽyd
vy rodyon diffael . vyng gwir gymoꝛth 2
hael. Vynggỽaỽꝛ geimyat . vyngholo-
vyn diovyn rac dyat lletpei . vynghyn-
nwys awnai gan vyn̄ᵍhennat . Gwaỽꝛ
llaỽꝛ maenanuaỽꝛ myỽn iaỽn vyꝛyat 6
baỽl . gỽedy heidyaỽ maỽl gỽaỽt ehet-
yat . Gỽeilging clot aruot gỽaỽl eur 8
vat heird dei . gỽylyei vud gỽeſtei gan
rod gỽaſtat . Bedaf y barnaf wyf beir-
nyat kyfyaỽn . barn ae troſſadaỽn ber-
net trỽſſyat . Beuno bỽyll didỽyll dody-
at anryded . balched berỽ vudwled y ber-
uedwlat . Ryd ffyd ffaỽt traethaỽt nyt
truthyat gogan . rỽyd iaỽn llythyꝛ gan
ryd dianllat . Rec dec dal aryal . rỽyf vy-
ꝛyat ieithꝛym . ry diengis ym rod oe oe
anghat . Jeuan ỽꝛ di van ar dyvyat can-
llaỽ . ion abarchei dꝛaỽ wyneb eirchyat.
Ener yỽ n hyder yn hoewdat creuyd .
ar dwyſganneit ffyd eur diſgynnyat . 21
llaryeidwyn dillyn llaỽn dullyat moeſeu .
llỽydei gyhoed lleu llaỽ digaeat . llyỽ byỽ
berth maỽꝛnerth nyt murnyat y gỽneir.
llathyꝛgreir lles bartheir lliaỽs boꝛthyat.
Mawred enryded vn redyat machꝛeith .
meith myneich obeith mỽyn achubyat .
Myꝛd gyꝛd gael ryael med ruat beird do-
ꝛyf . maỽꝛgoꝛff mygyꝛ wynlloꝛyf . magỽyꝛ
winllat. Kelvydgoel giryoel egoꝛet dyall.
kofyon dyvꝛic call kyfyaỽndifvꝛat . Kam-
peu kein hỽylyeu kynheilyat kiwdaỽt .
kymoꝛth y dꝛindaỽt vo ymkeimyat . 33
Cat keimyat di vꝛat rit dyfrys eirch-
yeit eur eneit yꝛ ynys . rỽyd wenllaỽ
ryd y winllys rỽyf pab rywyaỽc doeth
uab rys . Yſbys hil rys heilywr rod . yſ 37
boet vyỽ barch eſbyt vyd. amlỽc yỽ hoe
wlyỽ hywled . oe ganneit beis y gynnyd.
Kynnyd ae dyvyd kein dauaỽt bedaf .
amyl wybodus geudaỽt kynnwys wyꝛ 41

1283

kynnes wiraỽt kynnull ffyd kannwyll y
ffaỽt . Kyflỽyd ffaỽt ſalym dalym dy-
lỽyth . karyatwaỽꝛ byꝛduaỽꝛ beirduaeth.
kedyꝛn dut kadarn adoeth . kar purffa-
ỽt . kywir perffeith . y abat aber conỽy.

Bledyn tu a gant yꝛ awdyl honn .

PReſſwylaỽd gyntaf adaf adaỽt . 7
Pꝛeſſỽyl glỽys baradwys baraỽt .
Pꝛeſſwylyỽꝛ daear deon blanaỽt . Pꝛyſſur
gỽꝛ tra llafur trallaỽt . pꝛeſſent digouent
katwent kiwdaỽt. Pꝛeſſeb glythineb glỽth
a y chnaỽt . pꝛeſſỽyl glynn obꝛyn ebꝛon
waelaỽt . Pꝛyt yſomes byt bỽyt a diaỽt. 13
pꝛud boꝛthes adaf naf anevaỽt . Pꝛit y
bal wiſc oval waſgaỽt. pꝛit vu echꝛys
velys ovlaf tauaỽt . Yn eua vn oval geu-
daỽt . pꝛyderỽn fynnyỽn fynnwyꝛ vaſta-
ỽt . Synnyaỽ rac pỽyllaỽ pell evylldaỽt.
pꝛyderaỽd arglỽyd rỽyd rỽyf kymhen-
daỽt . pꝛyder diwarner y diwarnaỽt. 20
pꝛoves eua pla plant vedyſſyaỽt . pꝛof-
ant oꝛ lledwyd heb ffyd heb ffaỽt . Pꝛofe-
dic aeron wydyon weddaỽt . pꝛifvard
ỽyf y duỽ ar volaỽt . pꝛovadỽy ardelỽ yꝛ
urdelỽ vꝛdaỽt . Pꝛif adwyth bymffrỽyth
bymffrỽt ffoſſaỽt . Pꝛydervs vu griſt kyn̄
pꝛit araỽt. kynn pꝛynu oꝛpꝛenn ambecha-
ỽt. Gwal yn erchwyn arch yſtyllaỽt . 28
gỽeli duỽ a gỽely tywaỽt. Gwael yỽ ſybe-
rwyt dyn byt budyꝛdlaỽt . gỽala luciffer
lyf uffern dlaỽt . Rywnaeth luciffer heb
lỽys hoffaỽt. ryuic tranghedic dic diſbe-
raỽt . Rewinyaỽd kỽympyaỽd campeu
am naỽt . ryỽ angel teccaf gỽplaf gap 34
plaỽt. Ryuedaỽd gartref nef wynebaỽt.
ary adef nef odef ryuedaỽt . Gwae geni
aelin heb lan goſbaỽt . gỽaet irat y vꝛat
oe vꝛaỽt . Gwaclaỽ naf wrthnaf nef a 38
duhundaỽt . gỽaỽꝛ a ffullaỽd gwar-
naf gỽir naỽt . Gwynvydus vab meir
traeth eir trethaỽt. gỽynvydic gỽledic gỽ-
lat baraỽt. 42

1284

G6ynvydwyf caffwyd kyffes l6ybza6t. g6yn-
vyt naf nef yngharda6t. Gwynn y vyt criſ-
tya6n da6n damuna6t. agae vendith du6
aegyvunda6t. Kynn diwyll eſgyll eſgyzn
yn vla6t. kyn dubwll gaſneit dibwyll 5
gyfna6t. Kynn dovyn daeren dae^ra6t. kyñ
diwed aelued aela6t. kynn diuud llwyzgud
lla6zg6yd medza6t. kynn di valchwed kalch
ynı kylchna6t. Kynn dieu angeu yng 9
golyga6t. kynn dwyn ac ole6 gol6c dan
va6t. Kynndivant g6arant gwzyf ynyſ
gna6t. kynn dyuot ymdyuyt loga6t. 12
Archaf y geli vab trinda6t. archolleu g6-
erth ua6z g6a6z am g6ara6t. Archaf vod
vy r6yf r6ym keluyda6t. erchyll g6aetry-
al om g6i6dal g6a6t. arch gyfya6n yda-
6n y dyd yſgna6t. ervynffyd bedyd byt
a6durda6t. Eirchyat 6yf irat g6irdat 18
gwyzda6t. kynn erchwynnya6c bed ſeith
troetued tra6t. yz y greulyt wymp pymp
niwarna6t. yz y greu anglieu anghen 21
waſta6t. Yz y gret waret wir vvudda6t.
Yz ygrea6dyz dat rac bzat dyd bza6t. yzy
greir vab meir vzenhin pzia6t. Yz y gro-
es vchaf naf nymdivza6t. yz ygroc ae
greu madeu vympecha6t. amen. 26

Jozwerth vab y kyzyra6c weithyon.

Bzenhin gozllewin g6z anllywya.
bzeid agozthir bzic tir terra. 29
Benna6l nen d6ywa6l nandiua erom
yny benyttyom ia6nboen ettwa. Bzeiſc
ioz doz dwyzein kein am kana. bz6yſced
aela6ed yn nali6a. Bzycheu eneidyeu 33
ion oeda kywyt. bzyt pa6p y6 grwthyt
ae g6archaea. Beirnyat byt yn tat kofy-
at kyfa. barnya6t amera6dyz meir6 36
obeithua. Bernych pan rennych wyz an-
na arnam. y kam rywnaetham na ry-
noetha. Barn trugar yn kar cozlew- 39
ychua. oed reit y weinyeit ar diwanua.
Berny y keffy coffa yzgallu. ydial ieſſu
nadilyſſa.

Bz6yſc ovalon dall ang6ellycua. b6z6 dyſc 1
yn myſc ynuyt crynua. B6z6 vendith yn
plith pletha dwywolder. ner na ryſomer
rei yſſyma. B6zyafi wedi ym aweda. b6z6-
yf y gennyf gennyt yda. Pan vo am- 5
ſer ner nertha 6zth angeu. y ſynhwyzyeu
meu ma6z wella. Vn 6yf ahan6yf o hen
eua. ynoſ na6t pecha6t pecheis dirdza.
vn6yt ahan6yt dyhunaf am pleit. o
veir ras eneit va6z re^ſina. Yny varn 10
gadarn gyt gymynua. Yny vza6t bara-
6t buredicua. Yny vzo y bo pob traha
yn gozffen. yny ven vy ren mae reit nod-
ua. Adza6d dioer dir yna awneir. geyz
bzonn creir croc caluaria. Edzych na 15
leſſych. o. & alpha vi. yz dy bum weli geli
gwylya. vy argl6yd kyfl6yd a kyflea. vy
ergly6 .n. kyuyng yn yng awna. Vy eur-
gled ma6zed maria ae g6naeth. am roes
hoedyl digaeth ffraeth ym ffr6ytha. Am 20
ryd vyn novyd nef ozffwyſua. am rodes
hoewles heul aluna. amrodwy obz6y ebzea
va6zed. am ro trugared adiwed da. ameN.
Diwed glan aedewis. dibenn r6yd da
panrodes. vy eneit ym ozym raſ. ynoſ 25
du6 oneſ deus. ~~~ **Idem Jozwerth.**
MJ abaraf ydyn araf. oz agaraf r6yf
ogeryd. am veniwa6 wyf bzonn vzi6-
a6. am diliwa6 myn du6 lywyd. Mae dy warant
ma6z dy varant. m6yn veilch garant ma- 30
en veilch geyzyd. y lyuaſſu vy lli6 laſſu am
lleaſſu em lluoſſyd. Gwant vi n dzuan. g6-
ae6 nwyf buan. g6ynder huan. g6indei ri- 33
yd. Gwen advwynaf. g6yt dir6ynaf. g6ed-
gein g6ynnaf. g6ed g6a6n g6eunyd. G6nn
nam kery g6añ ym pery. g6aſ ythery g6ys
ythyzyd. Gwa6t volyannus. g6eith ll6ydy- 37
annus. g6ae dygyãnus g6i6 dygynnyd.
Heeis eiryeu. heul cadeiryeu. haual creiry-
eu hyva6l croewryd. Hynn awnedy6. ytt y
dody6. geir ytt hedy6. gozwyt hoewdyd. 41

yt veidunet ỽyt damunet . eilwed lunet.
wyl wedỽ lonyd . Vthyꝛ doluryeis oth ſerch
curyeis . y ỻafuryeis vy ỻeveryd. ỻywyaf
awen. ỻỽybyꝛ perawen . eua lawen yỽ veil
cwyd . ỻedyf ēglynyon ỻiỽ ros gwynny-
on. ỻoeꝛ moꝛynyon ỻaỽꝛ meiryonyd . 6
Gwaỽꝛ dyd meiryonyd maỽꝛ anaỽd ym
nwyf gỽynnbꝛyt nyf kynndattaỽd . gwyt
agoual am talaỽd . gỽaỽn liỽ och hediỽ 9
oe chaỽd . ~ ~ ~ **Riſſerdyn̄ ae cant rac**
Rygud ỻew aryfrud . ỻyỽ eur [ỻaỽ
vꝛo gỽingoſt yngkongyl gỽyngoꝛ 12
beuno . rỽyf clotnerth . ryuic clytno ry deỽꝛ
greir rud derỽ agro . Cud gro teilỽg
gymro tec . kyt denwr bꝛỽydyꝛ ket dinac.
kael annun yỽ n kelennic .callonnuſ is 16
kel ynnoc. ỻaỽꝛ kelynnoc vaỽꝛ aved yoꝛch
ud gwae eirchyeit oꝛdiwed . ỻif greu aer 18
gỽaỽt glaer gỽaet gled ỻỽybyꝛ dar trafyn
bar is trevyn bed . Kaenved agud nud 20
nedeir . kynvyn eil neut kỽynvan oer . kyt
kam pꝛit triỻit traỻỽyꝛ . katcun oed lith
koet kỽn aer . Aer daer daradyꝛ kadyꝛ deỻ
dỽꝛ koedydꝛon annỽyldoeth uab gruffyd
advỽyn kynnoedỽyn yỽ dyd . oed eneit po-
byl eidyonyd . Eidyonyd loꝛyf koꝛyf karyat. 26
oed howel grym echel gryt . aneird yỽ y
veird oe vot . ynggraen ved ynggro yn-
vut . Os mvt ỻeỽ aerdꝛut ỻaỽ vꝛdꝛec 29
lithyꝛwaet .lathyꝛ walch pobyl wyndodec.
wyſc rỽyſc ryaỽt waỽt widec . yſ yỽch y gỽ-
yn nodwyn dec. Pob dec ae kỽyn advỽyn
oed. par dur vlaen paraỽt aervleid. pꝛif ru-
thyꝛ yng durvyng dewr uaed. pꝛidỽꝛ ſerch
paredur ſỽyd . Sỽyd rỽyd rodyat vat 35
ſudei vedelgyꝛyf . ny duc aryf na pheñſel .
ar yſgwthyꝛ bꝛat cat nyt kel . ſaer hoewach
no ſyꝛ howel. Vchel odwyn howel doc . a
chwyn gỽyỻt ochein agwae . achadarn 39
oed dyꝛoed dei . achydwr bꝛỽydyꝛ yỽch adỽy.
Garỽy ar adwy gỽꝛaỽl redyat ffyꝛyf . taer 41

bꝛiwgyꝛyf tarỽ bꝛagat . gỽys gỽae oe varỽ 1
arỽ irat . gỽyſſỽꝛ kerd gỽaeỽ aſſaỽꝛ cat.
ỻithyꝛ am vd cat rat redec . ỻaỽn wylyaỽ
ỻeỽ vn olỽc . ỻyỽ ardadyl ỻaỽ vrdedic . ỻỽꝛỽf
chwalu trin ỻoꝛyf chwiloc . Chwiloc 5
benn ae nenn y ninneu . y roet . ỻe y redant
oe eiſſyeu . chỽyl garỽ clot vydindarỽ cleu
chwyꝛn dicruthyꝛ chwerwon dagreu .
Dagreu tros vadeu ỻyỽ traỽs vydin. 9
Keis yr aỽdyl honno yny dalen neſſaf ytt ar y llaỽ aſſỽ [1281]. ~ **Riſſerdyn heuyt.**
Clytno eidin clot ardwydꝛin . gleỽ 12
dỽꝛ detryt . kynỻuc durgoꝛyf kein
ỻyỽ gỽendoꝛyf . kanỻaỽ gỽyndyt . kỽyneu
hepkoꝛ . ar vn eloꝛ yꝛannwylyt . Kolofyn
gỽyned eur varanned . ar vyꝛr ennyt . 16
Koeth oed howel kynnoedirgel . kȳnyd
ergyt . Kadyꝛ vab gruffyd . gỽaỽꝛ eidionyd
gỽeiryd unyt. Kymro advỽyn . kaf oe dꝛe-
iſdwyn. cof o dꝛiſtyt . kynvyl garthan
rodwiỽ gỽaỽt lan . rudwaeỽ gỽaetlyt . 21
Kyfrỽyd galon . ochein tromvꝛonn achỽ-
yn trymvꝛyt . Clot vrdolyon . am y gofyō
ym agyfyt . Kolli kyꝛch va . honneit utua
hyt neut atvyt . Cartref digeird . doeth y
wann veird . deith diwynvyt . Keir oe 26
dꝛamgỽyd . eureit arỽyd . yꝛ aedeiryt .
Kynnỽꝛyf bꝛyneich . kynon hoewvꝛeich .
kỽyn anhyfryt . Kallon uchel oed y how-
el . vd dihewyt . Keith gyfymliỽ dur yſgỽ-
yd vꝛiỽ . dar eſgut vꝛyt . Criſt vn mab 31
meir . radeu nertheir . reit ynn wrthyt .
kynnỽys howel eurnaf uchel . ar nef iechyt.
Jachaet meir creir croewrad . eneit gỽalch
bꝛd valch beird vod . och vynet vchaf
voned . ioꝛ ym mincoꝛ . y myỽn cud .
Rygud ỻeỽ aryfrud . ⁊ cet. 37
Llyỽ glyỽ gleỽnaỽs traỽs trỽſſy-
at kerdoꝛyon ỻeon arwydyon
ỻaỽ iaỽn rodyat . ỻoꝛyf koꝛyf ket kiri- 40
et. karyat gỽyndodyd . ỻywyd meu hywlyd

ym mon hoewlat . llym rym redyf gynnedyf
gan gennat ieſſu. lles veird awenllu llyſvỽꝛd
winllat . llỽybyꝛ rỽy o ꝛonỽy eir ynat ieith
vydyꝛ . lleỽ ynhaeluab hydyꝛ llawen heilyat.
Tudyꝛ ynongyꝛ enyngat eingylgrỽydyꝛ 5
tryleỽ guryỽꝛ bꝛỽydyꝛ treul egoꝛyat .
Tꝛydar aer lauar . erlifiat gỽaetffreu .
treſneu clot oleu cleu adeilyat . teyꝛn gỽ-
allowgyꝛn allygat gỽyned taernur bꝛiỽ-
gyꝛff gled tyꝛvỽꝛ bꝛagat . Toꝛret wynt 10
luchynt tỽꝛyf dilechyat ffraỽd . troſtan
ynghyrch blaỽd. tryſtan anghat . Pelei-
dyꝛ gỽaet ryeidyꝛ . nyt gỽyt ruat ſerth
pꝛud wſt angwy nerth . pꝛeid oſtyngyat .
Par trydar bannyar erbynnyat pob 15
rei . parchei bell weſtei oe bwyll waſtat .
Pennaf naf trechyat trychyat eliflu .
pꝛit ae leỽ leif vn pꝛyt elywlat . Poꝛ kȳg-
hoꝛ ragoꝛ parhau rỽygyat trin . pavn 19
gỽirotyon gỽin . penn gỽaredeat . Kadyꝛ
golovyn diovyn ynkadỽ dyat balch . kein
diwac ieith walch . kun diwygyat . Kyfy-
iaỽn gadarn varn divurnyat gyngoꝛ 23
cadeir glotryd ioꝛ . ket argleitrat . Keidỽ
vaꝛant llỽydyant . lleidyat ynghytrud cara-
ỽd ellỽng bud keir ydillat . Kynnedveu 26
llacheu lluchyat gỽyarllavyn . keindeỽꝛ
weiſc dꝛavyn . kaendur wiſgeat . Rec dec
dal ardal ryỽ eurdat perffeith . rethꝛen
aros keith . ruthyꝛ iaỽn irat . Rewin y
vydin gan veidyat ynggaỽꝛ . rydaer 31
ar aeſſaỽꝛ ridiruſſyat . Rỽyſc bꝛỽyſc
bꝛeiſc *lut trut neut rat y vꝛagaỽt . re-
id agreinya raỽt rod djgronnyat . ! 34
Rỽyd ion kerdoꝛyon kaerdiriat didaryf
rud aer gāmaỽn aryf . rydewr geimyat.
Dar ymleidyat uthyꝛ dor ymladeu
dewreir y giwdaỽt dar argadeu . 38
Diagyꝛ oꝛonỽy geyꝛ deu aeſſaỽꝛ . dyꝛy rody-
on maỽꝛ dur y reidyeu . Da vꝛeiſc gedaỽl
goꝛyf divꝛỽyſc oedeu . dyſvꝛys adwyth llu.
dyvyꝛ oſſodeu . Daret angerdꝛuthyꝛ ỽꝛth
dyꝛeu goꝛllin. da ỽꝛth holyỽꝛ trin diwarth
heilyeu . llew acharyat myꝛd llyỽ iach oꝛy-
eu.

1289

llaỽ achiriet mon llewych ciryeu. lluchynt. creu-
laỽn vꝛỽydyꝛ llacheugyhaval . llydan wraỽl dal 2
llit yn aereu . llathyꝛber eurgroewieith llithyꝛ
bar irgreu. llunyỽn vardeir naf llawnyon vyꝛd-
eu . llifeiryeſt gỽyar yỽ llauury[eu] keingk llaỽen 5
oꝛuot ffreingk . lleỽ ynarueu . kat wyỽ ſudaer
hydyꝛ keidỽ y ſỽydeu . kymen varwn doeth .
kamaỽn vereu. Kanon kywirdeb yỽ keneu 8
tudyꝛ . kadarn gỽympyỽꝛ gỽyꝛ . kedyꝛn gampev.
Carawd valched treis kaeroed vylcheu . cary-
at tewglot amyl kiriet hygleu . Kyvarwyd
y gwnaeth kyveiryeu dꝛagon . koetkỽn o
lỽythyon . katkaenlatheu. Egyꝛ didlaỽt 11
laỽ nyt garỽ datleu . agỽꝛd atlam vaỽl
am gerdotleu. Anyan eidaỽl gynt vn an
nwydeu mael . arac lỽydaỽd gael eur a- 16
gwledeu . O vỽꝛỽ carchar gỽyt efraỽc kyꝛ-
cheu . y vaỽꝛ geryd gryt ef yỽꝛ goꝛeu. !
Ar vꝛat ruthyꝛ y gỽnaeth eirif vꝛỽydꝛeu
ymgnith . aer veryon lith ar voꝛeeu. 20
Ron ar dervyſc greit run aer dyꝛueu
rydglet aelaỽ lys rỽyd glot oleu. Ryuel
rudwr dꝛut ryỽ vaỽl radeu nud. rydewr
waỽt ffraỽd vd. reid ar waetffreu . Reit y 24
bydoed yỽ rat wybodeu . rydec emaỽc loꝛyf
ri di gameu . Ry garaỽd wiſgaỽ ragoꝛeu e-
glur. riſc odidaỽc dur rỽyſc ydeideu. Mu-
rel dilỽſyꝛ vu maỽꝛ elỽ daleu . mirein lew.
bꝛaff vꝛeich. moꝛyen lwybꝛeu. Moꝛdwyaỽd
yneiryf maerdyeu gỽinllat . mur aragỽꝛd 30
gat moꝛ yꝛ eigyeu. Maen arwyd yvot rỽ̄g
manereu . maỽlỽꝛd advwyngoꝛff milỽꝛ ded-
veu. Mynnaỽd dꝛagoꝛuot hyt ym manneu
byt . maỽꝛed ragoꝛ bꝛyt muroed dꝛeigeu .
ARuot uthyꝛdꝛeic ỽꝛt' . gaſtellgreic . aer 35
aryneic eur oꝛonỽy. Arueu kychw-
yꝛn eruei deyꝛn eryl gedyꝛn aryal gadwy.
Eryꝛ gỽyned aryf gyved. eirgraf hoffed
irgreu ſaffỽy. Eneu digabyl . anant
vỽꝛddabyl . ynyỽl barabyl . yn ael berỽy. 40
Amlỽc dꝛỽydyet . amlyn weithꝛet ym
y yuet am yovỽy . Wythꝛif dꝛoffed. uthꝛaf
lymgled. aeth y vaỽꝛed ieith avarwy. An-
nwyl dudyꝛ . einyoes ryſgyꝛ . eurget eryꝛ. 41
argat aerỽy.

1290

Jon kenetloed . ynyal wledoed . anaỽ lyf-
ſoed . enỽ alaſſwy. Hydyꝛ gallondit . hy-
daer dewrllit . heilyeu dibꝛit . hylut obꝛỽy.
Heird y eſbyt. hirdaỽn gỽyndyt . hyder
diwyt hyt ardawy. helym diſegur. hy-
lym natur. hael bꝛif aỽdur . hỽyl bꝛova-
dwy. Hyꝛrwyd varchaỽc . hardlevyn du-
ryaỽc. hirwaeỽ trumaỽc . hỽyꝛwyt tram-
mwy. Koꝛyf trybelit . kaeroed gliffit .
caryat erlit . kiriet arlỽy. Camp oli-
ver . kỽympyei n yngỽer . cant oe lewd'.
cun taladỽy. Keimyat gỽyned . kymoꝛth
goꝛſed . kyman dewred . kamaỽn dirỽy.
Croewles vedꝛ⁹. creu leif dirrus . ket
eurgoſtus kat argyſtỽy . llwrud la-
vyn dur . llowrod eglur . llawen owdur
llew ynadwy. lluchynt melwas . llỽch-
veird winblas llydan ſolas llyỽ dinſilwy ~~
llunwigoꝛ vyd . llyꝛ pen mynyd . lle bỽꝛỽ
geryd llwybꝛeu garỽy . llym dan heyꝛn
lle bei utkyꝛn lludet erdyꝛn . lleidyeit oꝛd-
ỽy . llonn bendeuic . llinon yſſic . llun ffene-
dic . llin ffynnadỽy . llỽybyꝛ cat odeith . lla-
vur dꝛutleith . llỽꝛyf daỽn doethieith . llo-
ꝛyf dindaethỽy . ~ ~~~

Rifferdyn agant y teir awdyl uchot y rontwy uab tudur.

Iollo goch weithyon agant y awdyl honn.

Coſtyaf y vadaỽc . kaſtyn vntroedy-
aỽc . koſtaỽc kynghauaỽc huuen
amkaff. kyſtuduab howel . coſtyei yochel .
coſtrel ael iſſel nyt eil aſſaff. Cuſtaỽs gỽ-
arthec cadỽ . caỽſtyeu achadỽ. kỽt rỽt bꝛỽt
bꝛadỽ. bꝛeudỽrch rybꝛaff. Kjldỽꝛnel gỽann
ledyf kelỽꝛn bꝛamſachledyf . keil meil mi-
leindedyf . nyt kynnedyf kaff. Kỽlỽm yſgỽth-
yꝛ tỽnffet . callon mahumet . calet yꝛ byꝛ-
ret nywyꝛ barraff. Kalgrỽn bakỽn boc-
kys . kyflet. fflacket fflockys . kawldꝛỽm
hokys llaỽn rockys . crockys crocker ỽꝛth
raff. Kolwyt bugeil pedyꝛ . colereu wyſtyn
gledyꝛ . kelwyd vedyꝛ kỽffyl lledyꝛ . llỽdyn
myỽn yſgraff. Kymỽꝛn burym yſgei . kym-
mein adũnei . ygan y baỽei ny graffei rgraff . ~

Iollo hebyt.

Safyn egoꝛet yỽ ſafyn goꝛwyꝛ baỽki.
y biki gỽthyꝛ kannwyꝛ. ſafyn pibyd
fwyſen pabwyꝛ . ſafyn llo gỽas ayf yn llwyꝛ.
Safyn llydan ydiỽ lletwyꝛ chwidach . ſafyn
achwydaỽd neithỽyꝛ . ſafyn llaỽn baỽ achỽ-
yt awyꝛ . ſafyn kavyn kaỽs byd haỽs hỽyꝛ .
Safyn dyfyꝛgi baỽki bakwyꝛ reiduſſyon man
lleithyon min llethwyꝛ. ſafyn gỽꝛab ſeſnic er-
wyꝛ . ſafyn yỽ ymſennu awyꝛ ~
Safyn kicvꝛan dꝛuan drawyꝛ y geneu . ſafyn
ny ganaỽd ſallwyꝛ. ſafyn dꝛỽc mal tỽll mỽc
magwyꝛ . ſafyn ffals nyſeif o vyỽn ffwyꝛ.
Safnoc digoꝛffoc daeoc oerffỽyꝛ lleibyꝛ. ky-
hoedgỽybyꝛ ki hydgỽyꝛ . ſennu paỽb yỽ y
ſynnwyꝛ . ſafyn gellaſt varỽ . ſafyn garỽgỽyꝛ.

Gruffud vychan vab gruffud uab edynyuet.

Ydwyf ami nyt oedes arglỽyd keinllỽyd
deucanllys idaỽ mal ydoed adaf vuyd yn
dyd ac yn nos ~
Y nos vat y kaat oꝛ kyt oꝛwed balch
oꝛonỽy aerwalch oꝛeu rinwed. Jon
amgylchyon mon mil vlỽynyded hyt . oe
diwreid gỽae ꝛbyt yny dewred. ahitheu
eiryeu dienwired daỽn y dibechaỽt iaỽn
da y buched. Weirvyl glot hynot hendihen-
ed vo . yny gỽiwlys vꝛo kaem amgeled . yſta
veir neut geir gỽirioned arnun ytyfaỽd
vdun eur etiued . aer digel howel hoewed
bennaeth lyỽ yndagarỽꝛ yỽ enỽ digared.
Oꝛ deheu vanaỽ ven glaỽdyfred not a gi-
gleu y glot hyt y gogled . O veirdyon kyfy-
on ych kyfed ach maeth . ach urdaỽl ach gỽ-
naeth yn ych hardded. a balch adivalch deivyꝛ
digaffed vann . achadarn a gỽañ dibechoded.
yn cam yꝛ ytym kymroded andaỽ yn ry-
valch arnaỽ ac nyt ryued. Awn ni ynggỽ-
ed perffeithꝛec ydeledaỽc tec heb dyloded.
ar veir wyꝛ hoeweir wir hed bedydlu . em
moꝛynyon vu ae maranned . achꝛiſt keli ri
rac wythloned gỽyt . ae naỽd a geidỽ byt
ynud gytwed. aradael yn hael oes heled
grychꝛud y bwyſſaỽ eur rud ar yn byſſed.
anant wir volyant oꝛvoled gỽyndyt . ion
bylcharyf ynggryt yn ynbalched . ynni

getych di rac dyed galon. yn ryuic veirdy-
on am yn reuved. yntrỽſſyaỽ ynheird 2
yn troſſed gỽinllat. anbyỽ ry garỽ mat
eb oꝛwaged. y barthu attam berthed golu-
daỽc. gỽiſgoed graaỽc da eu goſged. Jaỽn
waỽt aganỽn anwed yỽ ynny. am ener 6
kymry vn anmyned. adꝛuein lle keir at-
rywed rodi. ageimyeit eỽch chỽi eſ nyỽ
gomed. Eref yỽ yn gỽelet oered andech-
ꝛyn. yno gỽelir hynn heb enỽ gỽyled. 10
anuanaỽl yrod vn voned adyfyꝛ. ynat
ganon lyfyꝛ eneit gwyned. achyfunya-
ỽl gerd achyuanned lys. ac ymyꝛrwyꝛ
bꝛys eur gymyꝛred. A neuad yn llaỽn 14
yndiwed kerdeu. a hỽyꝛ varant geu a-
hir uaỽꝛed. aeth y arnun gabyl athe-
yꝛned heird. achanto o veird yny chyn-
ted. amod digrifỽch. amed goꝛchyfun. 18
ary anamyl hun arianed. a gỽeilch yn
gỽare amgylch gỽyꝛed perſ. a mevyꝛyaỽ
wers am overed. a moeſſwymp deulu a-
maſſwed iaỽnda. athꝛacheinlwys ra a-
thꝛychannwled. yny veyn afreit anned 23
beird glydỽꝛ. vn geirfon am wr enwaỽc
oꝛfed. Arglỽyd ny welet wedy eurgled nef
vn redyat ac ef oanryded. ~~~ 26
Anryded hywed hywel ri nefaỽl yꝛ vn
ofyn nyt ymgel. erchwyn kyuoeth doeth
lle del. iechyt yꝛ gallon uchel. 29
Vchel eir bennreithgreir bit. arglỽyd
awnai diuei dut. o bei aneird beird y
byt. ynheird digeird ymdygyat. yꝛ veñ
ybo penn clo clot. ar hỽnn treidyỽn yn
Tꝛỽydet kynhalet kyñ- [trỽydet.
heilyat canwled tir gỽyned taer guny-
at. tros anant neut traỽs ynat. tryf- 36
foꝛer cler mydyꝛner mat. Tỽꝛ gỽiỽdedyf
tralledyf alleidyat llỽybyꝛ iaỽn lle bei
reit digonyat. taruei eingyl. taeruyỽ 39
angat. traỽ pelleic kadyꝛ benn eic kat.
Teilỽng kyt oſtỽng ket waſtat gyflỽꝛ
mil glydỽꝛ maỽl gludyat. teuluoed dinac
uagyat. tỽyſc dꝛaỽ oe getlaỽ agat. 43

Tꝛoſſet em giret ym garyat hyw om dihe- 1
ỽyt bꝛydyat. troſſes veird yn eu trỽſſyat.
traỽs ner yn treiſſyaỽ nyat. 3
Tebic ydyfric divꝛat archeſcob eurwych aeſ-
goꝛff gỽinllat. taer yn ryd teyꝛn rodyat try-
chan rec tec a vab tat. treſyn heil bỽꝛd vueil
beird vwat aerglo arglỽyd gỽyned wenwlat.
talym beunyd an ryd yn rat. taryn loegyꝛ
tiryon lygat. ~ 9
llygat gỽyned wlat agannwyf ymbyỽ. e
bieu abꝛyttỽyf. aphob peth a lunyeithwyf.
ymcof mi ae rof ym rỽyf. Myỽn byt ar
vedyt kyt arueidwyf hoet. myn duỽ hyt y
gỽypỽyf. yſbys dioer nevin gỽys ot ỽyf 14
yd atwaen idaỽ dytỽyf. | **Gruffud**
Ydwyf ami nyt oedes ⁊ cetera. | **vychan he**
Anrec wladeid nyftreid traet. ado | **vyt.**
eth y anoeth eneit. ovỽyllỽꝛ nenn kaeth
bꝛenn koet. avallen eua uoellwyt. 19
Rythbla ruf eua roes oval. yꝛ byt. gwaer
bydoed oꝛ dial. rannaỽd ac adaf aval.
ryỽ barch y ennill raỽ bal. 22
Pỽyll dꝛuan kỽynvan nyỽ kel. pallu bꝛyt
pum oesvyt pỽl. anuoeſchwant anavuſ
chwyl. oniuer yꝛ vn aual. ~ 25
Gwedy gloes arbymoes byt. ac ovyn uf-
fern gỽymp govit. geir gabꝛiel ãgel yngot.
ỽꝛth veir ar geir vur gỽaret. 28
Pumoes byt y gyt ogeith yn rydyon an
kovyon yỽn kyfyeith. y rom y gỽnaeth duỽ
areith. yꝛ yndỽyn oꝛ anoeỽdeith. 31
Ys duỽ ae gyꝛraỽd oes daer. yſda gỽnaeth
llateiaeth llwyꝛ. ys aelaỽ y gỽnn pa faỽl
geir. an duc ogeithiwet oer ~ 34
Aue rac maỽꝛdꝛỽc aual. maria eua o
vul. geireu gobꝛỽyeu gabꝛiel. gracia
lles awna yn ol. 37
Plena vurhynt da pandoeth yꝛangel
y ryngu bod kyuoeth. gabꝛiel diargel
eirgoeth. gan vaỽꝛduỽ ar gein veirdoeth. 40
Dominus duỽ gỽedus yỽ agỽydoꝛ byt
bit tecỽin yn kyngoꝛ. benedicta benndoc-
toꝛ. tu yỽꝛ mab y tir ar moꝛ.
Jn bach adyly yn bỽyth mulieribus 44

wedus weith. ɫ eil bzif lythyzendoeth. benedictuſ
uoethus uaeth. 2
Fructus geir oveir ef weryt yn reit. onerth
rat yz yſpzyt. uvud va6z wa6z wyzy gym-
legyt. ventris aberis y byt. 5
Tui vn athzi athzat anergly6. argl6yd rañ
oth garyat. yn vab mozwyn v6yn vagyat
yndec yn yſpzyt yn dat.
Jhesus vab aphab aphob kynnyd da. 9
vn mab du6 ny deruyd. dir not kynn dy-
uot yn dyd. d6c eir yndygerennyd.
Y mab rat ager yzangel aranga6d bod y
veir. aryf dwyſglot. araf diſgleir. eureit
greaduryeit greir. ~ 14
Ganet ef g6ñ nat ouer. ganedigaeth dec
ſegur. oveir ac vn geir gan gar. a glan
yſpzyt heb gyt gwr. †yn wedy.
Mozwyn vu ueir uwyn ovy6n hundy 18
g6ydyz. yngwy6 dal mab du6 vzy. mozw-
yn gynnohynn gein hy. mirein wa6t moz6†
Cri geni mab gogonet. kyflunbalch kyf- 21
lenwi byt. criſt keli kyvodi ynvut. claer
ſerenoneñ y not. kynnydu arannv yn
rat. koelueineu kael a vynnit.
Doeth teir anrec dec adwyn euhunein 25
gan vzenhined adv6yn. eur amyzr thuss
yz m6yn. yn ha6l va6z ynhael v6wyn.
Nyt oed dz6c pleit mab eidyon. arael
y cruteit hael h6nn. nyt ont criſt oe 29
veithzin. neb y bzeſſeb yzaſſen.
Y6ch y la6 n. treigla6 argl6yd trag6lych
voz yd oed veir an g6ledych. is yla6 ieſſu le6-
ych. Jeſſin gozff aſſen ac ych. 33
Oarch ieſſu barch berchen. ſaer oeſſoed y
ſaraſſin. erot gaeth ae ra6t o g6n. eur-
wiſc amyl wr yſgymun. y vzada6c ãgeu
vza6dyn. a lvnya6d y elynyon. ~ 37
Deholet g6a6z cret mab g6z cryf. oneſ a-
nef anafoed didzyf. dial pur deol peryf.
dofynbwyll dzos adzeif dyf. 40
Honnet na welet rac ffyd diffodes cret
baeach. hen6 dyn ual h6nn adu6 n vach.
hir y6z deigyz her6z degach. 43

Jeſſu iozllu arlla6z yz iſrael. vnben hael hylwyd
wa6z. eureit en6 aroet vn a6z yno yg6naeth
vabolaeth va6z. Y pzif werthua6z vein ozpzid
agwlan y daear oz g6lyd. by6 yn var6. buan o-
vered. a meir6 yn vy6 ma6z ia6n vud. Seith 5
rif llu gynif. lle y genynt y dzeis. dan y
dzaet y redynt. ſef rei oe adef oedynt. ſeirff
llewot g6iberot g6ynt. Tzos angret tros 8
gret tra6s greir amyl ydi6 ymlity6yt vn mal
meir. troſſom y g6naeth bop tra6ſeir. tri deu
vn kyfun y keir. Wedy anghyfreith wneu-
thur y vzat ef ovzyt over. cam oed y iudas 12
yn car. cuſſanu ieſſu oeſſ6z. Yzdec arhuge-
int eur dat. o aryan bach aeron byt. anwſbon-
yaeth creinyaeth cret. vu ywerthu ae wrthot.
Gozchwyl iudaſ vu g6archae. g6z o hil doeth 16
balch noeth noe. g6zthodes naf g6erthadwy.
g6arth hydyz aeg6zthodei. Divlas vu ſudas
ſwdan. dyſgu dihenydyu dyn. diala6d du6 ae
ulun. dial gozwyllt dal gwirion. Roet 6zth 20
arol ſ6zth ſertheir. ry6 vaenboſt ma6zgoſt
murgaer. roes du6 raſ nan llas ynllwyz.
r6ym6yt karcharwyt kyzch oer. Yn lla6 23
bob vn dz6y lun dz6c. oeſ darmerth ieſſu dirmic
yſg6zſ nyt edewis gic. na g6aet yny cozff g6-
i6dec. Daruvwyt yn dzycweith wneuthur. 26
bzat kenedyl va6zchwedyl verchyz. by6 dovyd
bu ediuar. bzedychwyt ef bzyt ucher. Kellweir6-
yt yncall waered. criſt oveir croes du6 va6z6d
kyfen6 difieu rinyeu rad. kabl6yt ef k6byl y6
dovyd. Godef6n 6yf g6ed6 ovul. goved gar vydar
ved6l. godefa6d dzos ga6d aval. g6energ6eith 32
g6ae6 anirgel. Aeth y g6z ang6naeth ogna6t
dyn heb les blys eua vuzkyndyn. ar groc ffe-
zyf oeloes dervyn. ohynt ny bu ieu na hyn. 35
Reidrud y dwyla6 rydz6c. ynryda6 cof onrydic.
roes eur y groes ar y groc. y bzynu dyn waet
bzonn dec. Rodet nyt rod myget mygyz. ym-
eurlly6 griſt yz ma6zll6gyz. du6 tec g6añdia6t
llagyz. g6en6yn abyſtyl a g6inegyz. Eſgyn-
na6d dallua6d d6yllvurn. oes diagyz ieſſv de-
yzn. y gladedic weith veith varn. ozaſ hydyz 42
arſad6zn. *Kyrch lle mae y groes dza6 g6byl oz englynyon* #

Gruffud gryc ae kant. 1

IOꝛ nef aechꝛeir . ac euryn meir . ar gỽꝛ
anmed : athꝛoet allaỽ . ac aryf aelaỽ . a goꝛuo-
led . Gwarandaỽ heit . bechaduryeit : beich
o daered . a madeu ynn . yn llesc dꝛemyn : an 5
llusc dꝛymed . an camlyeu . an llit vꝛodyeu :
anllet vꝛyded . ankaſgyl olut . an cam ehut :
an kymmỽed . An gỽac valchet . yn anwae-
ret : anennwired . Ti yỽ yn llywyaỽdyꝛ . 9
an ameraỽdyꝛ : yny maỽꝛed . Ti yỽ yn ioꝛ .
ti yỽ yntryſſoꝛ : ti yỽ yn troſſed . Ti an
bendic : ti yỽ yn ryuic : ti yỽ yn reuued . 12
Ti yỽꝛ goꝛeu . ti yg goleu . ti yg gỽyled . ti
Destyon erchyll . ti yn hywyll : tiyỽyn hoewed
Ti yỽꝛ gỽꝛ hael . ti yn iſrael . ti yn azared. 15
Ti ympob pỽnc : yn ryymỽnc : nyn rỽy omed.
Ti yỽ yn gỽaỽꝛ . ti andidaỽꝛ : ti yỽ yndewred.
Ti vab meir wenn . o vrdonen : a vꝛd wyned.
Yꝛdygythꝛydꝛaet . yꝛdyraenwaet : yꝛdyrinwed.
Yꝛdy hoelyon : yꝛ dy goꝛon . wr digared . 20
Yꝛdy uedyant . yꝛ dyuỽynyant : yꝛdyuoned.
Yꝛ dy leindyt . yꝛ eurdỽf iechyt : yꝛdyuuched.
Yꝛdydechreu . yꝛ dydwyweu . yꝛdydiwed . 23
Yꝛdygythyꝛlam . yꝛ dy lỽyſuam : yꝛ dyloeſued.
Yꝛ dy uaỽꝛdꝛanc . yꝛ dianc : wr didyed ~
Yꝛ dy uaỽꝛglot . yꝛdy gyuot : wr digyued. 26
Erbyn arglỽyd . erom gulỽyd : yꝛamgeled.
Y daearblant . eir dangnhouyant : yꝛdygnheued.
Reit gael gan bedyꝛ . rydit hyuedyꝛ : rat etiued.
Yrỽyf ancoꝛof . yn ryt gantoꝛof : yn rỽyt gynted.
Ynraet cherubin . yn rol varthin : ynrỽyl uerthed.
Ygkae maỽꝛblas . ygcoꝛ adas : yghymyꝛred.
Ymper greiuyeint . ympoꝛ eurſeint : ymhiroꝛſed.

‡Oebꝛid wely bꝛud waelaỽt . efo grist aovỽy
gret . arduỽ ſul urdaſ olut . ar duỽ doeth 2
ar deeu dat. Duỽ llun gỽꝛ eidun y gw-
ꝛeidyaỽd y nef . naf daear a moꝛoed . dy eill
hynt y dieuoed . duỽ ieſſu duỽ vu duỽ vyd.
Dec vnpꝛyt duỽ ſpꝛyt vyt vedyd. duỽ 6
dat duỽ mab rodyat ryd . duỽ n varỽ duỽ
n . diuarỽ dovyd. Dwyỽeſlathyꝛ yỽ n
dewiſle . dyn bieu dewiſſeuda . dewiſſaỽd
nenn pꝛynaỽd ni . dewiſſỽn uab duỽ ieſſu.
Dewiſſaf vy naf awnaeth ioꝛ diuei . 11
win oꝛ dwfyꝛ ewffraeth . duỽ ſul di vul
dwywfolyaeth . duc cret o geithiwet gaeth.
Dewiſſaf vy naf ỽyf vn ieith ac ef yn
govyn vy anghyfreith . delwyf obob ano-
obeith duỽ naf ymdiwaethaf weith . w.
Dewiſſaf vy naf awnaeth kỽmpas heul
yn hwyl awyꝛ glas . dioꝛneir y deyꝛnaſ. 18
duỽ cret dewiſſet y waſ. Dewiſſaf
vy naf vy naỽd rac dꝛycoed . duỽ mydꝛo-
ed da medꝛaỽd . dewiſſet ae dewiſſaỽd.
dyd y ſeif deu dewis haỽd . Osſit ym 22
dwyn kynn kynvyl. ar heilboen o arỽ
helbul . ar duỽ y rof vynggoval . ameir
n vydeir vedỽl . Yꝛ eneit noeth awnaeth
naf pꝛudgar . ar pꝛid goꝛff gorff goꝛwac-
kaf . ar heilỽn nerth yꝛ hael naf . ar he- 27
lỽ duỽ yꝛwolaf . Mae yth waſ ſulas
callon adolaỽl ban deler geyꝛ dy vꝛonn.
mab meir creir criſtonogyon . madeu
hir vedylyeu honn. Y tafaỽt tỽfyn be-
chadur . anwiỽ o vedỽl ennwir . adyfaỽt 32
neut ediuar . dwyll abꝛat dall abꝛyder.
Y traet ffalſus not redec . odwyll yth
erbyn am duc . mab meir eur greir
ar y groc . madeu kanyſ ti yỽꝛ medic. 36
Y dꝛem a vu o dꝛimod . warant y bop enỽi-
red . deiſſyfu maent dwys hoewvud . di-
grynỽꝛ dy gerennyd. Naf o iaỽnllin
nef wenllys . ner nef nenn perchen par- 40
chus . y dwylaỽ nythadoles . nadilit pan
vỽyf dulaſ. Cluſteu anodeu anwiỽ
eidun dwyll . dillỽng duỽ credadun . deỽꝛ
dy hynt dyꝛo dyhun . donyeu dedyf dy 44
naỽd udun.

1297 1298

Duỽ naat deuwat diwat[th]. dyn bieu angeu
yngyꝛth. da lỽybyꝛ yỽ dyoleubarth. dybꝛyt
wyꝛ ardeubꝛitwerth. Yꝛarchoỻeu dy deu
dꝛoet naat ynbꝛenin ni ỽyt. anaỽd yỽ tra-
ethu reneit. uffern kelkerth werth dy 5
waet. Rac unfom kythꝛeul rac anfa-
ỽd kethꝛn. rac uffern wern warthgaỽd.
duỽ nenn oꝛ pꝛenn an pꝛynaỽd. dyn ỽyf
yn erchi dy naỽd. Tꝛindaỽt eglur ffaỽt 9
agla am ỻywyo. J. ⁊ o. ⁊ alpha. troet ym
ỻe nyỽ treia. trugared adiwed da. ~
Kymynnaf iaỽnaf ener. kaf dyſtyon. ky-
va doſtur. vyngkoꝛff meu y mae daear.
am. amda men ymdamunỽꝛ. Kymyn- 14
naf vy eneit nyt kam ennyt ym y dem-
myl griſt ae leindyt. ar ỻudỽ goꝛff ỻe
daỽ y gyt. yꝛ ỻvdỽ araỻ ỻe deiryt. 17
Om pechaỽt griſt triſt ymtreid. af yth
ras chwedyl adaf oed. aro wann oer yỽ
ywaed. ynghardot eurglot arglỽyd. 20
Arglỽyd rỽyd rywyaỽc nethaỽc neirth-
yat. ofnaỽc vyd digu ynkyꝛchu kat.
erbyn vi gỽeſti gỽaſtat ucheldir yꝛ ỻe y
keiff kywir agwir agwat. Arglỽyd moꝛ
athir wir waretyat. arglỽyd gỽyỻ a dof 25
medꝛufgof mat. y uffern geuwern. ar
gawat diefyl afathan dywyl nym gỽyl
nam gat. Rac tan ỻofgedic dic ymdygyat.
rac dirmyc iaỽn blyc. rac iaen blat. 29
rac dꝛewyant codyant kudyat pum fyn-
nwyꝛ. rac keubỽỻ ỻetwyꝛ boen ỻỽyꝛ ben-
ỻat. Pỽyỻỽn yſtyꝛyỽn yn oes duryat. 32
paỻu on camwed an reued rat. pobpeth
pob diveth dyfyat aderuyd. eithyꝛ keren-
nyd yn detỽyd dat. Pꝛidyn vyd pob dyn
dan ydiỻat. oꝛ pꝛid duỽ ae gwnaeth hu-
dolyaeth hat. pꝛidved y gytwed geitwat
daeargnaỽt. periglus dyd bꝛaỽt ynaỽt 38
ae nat. Pan baỻo ꝛ deu dꝛoet hoet ehet-
yat. pan vo dolur pen̄ yn nenn yn yat.
pan del fel na fel yn ſeilyat angeu. pꝛit 41
yꝛtavodeu oe bꝛotyeu bꝛat. Hỽylyeiſt a
ỻywyeiſt heul aỻeuat hael greir vn
mab meir oꝛ geir agat. hỽnt yꝛ gwaet 44

y traet kynn treiat archoỻ. hynt argyfyꝛ-
goỻ ni oỻ naat. Hanbum. ꝁamwedaỽl rỽ-
ydaỽl redyat. hanbỽyf bỽyỻ cỽmpas oth
ꝛas ath rat. hanbych weỻ lewych lywyat
tangnefed. hanbo vyndiwed yth wled ath 5
wlat. A M E N. Gruffud vychan
Rwyd yỽ dauyd rod diuei. rugyl iaỽn oelys
ydaỽn doe. reith oe gyfyjeith ae gofwy.
rodyon enỽ mon yno ymae. Ymae auoꝛy
ymoet yuynet ỻe mae veneit. ae triſt ym
lauuryaỽ ꝛ traet. yꝛ ỻe bo mab dd' ỻỽyt. 11
ỻwyt vo tir aỻydỽ avaeth. ỻyꝛyf pleit lin
bꝛehyꝛyeit lwyth. ỻywyỽꝛ daỽn ỻawir adoeth
ỻoꝛyf ỻu aeſgoꝛyf ỻeafgeith. Keith adỽc eu
ỻeith yn ỻwyꝛ. car hynot eir[yf]glot aryfglaer. 15
caraf nyt ymdaeraf dioer. kytwed nud ketoed
nedeir. Nedeir eiryf ner kyweirvoes. naf dd'
detwyd datwys. not am glot tauot tiueis. 18
nud digā vd duc ymaes. Y maes o gywirdeb
mwyn. adỽc ef mev digofein. yngar yn reit
bleit oꝛ blaen. eingyl aros āgel oꝛoen. Goꝛ-
hoendec rud uud vueil. goꝛeu car agwir yỽꝛ
coel. gỽnelon avyn̄on vānỽyl. gỽꝛ yỽ hỽnn 23
iaỽn gywir hael. Hael haeilgar kytbar
koetbaed hediw dyd gen̄yf haỽd oed. hỽylo
ỻe bo tro poet rỽyd. hoewgu oꝛchwyl hygyꝛcheid-
Kyꝛchỽn ỻe gỽelỽn ỻywy gulwyd kat.
rỽyt karỽ tryfrỽyt yn kartrefrỽyd. 28
kyꝛchei bob iaỽnrei buanrwyd darmerth
kerth vard eniỻwerth. veirdyon aỻwyd.
Koeth uab dd' ỻỽyt bu rwyt rotwyd. kymỽt
ỻiwan naf alaf eilwyd. kein dd' hoetryd ehut-
rwyd moꝛdaf. kỽplaf hylithꝛaf ehalaethꝛỽyd.
Keitwat pym ſyn̄wyꝛ lỽyꝛ oleurỽyd. kȳgoꝛ 34
ket egoꝛ kywtaỽt ogỽyd. koꝛff kanwled tre-
ifgled traỽfglỽyd trafyn aeſtalch. koꝛff balch
dewr reitwalch diwaratwyd. Kaeth ym daỽ
hiraeth om diheurỽyd. kytbỽyf heb daỽ can
ỻaỽ keinỻwyd. kynnif geir digrif garedic- 39
rwyd byt. kytgefyn nof hyfryt gyfneſſafrỽyd.
Vymreiſc weifc wafc doꝛyf aefgoꝛyf yfgỽyd.
vymrỽyfc rỽyſc ryſgyꝛ wyꝛ waran rwyd. 42
vymrys naỽ dyfrys nyt afrwyd adꝛod. vy
mod beunydꝛod vn bēneidꝛwyd. Vymaỽl men-

eiryaỽl mac y arwyd. vy mur dur dirat tromgat tramgỽyd. vy myt aer wryt ar oꝛwyd erchlas. Vymplas vy neitras vy eneitrỽyd. Vy nud vud vueil vy heil hylwyd. vy naf yalaf agaf ymgwyd. Vympenn vympercheñ ymhoꝛchỽyd kamaỽn. vynghỽbyl wahandawn yn llaỽn am llwyd. Vymryt vyndiwyc vy vn awyd. vymreint nyt gỽir feint neut goꝛeuſwyd. vymro vy eurglo varglỽyd gedymeith vymraỽt am gobeith am pen̄ reith rỽyd. Rỽyd yỽ dd' ut s[upra]

1299 1300

Llywelyn goch uab meuric hen ae kant 1
Achubaf duỽ naf diamnofyd . dy naỽd
ath gyuarch . ry barch rebyd . Vchel
yn awyꝛ dy ua gỽyꝛyd . Jechyt marỽ abyỽ llyỽ
llewenyd . Brenhin adewin pob ryỽ dywyd ⁊
creaỽdyꝛ ameraỽdyꝛ creir maỽꝛ detwyd . 6
Yſpꝛyt gloewvꝛyt glan ⁊ daryan deryd ~ tat da-
ỽn annogyat mab di negyd . Panlithyꝛdel
ryuel rỽyf merỽeryd ⁊ ar tralliaỽs bobyl ar tl 9
lluyd . Arlethyꝛ oliuer uuner uynyd egylyon
werin dy vydin vyd. Gỽneuthum dadyl kynne-
lỽ gyt ar kelwyd ⁊ gỽneuthoſt voꝛ reydyꝛ hoen
gỽydyꝛ agỽyd. Gỽneuthum diffleis dꝛeis dꝛos
dygeryd ⁊ gỽneuthoſt nef allaỽꝛ dꝛamaỽꝛ dꝛu-
myd . Gỽneuthum di vꝛaỽt nef agỽyꝛ creuyd ⁊
gỽneuthoſt geluydyt byt abedyd . Gỽneuthũ
latteiaeth barn uedỽgaeth uyd ⁊ gỽneuthoſt
dỽfyꝛ athan glan aglennyd . Gỽneuthum 18
ygywir wir waratwyd ⁊ gỽneuthoſt hagyꝛ
athec ovec u vyd . Gỽneuthum ardꝛaethaỽt
geuwaỽt gywyd ⁊ lleucu yn eilueir lliỽ caen
eluyd . Gwneuthum odineb nac ednebyd ⁊ gỽ-
neuthoſt lynn ebꝛonn ae auonyd . Kyffeſſaf
ỽꝛthyt byt wybodyd : kammeu awneuthum
kymmen ieithyd . Gỽꝛaỽlgadyꝛ waladyꝛ di 25
gewilyd ⁊ goꝛuchel bylgein ac aỽꝛechwyd .
Toꝛeis ogredeu bynneu beunyd ⁊ taered adyſge
is hydꝛeis hoedꝛyd. Toꝛeis y dengeir ffurueid
greir ffyd : dedyf eur ỽꝛ diledyf yerdelyd . 29
Toꝛeiſt gỽaryeiſt hil gỽiỽ riyd ⁊ trumaỽcued
dayar loewar lywyd. Tỽꝛ dioꝛwacieith perffeith
purffyd ⁊ toꝛeiſt byꝛth uffern gỽlyb uigynwe-
rn gỽlyd. Yꝛ dygoꝛon dꝛein yꝛdy geryd ⁊ yꝛ dy ga-
ryat clyỽ lyỽ vyeilewyd . Yꝛ dygethꝛaỽl dꝛaet ae
rudwaet ryd . yꝛ dyglỽyf oual ar gleif evyd .
Yꝛ dy lỽyꝛwir uarỽ ardeloꝛwyd : ar tra doeth gy-
uot y pꝛyt trydyd . Erbyn uy marỽaỽl diwe-
daỽl dyd ⁊ eurdat di gronnyat dy gerennyd . 38
HEnpych well haelwych ynhwylwaỽt pꝛydyd
hard dy veduard vyd : wiwryd wiraỽt. Huaỽ-
dyl greir pureir paraỽt wrhydꝛi hoedỽꝛ dayoni
hyder dunaỽt . Hael hỽvrys diwael dywaỽt 42
peir awen ⁊ y rỽy vydut benn nyt ryuedaỽt .
Hil coeth rys durnoeth roes dyꝛnaỽt yngꝛei ⁊
hil ruffud eruei windei wyndaỽt. Hyder bꝛyw
yſgler bꝛiỽ aſglaỽt belydyꝛ ⁊ ael gỽyar reydyꝛ
eilgỽiỽ ryeaỽt . Hyꝛdaỽt tre bergaỽ bargaỽt 3
peithynnvein ⁊ awnaeth dy giewein kynnreit
kannraỽt . Gỽynn y vyt ygyt dy giwtaỽt tele-
it : gỽynnyon uryttanyeit gỽeinyeit gỽiỽnaỽt .
Gỽynn yuyt ueird byt bedwaỽt aganant ⁊ 7
gỽynn y uyt anant gỽyllt ffynnyant ffaỽt .
Gỽynn yuyt yỽch ryt aỽch raỽt ny chyꝛchych ⁊
gỽynn y uyt lle y bych owein vꝛych vꝛaỽt.
Gỽynndeyꝛn erdyꝛn gỽennỽyn oꝛdaỽt keith ⁊
gỽnaf yth wiỽaf ỽeith milieith molaỽt ~ 12
Gỽꝛdyoꝛ llaỽ egoꝛ llogaỽt uerneiſſwin ⁊ gỽaỽꝛ
trywanuaỽꝛ trin ⁊ elphin eilphaỽt ~
Gỽiſgeiſt ymdanat gỽaſcaỽt llurucdeỽ ⁊ gỽꝛe-
id auael lleỽ gỽeiryd deuaỽt ~ 16
Teyꝛn hilkedyꝛn keudaỽt gỽyꝛennic ⁊ trum
di uethedic ſauedic ſaỽt .
Teſleiſt yỽꝛthyt taflaỽt ymwangeis ⁊ tra-
vyn aber marleis trilleis trallaỽt . 20
Tyuir itt volyant om tauaỽt y keir ⁊ nyt o aghyw-
eir dꝛutheir dꝛaethaỽt . Terwyn vyd dy rynn
vuddꝛaỽt gelyngaỽd ⁊ yghymmỽy anaỽd yghym-
minaỽt . Tyꝛual tirjondal trindaỽt yth adu ⁊ tl
ac vn ieſſu tu teilyngdaỽt . Tec yỽ dy hynt lyỽ
hynn nyt tlaỽt gynnyd . trugared ath uyd vꝛeiſc
dyd y vꝛaỽt . ~ ~ ~ 27
Jaỽn vꝛaỽt rolant ſaỽt ffyd yỽ arglỽydrys eryꝛ
gloeỽdꝛem dedwyd ⁊ ergytwaeỽ aer daer deryd ioꝛ
du gỽynn eur yn aryd . 30
Byd ygler bedyd glaỽꝛbyt ryderch eil rỽyd arch
olut ⁊ ri yn ynagen yret rys dewr mal y roes ydat.
Y tat o nef wlat oleudỽf llỽydyant lludyet rys
dy oſtỽng : aruthur yỽ dy uleidꝛuthur vlỽng .
ardelỽ talym urdaỽl teilỽng . 35
Teilỽng di vꝛeudỽng dy vꝛyt teỽbar glas ti
bieur glot ⁊ taer ynaeſgalch tỽꝛn eſcut . teyꝛn
di wallgyꝛn dullgat . 38
Cat oꝛeſgynnyat aroes gỽiỽnaf hael y hely ffre-
inc areithaf : karỽ trin cỽꝛr olin lanaf cniſget
Naf yỽ rys gỽinllys agỽyꝛd. ſetnyuet naf .
nethaỽc erdyꝛn uarchaỽc urd ⁊ nyt dielỽ lun . neut
hael ỽꝛd ⁊ nyt taeaỽc hen neut tec hard . 43
Hard barut hoewuard bert euell gereint ⁊ gurỽꝛ

Pan vy ri geli golovyn reldyeu. ath vaỽl heb dim taỽl talym gerdodleu.

frenghic kaſtell ⁊ huryeiſt glot ovꝛo hiriell . 2
henpych ỽych ỽymp wiỽdymp well ~~~
Davyd y koet agant gꝛodleu hynn ~ 4
MYnaỽc gỽaredawc y gỽiỽ radeu ⁊ mỽynaỽl haỽl nefaỽl keffyꝛ maỽl meu . Mod rod reen aỽen awyd gỽyꝛtheu . meint bꝛeint gwyꝛth y ſeint ſeilym y gradeu . maỽꝛ gỽaỽꝛ uab gỽyꝛy ueir creir cre*goleu. Ytt y adolaf ti vd delỽeu ⁊ ***eur vyggloewner ỽyt ar vygglinyeu . Om 10
pedeiryeith dyſc am padereu . am cu ỽꝛd ſeilmaỽl am kerd ſalmeu . Ytt y kyuarchaf danaf diheu di hagyꝛ varglỽyd griſt odeheu . Ti awnaeth vynn tat bob hat yw heu ⁊ ti awnaeth yn ffraeth yꝛ holl ffrỽytheu . Amoꝛ adayar mỽy ardỽyeu ⁊ hofflaỽn hoewdec wyꝛth a phlannhedeu . Gadyꝛ ieſſu wiỽgnaỽt gyt ar ſygneu. arglỽyd penndeuic ryuic riuieu . (daỽn dynyoneu)
Arglỽyd kyfyaỽn iaỽn **gỽyꝛtheu ⁊ aglỽyd duỽ 18
(dovyd fyd kynnyd kanneu) kulwyd rỽyd y reiddyeu . arglwyd nef allaỽꝛ gỽaỽꝛ y gỽyꝛtheu ⁊ aglỽyd (dat) *mat rat caryat coꝛeu .
arglỽyd llawen ren llen allyfreu . dyꝛo ym uarglỽyd rac arwyd geu kynnar yghyꝛth loes kynn 22
yꝛ agheu . Kyffes achymun gyuunn gouyeu . ath naỽd rac uffern billwern bylleu. Yꝛdygoꝛon dꝛein (windec athꝛo nef yꝛ dy getheu)
wrda goꝛe . gỽaỽꝛ diwael edyl yꝛ dywledeu . Yꝛ deilyadaeth nef . yꝛ dylytweu ⁊ eurdal ydwyt heul yꝛdaelodeu . Yꝛdy uyffed heird yꝛ dy uoeſſeu ⁊ yꝛ dyewined llathyꝛ wr di wineu . Yꝛ dyolỽc criſt yꝛ dyaeleu ⁊ yꝛ dyaelaỽ ſeint yꝛ dywyleu . Yꝛ dyeilyỽ 29
tec yꝛdy oleu ⁊ yꝛ dy wyneb gloeỽ yꝛ dyeneu. Yꝛ dy (yꝛ dy digrif nef yꝛ dy dagreu ⁊)
hoelyon dur yꝛ dyheilyeu . Yꝛ dy yng alar yꝛ dy egylyeu. Yꝛ gwaet dy gallon hygron donn deu ⁊ vyggỽythꝛyder gam vyggỽeithꝛeteu . amgỽyll 33
(aruthyꝛ lit) arỽydlit amgỽall eireu ⁊ am eidilỽch oll am medylyeu . Tꝛỽy Jaỽndud modyant trindaỽt madeu ~
Kadyꝛ nenn ſyꝛ em gỽyꝛ am gỽylch. omdꝛygeu dꝛeic rac amyl bechaỽt vylch ⁊ kerd gennyfi ae diylch kaf naỽd ydꝛindaỽt ymkylch. 38
Yth wennwlat wirdat eurdo gras diſgleir . griſt oeſglot lathyꝛ loewvꝛo ⁊ ener gytathi yno vy nat benn yſi (rỽ) eneit bo . Bokyſygaf* naf nefaỽl 41
vꝛyt gein duỽ vogan dyn anhyfryt ⁊ ehagaf vyd benn ffyd byt o gynnỽll ieſſu gennyt . Gennyt ri keli kulwyd kywir maỽꝛ amheraỽdyꝛ moꝛ athir ⁊ caffỽyf nef lle ytangnheuir dꝛỽy nerth geir ywy- [ꝛy ueir wir ~

Wirglot cret waret dyarỽyd amaf a wyꝛnean. rac tram gỽyd erglyỽ vi ren geli rỽyd eurgled nef a byt arglỽyd .

arglỽyd ieſſu griſt arglỽyd aſſya maỽꝛ ⁊ arglỽyd mur affrica : arglỽyd rỽyd rod europa arglỽyd bud werth hylỽyd ba. 3
Arglỽyd eglur duỽ arglỽyd agla naf ⁊ arglỽyd nef atherra ⁊ arglỽyd ri vab maria ⁊ trugared adiwed da . ~~~ 7
TRindaỽt gỽaỽt gỽalch ygkarỽ travalch : ygkar trefyaỽdyꝛ. Ro ym rat mat . trỽy loyỽ garyat geir rybudyaỽdyꝛ. Tꝛauyn gỽyꝛth hoywryỽ . tra vỽyf yn vyỽ vy llyw llywyaỽdyꝛ . 12
Tec ỽyt geli : traỽs haelyoni ri ragoꝛaỽdyꝛ . Tꝛyſoꝛ molyant - traſyỽ ffynnyant . faỽt arỽedyaỽdyꝛ . Tꝛoffeiſt wyꝛth nyꝛth ⁊ traſytheurbyꝛth boꝛth oleuaỽdyꝛ . Tꝛabei pumoes : ath wnaeth garỽloes argroes grogyaỽdyꝛ . Hoelyet nyt geu dy aelo- 17
deu . diwyl oetaỽdyꝛ . Yꝛ ynpꝛynu eurwyꝛth uedu uud waredyaỽdyꝛ . O wart uffern ⁊ hagyꝛ vigynwern . gethern gaethaỽdyꝛ .
Wyt vn athꝛi ⁊ yn arglỽyd ni nef gynhalyaỽdyꝛ .
Car bꝛydyd rỽyd ⁊ ae hael arỽyd . o hil araỽdyꝛ . 22
Gỽneuthoſt uoꝛ taỽch : athir ffrỽythlaỽch . aỽch uchelaỽdyꝛ . agỽellt agỽyd : achret affyd . ffyꝛyf gyghoꝛaỽdyꝛ . A gỽyllt adof ⁊ agỽir hoewgof . hygadyꝛ dyſgaỽdyꝛ . Ar holl ffrỽytheu ⁊ arholl radeu . reit waredyaỽdyꝛ . Yꝛdygethꝛeu ⁊ 27
ath amyl wyꝛtheu . wyꝛth edꝛychyaỽdyꝛ .
Naat vi yndꝛiſt ⁊ myỽn uffern giſt . hael griſt greaỽdyꝛ . ~~ ~~~
Criſt greaỽdyꝛ llywyaỽdyꝛ llaỽer . creulyt geli gỽiỽri gỽyꝛ ⁊ creir nef di gae adayar . craff 32
yth uolaf teckaf (toꝛ) cryf arglỽyd gỽaranrỽyd gỽyꝛ . croeỽ hoyỽ hynot uaỽꝛglot uur . credaf it iaỽn *hyvꝛyt ioꝛ.
Hyfryt a ioꝛ ỽyt boꝛ balch . hoewvꝛeiſc pabyl 36
di baraỽ (rỽ) ỽlch . yꝛ cur waỽꝛ dy vꝛonn vaỽꝛ volch ⁊ ro dy naỽd nyt kaỽd ymkylch . dy nerth ieſſu cu ỽyꝛ coel . dy naỽd gỽnn nat kaỽd y kael ~ naf nef eurwlat diatueil . naỽꝛthot vi geli 40
gỽyl. Keli gỽyl annỽyl ennyt . kael ym rym rann oth garyat . kỽlỽm kỽbyl ſynnỽyꝛ heb lỽyꝛ lit coel da glỽys nyt cul dy glot . callongur uuoſt coſt ket . yꝛ pꝛynu pumoes 44
loes lut .

Mab ieuan ll6yt eiryan lle6 dewred yngg6in llys oe emys ny omed. Bzyt uthurdzut 2
em golut amgeled. baed bz6ydyzchwant balch v6ynyant beilch voned. bzeifc hirleif bzonn hyneif bzenhined. Rull gar6y reit gof6y rat gyved. r6yll arthur r6yd l6yfuud rod lafued. Heil vyzdget. ha6l g6aret h6yl g6ired. hard garyat. kei oefgat ka6 ofged. Hil einya6n. glut unya6n 8
glot anned. vab g6allter. ny vylcher y valched. Croe6 ryderch pab geirferch pob gozfed cryf felyf g6i6 hoewdyf gyhyded. Creir geirgall da dyall didyed. Credigya6n eil meirya6n el6 ma6zed. En6 clotua6z vn aeffa6z ynyffed. dilaefdof da l6yfgof dilefged. dzut dyzna6t mael di gna6t ma6l dogyned. Dzafyn amylbleit. ma6z eneit 15
maraned. dza6s gyngreir anghabyleir yngh6bled. Dur vzi6 vzon anhiryon ynhaered. dull bedwyz dec eryz digared. D6f rolant en6 m6ynyant anmyned. de6z gynn6zyf. kat yml6zyt. ket amled. Di ruthyzdaryf. mur duraryf. ma6z dired vd gampeu. ion radeu. enryded. ann6ytlyz anghyffyz yngkaffed. G6a6z uael6z. g6ir vil6z. goz 22
uoled. Glan eryz. eur clerwyz. wr claerwed. glyn aeron da dzagon didzyged. G6yz ryderch. eneit ferch. annwytfed. Ynheura6 anhurda6. en6 har ded. andyfcu. nyt yfgyt. oe dzoffed. an pura6 26
an bzeifca6 yn bz6yfced. Eic eurbarch. ac arbet pob falwed. Oegiriet. ac eura6 trychanwed. ac giryach ry garu dim ferthed. oe gyzb6yll ac erbyn cler wyned. ac areil. y geireu kymroded. ac aros mal gereint yngg6ned. agozuot. ac aeruin ffiamdurgled. ~~~ 32

Llywelyn goch uab Meuric hen ae kant. 1
llary wyned lla6er ynot llef uchel. llifa6 iechyt: llithza6d oth wyndir ll6ythzat. lle6 agwa6z lla6 egozet. Egozet vzys lys ny laeffo y hil- 4
hael uoneduа6z gymro: gron6y gymhenyeith gryno. g6iwr6yd vu. g6z oed euo. Euo hepkozus y vud. y veird ymbilyeit oe vod: y vot yngkyffegyzgalch ved. y von angkyflyzyus 8
vyd. Byd gwae acheryd ac och irat va6zvar6 baglur pymthengwlat: bu de6z nef bieu y dat. bydingar6 baed eidungat. Kat aryneic 11
ket zon6y. kefeif oe la6 dza6 heb dzei: kyhafyl bz6ynoed6yn doe. kyfludywyt g6en men y mae. Y mae heb charae nachweirya6 y wyz. och wir du6 am dana6: g6ae ni gandzueni dza6. g6a6z penn mynydla6z nudla6. llaw ron6y ll6 ar 16
wyned. lla6 n amlaen llu yn ymlad: lla6 yn kynnal llin kannud. llafyn a6chzym lla6 vynychzod. Mynychzod oe vod a vedeis oe eur. a6z neithwyz ny chyfgeis: mal chwedyl goual a geveis. mar6 vy ioz dzut ma6z vu z dzeis. Tzeiffywyt ni am yn tryffoz. tr6ffyat tra6s y 22
dat dudyz: taer dyfga6d teryd efgar. teyzn bzyt t6zn beredur. Peredur gyftal para6toch gyngerth. rac angeu ae voloch: ymboly t6z 25
kalchgoly kylchgoch. ymbzynn aer am ron6y och.
Och heno na6 och yn niwed berth vyt anhyfryt ym bzyt ambaroded. aeth g6a6z aphennaeth gozhoff anned myzd ym 29
a v6zya6d g6yzd am overed. Jon trychantref mon amyned ny cha6n ia6n aryal wga6n uryel agwed. aruaeth ehalaeth hywled bennyad eryzuab tudur goleudur gled. Gwae vyth g6z 33
geirfyth g6yz gozfed y wlat. gron6y oe dygyat gwae rianned. G6ae bybyz aerwyz ozwed euch6arae g6ae abot lle mae eu ll6 ym med. Kymmyzth du6 y6 byzth berthed gogonyant. kymro diruffyant kymry dzoffed. Tat oz kymeryat yz 38
kymared ioz. ny byd ynn efcoz baed vn ofged. ach6yn g6nn ual bz6yn bzenhined voloch. och loegyz wineugoch wen6yn ag6ed. Ythivza6t arnam athdyfred athwc. ath dyhuna6 dz6c ath 42
dihined. Pan ymken amlan na6 mlyned dzoffof. ynof yda6 kof ar dec kyued. Ytty 6yf a ny ovoned

a phleit hỽyl gronỽy veneit haỽl gỽirioned. 1
Gỽꝛ oed hỽnn ỽꝛth dỽꝛ arth odaered gleỽ lleỽ
ymronn kaer deỽ kynn cur diwed. Gỽꝛ gỽꝛd 3
hydyꝛ hoedylwydyꝛ huawdylwed garỽy goꝛonỽy
loeỽ faffỽy liaỽshoffed. aphenn y rethꝛen aruth-
red awnaeth dꝛaỽ agelynyaeth dꝛỽy galaned.
Yngheyꝛyd ffrengyc ynghared bꝛỽydyꝛlwybyꝛ
ynghameu ewybyꝛ ynghymwed. Peris ym- 8
haris amhured riduan gỽaed yn narogan gỽ-
edwon wraged. Pỽy ỽꝛ ar adỽy myỽn paroded
dỽyn par kynyd gar kỽyn gỽenỽyn gỽned.
Diengis rac kis na rỽyf kaffed keith. a ph- 12
ob anghyfyeith gỽeith gỽythloned. Doeth
y von wiỽdoeth ovynyded freinc. dewis ar ieu-
einc hoewgeink agwed. Mynetyat rifiat nyt
ryued hyt went. vynggoffymeithꝛent y gent 16
gynted. Bu alar yỽ veird heb wyled aewyꝛ.
allit yỽ vꝛodyꝛ alletvꝛyded. Parchufweith
bumweith heb ommed a mỽy ymrodes goꝛo-
nỽy goꝛdỽy gyꝛded. Pennadurwaỽꝛ maỽꝛ 20
maranned gynnal penn mynyd ardal eur
mal ar med. Mab tat yfpꝛyt rat anryded rac
poen yỽ y loeỽ oꝛoen y laỽered. Maỽꝛ wnaeth
ynn hiraeth yn haered gellmyn pan las llyỽ-
elyn nybu hynn hed. Gwedy gỽae vyui 25
am veu ved a gỽin. ac ymgoelyaỽ rin acam-
geled. Meu vnyaỽn heinyeu anhuned oꝛdỽy
mỽy mỽy duc ronỽy dager wyned.
llary wyned llaỽ erynot. vt pꝛius.
llywel' goch ae cant y hopkyn uab thomas. 30
Gogyfarchaf naf ynni arodet. ynllaỽ e-
goꝛet weifget wifgi. Gwaỽꝛ yftrat tiwat
tywi oe dechꝛeu gwrd voeffeu llacheu yn yn
llochi. Goꝛoffgadyꝛ baladyꝛ beli vnofgryn. gwell
ynnyaỽc hopkyn waeỽꝛyn wiỽri. llin domas 35
diuas llawen dofi cler. llin einyaỽn ener llew
vn ynni. Nyt reit y eirchyeit erchi ymkanllaỽ.
ylaỽ oꝛeidyaỽ awyꝛ rodi. Gwyꝛdlas oꝛdinas daeoni
goleu. gỽin offiolleu gỽynn aphali. Eryꝛ glewdeỽꝛ
iaỽn arglỽydi gyt uaeth. yỽch goꝛoꝛ hoewdꝛaeth
aỽch gỽꝛhydꝛi. Eovynllwyꝛ ygwyꝛ egoꝛi yt vꝛaỽt.
adywaỽt praffaỽt y pꝛoffwydi. Nyt ryuedwael ka-
el keli ae berthwnaeth. ogampeu lunyaeth gỽ-
ymp haelyoni. Diodyd ynryd ynnri ryderchna-
ỽs.

ovaril gynghaỽs ry dꝛaỽs rodꝛi. hỽylaf adefaf
odyvi ardal. trỽy ochel pennyal tryfal trefi.
Dieres goethynt dꝛos gothi dulas y vedyfnych
blas heb vod ofni. Trỽy lychỽꝛ at wr. ny at
toꝛri ffyd. athꝛaỽ y geyryd ny thꝛy gỽyꝛi. he-
baỽc goludaỽc galedi ỽꝛthꝛyn. hopkyn goꝛeu
ynn gỽꝛ y eni. lle mae dꝛaỽ idaỽ dꝛỽy wedi fac
laỽꝛ croeftei neuadaỽꝛ crist yỽ nodi. alliaỽf 8
dꝛeul med allestri aryant. a hir o gonyant
ahỽyꝛ gyni. Gwyꝛ ogỽbyl y gerth ogaer
gybi fant. aheut vỽynyant hyt evenni. 11
Gwaỽꝛ gỽyꝛ hoewlaỽꝛ geyꝛ heli amrỽyf.
glywet y vaỽꝛ rỽyf yỽ glotuoꝛi. gael goꝛoff
einyoes gilgwri vwyalch. valch ym eryꝛ-
walch yỽch maỽꝛerwi. adiwed hywled yn
holi awneir. un gredadun greir uthur eir a 16
Tri ac vn tro ym gun gael. y [thꝛi.
lunyaỽ kerd aelaỽ wyl. ỽꝛth yrym
wiỽ arthur eil. yeryꝛ gwyꝛ gwiỽ hael. 19
Haelach noneb or hoewlu. heilyaỽd ym
win yỽch heli. hỽnn aoꝛdyfnaỽd hynny.
hopkyn gyttyn lygattu. llygatgall diball
debic. lle mae geir oth naỽd greir groc.
lleỽ durwaeỽ llyỽ dioꝛwac. llywy rỽyddal
llaryeid dec. Tec yỽ **** oꝛeulyỽ ar- 25
larch vn lliỽ wahenlliỽ palffreivarch. a
hael megys mael am arch. ac vuud
vynggogyfarch ~ Gogyfarchaf naf. ɛ. ce.
llywelyn goch ae cant 29
Henynt ole ny hunir. heol y glynn
heil ygler hed haỽd diõmed ãmoꝛ hir
da vaỽl heird deu vilỽꝛ. Milỽꝛyeid goꝛff mal
vryen. mygyꝛ ryderch gaethferch goeth fon.
meinleỽ eil mỽyn lywelyn. med gell divachell
vychan. Bychan yỽ vy rann oꝛ rat ar ech-
wyn ar uchel yfgarlat. hyt pan dycko kyffro
kat. duỽ o leogyꝛ yn deu lygat. llygat y 37
haelwlat yỽ hỽnn. llaryeid ryderch lunyeid
lonn. eil llygat y winwlat wenn. yỽ vy llywiỽ
lyỽ welyn. llywelyn uwch y glynn glỽys.
Ryderch gỽꝛverch hygaruoes. deu wr yn
arwein dwyaef. deu gyfeillt dec agefeis. 42
Kefeis iaỽn redeis yn wirodeu gwin yn
gaenet yndlyffeu. yn rudyon veirch yn reidy-
eu. yn ra rañ oda ydeu.

Deu ogennadeu gỽynnyon ydynt dir kaeth
lloegyꝛ aaeth boet ffraeth ffrỽythynt .diwaſſe-
it yngkerd ymdewiſſynt .dewiſſaỽ gỽiỽdyn 3
dỽyſ y gỽydynt. Riedaỽc varchaỽc a gyferch
ynt. Ruthyꝛ milỽꝛyceidvꝛeiſc maỽꝛweiſc moꝛw-
ynt . Ryderch ỽꝛth hirverch digynghoꝛuynt.
Ri deu tu aeron yn reit yttynt . Rwyd rac llyw-
elyn vo hynn ohynt . Vychan di ymgel echel
vchynt . Rei o dꝛuınyd lloegyꝛ bop ryỽ drem-
ynt . Roet yffaỽt y hỽnn rytyeu a phynt. 10
Goffymyl y barnỽn oꝛ ageiſſynt . Rei ac gom-
medei gēmeu oedynt. Gwerin genevin gỽ-
in ayfynt. gỽyꝛ dꝛythyll eu byt gỽir adꝛey-
thynt . Bꝛeiſc eu kyꝛff a gỽeiſc gỽedy gỽiſ-
gynt . bꝛenhined y ſerch byꝛr iaỽn hunynt.
Bꝛeinyeu negeſſeu adangoſſynt . Agỽin y 16
bꝛenhin aobꝛynynt . Y niuer ogler aeglu-
rynt . Awen yn llawen iaỽn y llywynt . Y
dlodyon dynyon aeidunynt . gael eu lles 19
gan hael llaes gynhelynt . Deallu bardlyfyꝛ
da aellynt . Dillynyon kyſſon nym atkeſſynt.
Dechꝛeu achanaỽl haỽl aholynt . na diwed
kyfreith nyt edewynt . Rwyd bererinyon rud
abꝛynynt. Meirch arol dwyſgeirch wedy dyſ-
gynt . Arueu oꝛ goꝛeu aer agurynt . gỽyꝛd 25
a rudeur coeth gỽꝛd y rodynt . Pybyꝛ lywe-
lyn hynn ahonnynt . Pabyl ryderch loeỽ
ſerch nyndilyſſynt . Par ieſſu uab meir 28
rac pur ryſſynt . pob un ohonun yꝛ lle yꝛ
henynt. Henynt o le ny hunir . vt S̄.

CRedaf ytt ieſſu uab y croewdat . creaỽ-
dyꝛ hael llywyaỽdyꝛ heul alleuat.
credadun nef gun naf ac ynat . creir o 33
diliſ veir deules vwryat . canweith ragoꝛie-
ith pob ryỽ garyat . kanhoꝛthwyeiſt vi geli
gỽylyat . ar aỽꝛhonn etton duỽ ren attat . 36
Redỽn oꝛdiwed yth wled ath wlat . y nerth-
eiſt vyuy megys neirthyat . Am arglỽydlyỽ
ym amur gỽledwlat . Am wr creſ dꝛefyn 39
am waỽꝛ yſtrat . ffur ae phennyadur ae mo-
dur mat . llywelyn wiỽbarch llunyeid abat
vychan gỽꝛ divan garwy dyfyat . llin llyỽ
kenevin lleỽ kyneifyat . llywelyn arall 43
detwydgall dat. Heilyeiſt dofyd gỽynn hỽyl
bꝛynn abꝛat . heint ae arwydyon hynt da rod
yat. An obeith vuam am iaỽn abat. ath nerth
andiffyꝛth ath wyꝛth wyꝛthyat . Clywet aw-
neuthoſt doſt dyſtunyat . vy lleſ hyt yneſ 4
chut noſyat . Ac eſtynnu hoedyl heb gas dyn-
nyat ym llaryeid obeith llawrod abat.

Madaỽc dỽy greic a cant ~

Haỽd amoꝛ tryſoꝛ trỽſſyat uchelvꝛeint. 8
hard veint hỽyl gereint haỽl egoꝛyat.
hediỽ owyned y wahodyat beird . hyn heird gleỽ
digeird gloeỽ diwygyat . Hopkyn wiraỽtlyn
reitwlat hard golovyn llywyeid ac cofyn llaỽ 12
digaeat. vab thomas digas ymdygyat kyfy-
aỽn vyꝛdlaỽn uab einyaỽn veird erbynnyat.
Tỽꝛ gỽiỽ mỽyn ydiỽ mynutyat y ryt teỽ aeſ-
trom ynggryt tywi yſtrat . Koethwybot keiſ- 16
glot kaſglat doethineb . kyflaỽn ywyneb kof
lan ynat . Kynnedueu felyf kein vod feilyat
daỽn . kyfyaỽn ac unyaỽn y digonyat . Koꝛof
deheubarthdir ae karyat barngoeth . kyfoeth 20
hir wiỽdoeth aeharwedyat . Kyſtal kof eidyal
kyfotyat kerdeu . kampeu y deeu aeardwyat.
Kefeis ioꝛ ragoꝛ rỽygyat ar dꝛamwy . kadarn a-
varỽy kedyꝛn vwryat . Kein allaỽꝛ yngherd 24
kynnullyat clotueith . kyfreith mydyꝛ rwydie-
ith ymadꝛodyat . Koeth huſtyng ỽꝛth ieirll
keith oſtyngyat gryt . kelvydyt y byt ac 27
wybotyat . kynhelyd clotryd clutrat gỹnydu
keindu dei poꝛthlu deheuparth wlat. Karỽ fflam-
dur amvr maer ffyſgyat gỽinuaeth . kynnys e-
halaeth kein nud heilyat. Kymry benn ae neñ
ae neirthyat ae poꝛth . kywiỽbleit hyboꝛth kỽbỽl
attebyat . Kledlym eil cdlym litlavyn kat ym- 33
ỽꝛd kalet vin agỽꝛd clot vanagyat . Ny bu gan
deulu geindalyat y gwyꝛ glywet maỽꝛ yſtyꝛ glot
moꝛ waſtat . Na nud o gallon naỽd digaeat llw-
yꝛ . neugadỽ oſynnwyꝛ iaỽn gytſynnyat . Nac 37
Iuoꝛ lỽydioꝛ leidyat gwaeỽ aergryn . na neb a
hopkyn ioꝛ medlyn mat . Ny weleis eiryoet yny
wiỽlat ef . newydeur adef nedeir rodyat . Nyt 40
llei da y haedyei dyhudyat pellgerd ygỽnaf y
vaỽꝛgerd gynnif aergat . Noꝛ beird awna yn
heird hyꝛdyat kaer ehofyn . yſgeirloeỽ golo- 43
fyn oe yſgarlat . Neut wyf pan allwyf pann en

ennillyat maỽl. cryꝛ yỽ vaṋaỽl arovunyat.
yỽ lyſ hopkyn wynn wynnyat aegalchuvꝛ
ioꝛ annyan arthur vnyaỽn neirthyat. ~~~
Yprollagant yꝛabỽdyl hoñ y domas ap hopkyn
HOeỽlyỽ ryỽ ras ryſſed edlym odḷeu kyflym
koflythꝛ hylỽyd ∵ Koeth doeth domas dȳ-
myꝛ erdꝛym. yꝛdꝛat grym llym llaỽ duỽ ae
llỽyd : kyflỽꝛ gỽꝛ gỽych gỽled med mynych gỽin
hoeỽ edꝛych gỽynn ehutrỽyd∵ kannaỽd kēnych
arnaỽ llaỽ llych nodyeu cleu clych eurwych a-
rỽyd. Arỽydon ion iaỽn ener diball dỽbl kỽbl cu-
all Kyhoed benſel∵ abl digabl daỽn donyaỽc
deall deongl arall eryꝛ digel ∵ yỽ ar bobloed ac
arluoed aniueroed wiỽ nỽyf uryel∵ Joꝛ kenedloed
agoludoed iaỽn ri toꝛuoed unrat teruel.
Deruel ſel ſant ſeint ogyuarch gauel maỽꝛ
barch alarch eiliỽ∵ gỽaỽl maỽl molyant maldi-
hauarch hoeỽuod aruarch wedllywarch wiỽ. hil
matuil maỽꝛ hopkyn wyñ waỽꝛ hael ỽꝛth gerd-
aỽꝛ ffraeth ffaglaỽꝛ ffriỽ∵ wyꝛ beird euraỽꝛ tỽs
blaflaỽꝛ yſſic aeſſaỽꝛ vꝛỽydꝛ gatkaỽꝛ vꝛiỽ.
Gꝛiỽ gat rat rỽyſc ryſgyꝛ moꝛdaſ maỽꝛdec
adaf ydiỽ tomas ∵ beirduyt bꝛyt bꝛỽyſc bꝛeiſc
rod alaf eilun adaf adyſc melwaſ∵ goꝛỽyꝛ geir-
wir einaỽn daỽn dir maỽꝛ agerir mur gywiỽ-
ras∵ cleu y clywir clot hynot hir clutnaỽt waỽt
wir kenir nytkas∵ Nyt kas vas uod vud
ardunyant danyel rymyant rỽymat kyſreith∵
nud ffyd ryd rod rỽyd ogonyant y gynnal cant
kynted llys ueith ∵ erglyỽ arglỽyd neſ treſ
traỽſglỽyd ymyꝛ matrỽyd am wr mydꝛieith∵
ehut ſyut ſỽyd eureit arỽyd hael ahylỽyd pꝛun
rỽyd penn reith∵ Peñ reith gỽeith gỽꝛd gỽyꝛd
y rodyoñ rỽydaf calloñ keli ae naỽd∵ peñllat
vat vỽꝛd veird wahodyon hoewda dynyon
donyaỽc anſaỽd. lliỽ lafn trafn traỽs lluoed
lliaỽs llyꝛ hoff unnaỽs llỽyꝛ y ffynnaỽd∵ bo
hoeỽdꝛo haỽs bellnot glot glaỽs lle ny byd a-
naỽs llynn bydinaỽd∵ Gydin dꝛin dꝛeul dꝛy-
lỽyn kateu kedyꝛn. bleideu blodeuyn ryỽ∵
dyn hy dan heul hylỽyd gerdeu gyꝛdaſ gamp-
eu gỽympaſ gỽꝛ yỽ∵ molaỽt ffaỽt ffyd myỽn
rỽyl maen ryd maỽl ae kynnyd mal y kennyỽ∵
Jtloes voes vyd ion awenyd huaỽdl mal hyd
helyd hoewlyỽ. Hoeỽlyỽ ryỽ ras. Mal y dechꝛeu.

Kasgyl allu kywir o dir dwlffin: kyrch ros
a phen vro hyt vro vreidin. Keis dŷnu
dylu custennin aessawr o gaer fili gawr ga-
er uawr vyrdin. keffych draw ger ffraw 5
yngwallaw gwin ⁊ hoedyl hir rwg brandir
a brynn derwin. Keneu prit y lit o lin te-
yrned ⁊ kanon beird gwyned ved vuelin. 8
Kann wyt vleid a dreid drwy deifyr werin ⁊
ath gawat vragat vriwgoch egin. Kann 10
wyt diarswyt deheu orsin[yg]gryt ⁊ ath vyd
wrth dy vryt vrwydyr geneuin. Kereist 12
gynt yth blas ath las lasynvin. Kri ru-
thyr morgymlawd adrawd edrin. Karw
eurgyryf trasyryf tryffin beleidyr grwy- 15
dyr ⁊ dewr gyvylwr brwydyr dur geuelin.
Kur dyreu gwyngalch gaer valch valdwin:
kur a dur yndaer gaer [hyt] gyffin. Kyfrwyd 18
vo ragot kyfrin coelueinchwedyl: rwydhau
yn kenedyl rodyon kunin. Kyrch lundein
ywein awyd elffin: kerda o dyna dinas 21
edwin. Gwna varglwyd gwawtlwyd gwaetlin
gwyarwlych ⁊ a gwedy delych gwaet hyt deulin.
Gwna saesson trychyon trychan mydin: gwna
deifyr is glassar gweith blaengar blin. Gwna
loegyr hir aethir o wytherin veith ⁊ hyt dofyr
yn diffeith aerlleith orllin. Gwna a melyn draet
irwaet erwin ⁊ creu ageu eigylblant ⁊ creir
ffynnyant ffin. Gwna dyrein llefein allasyn 29
deinueich ⁊ kymraw ar vryneich kymry vrenh'.
ı raws deyrn kymry tros dued yd a ⁊ awna y loegyr
droua lwgyrdiryued. Awrw iawn nyt overed vreich a beir
y vryneich vranes dachwed. A braw ymdaraw amdiroed
tegeingyl ⁊ ac anregu eîgyl ogynryged. Arth yn trydar
vrwydyr wrth enryded vyt ⁊ rwyf ennillweith vyt ru-
uein allwed. Ydel eil echel lacheu gytwed deith ⁊ y holi r
daleith gweith gwythloed. Y gynnif ŷgnif ŷgnaws 37
dycued dal ⁊ y gŷnal ardal eurdoryf gyued. O hwyl
Jor ânwyl awr âned gêmeis ⁊ y kyll seis y leis loes 39
edrywed. Didro ytyso etiued roduab ⁊ rodri vab gruf-
fud. dewrud dewred. Doswr amyl beird heird hard-
ed hu ysgwr ⁊ dyfyr vn gyflwr gwr garw teyrned. Dor 42
kor kant borthyant berthed arderchawc ⁊ dar kar
kenedlawc vynawc voned. Dysc ffysc ffyryf ŷghyryf
nyt yghared weith dawn iawn ieith aerlleith ieirll 45
ystlyned.

Drut wyllt helymdew lew drwy lyw rinwed rinwed nef ⁊
daroganaf ef ydir gwyned. 3
1 lyw glyw glew ffrwythlawn. llyr dedyf gredyf greulawn.
lloryf toryf koryf kamawn llawn dawn damwein. llit nur
dur deifyrgryt llym grym greif [dwryt] ⁊ llas yn ryw vrwydyr grw- 6
ydyr gryt vy myt matyein. llewenyd kymry lloegyrwys a
gyffry ⁊ or llin adyly daly kedewein. llath breisc weisc waewawr
llawngamp lleon gawr ⁊ llunyei drin a gawr geyr llawr llunde-
in. llacheu un weithret. llochwr beird giwet: llucheden gyf-
ret get gyfwyrein. llaw hael vael valchder. llwyrglot a dirper ⁊
llu ner llun hoewder llan y hadein. Ry vyd dyd dieu ry vawr
gawr gadeu ⁊ ryuel gordineu ir greu aer grein. Reid rudyon
deutu. ry daw oe nerthu ⁊ riallu llawchlu llychlyn ydein. 14
Rwysc brwysc breisc annwyt. ruthyrnaws twrch traws grwyt ⁊
rwym trin blin blymlwyt ysgwyt ysgein. Rot glot gled di-
deich: ryw glwyf gleif waedueich ⁊ roet ae waew llwyth veich ⁊
vryneich y vrein. Ry draws vaws voned. rif beilch gweilch 18
gwyned ⁊ rodri etiued mawred mirein. Rwydbar karkadwr.
rwydgoryf toryf tewdwr ⁊ rwyf diargyffwr gwr goradein
Pefyr bor Jor Jeuangk. pwyll Jawn dawn diag̃k ⁊ nur vrwydyr
blangk aerdrâgk eurdrafyn prydein. Parth hawl hoewlut
vab hydyr clot vydyrclut ⁊ penn kynut drut gwyndut gw- 23
yndir mechein. Por kor ket amlwc: parch duw ytholwc: wyr
ffwc rac pob drwc dreic a beir kein. Pob tir hir hylwyd. pob
teith veith varglwyd ⁊ poet rwyd rac tramgwyd awyd ywein.
Brwysc wysc aer vuel. breisc weisc waet uchel. ban del ae
ryuel yar ruuein. Athaer aer ymwrd. a theruysc agwrd ⁊ 28
Athew ymgyhwrd nwrd a nordmein. Yna daw dyd. y bobyl
wyndodyd ⁊ yn llawn wyndodyd. keluyd kocluein.
A theyrn breinyawc. clotuawr dyledawc ⁊ ynawr dalei-
thawc. kenedlawc kein. 32

Gruffud uab maredud ae cant . 1
Kyuarchaf ym naf nefaỽl rinwed . kyuarch
parch paraỽt ffawt fydlaỽnwed . kanma-
ỽl vy rieu mod wledeu med . keinmic rodvud
rud run gymroded . Kyvun oꝛonwy rwy rwyſc
maỽꝛed . covyawdyꝛ frwythlaỽn daỽn dinam 6
valched . kyuaryf aryf eurgreir geir goꝛvoled .
kyvyaỽn vꝛaỽt tavaỽt deivyꝛ gyvꝛyſſed . Ka-
darn varn veirnyat gwenwlat gwinwled . 9
kedernyt gwrleis aergleis eurgled . Kedyꝛn
wyſc gyꝛdvꝛwyſc gwrd vꝛwydyꝛ dachwed . ka-
darnvab tudur mur maranned . Kyſtal nud
anivud vod goꝛoffed . kyſtegwr bydin dꝛin 13
dꝛachywed . Kaſteỻgaỽꝛ clotuaỽꝛ clutualch
uoned . kyſtwy bꝛwydyꝛ aergrwydyꝛ eurgreir
goꝛſed . Kannwyỻ pỽyỻ didwyỻ amdadyl 16
gwyled . kanỻaỽ ỻuoſſyd mywndyd dygned.
Kannrwyſc tonn eruit ỻit ỻawvꝛoded .
kynnrein bꝛein breiduawr gaỽꝛ goꝛuthꝛed. 19
Kedawl yỽ vy ỻyw ỻawdiomed . kadyꝛ wryt gỽ-
yndyt gỽenndoꝛyf gyued . kyt vꝛyt vrwydyꝛ
glwyf rwyf ruon dewred . kiwdawt ffawt ffyn-
nyant varant vawred. Kiriet ket kadyꝛblas 23
gwanaf gỽned . Koꝛ doꝛ yoꝛ eurwyꝛd kyꝛd kyn
nadled. Kar dar dewrvꝛyt gryt greidyal dewred.
koꝛyf toꝛyf ỻoꝛyf ỻiaỽs odꝛaws dꝛoſſed. kyn-
nadylua anant boꝛthyant berthed. Kenedyl-
vaỽꝛ eryꝛ gỽyꝛ gỽirioned . kolovyn ỻwyth 28
kynnwric ryuic reuued . Koelvein byt eſbyt
yſb gynadled. Kytles pleit kynneit reit anry-
ded. koethlwybyꝛ kat vꝛagat vꝛiwgur gochw-
ed. Kynnyd eur roſſwyd kein y ryſſed. kannỽ-
yỻ kerdoꝛyon klot von aved :· Parch med-
vaỽꝛ aerwaỽꝛ eurwalch kenedled. kein 34
atlam kaer wengalch. paraỽt loꝛyf toꝛyf
taryandalch. peir gwaetdavyn par bylchla-
vyn balch. 37
Rwydwalch aryf kynaryf koveu beird
pꝛydein . ryd arwyrein kein kei deuodeu.
Rod ehovyn diovyn deheukiwdodoed regoed ke-
nedloed ae kynnadleu . Ryderch ganmaỽl 41
haỽl rwylyeu ymgywrd . run agỽrd ymỽꝛd
amyl laduaeu. Ryuic vꝛdedic ardadleu mil
cant rolant vnffynnyant barant beiryeu . 44

Ry vaỽꝛ giryet kadeu yſtyngyat . ryuic ka- 1
ꝛyat mat modur gwledeu. Ry valch aerwa-
ỽꝛ gaỽꝛ goꝛeu yth vernir. ri kywir ỻawir
ỻyw bꝛynn byꝛdeu . Ruaỽn hynt ỻuchynt 4
rwyſc ỻacheu vilwr . ryſſwr rwyſc tewdỽꝛ
tydi bieu . Ryſua clot oꝛuot. arueu danỻachar
ryſſed vlkaſſar par perygleu . Ragoꝛeiſt ro-
nwy ragoꝛeu amylder. rac balchder niuer 8
vy naf hyglev . Ragoꝛ rugyl aeruoꝛ. eiryf do-
nyeu ỻathyꝛvꝛwyſc . rac ỻif ỻavurdwyſc
ywch rwyſc rydyeu . Rwydwaỽꝛ kynyduaỽꝛ
kynedueu diwac . rwyf kyꝛd vyꝛd veirdvac 12
dinac donyeu . Ryhael aerỻew glew gleifyev
kannweli. ruthyꝛ ynni beli . beidyꝛ gwa-
etffreu. Ryhydyꝛ ffyꝛyfdeꝛ ner nerth gw-
ydneu yngaỽꝛ . rwol goſgoꝛd vaỽr 16
gỽaỽꝛ gỽirodeu . Rwyl giwaỽt. paraỽt
pareu ỻychlyndur. rỽyf natur aeruvꝛ
eruit bꝛwydꝛev . Ryvelgat nerthyat
nertheu katwaladyꝛ. rudbaladyꝛ o 20
eſgatyꝛ yſgwyd dꝛyỻyeu. Rygul ffoſſaỽt
raỽt riederchaỽt. rywyaỽc digwympaỽc
gampeu. Ruthyꝛ dechꝛyn gelyn . goleu
gyhydꝛec . ryſgyꝛ moꝛwanec dec yoꝛteu . . 24
Tev voned o veint kenedyloed twr kadoed
kadyꝛ ythwneint. kymryt gwr kymraỽt
gereint. kymro bꝛeiſc kymry ae bꝛeint.
Breinyaỽl oꝛonwy bꝛyt . kyt kat 28
ardwy . bꝛys lys les ovwy. rwy
rwyſc eudaf. Bꝛaỽt eurwaỽt aerwaỽꝛ.
bꝛyt gryt gwryt gaỽꝛ. bꝛat kat ket wae-
waỽꝛ. dꝛamaỽꝛ dꝛomaf. Bꝛwydyꝛloꝛyf koꝛyf 32
kat ffyꝛd. bꝛeiſc gwaeiſc gwiſgaỽcwyꝛd.
bꝛwyſc wyſc rwyf myꝛd . kyꝛd kerd waeſ-
ſaf. Beird heird hard datkann . bud rud
ruthyꝛ oſbꝛann . bod rod rot fflamdan 36
daryan dayꝛaf . Dadyein gein gyngoꝛ .
didaryf aryf ectoꝛ . dirvꝛec rec ragoꝛ . doꝛ
derwynnaf. Didaỽl vaỽl volyant . dadyl
vꝛwyſc rwyſc rolant . detwyd kynnyd 40
kant . gwarant gwraf. Daỽn ỻaỽn
ỻaỽch medgyꝛn doeth boſt koſt kedyꝛn
dedyf chwec dec deyꝛn . gwiỽchwyꝛn gwy-
chaf. Dewr wr twr toꝛuoed. dar kar ke- 44
nedloed.

doꝛ koꝛ kiwdodoed. achoed uchaf. Aerlut drut
dꝛagon. erbit llit lleon. eryꝛ mwynwyꝛ mon
rodyon rwydaf. Eilnerth gerth gedaỽl. eur
dꝛeic meic meidꝛaỽl. erdrym grym gred 4
vaỽl. haỽl hael adaf. Eur eir peir pennre-
ith. aerwymp twymp pob teith. aergoꝛyf
lloꝛyf lloegyꝛ leith. gweith gwythlonaf. 7
Eurgled ryued rat. arglwyd rwyd rodyat.
aergleis treis tromgat. mat modꝛydaf.
Creir geir goꝛwyꝛein. creudavyn llavyn 10
llith vꝛein. ket loꝛyf koꝛyf kynnrein. kein
kyfyawnaf. kyvarch parch parthꝛyw. kyf-
aryf gloewaryf glyw. kolovyn ehovyn yỽ.
llyw llawenaf. Kedaỽl haỽl heilyaỽ. koſt 14
win dꝛin dꝛeidyaỽ. kant anant anaỽ. aelaỽ
alaf. Kiriet oeſget wyſt. koꝛyf toꝛyf llo-
ꝛyf llifdwyſt. car par paraỽtrwyſt. rwyſc 17
rywyockaf. Not clot kledyfal. naỽs maỽs
moes dyvynwal. ner ffer ffyꝛyf aryal. ma-
wrdal moꝛdaf. nawt ffaỽt ffydlaỽnrwyd.
nud bud boet kanmlwyd. nerth berth 21
kerth ketrwyd. hylwyd haelaf. Neut mael
hael hynot. a nud pꝛud pꝛifnot. anenn
penn pob clot. oꝛuot arvaf. Nys arwed 24
gwed gwaỽt. angerd kerd keudaỽt. nys
traeth maeth meith vꝛaỽt. tauaỽt hyt taf.
Gwr twr toꝛmennaỽc vnrỽyſc brỽyſc bꝛeinyaỽc.
amllyỽ ryỽ rywyaỽc niueraỽc naf.
Naf awirvolaf oꝛvoled keudawt. ny char 29
kadỽ na gomed. ner nerth clotffraeth
modvaeth med. nenn vꝛdas gỽanas gwy
Gỽyned amgeled [gỽyned ..~
ved veneſtri. gỽanas kiwdodoed 33
rỽyd wiſgoed ri. Gỽꝛ adwyn terwyn yn
toꝛri aergat. gaỽꝛ vleinyat veidyat waſ-
tat weſti. Goꝛeu yỽ vy llyw llavyn. rudw-
eli. gỽarant haỽd anant o haelyoni. Go 37
ruthyꝛ vꝛyt ennyt ynni llawrodet. gỽ-
aỽꝛ clotret llawget. lloegyꝛ volochi. Gw-
ar ỽꝛth war hygar. hoewgerd hoffi. gỽꝛd
ỽꝛth ỽꝛd ymwrd amyl dayoni. Gỽꝛ ỽꝛth
ỽꝛ milỽꝛ mal eilivꝛi leỽgoꝛyf. helymdeỽ 42
gleỽ gleifyeu gochi. Gwir vyd idaỽ glot
hynot henwi. gỽꝛd digraỽn oe daỽn acdae-
oni

Goꝛwynn ffaỽt tauawt ger teiui gylchwy. 1
goꝛonỽy ardwy aerdoꝛyf ſenghi. Gwryt bꝛyt
gryt gredyf diledyf doli. gwraỽl haỽl hwyl nud
vud rud rodi. Gỽꝛd ffynnyant rolant yn reoli 4
kat. gwyꝛd ffliſgiat rodyat rud aphali. Gwae-
wdur bar aeſbar eſbyt lochi. gỽiwdoeth varn
kadarn kedyꝛn dovi. Gwaet raeadyꝛ baladyꝛ 7
gỽiwder beli hir. gwalch kywir llawir llawer
boꝛthi. Gꝛymus diwael hael hwyl didꝛoſſi gre-
ir. toꝛyf koꝛyf kywdaỽt gwaſgaỽt gwiſgi. 10
Gỽꝛ gredvaỽl gwraỽl yn egoꝛi gryt. val ry-
uelvꝛyt gwyt gwynt arderi. Gweith vy naf bal-
chaf rywyockaf ri. gwneuthur bꝛỽydy doſtur.
bꝛatwyꝛ doſti. Gwychyꝛ dyſc val tervyſc taer
voꝛ gweilgi gann. gwenic vann amlann 15
yn ymlennwi. Gwaſgaraỽd alaf bꝛeint. uchaf *vri*
vwri. gỽaſgaỽt kyꝛd y vyꝛd o vardoni. Gwaſga-
wt bꝛeiſc kyt weiſc kyt wed bennlli gaỽꝛ. gỽꝛ
clotvaỽꝛ yngaỽꝛ yngwrhydꝛi. Goſgoꝛd valch
eurwalch aerwyꝛ goſbi. goſgoꝛdyon kynon 20
yngredyf kyni. Gweiſc arglwyd kulwyd keli
kynn adef gwaeſaf eurdangnef nef oe nodi.
Naỽd criſt arglwyd rỽyd rwyſc gwyꝛ hael advwyn
ar hylwyd vab tudyꝛ. neirthyat ffaỽt llwyꝛ 24
gymraỽt llyꝛ. nerthaỽl arwraỽl eryꝛ.

gruffud uab Maredud uab dd' ae cant.

Hevl wyned neut bed nyt byỽ vnbennes
heb ennill ychyfryw. henỽ goꝛhoffter a 28
deryỽ. hoen lloer hvn oer heno yỽ. Dygyn
ymyꝛraed gwaed bu gwael ymylchlawr roi
mỽyalchliw dwyael. dyn eur avu yndwyn 31
vꝛael. deune heul wed. heilved hael. Gwiſgaỽd
llun kain main maendo. gwaſgrỽm llaỽꝛ ar
ol gỽꝛiſgra. gwar deurud hoen gwaỽꝛ dwyꝛe.
gwydyn oed ym hir vyw gwedy. Adeilywyt 35
bed gwed gwiwder. veneit yth gylch o vynoꝛ.
adeilyaỽd cof dy alar. ym kallon dilonn dolur
Tꝛeigyl yꝛ gallon honn. hoen geirỽ kreicneint
glwys. gloes alar oveilyeint. tros oꝛwyꝛ dec 39
traỽs ereint. triſtyt bꝛyt bꝛwyn mwyno meint.
Gweith blỽng oed echwng. och wenhwyvar
dec. dygyn ynof dyalar. glwyſſaf coꝛff dan bꝛid
glaſſar. gloeſ uawr llawr llann. dwf gwann 43
gwar. Gwnn ueinwaf alas oloes hiraeth ueir

varỽ eurgannwyll benntraeth. gwann yn ol
gỽenwyn alaeth. gỽaỽn wed gỽin amed ae
maeth. Ny roet ymyt bꝛyt bꝛonnllech. oer
llaỽꝛdygyn eurlloer degỽch. areil kỽyn ar 4
ol kannoch. erdꝛym deigyꝛ ardꝛem degach.
Tꝛiſtyt amkyuyt kovyon llef adeigyꝛ. am
degỽch trychantref. kan aeth y wlat tat
tangnhef. amkuryaỽd ar naỽd ioꝛ nef. 8
Echwng gỽenlloer oed oer doe ymaengiſt va-
ỽꝛdꝛiſt varwdꝛei. amyl gwed ynemyleu gw-
ae. am dyn doeth emdjndaethwy. llawer dyn
hydyꝛ elyn hoet. lliw baſ ewinblas wennble-
it. amvun dawel uchelwaet. odꝛeiſduỽ a 13
driſtawyt. lle bu ra agỽyꝛd. lle bu rud
aglas. neut gloes angheu gyſtud. lle bu e-
ur am ydeurud. lle bu boꝛffoꝛ koꝛ ae-
kud. Gwiſgỽyt heul gỽindꝛeul ger gw-
ynndꝛaeth kyꝛchell. myỽn karchar glaſ- 18
ved kaeth. gwae ef y gein nef gan aeth.
ae karaỽd rac dic hiraeth. Gwae vi lwyſgre
ir meir maỽꝛ ymkyffry deigyꝛ ameur de-
gỽch kymry. mynet mywn argel wely.
meinir dỽf is mynoꝛ dy. ~~~ 23
Un athꝛi kyvun uthur y kyuyt. gwa-
ew. trwyꝛ alarvꝛonn honn ar y hyt.
Ym achlud hoen grud hun gryt amdechꝛyn.
amvalchliw ewyn glaſ dỽfyꝛ rynn ryt. 27
Och hir dir diffwys rac pwys penyt. oe
dyvꝛys verr hoedyl aediofryt. och aros
vnnos ennyt ac madeu. angeu bun oleu
bu annwylyt. Och ffer ner naỽrad neum 31
llad lletvꝛyt. galar gỽennwyvar gỽnn gỽ-
yn hevyt. Achos gogleis treis ovarwdyd
triſtyt. vy chwaer glaer glotryd nym byd 34
bywyt. Pan aeth meu hiraeth herwyd trym-
ryt. y glaer gaer gybi vꝛo ri rodglyt. llun
divꝛec pꝛifdec yn ol pꝛyt gwennwaỽꝛ. llaỽer
llef agaỽꝛ ywch llawr lleyꝛyt. llawer och 38
ymoch amyl dihewyt. llawer deigyꝛ yỽch
grann ger glann glaſryt. Llawer arraed
gwaed nyt gỽyt ychwynaỽ allavur wylaỽ 41
llif oꝛeilyt. Nymdaỽꝛ ohoengỽawr ynhun
gỽeryt. iſ glaſgoꝛ mynoꝛ manon y pꝛyt.
Kwyn yỽ kan deryỽ nym deiryt goꝛtho. kann-

1319

lliỽ eiry gỽenvꝛo kanybo byt. Parthwyt 1
vynyn llwyt myỽn llawr angklyt. poꝛth idi
vo meir diweir diwyt. Poendoſt pefyꝛ
eurgoſt gyt galarchwerỽ roi yn rwym
irderỽ. lliw berỽ baſryt. Pallaỽd ymdif- 5
gỽyl amhwyl hyfryt. pỽyll nyt mev oe
dỽyn. gwyn gymlegyt. Pall vꝛael ydoed
kynn pell wryt gro. dan rudglomaendo.
meindỽf kerdglyt. Gwedy lloer gymry 9
lliw eiry gymryt. bot bun yn hun hir gỽir
namgỽeryt. Ryuel diargel aergyt ym yỽ
ryued gan amclyỽ vy myỽ vy myt. Yꝛ 12
dy goꝛon dꝛein gein gedernyt. athdolur uab
meir yỽch creir creulyt. Erbyn gymenn
wenn wynvyt enryded. yꝛ wled ar vuched
diaſyechyt. ~~~ ~~~ 16
Neut afyechyt bꝛyt abꝛyderir. neut
gỽyf achul hoen poen am perchir ~ 18
Neut avar galar ny ry gelir. neut over hy-
der am hoedyl dꝛahir. Nymdoeth llewenyd
eithyꝛ dyd dyhir. am vun dec y llun lliw
nyf goꝛthir. Neut trỽm varỽ riein gein
agỽynir. neut trom anreith veith vyth 23
naſgỽelir. Tec oed kynn diwed d ayarued
dir. y tal dan eur mal am ael veinir.
llunyeid agỽedeid gỽiwdyn llaỽir. oed 26
hoen blaen gỽelỽgaen gweilging ſaffir.
Diweir oed adoeth dedyf goeth gywir.
hael ovyỽn vrael yn euraỽ gwir. Tꝛefna-
ỽd honn arnaỽd kaỽd nywkudijr. troꝛyꝛ- 30
chell ymhell agymhỽyllir. Tꝛavynidyꝛ toſt
gỽingoſt gwengaer bapir. trevynat oed
irat adidorir. Tꝛuan yỽ gỽelet trỽydet
trahir. trevynadeu. angheu ãghennyſtir.
Lle bu kynn pallu pỽyll ahoffir. fyꝛic a- 35
fyndal mal y molir. lle bu fflỽch degỽch degyꝛ a-
wylir. aphoꝛffoꝛ a rud neut grud grodir.
Ryued yỽ ombyỽ myỽn byt ennwir.
ryuel dygyn argam pam ympoenir. 39
Ar ol dirwyol ymdirwyir. adiruaỽꝛ gereis
gwenwyndꝛeis gwir. Gwae dic boenedic a
benydir. gwae angall val dall arydwyllir.
gwenhwyvar wylwar aelwir. y dꝛugared 43
duỽ dꝛaỽ agerir. Minneu hyt tra vỽyf clỽyf

1320

am klywir . yn ryuadeu honn *ny ryuedir. 1
Hitheu hoen gwenndon lonn donn amdir
y gloewd6f eureit aglotuozir ... ~~~ 3
Ucheneit vann gelein deirran galoñ
dozri. Am wenhwyvar g6nn dzeis
galar. gan dza6s geli . Amdec y gwed aheul
wyned. ahaelyoni. amdiweirdeb. am loer 7
wyneb. amyl rieni. Bard hard hirdyſc. eur-
glyt adyſc arglot idi. Bum oe chanma6l.
vynetwyd hawl. veneit oed hi. Gwae ef
ymyt. o vywn penyt avei ynpoeni. Ynol 11
bun dec. hoen mozwanec. hen6 ma6zweini.
Mygyz windeveirn. milioed aveirn. mal
ydwyf .i. Oed grud gwrel. kein a tha6el 14
kynnoethewi. Oed dzem deckaf: kanneit a-
daf. kynnoc dodi. Ymhell dyvynved. y dzeia6
gwed. odzagweidi. Nyt oed bwyllvas. idihun
was doe oe henwi. Nyt oed anwi6. vath 18
em eily6. vyth y moli. Nyt oed ryued. achlut
va6zed ychlot vozi. Och oz gyfrangk. g6elet
oerdzangk. g6iliw der dzi. Och oz kollet. am-
eil lunet. em oleuni. Och oz trymvzyt. a- 22
llwyz dristyt. vot lla6z dzosti. Gwneuthost
ath was. va6z alanaſ. veir oleuni. Gwiſga6
riein. iſglaſwe vein. ys gloeſwae vi. Gozch-
ud hoen blaen. gozlliw g6elwgaen. ger lla6
gweilgi. Gwanec loewder. g6ynnvzic aber.
gwenvzo gybi. Gwae arodes. ac aekolles.
bzyt eiry kelli. arnei garyat. odzo girat. 29
meu dzagewri. Ma6zdu6 d6yva6l. meir yth-
eirya6l. ar merthyzi. Yz dy gyſtud. ath hir
gythzud. athur gethzi. Areil bzyt nyf. eur
eirgledyf. yoz arglwydi. D6c honn yth wlat.
etonn othzat. wyt vn athzi. ... 34
Ac velly y tervyna odleu gwenwyuar.

Nychlyw nachallon nachluſt. ny thzaeth 1
tava6t tromvza6t triſt. mvzn dic a mab
meir yndyſt. ma6z var no mar6 dar mozdoſt.
llawer oniuer anavu gwyned. oe dirved adaruv 4
ae arueu ymrwydyz aozuv. awyzdz6c llwyr am
dzeic llu. Bu dygyn bit ogylch dolur. am vleiny-
at gwengat gwingar. bodidzeic beidyat ragoz
baed yn aer bydin eryz. llawer och yoz llawir 8
oed. llwr6 galar amvlaengar vleid. ag6ae a-
thzymgwyn agwaed. ahidyl deigyz oe hoedyl
dygwyd. Ryued ym vyw [llyw] llawget. gan gyvar
ogwyn govit. yn aros chwedyl ya6n irat. yn 12
ol yoz ynywl wryt. Echa6s bot clot clo mar
moz. ochyl bzwydyzweith eil beredur. echwng
dan eis treis trahir. ochzoc helym och rac ga-
lar. Chwedyl meith geith gyfrangc tranc 16
trei. chwer6 triſt ymaengiſt ymae. yoz tozyf
kozyf koeth adoeth doe. arwyned am ozonwy.
Tziſtawyt beird troſ dayar. ovar6 ffr6ythlo-
naf eryz. tromgat vugeil eil ectoz. tramg6yd 20
bzwydyz trymga6d bzyder. Tzevyna6d ynof cof
kovyl dzac irat dic abeir deigyz arlygat. tra-
vyn aerdozyf trevyn y eurdat. trahiraeth va-
r6 kytvaeth kat. Kawd am gozthzyma6d 24
no thzamwy galar am golovyn dindaeth6y.
meu govyon am ozonwy. mab meir ny wna-
eth hiraeth hwy. Penyt oer poeneu a dic.
pleit genedyl gymry vur plyc. pell griſt varn 28
dziſt avu[t]n dz6c. pallu ozp6ll du pwylldec.
Pan doeth poendethol ovit. tramg6yd am
arglwyd mawrglot. yſ amyl ozbobyl aſomet.
yn lloegyz am eu hun llygat. Doeth am dzeic 32
mil hil hiryell. dygyn dzamg6yd deugwyn
dzymgoll. d6b6l ygozuc y dub6ll. am ozchud
llew ymerchyll. Nym try hoen rac poen peu-
nyd mozirat. mar6 eryz penn mynyd. nym 36
treigyl gwen olewenyd. neumtric na6s dic
nos adyd. Keiff ef ynef naf oſgozd. llewenyd
eglur mur myzd. ahiraeth g6z medvaeth
gwrd. avyd oe var6dyd oe vard ... 40
Gweleis yngwyngoz gwiwlethyz. eruei
helym arueu hoewlathyz. gron6y
didaryf aryf aruthur. gryt gyzchyat oeſgat yſ-
g6thyz. aerllavyn deuvinyawc eurllythyz. irlla6n 44
vyneigyz oe oerllithyz.

Roet ynael rodywn alar. menei myỽn rwym
bed mynoꝛ. gwas glwys dewr mywn gỽisc lasdur.
gweisc yỽch goꝛwyd bꝛeisc bꝛeichir. gwiỽ y la-
vyn gwaeỽ oliuer. gwawt hydyꝛ olin gwaet
tewdỽꝛ. Dygyn oed roi poſt koſt kanrod. di-
riei ffreinc mywn derỽ aphꝛid. karglyỽ ỻyw
ỻys bennmynyd. koꝛ bꝛodur troetnoeth aekud.
koꝛyf ket eurỻoꝛyf kat aerỻad. kwyn treis
wenwyn tros wyned. Dot vab meir ỻe ny w-
neir nac. oblas ny del arnaỽ blyc. hwyl oth w-
lat hoewlwyth wledic. helywr gryt hael yoꝛ
ygroc. hwyl doeth aroi heil aduc. helymdur
hil ydudur dec. Dꝛut vu dawl ruthyꝛ maỽl
maelgỽn. nedeir dyvyꝛr yꝛ anodun. aruthyꝛ
gedernyt aron. aryal milỽꝛ goꝛff vryen. ar
ỻwybyꝛ ryuelvꝛwydyꝛ oꝛỻin. arỻewdewr eur-
ỻiw daryan. Dioer buoer yaỽn aỻaỽn ỻit.
diwreid dꝛeic mywn dewn dewred dꝛut. dieid
greic da oed y gret. dewr agrym yndiriaỽ
gryt. duryaỽl gled dirwol glot. dar ymlaen-
gar ymlyngat. Ac veỻy y tuyna englynyon
marwnat gronwy vychan ...

Oth hireint eurureint aeryꝛat aꝛyne-
ic oꝛonwy vꝛwydyꝛ gychyat. nyt oes
naberth nerth neirthyat. nahydyꝛvud na-
rud yn rat. Nanenn napherchen. na phar-
chyat ar vard. roiſt y veird dy diỻat. nachyg-
aws bwyỻ echyngyat. nachyngoꝛ mydyꝛ
ragoꝛ mat. Tꝛavych naf ynglaf gloewgu-
nyat hoewloꝛyf. hywlych grud aỻygat. traỽs
yngaỽꝛ gỽynỻaỽꝛ gỽinỻat. troſſed gwledic
oꝛſed gwlat. Ochvi eryꝛ gwyꝛ gỽryat pena-
dur vot poen edyꝛn arnat. yechyt ahyt hoe-
dyl garyat. athꝛo nefaỽlgoeth doeth dat ~
Och wael dꝛym glwyf rwyf rodyat bud
vawred bydaf varw amdanat. oth wiſgoed gỽ-
ymp athwiſgyat. ath waſgaỽt nyvu wawt
wat. Dyvot dewr aruot aeruaỽꝛ ffyſgyat
trin myỽn triſt oval gwaſtat: mvꝛ dur deỽꝛ
darpar kar kat. meir awyꝛ mawr airat.

Oth hireint hoewvꝛeint nyt hyfryt vn
oꝛonwy lavyn creulyt. oth eir ath
aryf gedernyt. ath glot veith nythdaỽ gwe-
ith gwyt. Oth wengret giriet gwryt anirgel
yn eurgat dihewyt. ath daỽn athdinam
leindyt. ath ovec athbꝛifdec bꝛyt. Och ner
vot gwander. ochel gỽyndyt traws. nym
gwnel treis diofryt. erglyw griſt vy maỽꝛ
dꝛiſtyt. arglwyd grym ameurgled gryt.
Ren rỽy volaf naf. nefaỽl wryt gwir gỽ-
aret boen achlevyt. irat yſbys bud reit eſ-
byt. rud baladyꝛ ger raeadyꝛ ryt. Ry-
ued yw vymyw vy myt amarglwyd. a-
mawrglwyf ythblegyt. reith ruthyꝛ vꝛw-
ydyꝛ oergrwydyꝛ ergryt. rywyaỽc di vꝛa-
dawc dy vꝛyt. Ry hael eurgreir meir. maỽ-
ꝛed leindyt hydyꝛ. ath ro hoedyl ac yechyt
ri reuued rudgled rodglyt. ri rwyſc he-
ird reuved beird byt. ~~~

Os claf modur mur mawred ga-
ranaỽc goꝛonwy greir goꝛſed.
gwiỽ eneit beird gỽae wyned. gwaỽꝛ
gwindei ny haedei hed. Nawna dic
tremic trỽm let vꝛyded veir yꝛdy uaỽꝛ
dꝛugared. amgar am giriet reuved.
amgein etmic wledic wled. Vcheneidyeu
meu ochwna med vymryt. heint vymra-
ỽt kyuanned. vchel dar echel dewred. yechyt
oe wedeidbꝛyt wed. An hyfryt yꝛbyt bot
anhuned clwyf ar vy Rwyf nyt ryued.
aryf golovyn eryf ymgeled. eryꝛ teyꝛn
medwgyꝛn med. Oer yw hirvot clot
clo ryſſed gwenndoꝛyf mywn gwander
yngoꝛwed. eurỻyw oehaelyon voned.
aerỻew balch glew bỽlch ygled ~~~

Gwae vi vot aruot aruaeth godi
par myỽn heint perigyl boꝛthi.
gwae vyꝛd gwae gyꝛd gerd lochi. gw-
ae aneird gwae veird gwae vi. Dot
waret lyw cret kreir pvm weli nef y
naf clot haelyoni. eur goleu oꝛeu geli.
arderchaỽc dꝛugaraỽc dꝛi. Arymes vn
rodꝛes rodꝛi arwyned. oꝛonwy gat goſbi
arwymp y vud rud rodi. eryꝛ gweisc
aruthur vꝛeisc vꝛi. aros trymglwyf
rwyf ryuic bennỻi gaỽꝛ. eurwaỽꝛ
maỽꝛ mvꝛ kyni. aer baladyꝛ arueu
beli. aryf gwinwled gwyned gwae ni.

Os gwann glew anyan gloew ynni ryderch
rodyat gwyꝛd aphali. mur dur dar dewr vꝛw-
yſc rwyſc ri. mirein nud meir oe nodi ~
Olaf yỽ ner niuer niuer nefaỽleur a 4
naỽ o ronỽy rỽyſc greidyaỽl. kar ar
aer. kar arwraỽl. kedyꝛn oſtỽng deilỽng daỽl ~
Kadỽ hyfryt iechyt echel gred vaỽl kat. uch-
eldat mat meidꝛaỽl ; yꝛ dy donn vꝛonn vꝛenhi-
naỽl. ath boen gulỽyd hylwyd haỽl. Ath greu-
loes ath groes ath groc vꝛeinyaỽl rat. yſtyꝛ 10
reit ath ganmaỽl ; kanhoꝛthỽy veir vy eiry-
aỽl. kannwyll hard ath vard ath vaỽl. Kadarn
uchaf naf kadyꝛ nefaỽl arglỽyd. erglyỽ lef
negeſſaỽl ; am loꝛyf koꝛyf kiwdaỽt gỽaỽt gỽ-
aỽl. am leỽ gaỽꝛ am lyỽ gỽꝛaỽl. 15
Boet hiroedyl vꝛeiſc gỽeiſt gỽaſgaỽt
kenedloed. kein atlam noeth athla-
ỽt ; aryf deuvin araf defaỽt. eil rolant uthyꝛ
ffynnyant ffaỽt. Os claf ner dewrder. aỽdur-
daỽt moꝛdaf. maỽꝛdec bỽyll gymendaỽt ; och
rac goual mal molaỽt. am eryꝛ maỽꝛvud 21
nud naỽt. Vchaf geli tri ỽyt trindaỽt ar-
glỽyd. erglyỽ veird bydyſſyaỽt ; am achub
clỽyf nỽyf nychdaỽt. am iechyt ym bꝛyt 24
am bꝛaỽt. Eurwaỽꝛ kywir gỽir. gỽaraỽt
oꝛonỽy eur eneit y giwdaỽt ; argae gaỽꝛ
ergyt gỽaỽꝛ gỽaỽt aergat beir. eur get 27
Hoew gyuarch eur barch ~ baraỽt ~
aer bar goꝛonỽy garannaỽc gleỽ
digar: hylithyꝛ y wyꝛd kyꝛd kerdgar. haỽl 30
vynaỽc dỽyredaỽc dar. Hoedyl haỽſder ym
ner yn aer eſgar dꝛom. vn dꝛemyn ulkaffar:
hydyꝛ neidyat gwengat gỽin gar. hoewdec 33
waỽꝛ. hygoſt vaỽꝛ var. Hir yn kyuyt bꝛyt
bꝛỽydyꝛgar echwynnỽꝛ. ucheneit angklaear ;
herwyd goual anhalar. hireint hỽyl gereint
hael gar. ~ ~ ~ 37
Och vi arglỽyd rỽyd rwyſc natur ow-
ein. awyd dewrder arthur ; nat yſtyꝛ
meir dy doſtur. ath glevyt vꝛwydyꝛ uaỽꝛ vꝛyt
vur. Jechyt ỽꝛth vy mryt vy mraỽt eglur 41
daỽn. y gan duỽ pennyadur ~ ath el otheint
atholur. athdiledyf anaỽd gaỽd gur. Arwyꝛe
in madyein modur eur anaỽ ; oꝛonỽy uab 44

tudur ; aruoc eir peir paredur. aryf yn yng 1
aerduruyng dur ~ ~ ~
Hoew oꝛonỽy rỽy rywyaỽc vard eir beilch ~
bỽlch greulyt wyar beir: oe gedaỽl vud 4
ae gadeir. ae get oe giriet ageir. Heint ath glỽ-
yf vy rỽyf eil rỽyſc gỽeir uab gỽeſtyl. gỽaſtat
dꝛin di gyngreir ; gwaret gỽir lawgret loew
greir. gỽyꝛy eur waỽꝛ gỽirion vaỽꝛ uaỽꝛ ueir ~ 8
Dot ym bꝛỽydyꝛ waỽꝛ gaỽꝛ gỽꝛaf. oꝛonỽy
aer adỽy eur adaf: gỽir iechyt griſt go-
ꝛuchaf. gỽar yſpꝛydaỽl nefaỽl naf. Mael hael 11
heil vucil oe vỽyaf doſtur ae dolur ydwylaf ;
medgyꝛn maỽꝛ deyꝛn moꝛdaf. meith yỽ vot mur
glot moꝛ glaf.

Gruffud' uab maredud' a ccant ~

MEu dogyngur arthur o oꝛthir pꝛydein. 16
yꝛ dyn pꝛifdec llaỽir ; arwyd y chlot a
eurir. eiry hoen am verch arwy hir.
Eillyaf om ieith gỽeith gwenglot. yliỽ geirỽ
o loeỽ garyat ; oleune dyfyꝛ neu lunet. elynes 20
gỽed eil enit. Rodeis garyat gỽat gwydyn
ymdoeth hirglwyf. ardyn hỽyꝛglaer bỽylldoeth ;
oleu boen a͡laỽ beunoeth eil fflur a dyf cur
dỽf koeth. Kereis dꝛem gỽalch valch van-
nỽyl. myn ſaerym ſant a ſeiryoel ; ynghaer 25
dec angharat eil. liỽ eiry kaen laỽ euraỽc
hael. Ryuedaỽt keudaỽt kadarn yỽ llifyant ~
ym nỽyfyant glwyfyant glyỽ : gloewdꝛem
riein arglỽydꝛyỽ. glut hut hun am vun ym
vyỽ. O garyat eigyꝛ dec eiryan. acharyat 30
glwyfuerch uryen ; echwynaỽd bard ar hard
lun. vcheneit uthur a chynon. Hylithyꝛ
nỽyfyant oe haỽlỽꝛ. heul y geilỽ hael y gỽ-
ylwar ; o bowys gyuoeth bywyꝛ. agỽyned 34
ny ogenir. Nyt oes liỽ hediỽ heydent gam-
peu dyfyꝛ diuei bỽyll deuodeu ; kymryt ar taỽ-
el bꝛyt teu. kymaỽt eigyꝛ kamedegeu.
Eigyꝛ eur ; voes einyoes annwyt diheu 38
rwyd dihaereb adꝛaethwyt. na rodir verch
lawir lwyt ; gwlat y vut gloewdỽf ydwyt.
Megeiſt boen ym hoen henỽ merch am di
hun. yeirll annun eiry llannerch : meu 42
dꝛennyd medꝛu annerch. madỽs oed
bum mut oſerch. lliỽ geirv ryt obꝛyt

awnaeth bzat ym gne gna6t ferchaбc ymly-
nyat. llad gwr ydiw lledyf garyat : lloer y
glot. heul lla6z y gwlat. Ny ch6fc dzem
hoen gem gyv6lch. am wa6z gein t6z me-
in manvylch : ny chaf hun am vun em
valch. ny cheir y vun oe chaer volch ~
Tza6ftaer fercha6l vzyt tryftan. ar effyllt
wed a roeff6n. pziabt ol6c pzyt elen. lu-
yda6c verch loe6 eidun. Maga6d ym h6yz
na6d hirn6yf dy garyat dec ozoen tonn
am r6yf : megeift ym boen hoen hungl6yf.
megeis gwae6 dan eis g6ydyn wyf. Hael di
daer wennglaer heul y wingla6z mon. hoew
li6 manot iona6z : hun am llud de6zuvd
dyza6z. hoen tonn ogled wyned wa6z ....

Gruffud uab maredud ae cant y syr howel.

Gwifga6d bed eurglod || uab gronБ uab
aerglo lluryclas. yn lla6z e || tudur
gl6ys ueuno : g6z durya6l rot clot clytno.
g6ae yry6 na bei vy6 euo. JrIla6n oed
uar6 dz6y oerllit. ozll6yn deigyz ozllin
d6ygat : aerdar gle6 eurdoz y glot. ur-
da6l eil greidya6l ael gryt. Mab am-
g6naeth alaeth dolur. meir ua6zgoeth
os mar6 veurgar : meu leuein am o-
liuer. yn r6yga6 bz6ydyz vn ragoz ~
Llywy6n hyfryd6ch lla6en. bey by6
llyw llit mab alun : dzut y dial ar alon.
dzeic bz6ydyz rac dz6c obzydyn. Amyl
ameryz g6yz g6aewrud. ar dzomgat o
dramg6yd mab gruffud : uchel goft a-
chul gyftud. och allef groch a llif grud.
Cat arnam oerwall kedernit kymry.
uar6 kymro hael kerdglyt : treift6yn
ioz tryftan 6zyt. tra6s yngga6z treis ua-
6z tros vyt. Achaбs d6yn llozyf kozyf
kan mil. yz daear gynt ardeol : ech6ng
is vymronn achul. och hywyll amwych
howel. Gwae vi var6 ri run ofgozd. g6-
eringar6 gweir o angerd : g6a6z trin a
roes g6in ag6yzd. gwalch urda6l valch
ardel6 vard ~ Neut hiraeth oergaeth y
argel mynoz mynet balchdzut howel.
natur un gallon ottuel. naf oed de6z y nef
ydel.

Ny bu valch haelwalch heilwin a6durda-
6t. no mar6 de6zder elphin : na thzeis na
gwaed baed bydin. na thzangk aer
dzeic bz6ydyz athzin. Gwae vi howel
nath welaf. yn vy6 lly6 llew kadarngryf :
g6naet crift trift treift6yn k6yn kof. g6-
a6z nerth ymplith g6erin nef. Cl6yf
trymgwyn treiftwyn triftet vuchene-
it. och wyned oz gollet : trin kynevin
kynyuet. clot ua6z ynyd ga6z nud get ~
Och var6 ry6 ua6lgar6 ryuelgaer aef-
fa6z. echeid6 lla6z gwa6z g6aewdaer. e-
urd6zn rif myzd kyzd kerdglaer. urda-
6l arthurya6l 6zth aer. K6byl vn kain
deulu kynn di loew daear. pzud yfgar pzid
ofgoew : clo kadeu aergreu irgroe6. clo
clot Ryuel howel hoew. Kozyf g6yned
kynn bed kein beingk ozchaeat. enyn-
gat unya6ngeingk : bz6yfclym lavyn e-
urdzavyn. aerdzeingk. bz6ydyz dzom
awnaeth ar ffraeth ffreingk. Llozyf di
dwyll llyz b6yll lla6z bed ae kynn6ys.
kann6yll g6lat a gozfed : lly6 yn reit
lla6 anryded. llew oed de6z gle6 ae dur gled.

Gruffud uab maredud heuyt

Molaf gein riein ory6 argl6ydi argl6y-
des vy hoedyl y6. ma6l hirglot mil
aeherglyб. meu hoen an6yf tra v6yf vy6.
Yth voli vzeifc weifc wand6f athywyn heul
ny thawaf tra vo hoen ewyn llynn llif. vy
eneit yn vy6 ynof. Nywnaf kyt b6-
yf n6yf na6tal. tewi achlot dyn ta6el.
ny madeu bzyt na med6l. ganma6l g6a-
6z 6ythugeinmil. Molaf verch valdoeth
goeth gein. tra v6ynt y gyt treulbzyt
bz6yn. yzeneit ucheneit chwaen. arcozff
oer my6n cur aphoen. Aela6 an vn
hun hir y6 oeg6anvard aros g6envn
lawir. ologa6t ferch verch veinir. eil eigyz
d6f oloegyz dir. Tec om p6yll ovec ym
pall auael hun oed wenvun hoewlun hael.
agereis dan vzic vzael. ac eur mal y6ch
yg6z6m ael. Gweleis agereis ynragozi
pzyt o vy6n pzifdec fendzi. aphall fyndal a

phali . a ph6yll oed y hirdwyll hi . Gweleis fymut 1
fut fidan ac awmael ac v2ael ac aryan . ac affur
d26c aguffan . ac eur mal am hoen geir6 man. 3
Go2he6c amd6c dec o2fedua ga6 gywirvarch ny-
phalla. eil y kethin ny blinha. kyflym y2llun grym
lla6n gra. B2ynn ka6 b26ynhuna6 b2enhineid 6
v2oyd . eil rudv2eon duth vleid . b2yt eur wryt arwre-
id b2ondo2yf varch tref lywarch treid. Ky2ch y2
bun wanllun wenlla6 anryded . vn redyat karn 9
afla6 . b2yfc g6yl y2 hoen b2eifc ala6 . b26yfc r6yfc
rydein b2ynn kein ka6. Keirch o2dyvyn archly-
vyn ky2cherchlas doffa6c . deiffyf neitya6 fferla s.
car varwein kar6 mein myngv2as . kaer veinir 13
glaer vyno2 ^e^las . Meu d2ymgl6yf am wenh6y-
uar . mo2wyn loe6 mirein leuver. ma62eir am-
erd2ym o2o2 . mwroc dyleda6c loewdir. 16
Wy2yardur wrg6aewrud g6ych. am g6naeth
gaeth gwyn v26yn v2onnllech . ac wy2 Jthel uchel
ach . gam odegeingyl . gem deg6ch . 19

Teir llythy2en wenn windut. anduc ynghyvy2goll
gollet atheir veir o va62 garyat . anduc nef on
dygyn ovit. Teir veir o leugreir a va62lygra6d
byt . o lythy2 b2yt wyt waha6d. atheir o nef uthur
y na6d oe g6i6 rat an g6areda6d . E.v . a . bu pla ym
pob plas ynb62 6 y berigyl gyweithyas. a . v. e. urdedic
urdas . anduc yn veith ogeith gas . Goleu vyd veir
vam geli . gol6c ratla6n heb gelu . gof6y nef oed dec
ave . goual vu aual eua. Da y g6naeth ryd o 29
gaeth d26y goeth gann6yll wy2y . wirionheul y do-
eth b6yll . oual amyl . aual amhwyll . aue dec rac
eua d6yll. 32

G6ynt tan awy2 ll6y2 lla62 daearva 1
m6yn. g6naeth vn mab maria : lleuat d6-
fy2 heul ny th2eula : g6yllt gwar . g6ellt
g6yd . nos dyd da. 4

Ry vychan grift loe6lan ly6 . d2os gur
hoelyon loeffyon li6 . ab2ath b2ongneif a
gleif gle6 ner eurdoeth awneir y2da6. 8
Y2da6 dylyem d2em d2ut odef mab du6
awydyat . efo an p2yna6d na6d not. o uffern
rew vigynwern r6t . ^ac^ ang6naeth fraeth fr6-
ythla6nget . o geith yn rydyon ygyt. 12
Ygyt bobyl y byt anwybodus ym am na
char6n iefus . athec urdas ygraffius athat
eur a my2r a thus .
Kadymenn fy2 em g6y2 am g6ylch om d2y- 16
geu d2eic rac amyl becha6t vylch . kerd gen-
nyf i aediylch. kaf na6d y d2inda6t ymkylch .
Llyma ẽglynyon y du6 a gant gruffud vab mare^d^u.
n yt argl6yd kyfr6yd kyfr6ng nef a llawr. 20
namyn du6 ma62 ma6l dãgnef : nyt dogyn ga-
darn varn vardlef : nyt hael uthy2 auael eithy2
ef. Nyt hyl6yd argl6yd eurglot kỹgreir nef 23
naf ally6 pob kyueir : uthy2 rat la6n gret ket
kadeir : athro peby2 bab eithy2 mab meir. Nyt
hael herwyd p6yll am tyf. nyt tec o adu6ynb2yt
t6f : nyt keda6l uthy2 nefa6l naf. nyt kadarn 27
neb kadeir nef. Nyt naf nef y2 engylyon. nyt
io2 mo2 ma62doeth v2enhin : dyt argl6yd wyby2
ll6yby2 llawen. nyt lly6 tros vyt onyt vn. 30
Amlaf llewenyd aml6c . y2 rei ath gar dar di-
nac : heb na diwed wled wledic : na dech2eu y62
teu io2 tec. G6naeth wled hed diwed du6 by6
go2uchaf . g6ir g6plaf loewaf ly6 : heb d2angk
heb d2o clo clot ry6 . heb o2ffenn a nenn ynn 35
y6 . Credaf eni ri reidun . o veir gloew dey2n
greir glan : abot oeffoed glot yeffin. meir 37
yn wy2y mo2 6yn wiryon. Credaf eni ri rod-
yat . oth v2u veir o2 geir heb gyt : credaf diweir
veir dy vot . yn wy2y pan doeth ynn waret . 40
Cred6n vot Jo2 po2 peryf. yn vab gwy2y doeth
goeth gỹnif : yn da6n eur yndeeu naf. yn 42
dyn oeir yn du6 nef. Vn ath2i kyvun ath2o
kyfya6n nef

1329 1330

6yt naf wyby2 ac eigya6n. eur wirion gna6t ffa6t
ffydla6n. o2 wy2y dec ar waret ia6n. N y bu nyt oes
groes greulif. ny byd bod vuyd beryf b2einya6l
y dydyn kynn kof ; b2on̄ ath2aet b2enhin eithy2
ef. Dydb2a6t blas v2das eurdar b2onn hyn6yf .
b2enhined y daear ; a ostȳgant blant blaengar.
ytt io2 ird2em go2on gar. Du6 an p2yna6d 7
na6d yn nyd aruoll rat y2 redyat pumharcholl ;
da6n oe v2o rac tro trymgoll ; du6 o nef bieu n
d6yn oll. Nyt kam kael o haeldyd ydholer dyn
y2 d6yn k6byl oe amser ; du6 ae roes eurvoes ar-
uer. du6 bieu ef doeth nef ner. Nyt teil6ḡ ar- 12
gl6yd teleit. tr6y waravun tri vn 6yt : do2ynef
dy2o ynn oet. dar nenn beñ berth werth dy waet.
Govul y dyn ac ouer. g6aravun destun dostur ;
y dued nef a daear. y b2itwerth argl6yd b2a6twir.
Dyb2yt oed yvyt avaeth g6aravun oe g6ir 17
vuyd bēnaeth : dinam vab geir veir vamaeth. d6
yn y nef dynyon awnaeth Jo2 co2 coeth wr
doeth y2 d6yn. a b2yna6d argl6yd b2ennya6l ad-
v6yn ; neut travyn bedy2 bab mab mo26yn. nyt
reit vcheneit na ch6yn. **Llyma ēglynyon g6yned.**
n a wna Jo2 nenn wenn wyned. daear fraeth 23
ynduoer ffrid ; deon awr deu na6 2ad. du6 onef
dewin vuyd. Na wna greir meir mireinglot.
wyned windytwed wendut : vn ath2i 6yt ynn oth
2at. ra6nder seint yn dir asset. Nawna dat 27
ll6 mat lle mae geird kanwled lla62 g6yned har-
ded heird ; o bla dygyn am bl6y digeird ; yn blas
o d2aeth bas d2eth beird. Na wna wyned vonhe-
dic. ynwaeth no newitl6ḡ wac g6ar greir a 31
gymerth g6ir groc. g6iryon dat oe g6erin dec.
Y diffryt h6y2wyt hirwy2th. mur nef gyt ameir
vy nerth ; g6a62 ffyd ony byd dy bo2th. g6ae ni du6
g6yned diwarth. Na6d y2 an p2yna6d o2 p2enn
diodef a thāgnef io2 nef nenn : o2 geir heb gyt byt
berchen. y g62 a ved wyned wenn. **Llyma ēglyny6**
bit du6 vy ll6 by6 bed6ar. **y pedwar āgel ystor.**
kystec euangelysto2 ; y gȳnal mal y molir. byt a
nef bit anouer. Ery2 vu Jeuan erot. aruchaf 40
gvis ar iechyt ; y dangos vab meir da6nget.
anhelder dy wych haeldat. Marcus vu Jessu yes
sin v2edym ly6 ar weith lle6 yth deeu y2 g6y-
bot hoe6 glot hycleu. kedernyt rat y tat teu. 44

Ych vu lucas urdas rem. ar assu eur dinam ; 1
am aberthu bu tru tr6m. vn mab meir tra6seir
trossom. Roet matheu donyeu dinac ; dan d2aet
mab meir ar greir groc ; am dyuot nef bendeuic. 4
yn rith dyn vn anreith dec. **Gruffud vab mared[d] heuyt**
l li6 lla62 llathy2d2ef nef naf y diuei wled **ae cant**
heb diwed du6 arnei : llunyaeth eiryf llawn yeith **y du6**
eruei. lle ny th2eingk io2 llan6 ath2ei. Mab 6yt
ffydla6n b2off6yt ffyd. a that o2 wennwlat win
wled ; ac ysp2yt g6ledic oesb2ud. ac vn io2 ogein 10
nawrad. G6irdoeth dat o2 wlat ar wled ny deruyd
odirua62 anryded : go2eu mab mam digared. geir
ov2u meir v2y ae med. Ma62 bann 6yt meir ben-
nadur. adu6 ly6 nef a daear : mab y2 wy2y am
wyby2 o2o2. heb dat eithy2 rat uthy2 hoewder. 15
Kadarn varn va62nerth gleindyt. ac argl6yd
pob rago2glot ; trugara6c tr6y y giryet. hael y6
ll6 heul a lleuat. Tec y6 dy2ann wy2 āna.
ternassoed tey2n iessu ; tir wyby2 mo2 hoewl6y- 19
by2 heli. naf adaf nef a vedy. llin hynot llawn
glot llun claer ll6 nefa6l lla6n auael ll6yby2
weith saer ; llethy2 dyfy2d6y mo2d6y ma62daer. 22
llith2a6d mo2 llathy2greir ko2 kaer. Adolet pa6b
pob amser. y del6 adyly rago2 ; del6 2mab rat g6irdat
g6ar. llyna del6 lla6n o dolur. **Llyma awdyl y gyffes**
c Reir k[r]et ket kynnyd ; **agant gr. vab Mared[d]**
crea6dy2 llu bedyd ; crist vab du6 do- **vab dd'.**
vyd kynn dyd dyed. Kanny wnn pa b2yt. pa a62 pa ēnyt
ymdygych o2 byt. diwyt diwed. Argl6yddat mat ma62.
eurglo nef a lla62 ; ergly6 vi bop awr. g6a62 g6irio-
ned. Ytt y kyffessaf. ac yd adefaf. kann 6yt pēnaf naf
na6d dāgneued. a becheis yn ll6y2 o bob ry6 sȳnwy2:
r6ng lla62 ac awy2 ll6y2 argywed. Seith b2iwyt pe-
cha6t rythni a medda6t ; chwant kna6t cas geu- 34
da6t cadarn ch6erwed. Methyant glythineb. m6th
vurn godineb ; mythineb kideb kad6 vysyl6ed.
Balchder syberwyt to2ri diov2yt : kymryt b6yt
amryt amry6 vaswed. Goganu tybya6. llesgu da- 38
muna6 ; llidya6 a digya6 dogyn wythloned. Colli
p2egetheu. ac efferenneu ; madeu vy sulyeu y2 med6
salwed. Geir med6l āgkret. gol6c kamgerdet ; g6e-
ith2et anwaret. g6ch en wired. Kyhuda6 g6iryon. 42
cam dychymygyon ; keissa6 treis holyon. hylithy2
daered. Gochel madeueint. digya6 rac hirheint ; sath2u
ha6ddir seint. b[r]eint b2enhined.

Tyngu ygreireu . gwyrth anudoneu: twnn gredeu llyeu geireu gwyred. Treis twyll brat kyngen. murn ledrat absen: llit keneuigen ren pob rinwed. Gwar gynwys glwys glyw . gwawr mawr marw abyw: gwiryondat rat ryw llyw llawered. Dyrat ageissyaf dy nerth aarchaf: dy nawd aalwaf naf nefawlwled. Rac kwyn diaflic . rac kwn gwenwynic . rac kynygyn dremic . dic digassed. Rac drwc mwc migynwern . drwy weith geith gethern: drewyant kern vffern affeith dygned. Rac treis tragywydawl. tan trwch kyllestrawl : tanawl uffernawl ffyrnic dachwed. Rac tanllyt sybwll. tinllwyth flam gynwll: tinllwch trwch trwydwll trydar losged. Rac lleith llwyth kein. llys uffern wyrein: llin adaf vydin gordin gyrded. Rac poen athrugar. poeth verw dan llachar: pwll bydar . daear duoer vigned. Brenhineid vab meir: breinyawl oleugreir: brenhin nef yth wneir geir goruoled. Ti avadeueist tec ymedylyeist: ydyd yn preyneist or prenn crocwed . Dyboen ath alaeth ath verthyrolyaeth: yraegwnaeth aruaeth aruawc drossed. Wrth hyny arglwyd kadarn didramgwyd . ketrwyd kyuarwyd cof overed. Gwna dovyd vadeu . vy holl bechodeu: amdwyn ythdeheu oleu wyled. Maly madeuwyf awnaethpwyt wrthwyf: ym hollgnawt o glwyf glew dic lloned. Odreis o gollet o gawd o godet . obop gwarthaet giryet gared. Yth deeu dewin y bwyf geneuin : kynn rwym daeerin erwin orwed. lle mae lludi vrat ar llaw llathyr gwenwlat : lle mae goleuat rat anryded. lle mae digrifwch a phob ryw degwch: lle mae dadolwch deilwng rysed. lle mae kywirdeb. lle mae diweirdeb: lle dibechawt neb lle da buched. lle mae gorffowys vch law paradwys: lle mae mirein lwys lle mae mawred. lle mae nefolyon lliaws vrdolyon : lle mae egylyon gwiryon gwared. lle mae eglurder . lle mae dwywolder: lle mae ner niuer nefawl orfed. Aryf kret ket cadeir . arglwyd pob kygreir: erglyw vi vab meir bortheir berthed. kan wyf pechadur corforawl natur: rac tostur dol adialed. Kan wyt gwir vrenhin. ordeeu dewin: hyt y gorllewin llywawdyr nafred. Kan wyf kyffessawl a meir ym eiryawl: ac edi ueiryawl oet ouered. Kan wyt breinyoccaf adyledoccaf: kan wyt oruchaf naf nam gomed. Yrdydiwed loes . yrdy greulet groes: rac poeneu pumoes pumystyl egyrwed. Yrygwaew euyd. a want yr efryd: dan dyvronn

douyd dwywawl agwed. Yrdyvawr loesson gan durya hoelon: yr dydrein goron dy drugared. Yrdygyuodi gw dyrpumweli: crist keli vyri o rwym maenved. Ac y gorefgyn vffernawl deruyn: tydyn pob gelyn diamg led. Ath valch disgynnyat ardydeeudat: vot ymgyrannyat othwlat athwled. AmeN.

Llyma awdyl agant gruffud y ronw vychan vab tud' vab

Neut trist ym gwnaeth crist croes dagneued. neut gron tros ovit llit a lleturyded: neut ryuawr gollet nyt ryued a clwyf neumtry ynhynwyf traanhuned. Neut trymvry penyt poen diuaed. agyfrangk trangk travyn llavyn lla vroded. neut trom vrawt tauawt am etiued llew eruei Kych wyrn glew arueu cochwed. Neut truan ymgwan gwa ew irlloned. net trahir madeu glew lacheu gled: neut amlwc ymdwc dygned galarvrwyn: aveirw orwyllt g yn oe varw orwed. Neut trwm hepcor Jordor ydewr neut trom anreith veith gweith gwythloned. neut tra trawslorff korff torff eil tired meic . mynet eurval dreic mywn daearved. Neut breid yw ym vyw oe varw dywed. neut braw yn treissyaw am yn trosed. neut bronn donn yw hon oehaned adry. amgolovyn kymry aehyngeled. Neut brenawl chwedyl tost varw kost kan wle neut brwyn kwyn kanmyrd am gyrd gyued. Neut bre dwyt arswyt orsed gynheilyat : am lawwir ynat loew wiryoned. Nymdoeth na gwyngen na gwen na gwed . oedyvr agheu dan lifdyfred. nymdaw eithyr wylaw uthyrdiale chwedyl. drosvirein genedyl amdraws vawred. Neut hi aeth amgwnaeth gaeth gynryged. neut herwyd tram gwyd tromgat gytwed: neut traedru chwyrn chwerwe gwenwynic : afreolus dic oe varw oled. Ny bu am nat byw llyw llawered. gollet vn dostur mur maranned: pan las gwanas gwyned beruednot . hydyr deyrn aegl hyt ardued. Kynhebyc vydei ny haedei hed. twryf torr wynt graen am gaen gogled: kymrwt mawreirglot kymrawt mwred daer ygghynat aer ygghymined.

Kwyn goleu ywrmeu mi aeharwed. treiaw goronwy travyn mordwy med. cof garw oelwyr varw yalarned oed: abeir vilyo heb oruoled. Kynyd ewybyr oed kynnoedyed. kolovyn osgord va llawr arllechwed. kat vleid teyrneid teyrned ener. eurlliw y van o ieirll voned. Compot clot clut veird oheird harded. kwympei greu agheu eigyl galaned. kein duryawl y bar ywch kyndared gryt: ygg wyth gerwin vryt ygg weith garwed. korff iot dor d grwydyr vrwydyr divroded. korff torff llorff lleidyat orwlat wled: kun reget vnllit mywn kynryged blin. karyat ryuel trin kiryet reuued. kywreint oed y vreint vreisc anmyn d kyweir oed y eir eur gymyrred: kywir oed y wir o wiw ryssed beilch o ge hedlawc weilch oegynnadled. Keueis alaeth hir enwir anwed. galar dar doeth koeth kyuanned: ac vtwaed dan vronn ac atw tristyt . a bylchu vy mryt o varw balched . kauas gras vrdas eurd wn vuched . kennyw dewin nef kynnoediwed. keffo garyat rat anr ded allu vuragorawl vu yn trugared. AMEN.

Gruffud uab maredud uab dauyd ae cant

R Oet my6n carnbeñ benn bon g6ꝛ̊ychy-
onyn deif dauyd leidyꝛ t6ꝛ kelyn an-
reith dꝛom ynrith dꝛemyn . anrec wyꝛ o he-
int ll6yꝛ llynn. llygat cul irat lli6 coloꝛyn
bꝛ6t llygat bꝛad6 verdůdyn . llygat llusgyat
kynllyſgyn. llygat glein re6 gle6 my6n 7
glyn. llygat ymrein glein llygat gronyn
pys . ynpiſſa6 kynronyn. llygat g6yl llygat
gelyn . llygat bon deint heint y hyn. 10
llygat defnyd hoel . llygat deſnyn g6er yn
g6are 6ꝛth vlewyn. llygat amgarnyat ger-
nyn . llygat g6ydyn ymlynyat g6yn . 13
llygat bugiliat bogelyn yſtaen ynyſtym
creiſſyonyn . llygat g6yꝛllygat goꝛyn 15
llygat ym diuat ydyn ~ ~~~ **Gruff d' heuyt.**

M ae mab boꝛſgra6n ia6n ann wych mei-
lyꝛ boly koly koludwich ynda6d avyl yn
de6 dwyvoch yndaea6c kabyl ad6y6cʰ yn
dwrra tr6ſſa treiſſach yn doꝛa6c o bede-
ir rech . Gweleis i tarangi tom o der6 21
ffl6ch odur a phl6m. ac elytyn egyꝛ dꝛa-
gwytyn dꝛ6m . achyꝛryn hydgant dꝛewy-
ant dꝛem yn rra oet nyt yn roi ym̄ . yn 24
ros dec vn ny roes dim. Svr ieuan di-
lan dyle . ſoꝛel llan6 ka6del keudy . ſych ba-
na6ꝛ keillgla6ꝛ kellglo . ſein cot vꝛot vꝛech
rech r6ngka . ſacheit y6 o beſſychu. ſaſyn 28
kelyn gavyn callongi. ~~~ **gruff d' heuyt .**

L l6ybyꝛ kr6ybyꝛ kynyon mon mynych
fflam adeivyl oe chadaflen vingam .
ll6yd etlit lluoed atlam lleiaſ ſerch o vy6n
merch mam. lleſtyꝛ lla6nwreint llaeſvꝛe-
int lleiſvꝛam lleith hamr6n. llymric v6n-
g6n gytkam . llit rit r6yt waela6t lam 35
lla6dyꝛ dꝛes dꝛaeth gerngaeth goꝛngam .
Kovyl ovyl avyl ſigylgur fur ſ6m. ka-
vyn traet waet wem grem nyt grym. 38
croth loth roth res lyͤmes l6m .creith
leith lepei g6nei gam. kedoꝛ daen kaat
ar y dom . keudy dꝛoeth kaeat y dꝛem. 41
Hydwyll avyl daenavyl dinac. h6nn ny
at riduic redec. havyn lleith ymreingre-
ith reyngrec . hvn argaly hanner gol6c. 44
mayl rem wem wern gern gaduc. huiuſ
elaſt henaſt lodic.

Gruff. heuyt

LLech rech r6t tank6t tingkyꝛ gwarth tlodi
gwyꝛ g6ir vu yꝛ g6ynt dy grogi . ac 6ꝛth
gynffonn dy gronni . tri phꝛenn a raff craff 3
y6ꝛ cri. lleidyꝛ dꝛut g6arth mynut g6ꝛth
muni cleroed. gloꝛya lla6dyꝛ bl6c heli . lleſa-
6ꝛ y byꝛllvyt llyvi . lleſeu keul ac vn llefein
ki. llaſur diwedar llwvyꝛ dywedi wedu
g6ae wada6t otheni. llycli6 dy vle6 yn 8
dꝛewi . lleſ cloch tom moch ta6 a mi. ~~~
Penn efryd dauyd awnaeth dyvyn oer
penn yn wyꝛ oꝛ neilltu peñ baed yn ym-
dihaedu pen6 ba6 ymy6n poen ybu . 12
Penn eidyon lliſyon yn llyuv y gevyn
peñ mab gavyꝛ yntagu. peñ hobel yn
ymchoelu . a blaen y yluin y blu . 15
Penn hoc peñ camoc peñ yn camu n
va6ꝛ . penn ynvar6 o gyſgu . peñ lle
dꝛos v6c pyñvarch llu . penn lleic oſ-
gyl penn lleu gaſglu . ~~~ ~ 19

Howel ystorym ae cant . y adaf eurych . . .

KYfuarchaf ym naf nefaỽl oeſtric hỽyl : hael vꝛenhin gỽyꝛennic . kyfran rann rinwed gatholic . kyfaryf aryf eurwaỽꝛ arbennic . Kyfyaỽn arglwyd rỽyd rỽymedic bꝛeidgaꝛd : o bꝛudgerd ennwedic . yadaf adeil gỽywedic . adaỽt naỽt newyn heb diffic . Adyſc myſc ymyſgỽyl ffyꝛnic . adurn murn ym marn crogyedic . adoet gynuyl chwyl chwaledic y byd budelỽ tan kylleſdric : eurych bꝛych bꝛeichgul lloſgyedic . afrỽyd ſỽyd yſſyd annelwic . Afreit neit nyt yꝛgerd rỽyſtredic . afrỽch trỽch trychwibyl roſtyedic . efryd dall kebyd keibyꝛ pꝛynic rỽyllgrin : rullgruỽ cledꝛ yſgyꝛnic . Car annwar ennwir tri dyblic . kaỽꝛ tri llaỽꝛ : trallỽng reibyedic . Coꝛof bꝛeithloꝛof bꝛith leidyꝛ gỽennỽynic : kyꝛyf anffyꝛyf anffaỽt katwedic . Kyꝛuyll hyll whedꝛyll whytreuyꝛ pennic meirch : march glermwnt bꝛemyenic . Chwerỽ lys vlys heb ulas dewiſſic : chwyꝛn eſgyꝛn eſgyll lliwyedic . Chwefris mis myſſein diennic : chwerỽ dꝛaberỽ oe dꝛabudur ſefnic . Chware nyt dyꝛe teirỽ pỽyedic pla : plant adaf grynyedic . Llys dyfrys divꝛaỽt heiryedic : lles armes ermein anodꝛic . ffỽs mynỽs meneſtyꝛ anheilic : lleiſtreu lleu chwannenneu chweinỽic . lleiſclaỽꝛ ynhymmaỽꝛ anhymmic . vꝛyſſwlyd : heb vꝛaſſwed nadolic. llwybyꝛ kyflỽybyꝛ kyfle divỽydic : llỽꝛỽ paſceat nyt peſgych ſeyſnic . lloꝛyeit reit reuduſſyon debic : llonckler ſer ſarffot bỽytteic . llyngeit reit yſſeit rỽt yſſic : reithgun : rythgỽn kyneuodic . lle diflan kalan kelennic : lle diflith diflỽng godꝛoic . lle difloed diflaỽt enderic . lle divlas te leuwas talmic . Lle direuued gỽed gaededic hỽnggyꝛ naỽſ heb hengaỽs heb hengic : lle llauar glas adar gloeſſic . lleuein bꝛein bꝛanes uodyedic . Lle rywann garan wyl giric : lle rewyd heul maỽꝛthyd marthic . Lle reỽyd kethlyd kathlodic herthlom . hiraethlaỽn divỽydic . lle ygỽneir dadleu yꝛdꝛydỽ lludỽ llettollic . Lle byd uchedyd arychydic . lle mae tyll euan gỽꝛach vỽgyꝛwan vic : llỽytpen anllaṭwen yny lletwic . Lle ardiwanne ardywynnic bot bet myn tlaỽt ſychyedic : lle anard lle anamyl ſelſic . lle anoew lle anoſgeidic . lle aelaỽ eilwyd pellennic . lle dile di laỽc atuydic . lle dioludaỽc deoledic nyth.

noeth hỽnggyꝛdlaỽt rynnyedic . lle dine dynaỽl vlotteic : lle denaỽl dynyon hirvꝛydic . lle dire dirrỽyd adꝛeiſſic . lle dirrod dirrỽdl gỽꝛthnyſſic . lle divennwant plant plennic lluciffer : llys uffern wennwynic . lle y bꝛyſſir bꝛeſſych wyl badꝛic : lle berwir baryf ẽỽỽch kerric . lle diuud y dauaỽt blyſſic : lle diffeith llediffodyedic . lle divꝛaỽt rỽyſwaỽt ryuic nyſ dalyant : noes dylwyth tranghyedic . llediwen pob unbenn pỽyllic : lle diwe . lle diweſtyl mennic . lle diheird pꝛifveird pꝛofyedic . lle dihard gerwinard gerric . lle dyhir poenir penndeuic clyttỽꝛ : clyttwꝛ pedyll bennffic . lle heb uoes llom oorloes lleithic : namynut na meneſtyꝛ reſtric . lle heb win kenneuin keinmic : na med ymmadull gỽaedyedic . lle heb gỽꝛỽf nathwrỽf nathoꝛof di yſſic rygul : rac newyn bob oꝛic . lleas oer ſarwyl gỽeinyedic : oꝛ kyflỽybyꝛ nyt kyflỽydyedic . ar marn gyl meryd llygredic : ae med gỽed gỽdan gynhebic . Medỽ grỽp ban lloppan lleipyꝛ tỽll vyꝛki : tỽyll uarkut yſtyfnic . lle agcryf pob pꝛyf pꝛyt anelwic : lle agcredadun bun benn gyꝛnic . lle ymae dꝛyc eurych bꝛych bꝛiwyedic : dꝛyc of dꝛyc kynnyꝛch llemffyꝛch llymffic . Lif daradyꝛ paladyꝛ plygyedic keyꝛnyon lliuion bꝛiỽyſſon nyt bꝛowyſſic . adaf grin gribin gỽꝛbach dic : adaf glaf . gleiryach troedic . Adaf dinkyꝛ dankỽt hỽydyedic : odof dauaỽt nyt auan vyꝛdic . adaf gỽyn anaf gỽennwynic ybỽꝛs : bỽs lyngeul adwythic . adaf leidyꝛ lwyded pꝛenn gellic : adaf grỽm grymann plucyedic . adaf cnaf cnifdelff pyſgodic : adaf dꝛych dall grych dullyedic . adaf raſgyl tỽyllgaſgyl tyllgoꝛn pꝛyuic : lledyꝛ lleidyꝛ aryan clippiedic : adaf delỽ diliỽꝛ plygyedic : adaf bꝛyf crinwryf croen chwyſſic . adaf hyll pebyll pobyedic : adafgul gallon waſgyedic . adaf geu nytheu ieith enic vꝛithgyꝛd ae ureith gerd dꝛewyedic . Kany theu garreu goꝛyedic . kany pheit tarỽ dirreit terric . Kany mynn emennyd yſſic : ymadaỽ ae ffroſt ffenngylboſt ffic . Boꝛe oer keilyoer clo kaedic gyff . ambenn adaf dyff ryff rỽygyedic . Goganaf adaf wdyf gieu lledyꝛ . lleidyꝛ aryan carecleu : gogul arch gogyꝛ kywarkeu . gagaỽc craff daeaỽc creffdeu . . .

DA y goꝛuc duỽ dial yndiua : arbla blys eua rac blas aual . Areil pladiua dyualagwynỽn : rac hỽnn eil edꝛỽnn lodꝛeit gagal . Refreit llaỽꝛ maelaỽꝛ nyt mal maruynnyaỽn : rac balchder einyawn ae gra- [ỽn grỽynyal.

ꝥGraen dorstan bonrau bonrech ffotstal dyff. bonryff botos kyff kyffeith vn mal.

kyt gwedei kicsei cocsal. yzbawet : dudet neu bissēt.
b6yssy6r g6eniral. Ny wedei ida6 newydal v6zy-
i6rch :groenen eissind6zch gra na syndal. C6ll 3
kim6ch mozll6ch ma6zllan6 hoewal chwyt : mer-
llyt yz ynyt y eirinyal. Keilliag6t uozsg6t uas-
gal kicydyon : kell drochyon sebon ansyberw wal.
Kell b6yschoant aryant aryal dwszellach : eryz
cla6zgleiryach cler bytrual. Greoed y achoed 8
y6ch ardal dinbych : gra6al bzych bzessych bres-
seb garnyal. Gzonyan6z t6yll6z t6ll tal y waeda6c :
ba6ei anuoda6c bi6 ia6n uedal. ꝥGzuel a archei
greal c6zogeu : grea6z clasdyeu meilyeidyeu mal.
G6z6 vzyntla6n einya6n ynyal mehindzyll : nyt
g6z par seuyll malpyzs hyual. G6z goueneic 14
seic soec sal by6mares : nyt g6z arodyes g6yz
yzeidyal. G6z acha6l nyth ha6l ac ny thal y va6 :
g6edy rydirya6 yn ryt wryal. G6z hyu6s yuod
g6z haual iossed : g6z ny roes berthed ar barthe-
v yal. G6zyein eir milein eur mal adol6c : 19
goz heu6c tradz6c tratr6ym d6nkyal. Gza6n-
g6t vs magnus mogyal ki k6tta : yn roch diotta
rech diattal. Gzoec loe6 d6ysec d6ssel mal mym-
l6s : grud l6yt bon6s m6s myssein wemral.
Al 6ar kic pennic pynnyal ll6ytll murmur : 24
eri greadur hursur hozsal. Halaa6c vozsga6c
varsgal hudolyon : alaon ruchyon rech yspzin-
gal. Elein keilldaer maer morchh6yal bzam 27
h6yd : a l6yd lla6 dywyd nyt lle6 dywal. Olgach
pzis uonsach pzouinsal refreu : es bieu madeu
med o uual. Aelgippia6c costa6c kystal pilatus :
ia6n wydyus ll6ygus lleyc annwadal. Ole6 da 31
nyt a y6ch ls y dal rac lla6 : aela6 ynkeissya6
ca6s dol gynnwal. El6 y6 eneit reit r6t chwytal
arffet : y grest ny tholyet y grist nythal.

35

Gwae agly6 bledyn. g6aedua6z lostrudyn :
g6elydyn eruyn. aruot kankell. G6aelua6
y g6lloc. g6ilershen alsbzoc. g6lis hoc s6dengroc.
dingrach euell. G6ydel tinvle6oc g6idon losgyz-
nya6c : g6ada6l ka6l colya6c. cneckya6c cnockell.
G6ydasyz neithyozeu. g6ada6t wirodeu : g6e-
dieu refreu. ry vzas isgell. Gwedweid l6nc aing-
nier. g6edillalm6ner : g6iber agymer. g6er heb
gymhell : G6ydavyz ba6 everwic. g6ydyat 6zth sel
sic : g6dyf hir ysgyznic. esgyc asgell. Golygozd 1
cachdei (g6lygach kickei) : g6yw lugzn ysgei. esgyzn sadell. G6esdei
chwei chwytlyt. gwarsdur eireitlyt : g6as
nydyt y vzyt : ar vz6dyz castell. G6aela6t bonros-
sy6z. g6alyeu anghysl6z : g6yly6z som byd6z : 5
sem obadell. G6arac yspzingal. g6ar carr c6zr
pzennyal : g6amal b6yt gawal. budyz y ga6ell.
G6yz gul ffistol6yn : gozgeuyn an adv6yn : geir
g6yn ystiv6yn. my6n ystauell. G6aryyd rechya6c.
g6erin vlonega6c : g6era6c moel hoza6c. nyt mal
hiryell. G6aradwyd gytkam. g6zab merchdan 11
fflam : g6arac crocvam lam. lom ystinkell.
G6ersyll bzi6 vara. g6ers ters tozs resvza :
gozsedua trippa tr6p achyllell. Gogulaf lin-
dac. g6egiluan uadac : g6ac nac coec uantac.
kica6c uantell. G6ann vngoryf coes reul. 16
g6yn angerdkicdzeul : g6en6yngeul kythzeul.
k6thyz yscrauell. G6zthmungasgyl offr6m.
g6ztheu ba6 gick6m : gozthuolgl6m kid6m.
nyt malcadell. G6arth gauas nyt kadyz. g6aha-
neint sein ladyz : g6ar ffradyz. mul aghadyz 21
myn mel aghell. Gogan ymadza6d. gogleis
mehinda6d : gogla6d adynna6d. gic o dunnell.
G6ir haedu crocpzenn. g6aratwyd garnbenn :
g6ydyn letpenn perchen. g6aeda6c pozchell.
G6ir gasgla6d med mon : g6erth march ac 26
eidyon : gar6 son o rynnyon. myn aryannell.
G6lat uaela6z adzeid. glut gr6ytrat hat heid.
gl6th dza g6ladeid vleid. vloed aghyspell.
Gochzymed garan. gochoe 26 ymdidan : gochwi-
ban gerran. garreu iyzchell. ~ 31
Neda6c yghena6c myn aghynell hael ahelya-
6d gan mhackzell : not rot r6t weren dzoell.
neidyz wyduit. kyllit pob kell. 34
Neit t6zstan cryman crimoc crasnell vl6yd :
aryd les uchelbell : ny byd nyt bod trachyz-
chell. ny bu on sy6 das was well.

38

Ygg6yd wyth tylwyth talar kas eilgny6
kesseilgn6t gomedgar : nyt hard annoc
bard bannyar. ar vzyntyn dozrogyn dar. 41
Nyt unwerth kywerth ky6 iar ac eryz : gw-
za6l vzenhin adar. nyt kysrestyz g6ann be-
destyz g6ar. amarcha6c arua6c aeruar. 44

Mal nat un penn cun kynnar obꝛydyd a- 1
bꝛatwr kerd wattwar ∶ trauo ffrỽythlaỽn
daỽn dayar . treul rat arglaỽꝛ gloewla‸ᵗ glar.
Ar dir moꝛgannỽc maỽꝛ gynnyd myget ỻe y
megir ỻewenyd ∶ nyt gnaỽt o deuat douyd ⸜
na chattwer ffydlonder ffyd ⸜ 6
O varn bꝛỽytyꝛweilch beilch balch eluyd me-
yſgyn a maeſgadyꝛ ſeinghenyd ∶ awen arỽ-
ieith uarỽ veryd ∶ aỽꝛdỽl gỽyc uedwl gỽac vyd ⸜
Canmaỽl nyt deduaỽl ynoet dyd pꝛif vard ỻe 10
ypꝛouer awenyd ∶ bꝛeimyat hyt gwlat rodyat
ryd . bꝛeint hoen bꝛadwy . bꝛyntyn bꝛydyd ⸜
Bꝛyntyn wrthlys dyn dielwbeth o gerd ac urd
waỽt nyt unbleth ∶ ki ffiſſel trutheingerd treth .
kyffeſſet ef keiff aſſeth ~ 15
Kytpar ſaeth eſgar ſyth aſſeth hobel . coſt ettel
keſt atteth ∶ kyỽ dꝛyỽ dꝛewedic bꝛegeth . cot gỽ-
ynnus . coꝛr moethus meth ⸜ 18
Begyꝛ golỽyn gỽad dꝛỽyn gỽaed dꝛyỽ ar hel-
cut ∶ oꝛ halcỽt pan hanyỽ . barſ. catno gỽal 20
gno gỽ‸ᵃelgnyỽ . barn waethwaeth ⸜ rewinuaeth ryỽ ⸜
Billỽc yng olỽc anghelyỽ gwaỻt uaſgyl vin-
oꝛngaſtyl anergryỽ ∶ breint un gyfreith keith
kernyỽ . bꝛyntyn bꝛechewyn bꝛoch yỽ ⸜ 24
Tarỽ gỽanar tir clar claỽꝛ digrif vỽch byt bit
amharchus gennỽch ∶ mangaſgyl gnyỽ peiſgyỽ
paſgỽch ⸜ mingarn trachelwyduarn trỽch ⸜ 27
Diadurn ſeicuurn ſoecvỽch yỽ bꝛyntyn is bech-
gyn eiſ bachgỽch ∶ diaſgen ſoꝛr goꝛr garrỽch ⸜
dỽy yſgỽyd dꝛyỽ blỽyd dꝛỽyꝛ blỽch ⸜ 30
Nyſcanmaỽl dedyfuaỽl daỽn ryuic vy ỻyỽ ỻyw-
elyn uab kynnwric ∶ ỻavyn angaỽ bꝛaỽ bꝛo gyn-
ffic . ỻyỽ ỻeidyat gwlat magyat myc ⸜ 33
Ny char daỽn daffar dyn diffyc anỻoeth pꝛaỽf
anoeth pꝛyf unic ∶ pegoꝛ ny haed gỽaeluaed
gỽyc . rỽyd naỽt elw ⸜ rod nadolyc ⸜ 36
Bỽch bachdlaỽt kardwawt kerdwyc achwen-
nych gỽarth mynych gỽerth menyc ∶ bꝛyntyn
moꝛgrugyn marỽgryc . bꝛeint racdoꝛ yỽꝛpego‸ᵗ pyc ⸜
Ath ffalſtwaỽt baſdlaỽt byſtlach noꝛgeri is
kelui us kiluach ∶ keiſ rac ỻaỽ bỽyỻyaỽ beỻach .
kaſnodyn kaſtyꝛ gỽꝛeinyn gỽꝛach ⸜ 42
Mae arnat nyt gwat gỽyt dochnach heb ffrỽyth
na chyꝛch ffraeth gyfue dach ∶ enỽ bỽch
muntur trỽch mantach . oen mingarn anadyl ſarn ſach.
Os ymliỽ awnaỽn ys amlach vꝛyntyn nyt oes
vꝛeint yth uocſach ∶ achỽyt am dygerd chwidach ⸜
noc achward ỽꝛthlys bard bach ⸜ 4
Bꝛeicheu gỽꝛab ab ebwyt ỻo coꝛres ỻe kyrrith
yth wnaethpỽyt : bꝛeint gogymeint gỽc amỽyt ⸜
bꝛyntyn ỻygodyn ỻoc wyt . 7
O ỻedir ennwir anuat weſtei dꝛyỽ kyỽ kaethryỽ
knyỽ kneuei . ‸bogel hobel attel yttei . bugeil ke-
ith ⸜ ny bu leith lei . 10
Keỻweir ki bꝛitheir car kipꝛothei meth truth
ỻetueth tro ỻattei ∶ kas mandwyỻ car caỽs
mandei . congleu keluieu kiluei . 13
Och yꝛwinwlat gat get ganlyn gywir ỻe gedir
ỻygodyn ∶ coꝛr dur clo hur kleheryn . kyꝛrith
ynrith daỽnwith dyn ⸜ 16
Balchỽaỽt rỽyc araỽt ragoꝛeu myuyꝛ nyt
yſtyꝛ diſtein geu ∶ barnet weilch cret ket kerd-
eu . bathweith eur mỽynweith yỽꝛ meu ⸜ 19
Bꝛyntyn wyꝛ anyn oer eneu truthein gỽꝛd
aỽſſein gerd eiſſeu ∶ paes bꝛiclaes pyſſỽꝛn bꝛoc-
leu . peiſ coꝛgi piſſer ffir ffeu ~ 22
Pꝛyf waeth waeth y uaeth ovytheu kiluei
paſgỽch tei taeogeu ∶ pỽl cỽtta palaf hocketteu .
pilcottyn cleheryn cleu . 25
Nythyckya gnỽt chwa chwiỽeit ʸ vꝛyntyn ae
berthȳ ae boꝛtheit ∶ killyn yn redyn yn reit .
rỽt gyꝛrith raỽt ogoꝛeit ~ 28

GRassa6 62thyt p2yt p2enn sarn ǧest galla-
62 roch goeda62 rech gadarn : rysserth
di va62nerth dy uarn . rus d2ahaus d2ahaearn.
B2amry6 d6ysgemy6 disc ymmarn rwol brwysc
gossol b2eisc uffarn : b2eulesty2gwada6t dy2na-
6t dan. b2onn aual b2enhinauarn.
Rywyach it ymlit aml6c warn geidya6c du vys-
sa6c di vassarn : med6 di barch tewuarch tauarn.
meid o geul no med o garn.
Eigwir ybyd dir d2ahaearn 62 blin pandel
blaenlloer gadarn : ath2o anssa6t vedda6t varn.
yth attal hual hayarn ~ ~
G2aessa6 arth buarth nyt bueil walla6 meid gin-
nya6 mod gynneil : t62 ma6nv6c taer sal6d26c
seil . tar6 keu sur ar6 ka6s areil .
B6lyan llychwelan nyt lla6ch wedeil g62d g6yc
od62d g6ac adeil : boly coly keuff62n kel62n keil.
b6lmant carth oesbarth yspeil .
Carn g6ernv2as croendas crindeil diwassarn
d2ahaearn d2a hueil : ka62 trilla62 utua62 at-
ueil . co2of g6ladeid ky2yf meid carr meil.
Kystec y6 dy vy6 uarch geueil tinr6th oet vy
g6th atuugeil : costa6c uab taer 62ab teil . kest
va62 b6ysswest vaer bissweil.
G2aessa6 d6lban g6lan g6lat eryri ueint keuyn
dyfyneit kafyn desni : croessanuarch keil cribdeil
cri. crys arueu g6aelgeu g6eilgi.
T2ahaearn tauarn aeth teiui yth g6m b2yt bon-
ll6m b2at benlli : vab gron6y oed m6y nomi .
voel vaer62 ber62 b62i .
Mab gronwy min ll6y llit b2icni daea6c ll6yth
bertha6c llaeth bo2thi : uab rotpert kuert ki .
uab bloedl6th bleitr6th bled2i
G2oessa6 uaer62 t62 taeruarch ys awen ysgawen
ys gywarch : palamd26m uleid o2chwydueid arch.
p6l penn myd6l pwnn madarch
Cammel min uchel mynycharch gribdeil c6m
geueil cam gyuarch : ka62 a sy2r kar6 by2r y
barch . keu eidyon keuluon ca6luarch .
G2oessya6 d6lyan ba6 rac ynbot ynchwer6 .
gof oeruer6 gyuaruot : t626f masso to2of ym
mossot . to2ch ll6yf teu gl6yf nyt te6 glot .
Cast62cʰ ryc g6yc gwac awen : costa6c bolya6c
ob6lyan. kist amharch mo2uarch ma62vin . keste-
it blumynneit blewmon .
Ble6mon oer eityon eiryoet . bloed arth bleid
llwydwarth lladwaet : trist aerua noeth bla
noth bleit . ty2stan gl6yf trech wyf tr6ch wyt.
T26ch 6yt t62ch tryfrwyt tr6yt trist . trahae-
arn waetuarn wa6td6st : tric ythwlat uaed
gat ueidgest . tro uoeldin dar6 trauaeldost .
T2avaeldost oerffrost arwffri6 . trahaearn
vnsarnn ansy6 : teu gabyl tywyllbarabyl te6.
dinky2 ta6l dibennkerd ta6 .
Tewi a ma62gi ma62gaeth. tat symled nyt
g6ed nyt gweith : k̊yssanuarch collbarch keill
boeth . tom t62 duffrom taer diffr6yth .
llfr6yth nyt oes anuoes ynuyt . oth v6inlan
v6lyan g6lan g6lat : vthur bacs6s b26nt am6s
b26t . eithy2 bocsach ulltach alldut .
alltud y6 kardzy6 kerd2is . vlldach g6lat an-
llat enllys : wyll utva62 tra ma62 trim6s . eill
boly heidgoly haedgas .
Daramretwas b2as broyd. llawenffraeth : llo
Ja6nffrom havodyd : derwlesty2 trisesty2 tr6st
g6eilyd . trahaearn tar6 sarnʸsyd .
March mallv2as keugas kigyd bogelsur bu-
geilson ar vynyd : mab odysc doethyon ffysc
ffyd . mon ac aruon ae go2uyd .
Eidya6c ewyna6c nyt awenyd coeth wy2 y ka-
eth warthegyd : palueu p2yf keu cryf ki kryd.
p6l du u6d6l di uedyd .
Per6ch deol ffol ffael agheluyd wa6t . gerd odla-
6t gard odlyd : bongeul reul resty2 ueidd2eul
vyd . bi6 boluudy2 obob eluyd .
B6lyan ba6 drigya6 d2agywyd argrei . agarei
heb gey2yd : lle bu vled2i du nydyd . ary6 uu-
dy2 o2 hafuodyd .
S6ynnyat p2eid ydat . peidedwyd vle6mon go-
d2eon godzoyd : bacc lla6n o well ma6n mynyd.
b6cc melin cla6d ar ua6d vyd .
Bolychwyt ki bawlyt kebelyd d6lban llachwe-
than lly6 chweithyd : bydei ryc ba6ei plyc plyd.
badac meidna6n lla6n llonyd .
Tar6 sarn d2ahaearn . d2ahir ffol oergeu ffilo2
gerd aghywir : llust y teil llesc y telir. ythblant
ado2ant o dir . Tar6 y6 h6nn te6 v6n tabar
du b2ada6c dib2yd yesgar. tat eirdyeit b2onny-

eit bꝛynar . tegach noe voꝛach y uar ⌄
Tarỽ maerdei kylch crei nyt creir kynnhebic ⌄
tỽꝛ mỽſgylgryc gỽyc gỽac eir ∶ llỽyꝛ annaỽn llawer anneir . oth ryỽ yn gỽir diſtriỽ gỽeir ⌄
Myỽn kae ymaer maerỽꝛ : plant adeilant y dalar ∶
mab aard carnhard carnhir . amerch ffloch
wylltgoch welltgur ⌄ ~ ~

Craff y heirch y cleirch clerſwm mỽn geill-
yeu mangylleill ac offrỽm ∶ kefynrỽt ri-
bỽt crỽydyꝛgỽt crỽm . caſynrỽth grỽth gỽyꝛ
glỽth garwglỽm ~
Tabỽꝛd malgodỽꝛd moelgidỽm bꝛattaỽc my-
ỽn bꝛyttys ouergỽm ∶ ſarffeid roch bloed hen-
gloch blỽm . ſauyn baed myỽn ẽnein badỽm .
Coꝛ keỽri bleidgi bloedgỽm car clergrỽth .
caỽꝛ claỽꝛgrach tom barlỽm ∶ coꝛff panoꝛ car
tramaỽꝛ trỽm . kur canfeſtyꝛ iytleſtyꝛ iatlỽm .
Gỽꝛd ribỽt yſcrỽt eis greyꝛ aelgrỽm baỽ geu-
gỽm bygegyꝛ ∶ garỽ gattarỽ goet hỽch milwyꝛ .
gỽꝛhyt kei nyt llei no llyꝛ .
Caſyngeu uaed codeu kadyꝛ ebyꝛ ambaỽꝛ . ae
ymbil nyỽ hepkyꝛ ∶ kartt lleỽpartt lloppan lyth-
myꝛ . carr gỽydyon ae ſon yỽch ſyꝛ .
Ry vaỽꝛ yỽꝛ crythaỽꝛ crỽth eryꝛ yſgaỽ eſgyrn
march digehyꝛ ∶ rochdew reuyꝛdꝛeỽ gleỽ glegyꝛ ⌄
rechdard kard kerdgarth gwarth gỽyꝛ ⌄
Rac dy ueint gwyꝛth ſeint gỽarth ſenghi tri-
llaỽꝛ . trallaỽt yỽ dy boꝛthi ∶ kerbyt nac carỽ
gỽac gỽae di . coꝛ diuỽyn kerỽyn kewri ⌄
Yſgerbỽt ribỽt rabi goſgeidic yſgỽydeu pilỽ-
ꝛi : mynỽgyl hen dỽꝛd crinvỽꝛd cri ⌄ maen
bonllỽm mỽy no bennlli ⌄ [†thaerach nothi.
Ny anet o gret grefft eri grythaỽꝛ en bloedgaỽꝛ
vnbleidgi ∶ athꝛo cler ſỽmmer ſommi . uthꝛach nat†
llymma grythaỽꝛ maỽꝛ vy mar ae goꝛuyd . goꝛ-
ueu hendỽꝛd bydar ∶ duryn dard oeſgard eſgar .
daỽn nyſkeiff aduỽ nys car .
Sef yỽ ſafyn kemmyỽ kymmaʳ lỽyth leſyꝛ chan
eithʸʳ ieuan uthur lauar ∶ bloedleidyꝛ twr ereidyꝛ
tir ar ∶ blif bleidyeu rochgeu rech gar .
Blin yỽ meint y uin anuanyar ribỽt ryỽ bydeỽ
kerd wattwar ∶ dỽꝛd dyſỽn dabỽꝛd dandabaꝛ
dyꝛdan llanỽ odan myỽndar ~

Keu yỽꝛ crythaỽꝛ maỽꝛ myggraff raff marchgeul
car gỽeſtreul . caỽꝛ gỽaſtraff ∶ cur oervꝛỽydyꝛ oeſ
grỽydyꝛ yſcraff . coſſyn grenn caſſec bꝛenn bꝛaff ⌄

FRom yỽ ieuan uan uinllyth ffroeneu mab ga-
ſyꝛ haſyꝛ hyſỽth ∶ ffroga gỽylltbla nyt gỽallt
bleth . ffriw arth gaſgyl moelraſgyl milrith ⌄
Milrith bꝛith ffỽyꝛ dygnith ffoꝛd . moelraỽn heb
wirdaỽn hebwyꝛd ∶ min treſgyluỽch duvỽch di-
uard . man odleu eneu anurd . Bꝛat iat iỽtlỽenn
penn pannoꝛd . bꝛoch moelgloch meilgloc oenhỽꝛd ∶
bꝛỽyſcnaỽt othdlaỽt waỽt wahard vꝛi kynnhin-
gi kynnhenngerd ⌄
Kerd ỽꝛthot herlot hỽyꝛles . kard erthỽch vỽch
trỽch tra chas ∶ kerth gernaỽt oernaỽt ernis ∶ karth
goꝛnỽyt ebyꝛllỽyt wybyꝛllyſ .
Kylleſtyꝛgarn crychwan crachwas . colledic vꝛuger
mer mỽs ∶ kellwe‸r‸dꝛeul hengeul hungas . keill
di vleỽ kylla rew rus ~
Penn Jeuan nyt glan glin pꝛes . pannoꝛd ffoꝛd
ffeirdyn cablus ∶ pỽt croẽ divꝛỽt craỽn dy vꝛys .
piỽ paeletliw pel lỽytlas ⌄
Glaſblỽm bỽñel pel palwr . gloeſbla y gloꝛya o
glar ∶ min tat mynn maen claerwyn cler . mil
kerdgoec meilſoec moelſur ~
Gwann y kan kỽyn mab deloꝛ . gỽae eſ crocleſ
cryclavar ∶ gỽat rat reudus rus raſgyluer . gỽ-
aỽt du yſtaỽt di yſtyꝛ ~
Sỽyd ewingỽyd aweungar . yſſyd yꝛefryd afrỽꝛ ∶
dỽyn kỽt avỽyn kediuoꝛ . dwp dap ae nap glap ae
llỽm yỽ gỽartha hirblahur . lletpeñ ꝛnapper ⌄
ieuan uan vinhir : lleidyaỽc claſyꝛconaỽc claſwr
llwyt llun coꝛnwyt llaỽn carnoꝛ ⌄
Goꝛaỽc troſclaỽc treſgyl gynnif . garỽ ffroennarỽ
gaſyꝛdarỽ geiſyꝛdyſ ∶ gỽꝛ hyvevyl y weuyl yỽ ef .
goꝛun clun cluſt affuſtaf ~
Cleuychwyt . iatlỽyt iwtlif . claſdꝛỽch vin bỽch .
daerhỽch dof ∶ odymeſtyl dideſtyl bꝛeſtyl bꝛyſ . o
dwym graffrỽym . griffri glaf .
Kyghoꝛ kediuoꝛ ki dỽf . awna yꝛ troua pob tref ∶
a rodyon cleiuyon y clif . y ret ieuan ryt ieuaf .
Cryt crỽydyꝛgler dỽbler dibluſ ∶ cranc crynryỽ
croclyỽ crycleſ . crin croendew colluleỽ cỽllvlif .
Crach crychgnap hoelgnap halgnaf . colledic vyd

Colledic uyd keiỻ cryd cryf. kyỻa iatbla gnoua
gnuf ∵ eſtraỽn daỽn dyn aghynnif. aſtrus
anavus o nef ~ 3
Nef nyth uyd dỽyỻuedyd dall neb nyth gar bydar
bawduỻ ∵ bꝛych wegil ſuruil ſeruyỻ ⸗ bꝛech
ſecker bꝛeint gecker bꝛỽnt gỽckỽỻ ⸗ 6
Dir itt gynnen peỻen piỻ ⸗ direidi gỽyỻgi
gỽaỻtgoỻ ∵ dyꝛnaỽt kilhoel darn uoel uaỻ ⸗
dỽꝛn moel aſgỽꝛn meil iſgeỻ ⸗ 9
Min tarandin toꝛyndỽỻ. myn vỽch ỻwyt keiſ
vwyt coeſuoỻ ∵ mab goꝛmes glafres glỽyfruỻ.
mam diffyd boꝛwyd baỽꝛwyỻ 12
Enyngroen heint boen hynt beỻ. annyang ...
ỽn annaỽn enniỻ ∵ vnic yth wneir geir goꝛỽaỻ ⸗
pan uo yꝛ heiuyꝛ argeifyꝛ argoỻ ⸗ 15
Yỽ dygenedyl gỽn enniỻ ⸗ a maỽꝛuur heb ymar-
uoỻ ∵ hydaryf hegar heit aghaỻ. hy ua-
gyl hygagyl hogyl dꝛaffuỻ ⸗ 18
Y mae yth iat nyt gỽat gỽaỻ. Jeuan yſgaldan
eſgyỻ ∵ bagỽy crin vn rin an ruỻ. bugeil byth
Botheỻ gnockeỻ gnỽcc [bogel botheỻ ⸗⸗
mynych. blaỽꝛ aghaỽꝛ gayfraỽꝛ gyfrỽch ∵
ỽythaỽthaỽt tlaỽt laeſſwawt leiſwich ⸗ y
boethffrec nyth gnec noethgnych ~ 24
Etiued danned dunnych. yỽ ieuan uan uin
ſaỽꝛuroch ∵ clerỽꝛyeid uab ab ebỽch. clarot
oe chot achadach. aechodeu aereu aerech ae
chadỽyn ae manngrỽyn moch ⸗ 28
Ae choetgnap ae chlap ae chlych. ae chaỽtel
ae ſel ae ſach ∵ ae ffilion rychyon ae rech. ae
ffyloꝛ ae goꝛ garỽlych. ae ffolen ſeicuren ſoec
vꝛech. ae phal ae chachwal aechlych ⸗ 32
Gengraf claf anaf anach gingroen poen po-
eth bꝛeich noeth bꝛych ∵ dinuſtyꝛ ỽꝛ nyt ffỽꝛ y
ffluch daỽn eſtraỽn yỽꝛdyn oeſtrỽch ⸗ 35
Gwiril wegil pil pylurych. gỽer aruer oer-
uaỻ benngỽch ∵ gwern diern lettkern lỽytcoch.
gỽarn carn coꝛnỽytwaſc baſcỽch ⸗ 38
Milein truthein treth uonoch. molaỽc moel
doſſaỽc diſſech : mae gỽed myỽn buched min
bỽch ∵ moꝛ diureint grych neint ygrach ⸗

1347

Lyſſenỽ hỽnn awnn oannaỽn ỻad merch.
ymarch glaſwelỽ crychraỽn ∵ dogy ỻaes
benurac ỻindac ỻaỽn. duc yỻyſſenỽ enỽ einyaỽn ⸗
Ae duc oduỽch gruc grogỽꝛ tlaỽt ỻaeſoed 4
ỻyſſenỽ einyaỽn anffaỽt ∵ merch nei yꝛ march
ỻei ỻyuyngnaỽt. onith y uarch bꝛith verch bỽt.
Tynnyỽyt anreithyỽyt yn rith coel olęỽc keul
elein diſgyfrith ∵ ỻyſſenỽ einyaỽn ỻaỽn ỻeſ- 8
rith ⸗ o gnaỽt merch bꝛaỽt yꝛ march bꝛith ⸗
Lyſſenỽ einyaỽn moelraỽn mỽs. ỻaỽn ſoly
myỽn boly eboles ∵ keul haf merchglaf yꝛ
march glas. oꝛhen wilffrei lei lỽygus ⸗ 12

Acanys di einyon kano. vn bach agelwit
keul y pulo ∵ ef ahỽmrỽs tpꝛỽo hio hao. ac
aplygỽys y ỻoſt ynkeiſſo gỽneuthur ỻo. 16

Llywelyn uelyn vilỽꝛ kyfot. parch.ỻiỽ moꝛ
uarch ỻym aꝛuot ∵ ỻaỽ hỽylyaỽ hoewlith gyf-
not ỻỽdỽn agos hyt nos hoet not. 20
Nyt ỻeidyꝛ ef myỽn tref tra vot anathꝛo.
nyeithyꝛ hynn odannot ∵ daỽn y bobyl dwyn heb
wybot. gỽerth ỻynn ardꝛaỽs glynn tros glot ⸗ 23
Rydynn lywelyn arlewych y ỻoer agyꝛch ỻaỽꝛ
medyfnych ∵ rỽth eryꝛ dꝛauyn ongyꝛ dꝛych. rac
rỽyd uanac. rod vynych ⸗ 26
Ae gỽir yꝛ gỽꝛ hir herỽ gywrych bꝛoſle. o
bꝛiſlỽyth meruyn vꝛych ∵ kymot clot cledyf
gỽaeſlych cammel daỽn uchel dỽyn ych ⸗ 29

1348

Pꝛydyd bychan a cant

A Rdỽyaſ pꝛoſaf pꝛiſ waỽt nyſ kyỻ. eur-
get reith yuet nyt rỽth euyỻ. Aer
dꝛut arth eſcut ỽꝛth eſgyỻ ongyꝛ. eryꝛ rod
bybyꝛ myỽn rỽyd bebyỻ. Gỽꝛgỽꝛaỽl vyd eſ
pann vo ynſeuyỻ. gỽꝛ gỽaỽtlỽyd gyỻit gỽaet
liỽgyỻyỻ. Gỽꝛ adaỽ oelaỽ laſyn eſtyỻ aỽchgre
i. oe wanaſ diuei win yſteuyỻ. Nyt*geir ag-
hyuandiuan deuyỻ. nyt gỽꝛ kyſagos geir ky-
uegyỻ. Nyt gỽerthuud pỽyſtud piſtyỻ gỽin
andaỽl. nyt gỽarthuar vyntaỽl gỽerthuaỽꝛ
uentyỻ. Gleỽ ỻeỽ ỻit meruyn. is bꝛynn bꝛyt
kyỻ. gloeỽ deyꝛn kedyꝛn kadoed ahyỻ.
Gleif trablud kyſtud keſtyỻ roſhelkut. glut
rỽydbeir tra dꝛut rudbar tridꝛyỻ. vn gyn-
nyd peunyd gỽinwyd gỽynwyỻ. vn pꝛouy-
at angat eigylwyꝛ adyỻ. Vnd^e fueu arueu
o eruyỻ pꝛydein. yn ryſſed mechein a ryſ me-
chyỻ. Maredud kytuud kytuot aſyỻ. maỽꝛ
adeil kynneil kynnyd ffeyỻ. Maranned
boned bennyal ffyỻ gyſtlỽn. mur gỽa^e dỽn
yſgỽnn yſgỽyt weyỻ. Rac pob dꝛỽc amlỽc
amlaen dꝛythyỻ. rỽyc aerulaỽd ỻỽygyꝛga-
ỽd. ỻoegyꝛgat diſtyỻ. Y nodi vyri rỽyſ gw-
erſyỻ pennaſ ym naſ aarchaſ yꝛ yerchyỻ.
ỻaỽꝛ ynys derỻys nyt arỻud yꝛbyt bot
yno datannud. ỻaỽ agoꝛet uaredyd. ỻary
ffyſc vn adyſc a nud. ~
Nud unvꝛyt yngryt yngreit ryuel treis
traỽs dedueu mab echel. niuerỻỽyd rỽyd
rod nyſkel. naſ kerd uchaſ cardd ochel.
Ny ochel ryuel rỽyſ argae molyant bwrd
warant beird warae. toꝛuoed barch nyt
clot warchae. tyꝛrỽyn ỻyỽ mwỹ ylle mae.
ỻe ma^e cadeir geir gỽꝛaỽꝛ maeth ardỽy me-
ith eurdemyl pob kerdaỽꝛ. anant mỽyn
ardunyant maỽꝛ. aỽn ynys derỻys derỻaỽꝛ.
ỻaỽꝛ ynys derỻ. vt ſupꝛa ..

Ỻyma bellach eglynyon agant gronỽ gyryoc ywenhỽyuar verch hoỽel vab tudyꝛ.

r oet ỻenn gud yỽch grud gredyſdꝛeis. riein
barabyl groeỽ loeỽ lỽys. ry vyꝛr yꝛ byt hyt y hoes.
rỽym kaen ỻenn vaen yn ỻann vaes. ỻann
vaes vann yỽch maryan moꝛ. agud gỽeñhoew-
vud hỽyvar. ỻetty ſeint a bꝛeint bꝛodyꝛ. ỻaỽꝛgud
bun ỻỽyꝛgaỽd hun hir. Hir yỽ ynoſ coſ kyffro.
herwyd treiſ douyd troſti. haỽd ymurdaỽd a
maỽꝛda: hael hoendec liỽ heul hundy. Dyhir
hundy gỽedy gỽed. a phꝛyt a gudyỽyt a phꝛid.
dygyn goſyon riãnon rod. digyoueint bun dec
uvyd. digyoueint bun dec uuyd. Y huvyddaỽt
keudaỽt koſ. y hard wenhỽyuar araſ: ae haỽl dec
bỽyỻ didwyỻ dỽſ. ae haelder adal ner neſ. Ren
neſ rann ovit dygyngoỻ ry hun bun byt nyſ
enniỻ. roet ỻaỽꝛ ar ỻoer harded byỻ. ny rodet
ỻaỽꝛ ar waỽꝛ weỻ. Gỽeỻ weỻ vu bỽyỻ gannỽyỻ ge-
in. gỽenhỽyuar heul daear hoen. goꝛchud gỽaỽꝛ
yỽ ỻenn vaỽꝛ vaen. garỽchỽedyl yỽchenedyl ychỽ-
yn. Maỽꝛ agỽyn dỽyn dinac rod merch vadaỽc
ridaỽc rad. gro hediỽ maenwiỽ ae med. agra a
wiſgaỽd y grud. Roet ỻeñ gud yỽch grud ⁊c.

Ỻyma heuyt eglynyon ac odleu agant mab clochyd-yn y wenhỽyuar wreic hoỽel vab tud^r vab gruffud.

a nvud marỽgud neut maỽꝛgur. enit vn rỽyſ wen-
hỽyuar: anreith eilweith aelwir. yn troetnoeth wynn-
goeth wingoꝛ. Gỽaſgỽyt coꝛ o vynoꝛ vaen. gỽaſgarei
wyꝛd kyꝛd ae kỽyn. gỽaſgaỽt gỽaỽt gỽindꝛeul heul
hoen. gỽiſc ry oer yỽch gỽeiſc riein. Riein gein gỹnedyſ
dedyſ doeth. ry hoeỽ valchloeỽ o veilch lỽyth: rwol
enwir o hiraeth. roi meinwar myỽn rỽym maen-
weith. Gỽeith anhyvꝛyt bꝛyt a bꝛonn. gỽythlaỽn dymp
am dỽſ gỽymp gỽynn: grad veinvaes gredvaỽl laes
lann. grud gỽaỽꝛ agro ỻawr y ỻenn. ỻenn a gud
deurud dỽyꝛe. ỻun haelaf geyꝛ ỻanỽ heli: ỻogaỽt
gyvundaỽt vaendy. ỻe keidỽ ſeint eu bꝛeint ae bꝛo.
Dewyt geyꝛ bꝛo tonn grogrec. dan ỻaỽꝛ ael dyn
ỻary olỽc. dinam o eur oed dinac. deune heul
dyno helic. Ael bꝛo helic tremic trỽm. adaỽ onat-
leis dꝛeisdꝛom. hy loeỽ dꝛaỽs hoewliỽ ydꝛem heul
a garei dꝛeul geyꝛ dꝛym. ỻoer dꝛym ỻary dꝛemyn
gỽalched. ỻaỽꝛwiſc aecud neut ỻỽyꝛwaed. ỻun
balch hael ỻin beilch hylỽyd. ỻiỽ ỻu ãnun eidun
oed.

Oed gỽaỽꝛ geyꝛ llaỽꝛ. llary vͤchyll. oed gỽael y
dỽyn gỽyn gynnull ꝛ gỽann gein ledyf dedyf di-
ell. oed gỽingar wenn oed gỽenn gall. Call oe
phall y phỽyll oed doe. kynn collet daeret dirỽy.
kannỽyll kein hoendỽyll hundei. kanaeth neut
anreith gỽeith gỽae. Gỽae vi dodi dadyl an- 6
uod. gỽeisc lỽysvun myỽn gỽisc lasued ꝛ gỽaỽꝛ
vaỽꝛ vireindysc ffysc ffyd. gỽyt amergyt oe maỽꝛ-
Lliaỽs ovalon yvon a vyd. lleuuer heul [gud.
ucher hyloeỽ echwyd ꝛ llavuryeu poeneu peunyd
odaruot. lliỽ gỽiỽ gỽymp gyfnot manot my- 11
nyd. llauar moꝛ hỽyꝛwar oe marỽ herỽyd. llaw-
er deigyꝛ is grann oedꝛan edꝛyd ꝛ llyỽ nefaỽl
dỽyvaỽl douyd oedygyat. lleyỽ ynn arnat gi-
rat geryd. llathyꝛwed gỽennwaỽꝛ vaỽꝛ voꝛe 15
hafdyd. llithꝛaỽ merch vadaỽc deifnaỽc defnyd ꝛ
llaỽ rodvꝛys oe llys lluossyd etbit. llym dygyn
ovit pꝛit pop pꝛydyd. llyỽy gẏmenn bỽyll di dỽ-
yll dedwyll. llawen y gỽyngen gỽingar uvyd.
llỽꝛỽ essiwet ket ym kytvyd galar. llỽyꝛ dỽyn 20
gỽenhỽyuar llun gỽar gỽaỽtryd. lleveis lla-
vuryeis vy lleueryd. llauuryus groewieith
malgỽeith gỽendyd ꝛ llỽyꝛ hiraeth aruaeth 23
nyoꝛvyd ked'daỽꝛ. am waỽꝛ dꝛem wylwaỽꝛ odꝛym
eluyd. llun aroet dan llenn oꝛffen eur ffyd. yn
llewychgoꝛ seint creivyeint creuyd ꝛ llary eneit lla-
thꝛeit geyꝛ llethꝛyd moꝛvꝛic. llaỽꝛ tyno helic tric tra-
gywyd. lletvꝛyt kanderyỽ ymbyỽ ambyd. lliỽ lloer
pan dỽyꝛe bꝛe abꝛoyd ꝛ llaryeid allunyeid yꝛllonyd
riein. llunyeis ar wyꝛein koeluein keluyd. llywyadyꝛ
amheraỽdyꝛ moꝛ agroyd. llyỽyet eil elen y lewenyd.
lle mae didlaỽt ffaỽt affyd ymgaru ꝛ rỽng llu ny
daruv ac ny deruyd. 33
UN ny deruyd iaỽn digeryd ion di gared Ener
gỽyꝛtheu athꝛi goꝛeu athꝛugared. Enỽ gogonyant
agar volyant agoꝛuoled. araf riein eneit virein 36
enit (vaỽꝛed). Eiryan gan gu a duc iessu o digassed. Oed ar-
derchaỽc a hael enỽaỽc a heul wyned. Oed urdedic a
hoen gỽenic ahenỽ gỽyned. Oed urdasbleit ary 39
eneit y rianed. amroes ganweith gỽiỽne glỽysueith
gỽin aglasued. amroes etmic aphob ryuic aphob [reuved.
aroes y vyꝛd ac eur agỽyꝛd. ac eiry ygỽed. awna-
eth bodyant aelaỽ aryant y lawered. ovyỽn ysgn
amaen gerwin ymaen goꝛwed. llathyꝛverch va-
daỽc llun balch vynaỽc llin beilch voned. llỽyꝛ 4
oleune llary dꝛem dỽyꝛe lloer dꝛym dired. llithyꝛ
oe daruot lleuein hynot llifanhuned. aeth
gỽenhỽyuar y gaen daear ogỽyn dyed. Eigyꝛ
vn anyan ogaỽd griduan agud gradued. ỹgkoꝛ 8
creuyd y llun detwyd neut llann dytwed. Ogy-
uyngdỽꝛ ãgeu dꝛeisswr yng adꝛossed. Ymae
riein yny arwein yny eurwed. Yn enỽ kyfyaỽn.
yny hirdaỽn yny harded. Yn rieinyaỽl ynragoꝛa-
ỽl ynrugared. yn rỽy garyat. yn naf wennwlat
yn nef winwled. 14
Gỽledic urdedic eir didỽyll glaerdỽf eglurder
eiry ystỽyll ꝛ kyman y gellir kymwyll ꝛ kymen-
daỽt y ffaỽt aephỽyll Mygyꝛ bỽyllaỽc vy-
naỽc vanon wann hoewvun wenhỽyuar rud 18
ffion ꝛ maỽꝛdoeth dial goualon. Marỽ gỽreic
ovyneic yvon . . . .
k yfrỽch kern sybỽch coꝛn sebon sudas y seudo
anhiryon ꝛ kyfran abeich gỽyꝛ creithyon kyhud-
wr tỽyllffrom som son. 23
Coꝛnaỽꝛ ỽyt coꝛnỽyt keirnyon kỽt eli kyt
alut ẽglynyon ꝛ dilis dial goualon delỽ
hoel odaỽ dyvoel von. Mab clochydyn aekant 26
yꝛ seudo.

kynnwric uaryf tremic trumaỽc godeulam kytheeul tauaỽtflam gogam gagaỽc. Kerthſerch coffyꝛ rỽycnerth. kyff rycnaỽc yſgaỽ ynkeiſſyaỽ kỽynaỽ amdꝛyll keinyaỽc

Y Awdyl hon agant llywelyn du uab y paſtard yr wythwyr hynn ~ 3

KYfarchaf ym naf nifueraỽc douyd kynnyd
ny deruyd defnyd deifnaỽc . kymeraf mỽy
naf mynaỽc nefaỽldat kennyat trỽy garyat
duỽ trugaraỽc. kannbu gabyl parabyl poeraỽc
duỻuan. kỽynuan kilgerran kelein gyꝛryaỽc. 8
Kannbu heuyt bꝛyt bꝛadaỽc kyfueiỻyach . cayn-
tach ioſſed grach tỽthach tuthyaỽc . kann ydiỽ
hediỽ hydewaỽc uanyar. wyth dilỽyth dalar an-
nwar ennwaỽc . Kymrefuyal aryal oꝛyaỽc kyth-
ꝛeuleit keimeit goꝛmeiſſyeit heit hydommaỽc ~
Kabylbꝛyn ettewyn taeaỽc ecuaenvỽꝛd any y
ymodỽꝛd vn yỽ madaỽc . Kefynrỽt kafyn 15
ỻỽytiỽt ỻityaỽc newynỽaed . kyꝛraed creu myn-
naed carr cramennaỽc . Crỽbach treyn grybach
trỽyn gribaỽc ỽꝛneidyꝛ cachꝛyeidyꝛ beleidyꝛ
boly ỻyngheraỽc . Kyꝛpus kynnhennus kin- 19
hynnaỽc ſaỻaỽdyꝛ . carplaỽdyꝛ coes gaỻaỽdyꝛ
ki aſgeỻaỽc . Kaeth yỽꝛeil chwydeil chwydaỽc
oꝛcreuyd . kynyd pob kelwyd piỽ *baed collyaỽc .
Keitwat cabyl dyat kỽbyl diaỽc werſyỻ ~
keinvlaen y piſtyỻ ringhyỻ ryghaỽc ~ 24
Kadyꝛ ytyngaỽd ſaỽd ſỽydaỽc traeaneu . kỽy-
neu gri geireu yꝛ groc euraỽc ~ Clo ymdꝛo
ỻe ybo bywyaỽc nachlywir. kywir vngeir gỽir
ongyꝛ gỽeraỽc . Keryd yꝛtrydyd troedaỽc dad-
leueu cỽyneu mineueu kauyn maneaỽc ~ ~
Kadwgaỽn cỽt raỽn reuaỽc kyỻeſtric . kythre-
keimyat kayn dyuyat kyndinyaỽc creuyd: keryd bedỽeryd uedyd ueidyaỽc ~ ~
uluab kennwric derric doꝛraỽc. Coꝛfeu teỽ vỽyt
eu tauodyaỽc ieithwleb . kyueb godineb cof gat-
wynaỽc. Keuynbant vꝛat tyfyant vꝛaỽt diui-
aỽc troetnoeth keiỻboeth gỽꝛanoeth ogoꝛunaỽc ~
Caeth yỽꝛ pymhet ỻet ỻiỽiaỽc y dỽyuoch . mare-
dud ſafyngloch gleirch coch cuchyaỽc ~ Kyfurev
gỽꝛdoleu garỽ dolyaỽc wacſon vn odiſgyblon 37
mutyon madaỽc ~ Karỽ adyſgaỽd caỽd kyhoeda-
ỽc arwein . ker ỻanny hadein fein ſefydlaỽc . Ker-
det kenniret nyt cun euraỽc ryd. keyꝛyd heolyd ỹ
hualaỽc . Clywet pỽyꝛchwechet poer chỽꝛychyaỽc
vurnuerỽ . clỽyf ſỽyf anſyberỽ claỽꝛ herỽ hoꝛaỽc.
Crỽth talmithyꝛ hylithyꝛ halaỽc hudyglyt . cryd
teimylwyd tomlyt crut gỽyt gỽaedaỽc # Klyỽet
pỽyꝛſeithuet ſythuodaỽc uabclaf . cnaỽtgraf yỽꝛ
Kynllỽyn vurnffrỽyn dꝛỽyn dꝛaenaỽc budꝛodi coꝛgi catỽgi car cot agaỽc ~

gwaethaf gỽythiennaỽc ~ Kennat man geglat min 2
goglaỽc herkynn. kyntyỻwan o vyn tỽyỻ wanna
vaỽc . Kyfrỽys y datwys ar odidaỽc dỽyỻ . kyꝛbỽyỻ
murn oꝛffỽyỻ rỽyỻ ry leuaỽc . Kyſtec nyt oed dec 5
digaỽc vỽꝛd glehet clywet pỽyꝛ wythuet paret poer-
aỽc . Kyfuarthvỽs vadỽs uadaỽc uab howel. kyfry-
uel geuel iſſel oeſſaỽc ~ Kerdỽꝛyaeth gỽlaeth geily-
aỽc eiſingruc ~ caduc mynych ffuc barruc beirry-
aỽc . Kymmeret mudet Madaỽc ac oſgoꝛd . hynn 10
o aratkoꝛd ffoꝛd anffotyaỽc . Kywhynnent gadēt
gỽlat goedaỽc dirion . keinyon glann aeron ae
glynn euraỽc . Cof kyſan yn lan loeỽ dyleadaỽc
dir . kywir aereu hir wir werinaỽc . Kyꝛd argae 11
ỻe ymae mynaỽc rianed . kymmyꝛred amed a
meirch doſſaỽc . Kynnyd rỽyd goedyd a rygedaỽc
neint . kywreint ac etneint abꝛeint bꝛeinyaỽc . 17
Kythꝛud neut rybud not reibyaỽc ambaỽr . y
bob gỽannburaỽꝛ ỻaỽꝛ ỻyngheraỽc . Kerddꝛo na
vỽꝛyo andiveryaỽc ſenn . keuyn nennbꝛenn oe
benn bannvo ỻidiaỽc . Colofyn rac coꝛofyn caer-
aỽc ecuaenbỽnn . kyfuaruvum ahỽnn grỽnn 22
greinyonaỽc . Kyfuaruot amglot golidiaỽc
kularch . kyuarch dꝛỽy hoewbarch dꝛyỽ a hebaỽc ~
Kyuaruot coꝛot corỽc croenyaỽc claỽꝛ . aỻong
uaỽꝛ ar ỻaỽ vch ỻanỽ tonnaỽc . Kyuaruot coꝛot
karỽ bannaỽc ffyſgyat . a rat ỽyſc vurnyat yſ- 27
gyfuarnaỽc . Kyꝛrith eir gochwith arguchyaỽc
defnyd vyd rann awenyd ry newynaỽc . Kyꝛrỽm
cryman trỽm trumaỽc dan gyfyꝛtur . kyngladur
traetur meſſur myſſaỽc . Kỽplaf cof eithaf vyd 31
kyuoethaỽc waỽt . keudaỽt hyt dydbꝛaỽt heb vꝛa-
ỽt vꝛadaỽc . Kadyꝛ vyd omdefnyd amdeifnaỽc kerd-
deu. kofueu vy ammodeu vi amadaỽc ~ 34
Rynghaỽc yỽ madaỽc rinc ae medyꝛ gofal neur
gauas anuod pedyꝛ : rỽyſtredic cloedic cledyꝛ.
reſtyꝛ gogoecleſtyꝛ gagaỽcledyꝛ ~ 37
Ryngaỽc yỽ madaỽc ny madaỽc ny meder tevyꝛn
gỽin : gỽenỽynlyꝛp ffyꝛch heyꝛn. dibꝛit lit heb lin
teyꝛn ~ dybꝛyt y chỽyt ac ychỽyꝛn ~ 40
Wyỻ dielỽ ardelỽ erdyꝛn kaletgrin . keu lỽytgrỽth
tan ỻỹỽyꝛn . eiỻt gagaỽc coꝛnỽydaỽc kyꝛn . eỻyỻ
oeſgyỻ eſgyꝛn ~ ~ Ryngaỽc yỽ madaỽc medyꝛ
gerdet oegrỽm. krỹmed gafyꝛ ſothachet . refyꝛ
hevyꝛ hy vꝛỽnt hỽnt hynttyet rỽyſtyꝛbỽyỻ ae 45
[greudỽyỻ ogret ~

Regyluab howel ſel rugyl ſeilyet ybỽll. ybell hoe-
dyl neurſodet. rynn dynewyn dinawett. ry dꝛuan
dilydan let. Rỽyſtyꝛ ennwir artir daeret an 3
etwyd llu genyd lle ganet. rỽyll goꝛffỽyll tywyll
tawet. roſt ae wacffroſt hydoſt het. Gỽtter cler
llygher ellynget dagreu ae dỽygroes neurdoꝛret.
garỽ vꝛonn llỽytffonn ual lletuet. goꝛffỽyll oereỽ
dỽyll aret. ~ Tꝛoſtanuarỽ culgarỽ kilget oe ued-
dỽl. vedỽ gygladur glehet. triſt goꝛn riſc fflotyat-
wiſc fflet trỽyn ryỽ golỽyn rygalet ~ ~ 10
Rynghaỽc yỽ madaỽc medyꝛ ageluin cam kym-
murth kneu ac eirin. rein uilein velcithyꝛ uei-
thꝛin. ryued yỽ di vouoned vin. ~ ~ 13
Rỽyſtyꝛ etiued ned nad elin howel gỽaet iſſel
gỽaỽt eiſſin. roſt bꝛonn curdoſt bꝛennkerdin.
reſtyꝛ yſgothſeſtyꝛ blingleſtyꝛ blin ~ 16
Keſſeeis kabylueis kỽbylvin gỽꝛ ryuaỽ ydỽyl-
aỽ ae deulin. kyſcadur euel melin. caſgabyl
vadaỽc donnaỽc din. Keſſeil hagyꝛgogeil
hygurgegiꝛ lleu. llawes gỽerthyỽꝛ kennin. 20
kyſſỽyn coꝛn riſc kaſgyl bliſt blin. cas gennyf
gi coes ginnin. Kyſſỽyn kaen avỽyn kyneuin
achwerỽ goloꝛuerỽ gaỽl eruin. kyſſellt gỽellt 23
gỽeithffoñ eithin. coes keilyaỽc croescolyaỽc crin.

Pꝛydyd bꝛeuan agant yꝛ awdyl honn y darre.

Treuyd agyꝛchaf. tyꝛuan agaraf. traỽſw-
eilch nys gỽadaf gỽaỽt gyflỽydaỽ. Tꝛeidle
pob teyꝛn. trỽydet gỽinedyꝛn. treul medgyꝛn kedy-
ꝛn kadoed wiſgaỽ. lluoed dygyuoꝛ. lliaỽs yg- 29
kyngoꝛ. llỽyth ragoꝛ katuoꝛ ketuỽyn heilyaỽ.
llewenyd yſpyt llawer annwylyt. lle beirdglyt
hyfryt hoevꝛogynllaỽ. Y gymryt kennyat. eur-
gymry rodyat. kanu marỽ nat diymadaỽ. 33
Y doꝛr hen dꝛaenaỽc y tỽꝛach crugaỽc. y dar-
re uyſſaỽc veſſur lunyaỽ. Kollet telynyaỽꝛ.
keilleu hen banaỽꝛ. kyllit pob neithaỽꝛ noeth
uoel benn knaỽ. kyllyſtyꝛ y wegil. kylla hen uar-
il. kell ueingeu rombil kynnoegiliaỽ. Kym- 38
hỽylleis grynffaſt kãmeu ỽꝛth bic vaſt. kym-
mar llygeit gaſt gyſtein hỽydaỽ. Kymmudyꝛ
y amkan. kỹmu agogan. kỽman offeſtyan 41
gỽedy ffuſtyaỽ. ny rech agoꝛet. ny reith ỹn wa-
ret. ny rỽy efurivet vꝛyỽet vꝛiwaỽ. Nyriuei
bꝛydein. ny rodei lundein. hen daradyꝛ myſſe-
[in meſſur arnaỽ.

Caſrỽth oed darre. caỽſreib pob boꝛe. Odis 1
blaen barre. byꝛrỽch ffleiryaỽ. Kyſtud pob
anrec. keſteideu garllec. kyſtec bỽyt vlonec
oed bỽyt vlinaỽ. Moꝛỽch oꝛdalᵉ meryd ys-
mala. maỽꝛ oed y wala gala gilyaỽ. 5
Merllyt ewingrach maỽꝛllit kyfedach. moꝛ-
ach y vyꝛnach oed y vurnaỽ. Beich oed hyt
ydꝛỽyn. boche ballet vꝛỽyn. bychan vngỽꝛ
mỽyn yny gỽynaỽ. Bachell a vynnei. buched
nywgarei. bỽch llaỽn o yſgei eſcut heiryaỽ.
llỽyrdꝛỽc y dyſgỽyt. lloꝛyeu cwm caỽlỽyt. 11
llawer oed y vỽyt kynnoe lỽydaỽ. llaỽvꝛonn
hen uegin. llofryd dꝛyll mehin. lloneit kaer
vyꝛdin oed yginyaỽ. llaỽndỽꝛch bꝛemenic.
llỽyꝛgleirch yſtyfnic. llaỽer dyn didic am ydꝛi-
aỽ. Ynllaỽꝛ uffernblas. ynllyngcu kic bꝛas.
mae gan was ſudas ſỽydeu idaỽ. 17

Pꝛydyd bꝛeuan heuyt agant yꝛ awdyl honn y Rywon moꝛgan o aber teiui.

Ryuan ſywan vᵉan vꝛaen ogoueu. ryuel
geniweir lleſteir lloſteu. Ryvycdỽyll 21
kyꝛbỽyll cribeu blonhecdaỽd. ryhaỽd y bolla-
ỽd ballec ffeiryeu. Rylodic keinic vꝛynnic
vꝛonneu. ry lydan gỽmman gymmar kalye-
u. Re geubal vedal nyuadeugỽeiſſon. reu
bỽdyꝛ von kynron kanrec bieu. Role ſỽs dyle-
dan ſaỽs daleu. ry laỽn ffael annaỽn uaỽꝛ 27
ffolenneu. Rywaetlet arffet oerffeu ſeith cãt
knych. ry gedoꝛwlych rych rechvꝛas gneckeu.
Ryd vyd vaeddỽll kỽll keill dyꝛnodeu. Rỽyd
ſiwan oegỽan gỽeindỽll ffrydyeu. rit annỽ 31
ardayngar dingeu diſerchſon. rudbỽdyꝛ von
kynron kanrec bieu. Roch gynllei verffrei
vaỽꝛffrỽt keilleu. reith leith leuyn ffynnaỽn
gachgraỽn gochgreu. Rỽyt yſpỽꝛyal gỽal 35
gỽelieu ſigylffraeth neumgỽnaeth gelyna-
eth aegalỽyneu. Kyt bythỽnbard a phꝛydyd
adetwyd ar ſỽꝛcodeu. hi awydyat vyntỽyllaỽ
mynkynllaỽ athybieu. ỽꝛth nachꝛedeis 39
gant rybud kyñkyſtud achollededeu. ef amge-
liwir am ſiwan gỽaedan gỽaeth y newidyeu.
Llydan vyd gogan gygus widon lom̃ lam
va kỽn achleifyon : llindac doll llodic voll
von. llaỽno hut ac annudon. 44

Trahaearn brydyd mawꝛ aecant . ygadwgawn vicar . ae vab . ac y llosges y dy . y kalan nessaf wedy [·y vab [ydychanu ỹ nos natolic . ac yllas

TRallawn gadwgawn gyt ogan ae verch
ae varchdaw grabidan . agkall aniuer
mall man .argronwled uuched vechan . 4
A gwillo vawdꝛo ef oed wdꝛan llynn llann
gynawc uab bꝛychan . mutua oed da duw
kalan . llc ybei llanw y dei odan. 7
Velldach ewingrach y wan arudgled oed
rwydglot gyflauan . alltut ſecreulyt ſucan
eil bꝛeimyat . albꝛwn gwlat gwlan . 10
a chynheic neſt geſt gwſt ogan kelui ae rac-
ki ny rockan . gwys arnei nyt bei bychan
gweiſſyon a chleifyon achlan ~ 13
Ar effeiryat bꝛat bꝛeint llawchwethan
bꝛwnt . meint cartvarch lwyth levyꝛchan .
nyt gwedeid bleid bloed kicvꝛan . nyt ieith
ogeinueit agan . 17

Rys ab dd' uab einyon ae cant ~ ~ ~

Pwyt mab gwꝛab giriat coꝛrgian mywn
cwꝛr geol gacat . mab yꝛ buttein wein
wibiat ny wyꝛ yſawl uaw diawl ydat . 21
Gwac dy uam noethgam *ban ythgat
willi . waelawt nyth crach hwyat . gweden
aros . gwadyn iriat gwarth ykenedloed
nyt gwat . Nyt mwy bei gweſtei gwaſtat 25
oꝛeilit nyt dꝛwc yw ꝛolwc arnat . na vwy
yn vnllc vynnanllat nor teu oꝛmedwl meu
mat . Sonuawꝛ vant dꝛyſſyant oer dꝛwſſyat
arab areibyei bob marchnat . ſut crut croen-
vꝛith chwith chwythyat . ſafyn cath ny
ſeif ovywn cat . Pam nachaei ofram 31
afrat ythganlyn bogelyn baw goelyat .
penn digall poen diwygyat pegoꝛ diyſtoꝛ
yſtat . Pan del ynny vꝛy o vrat dic ragoꝛ
dy grogi am ledꝛat bychan tuchan am dan-
at . bach iach crach heb iach iat . Lerra 36
bygwl ned llawer bagat lleu athylleu yth
dillat . lloffa ynol deol dyat . llyffan gweirſofyl
bꝛan heb rat . Dachwedyl yꝛgenedyl bei
othgennyat gleu oed glywet dy uarwnat .
deuwell nochaffel diwat . dy dwyn arolwyn oꝛ
wlat . Hagyꝛdant lledyꝛ dyuyant lleidyꝛ dauat
ac oen eginyndiaſpat . hynn ooꝛneir hen ywꝛ
nat hwde etto hyt attat . Ny cheir dygyndꝛwc
ny chaat noeth willi yth eneit ohonat [oth heinint] gyw
crwytrat . nycheir dꝛwy ſerch nacharyat nac
epil na hil nahat ~ ~ ~ 4

Tudur uab gwynn hagyꝛ ae cant .

NEuꝛ aeth neut hiraethawc bun vy myn-
nwent dirrent derwen ys gwerſ ys
gwae y pherſon . yn wandir tec yn wyndwn .
Nomplwyf dicllawn wyf . decllwyth yt nym 9
try . nyt hawd treulaw yn hyfryt . nyt echwg
clot neut iechyt . nyt iachach plwyf bach oꝛbyt ..
Reit yw ym bellach ban ballwyf ildiaw yꝛeildyd
y pꝛofwyf . dwyn y uall ual y gallwyf y ymgnith
ymplith ymplwyf . ~ **Idem tudur.**

Sugynſur yt dibur tebic y gyffeith a
ygaffwn y chydic . agwann ruel anelwic
agwyꝛth ſaws achaws achic . Myny uchelgreir
ueir uawꝛhydic ny bu nyt yꝛbud uu r hir- 18
dꝛic . na llonn vyngcroth loth leithic . na
llawn yꝛagawn ogic . . . . **Tud' dall ae cāt**

Neuad howel hygel hegel . newyddꝛwc
nyt mwc ae meigyl . yſdoꝛ gaeat nyt rat 22
rugyl . os derw yſdiryeit na ſigyl . ys oerffyꝛch
anhygyrch hogyl . ys del dꝛwy nenn yphenn
ffagyl . . .

Iockyn du uab Ithel grach . ae cant . 26

Rodywr vyd clerwꝛ cleu y atleis reit ymi
Rhonni hynn agefeis . ryw oed ym ymbil
ambeis vottymawc . ffoꝛchawc divlewawc dwy
aflaweis . Rei aoꝛderchei a oꝛdercheis . rac kael
arnaf lwyc y tinhwygeis . rwygan ual gwylan 31
ygweleis uarret . rac oed y hardet mi ae hyꝛd-
eis . Yny marchwyeil yd adeileis . ac yny gwreid
yeu y gwreickeeis . ac yny ınvgarch y nugyeis
danni . ac yny fferi offerenneis . Dꝛos vynyd
nodawl mi a neidyeis . hyt ynghaer ffawyd . ac
yn hy ꝛ lliwyd y lleweis vym mwyt . ac yn 37
nyffryn clwyt y cluteinyeis . Goꝛywch clawd offa
da' digoneis . Goꝛiſ* aberryw dꝛyw adꝛeweis .
dyꝛnawt graen a maen y mae yn gleis achlw-
yf . nywnn naſ lladwyf neu ae lledeiſ . Mawꝛ
neut wyf gerdawꝛ dioer agerdeis . meu venc-
gi y chwi chwedleu oꝛkēmeis . Myuyꝛ yw gen-
nyf kineweis yngkaer . vi a mab y maer vyꝛ-
daer vwꝛdeis.

Pales kyꝛchu tu nyt da ymedꝛeis. pa lys di-
heilvꝛys yd hwyl vꝛyſſyeis. pa le waethaf eir-
moet y medꝛeis weſt. poen oꝛcheſt ryſſeſt ny
maỽꝛhoſſeis. Neuad awelỽn newyd antreis.
nywlaỽc koꝛnaỽc koꝛnir wyndeis. ac y hon
no tro treidyeis om amwyll. llyna diw yſtỽyll
lle ydymdỽylleis. Pan gyfeſtydywyt yd eiſtede-
isar laỽꝛ lle ny maỽꝛ haỽd amoꝛeis. ar yſtiw-
art llys llyſſeis y aruer. amroes gyt argler 9
adigereis. llyna gaỽn bꝛynhaỽn yn hy wrleis
lle maỽꝛ newyn dyn dyd y kyꝛcheis. llei noc
ahedei achwydeis dꝛachevyn. allym aſgỽꝛn ke-
vyn mi aekefeis. allei nomdiaỽt otlaỽt atleis
ynllowrud o bꝛud bꝛeid nathegeis. Maỽꝛ oed
vy ſychet peſſycheis am lynn. aMỽy vy newyn
mi ae naỽ weis. Ny wnn pỽy waethaf waelaf
weleis. ny wyꝛ dyn ynllwyꝛ llỽꝛ y kebleis. Her-
wyd dꝛỽc agỽc agogleis clerỽꝛ. yꝛ gỽꝛ yꝛ wreic
hwr hir ymwrteis. Rỽy goꝛcheſt rac gỽeſt lle
gỽeſteis yna. annat lle abꝛofeis. Ny bu duỽ 20
doe kyfercheis. naweſtỽn arwaſter ſeiſ. Maer
herlot kyfot keis ym veſgityeu yſgadan a
bꝛyneis. avoꝛy daf lañ verreis. o veir pỽy a
beir ymbeis. 24

Madaỽc dỽygreic ae cant.

Loſgit tan rỽyſan refyꝛ kidill haearn vu
loſſodeu carn yny ſidill. llygoden uelen ar
voly kipill. kỽd yn llun yſeſſyỽn llei no ſeiſſill. Llywyd
mỽs ỽybꝛyd. miſ ebꝛill ar ffeſt yn erbynnyỽꝛ gw-
eſt yn arỽ bennill. llanaſtyꝛ abyꝛrgaſtyꝛ heb
ergill bꝛynhaỽn. llaỽn ab gul amiaỽn heb gael
ennill. lleitraf min ſuraf myn ſirill y gwnein.
llawdyꝛ chwein min rydein y myỽn ridill. Lwyn
aỽc odidaỽc nyt idill ffrỽythlaỽn. llaỽ graỽn
kỽꝛp annaỽn nyt kar pennill. Llettaỽt cler wad-
aỽt. clo ar wedill cath* mod baỽki ar vath ny
med bikill. llindac llaỽdyꝛ mỽndac lledyꝛ mỽn
dill coꝛ iar. lleyc wyt avar llygat ebill. 38

Dauyd y coet ae cant.

Gwnaf dꝛỽy not agglot am eglyn yn varỽ
daeragarw darogyn gỽnn mae ffol y dꝛum
ſolyn gekru heird keith eic okyꝛ y hyn.
Gỽyỽbeth cul eneth kylyonyn oerlỽm yn
erlit ffỽlberdyn gỽin hỽyꝛ ymed na gỽenyn
gỽas ageiff nychdaỽt agỽyn. 1
Vꝛeulyt goꝛff dyfyꝛgi vꝛillyn karn vilyein.
uaỽlyt hagyꝛ dauydyn vynỽgyl gỽyꝛuan
divỽynyn vin cryd rac yfovyn y cryn. 4
Y poerllyt hewlyt holyn am vaỽdꝛuth nyt am
vedꝛu emyn. y pꝛyf dꝛỽc pyn y pꝛcfyn apꝛys
hỽyꝛ yꝛ beird y pꝛyn. Mab y grochan gỽad 7
Mab gỽꝛechyn y piỽ a nei ꝛ pi gan ienkyn:
vab lleu gỽt uab llygodyn uab llỽch enneint
llaỽn heint llyyn. Dos dỽc anglot not 10
neidꝛyn dꝛyỽ hy agyꝛ dꝛahaus ſymyl goꝛryn.
vygcret yꝛ effeiryedyn ny laỽ ykeiff mevyl alyn.
anurdaf anaf oenyn o bꝛelat baw ſeilyat biſ-
welyn budyꝛvab rys bꝛys bꝛiỽſonyn ab ieuan
dec eb vndyn. 15

Dauyd y coet ae cant. y readyꝛ gỽy

Raeadyꝛ oercri kadyꝛ ar crỽkedeu bach bych-
in geinyaỽc wertheu: rugyl ffugyl ffagyl ma-
gyl mỽygyl refreu. regylwern y gỽm uffern 19
geu. Keu goſſoſtic dic dygyn gyꝛbỽyll aſgen
du gynnen digannỽyll. kaeth raeadyꝛ di wa-
ladꝛbỽyll. clafres bꝛes taeoges tỽyll. 22
Tỽylldỽng rỽng du viỽng divlas llu keuſoec
lle keiſſỽyt vy lleas: triſtchỽedyl blin doet
yꝛdinas. tanfflam dꝛỽy raedyꝛ gỽy gas. 25
Cas yỽ anghadyꝛ raeadyꝛan. caſſaf vn hỽch
trỽch lỽch lun. cas dꝛahufffrom ſafỽꝛ tom tin.
cas cas cas cas cas cas cỽn. cas digarỽ ym
kyſtegyyn. kỽys deỽgur yꝛ koſtogyon. 29

Dd' y coet ae cant.

Kyſtudfull baỽdull badỽm y pechaỽt yỽ ꝛ mab
pychan iatlỽn: keſtgaỽl garl vỽly tombarlỽm
kyſtecwer claỽꝛ amner clỽm. Kaeth aryalſur
dỽꝛch kythꝛeulſỽm ſoecua ki hirbla kehyꝛblỽm.
kolleis oe werngoffyꝛ offrỽm. kylla diaỽl myỽn
kenaỽl cỽm. Callon vaen kyff graen keiff 36
grỽm ny hyꝛthgỽymp mal hurthgenn ſyac
uab tỽm. coꝛff pydeỽ trum ideỽ trỽm. ki ỽyꝛ kedi
yỽ ꝛ kidỽm. 39

Dauyd y coet ae cant.

Bỽch llỽch trỽch kimỽch troch kymell gỽarthec yỽ gỽer-
thu meỽn gwlat bell. beich o vaỽ diaỽl yꝛ bach-
ell. bỽly chwycred nyt oes wed well.
Cul willmer aruer oeruin ygouit gavyꝛ 43
yn cachu kennin. cỽlym troic y yſbꝛigin. delỽ
wac ont ta dyly win ~

Ryoꝛuc ſeithuc ſothach was baỽleidyꝛ yſbei
laỽ ỻawer gwrach ∵ raff am vꝛeuant y man-
tach mael heb dꝛugared na mach .
Dauyd y koet ‸hoet hydyꝛſant dyn ỽyt kerdlaỽn
ratlaỽn rent ffo ꝛ boꝛe oꝛ bꝛithle brỽnt ffi
lann ymdyfri du vꝛont .

ỻe nyſ gỽnaeth o vaeth uethyant ryff
eiryoet o rodyaỽ gỽledyd hyff hard
get oeſgret heb yſgryff ∵ heird bꝛydyd-
yon pꝛifyon pꝛyff .
ỻyma wneuthur pur peſyꝛ yſglyff
ryget oragoꝛ geireu kryff ∵ eglyn o
varn gỽyꝛ agklyff . o deu gỽys nat
geu y gyff .

Caſas kadỽgaỽn ỻaỽn ỻef ỻawer nos
dic annigrif ∵ ỽꝛth din ki ỽꝛth dan kalaf.
yn tynnu dꝛỽy wryſc obꝛyſc bꝛyf .

Y mab cryc ae cant .

Dv6 di atneir meir maerkyngho2eu .
awnaf rac llatron dynyon dannot .
Aethp6yt am ter ieir taery*eith ffy2nicrwyd .
tramg6y na6s arwyd y nos arall . Ny bu ry6
leuein damwein dymeſtyl . ac avu echnos ym-
didos dy . Y2 panlada6d ca6d y cath lloſgy2ngrin .
y ki lletuegin ll6yt auegeis . Dyuot y karn
lleidy2 g62neidy2 garnyal . ac yſpeilya62ty hyt
nos tywyll . Aruaethu mynnu ka6ell mynna-
ed tec . ad6y vynhaedec murchwec ma62ch6edyl .
Edrych a62uc ffuc uffernd2um . ar hyt yty clyt
b2yt b2edychuoes . ac arganuot rot ridill y
tringot . adrylle vyffonn tr6y 2 vn ffeneſty2 .
kauas y lleidy2wasc gyt am lla6d2wael . kyfeillt
anniwyt b2yt y b2ydyd . Crib ffy2dlic niding
nedwallt gymannva . a ll6yd2oet gotta d2ut a
gattel . Hirgroc y2 dirieit oer deit ot ai . om
g6al poen goual hyt pan gauas . Hengot vyng-
h6egy2 r6ng hengiſt athil athylleu g6iril . yn-
yg6arac . Nyt edewis im dim grym grymy-
ant . o2 tryſo2 tra6ſuyc la6dy2 byc bagan .
Dyeithy2 cl6yt ua6ieir vy6yon h6ngy2dla6t mellt
62th deu reffyn wellt gyffellt gaffaf . Kic v2ein
aweler y6ch ywilerſ yndial van reith g6eith g6-
ythlonder . ardinas mael62 lle mae moleſt fon yſ-
g6tp2enn lladzon am eu lletrat ~ ~ ~ ~

Criſt ^creir vn mab meir ma62 ryuedot . amgri
bileinſeif treis 6ttreſſ62 . nat a heyzn chw-
y2n ch6ynd62ch g6ada6t blaſ . y doeth y leas kynn
glas gloeſlif . Kann oed kelwyda6c rochga6c rech
ga62 . affalſt ac anglaer murdaer ma62d6yll .
affugya6l tretha6l truthein amp2ytuerth . aſerth
ac anuerth f62th ac ynvyt . am vyngharcharu tru
tradicter . tr6y weith2et griffri cabylgi c6bylgas .
P2if auonyd ryd rwng g6y a hafren . modry-
bed kymmen im ae kymerth . Vn oed deueityat
di v2at dy2ys . ennwa6c b2if auon tros uon tra6s
uod . Eurgaduc can duc ydogy g6ada6tfeic
y2 o2eu karwreic ynd6yn co2rwryſc . Areil d6fy2
gynneil deify2 argynn62yf oer y6 y detwyd keryd
kares . Dic oed y eithon ſon fenigyl raeando
deffro r6yt o2tho bei reit 62thi . T2yded ma62
gochwed y2 mar6 gychwedyl . beikeffit tr6ylit arlet
vner6 . Over gleiryach ſach ſarruc y wacſon
auon kymaron ackymerei . Keiſſa6 griffri dei-
fy2gi d6ſ62g6ymp . g6naeth ar y th2a6ſryt pyt
pedwardyn . Clawneda6c ueina6c v6ynaf kefnith-
der6 . cl6yflif d2os ganner6 gl6yſuer6 glaſuo2 .
Po2th du6 y2 ponp2enn llethy2 aſgenllithy2
ar faer ae dodes ynodida6c ~ Am diwhelu
cnu knec v6ch kynho2th6y . gan uelyn uo2d6y
ualaen ua62d6yſc . Ogwlycha6d griffri cri crin
uoeluo2s . vch la6 trefykla6d va6d uaethgenneu .
Sychet yffilcas benngam ff6lk6t wyll . dib6yll
arth ff62nd6yll 62th ufferndan . ~ ~

Du6 amro dyall call rac kellweir . dyn 6yf
yng62th26yf odygarthref . Y b2ydu canu
keinwa6t gyfiewin . y walch balch bylchwin vyd
in uadeu . Coeth2yd haeldauyd kynnyd kannyn .
keith adiodef rac llef a llosc . car enkil eidil eidun
hed dichleis . kerennyd aſeis rac treis traetha6d .
Ny bu digonryd gredyf onnwyd grym . balch6y2
clot datweir ma62eir meurjc . Pan vu gleu r
hynteu yn no2hamt6n dēf . poen oed diodef yg
lef englis . Kyffelyp ar fon ydigones . dauyd
yntreuyd feyſnic ryued . Ac y digones dec an6ych
deruyn . maredud ar llynn ynllann ryſtut .
Panwelas dd' h6yldyd haeldedyf . y g6y2 yn
ymgur tyſt dolur toſt . Myvy2 oed ganta6 rac
antur ymlad . b26ydy2nad g6y2s ma62ad g6ers
y meir6 . Kany del yng ga62 lla62 lluydgy2ch .
meith y6 y wira6t ae waſca6t wiſc . lly6 r6yſc
beird hyfr6yſc r6ng hafren a g6y . lle ym y
of6y d26y d2ef raeady2 . Kany bon vndat mat
ymod62d . maredud gyfya6n da6n adauyd ~
B2odur vn gallon 62th ymgilya6 ynt . y goet
gat luchynt ygit lechu . ~ ~ ~ ~

Y Iuſtus llwyt ae cant ~

Y du[s] y tiolchaf dewin plant adaf ae donyeu
c6plaf euraf ery2 . Kaethet ym vaerdy . coeth
ia6n y6 hynny . ual c6thy2 iar an hy yn eirinha.
Gruffud iarll ma6d6y . groth hanner aer6y . g62it
b2an my6n bur6y 62th hen baret . grein llein llo
truan . groen hoen hen weinan . gy2ra6d vi allan
garreu ellyll . G6y2 nyt g6i6 y v2o . gwarac aſſa-
eth do . g6y2ed llo yn ffo rac d6y ffiol . g6aec bu
dy2gengyl ra6n . g6ywed henra6 va6n . g6edeid y6

ydaỽn dilaỽn deulu . Gwarant ef ni eill 1
yꝛgỽare ereill . gỽyꝛaỽd ydỽygeill o ediged .
Gỽe he hen dyfyꝛchwil . gỽein uein uaỽ ꝛom-
bil . gwae ageis ymbil ae gas henbeth . 4
Gỽyt vꝛyt vꝛys godech . gỽad glaf glun
ffallech . gỽed elech ueinſech dꝛỽc vu vanſawd .
Gyt ac ef echnos . heb guder agos . gedoꝛ bꝛan
wyth bꝛenn aethnen . bum yndyrweſtu . baỽa-
dyn avu . bỽa gỽꝛych tradu gỽꝛach myỽn troet
aỽc . Ynllys ruffydyn llef cath myỽnodyn.
ymllas onewyn ar llaỽꝛ newad . Yng croth 11
loth letpei yngkret naſllannwei . nyt maỽꝛ
ymdygei y maer digelk . Na bỽyt nadiaỽt.
na med na bꝛagaỽt . dam maỽt yn waſſaỽt
dan y weiſſon . Gꝛuffud yſgeler . groth eſnys
tryver. gỽdyf omner maelyer ỽꝛth glun 16
milaſt . Breidvyỽ yỽ gruffud . ebꝛỽydvudyꝛ dꝛa-
blud . bꝛyt ffrỽyn ogolud y benngalet . Bꝛys
bꝛan yn koꝛdi . bꝛeich adein eli . bꝛỽyt ogrỽyn
dyfyꝛgi gan adargwn . bꝛenin cỽm llygot . 20
bꝛeid vu ym dyuot . oꝛlleanoꝛuot ỽch llann
vꝛuul. Pennaeth moel benndin . heb gael pyn-
neu gỽin . pin ỽꝛth din yſwin heb oſſaneu . 23
Gỽedy mot noſſweithgỽell mynet ymeith .
yny llys diffeith ger llaỽ yſtỽffyl . Gỽac oedỽn
dꝛannoeth . yngadaỽ ꝛ kyuoeth . gỽed bꝛan yſge-
irnoeth . bꝛinn yſgoꝛnach . ~ ~ 27
Yſgoꝛnach kotowrach ki . yſgỽyꝛ newyn hoen-
yn hỽch . yſgỽyd kylyonyn iſgell . yſgaỽt ovyỽn
bargaỽt bỽth . **Juſtus llwyt.** 30

Madaỽc coꝛunaỽc gỽꝛ anelỽ oe vyỽ. gỽas dꝛyc
ryỽ keillſyỽ collſỽyd ryderch . Medꝛaỽd
ny gedaỽd y hen gadach ym . nyt modur gỽiỽ
rym min llym man llaes. Madỽs yỽ ꝛ baỽdlỽs
bodlaỽn ny bydaf . ny chaf y gaeaf dim oe gyfo-
eth . Medyꝛ golgant ramant rimỽꝛ puteineit
moelſeit nyt callneit ynoet collneſ . Meir ae
mab gỽirgreir gỽaỽꝛgriſt gymyꝛred yſyd 38
anryded maranned mat . a diuao y llo lleith
gabyl o wanas . agan denebꝛas ardin ebꝛỽyd .
arweiruul gont gul gant gaỽs veid voꝛdỽy ae
mỽn mal aerỽy march meilyoꝛic. Haỽd gant[h]aỽ
adaỽ edyſtyl pei herchit . a phyth ny cheffit o-
dit edeu . Edewis ys mis amỽy no blỽydyn
ym y gedechyn kevyndedyn cul. Soꝛreis 1
naſkeueis kyuing offeiryat . aedat oed reiny-
at taergat tyvyꝛgỽn . Cỽꝛcodan dꝛuan adꝛyỽ-
ed noethi . avu am venlli yn hen vonllaỽdyꝛ .
Hi avu yngg[ỽ]yd llu uab llyꝛ llet ieith . hi avu 5
gannweith yn hen gonnach. Hi [avu] am wyncu
wein cabyl reuduſſon . hi avu am wydyon
ac am eudaf . Hi avu yn rynnu yn oes rann 8
duran . hi avu yn lluman cregyn lleu meirch .
Hi a vu yn gernen myỽn kerỽyn grỽybyꝛgỽyꝛ.
hi avu yn babỽyꝛ y eur biben. Hi a vu yn llymu
rac llymet y charn . ar ol peis badarn rac pas
bydaỽl. Hi avu yn nychu yn achaỽs y heint 13
hi avu am erereint ac am arỽy. Hi avu yngỽaſ-
gu gỽeiſgon ar uara. hi avu yn ſacſonya ymy-
ỽn ſened. Hi avu yngraſſaỽv ſawyl ben uchel
hi avu yn gaỽdel y hen gadell. Hi avu yn my-
gu ynghylch meginledyꝛ. Hi a vu am vam
bedyꝛ kynn kael bedyd . Hi a vu yn kyꝛchu 19
kyꝛch ebaỽl cattus. hi [avu] am vꝛuttus yn hen
vꝛettyn. Hi a vu yn malu ym melin reinyallt
ar ryt cae llugallt yn rỽyt llygot . Hi a vu yn
tyllu nyt tullyn clerỽꝛ . hi a vu yn neudỽꝛ ac 23
yn neidef . Hi a vu yn llechu llyỽch eiry mynyd
bellach am gebyd y mae yn gebyſtyꝛ . Hi a vu yn
crynu rac crinet y llein . hi a vu yn llefein am-
hen llawes. Hi avu yn tarnu turnen wreic uab
pyll. hi avu yn bebyll y hen babo . Hi adynnỽyt
yn rỽyt arhyt cỽm ſavyn aſt y geiſſaỽ dyfyꝛaſt 29
yny dwy vꝛon̄ . Hi ny chat trỽy vꝛat . mae n vꝛadỽ y
llun gan berchen coꝛun byth nyn kjꝛyet . Madaỽc
yỽ hỽnnỽ meudac llỽy haearn callon culuaen
ſarn carn coꝛn iyꝛchell. Gỽiſgaỽd ymdanaỽ 33
yỽch dinnerth yn ros ſỽꝛcot anidos kylch y ned
eir. Byth yn yn rod oe vod nyt rydech gampeu
noeth vy yſgỽydeu anoſgeidic . ny welir amdyn
edewit ganthaỽ. ny daỽ oe durllaỽ vadaỽc dyfyꝛ
llyt. Madyn gi gelyn go galet wyncu yny del
eſcob du odin dyfyꝛgi. Hi adoeth yn noeth o nei-
thaỽꝛ vꝛanwen. hyt yn llys vaxen nyt lles voc-
ſach.

1364 1365

O ſaith wedi y pader

TRỽm yỽ tremygu hael douyd ym-
ryd om rỽydbꝛynu. llyna med beda 3
byt vuedu. vyri eil wedi keli eſ ymkelu.
Ae ſynnwyꝛ yỽ yn llỽyꝛ llỽꝛỽ traethu g̃ſec
herwyd yhatrec gymraegu. del dy deyꝛnas
blaſ bleit barthu radeu. dieu nan madeu
duỽ yn medu. val ybyther ner neſ allu 8
dydbꝛaỽt. rac rỽyſ obechaỽt ry vaỽꝛ bechu.
vn hanes unlles un llu un awyd. ac vn ar-
glỽyd rwyd yn rydhau. ffiat uolỽntas adaſ
adeu. tua rac traha trỽm uedylyeu. ſicut ī
celo ſalỽ eiryeu ae gỽna. et interra pla plyc
eneidyeu. weldyna tryded reuued rieu. wedi
ar geli dꝛỽy len goleu. Ae ſynnwyꝛ yn llwyꝛ
lloꝛyſ gradeu dwyaỽl. dothyỽ yn eiryaỽl doe-
thyon eiryeu. bit dy ewyllys heb vꝛys vro-
dyeu. ual ymae yn neſ naf gwirodeu. Ar y
daear kar kerydeu bennadur y bop pecha-
dur rac pechodeu. Panem noſtrỽm trỽm 20
yỽ trem y olit. cotidianỽm dyenỽ gleindit.
da nobis hodie dyn yſodit. awyꝛ dy voli ual
y gellit. llyna bedwared med mynechtit 23
wedi oꝛ pader ved nan pydit. llyma llwyꝛ ſyn-
nwyꝛ llỽꝛỽ offynnit. yn reit duỽ teleit talym
anrodit. bara peunydyaỽl haỽl aholit. dot
duỽ gỽiỽ hediỽ ny haedỽn lit. Hynny yỽ buch
ed honn ny bechit. hanes pob kyffes caffom
rydit. Et reuued rieu. gỽyt ygyt ageu.
madeu hi ninneu on annyan ffeith. di 30
mitte nobis. uab rat tat dewis dilis yn
kedwis kadarn obeith. debita noſtra dybyd
dyd boda. duỽ ae gỽna yn gyfa dinam 33
gyſyeith. ſicut ⁊ nos ſegyꝛgreir eir aros
vuyddaỽt aros dꝛos yndꝛycweith. dim oet
dimittimus. dyb debitoꝛibus. noſtris iaỽn
aſtrus. chwyl moethus meith. Haeluab meir
creir cret. honn yỽ llyỽ llwybyꝛget. y wedi
bymet gyfret gyfreith. llywyỽn ygeiryeu llỹ
ma ſynnhwyꝛeu. dꝛỽy ꝛ einym ninneu oꝛeu
areith. amadeu weithyon maỽꝛdat rat rodyon

1366

yn gwir dyledyon gwar diletieith. Mal yꝛot
titheu bop kyfryỽ byngkeu. gỽnaỽn ninneu
vadeu vedỽl canlleith. et rac kyued cas a
llit ſit ſudas. ne nos inducas ī temptatio-
ne. Sed libẽa nos ſỽyd rỽyd rad dangos 5
amalo maldꝛos dꝛyſſỽch aele. llyna wedieu
gyt ar pymp gynneu. goꝛeu rac bareu be-
rỽ an aele. Haeldat rat riſyant naſ kyn-
taſ ae cant. madeuant gỽarant medỽl 9
gware. Hynny yỽ amylder ſeith weith we-
dir pader. honner y niuer neſoed gyfle.
lle ymi voli val y pꝛaỽ pꝛoffwyt. ⁊ cetã

o waith y chwech diwarnod

PAngyhyꝛdaỽd naỽd nedeir hyget 14
duỽ maỽꝛ. neſ allaỽꝛ lloꝛyſ eidunet.
y doeth bꝛenhin coeth rac keithiwet. o vchel-
der ner neſ amgyffret. yꝛdaear ual kar y
ymwaret. adyn oed myỽn glyn glỽyſ hy-
bꝛet. gỽiſgaỽd gỽiſc anaỽd enỽ ſarhaet. gỽ-
aſgaỽt dynaỽl gnaỽt bꝛaỽt a bꝛovet.
Gwiſgat herwyd rat arybuchet. gỽna-
eth yꝛ rei kaeth kael ymwaret. yn yd y 22
bu ryd y rad decuet nadolic gỽledic gỽlat
damunet. Dewin goꝛllewin llyỽ aanet deỽin
deoꝛwin diaereb get. Dechꝛeu eu dechꝛeu cre-
ir wyꝛtheu cret. diwed eudiwed duỽ gogonet.
Pan ſyꝛthyaỽd Luciffer oꝛgoꝛuchelder myỽn
amylder bꝛyder bꝛadaỽc diffyd. duỽ oll gyſo-
ethaỽc banoed dꝛugaraỽc. ynnechꝛeu doſyn
yaỽc deſnyd. Eſ awnaeth darpar nybu edi-
uar. y neſ ardaear ffurueidgar ffyd. Ac 31
awnaeth rodi diruaỽꝛ oleuni. da vu geli
ri vy rỽyſ clotryd. llyna ꝛ gỽeith pennaf a
wnaeth duỽ haelaf. dyỽllun yn gyntaſ 34
dedyſ vlaenaſ dyd. Eſ awnaeth dyfred. ac
myỽn eu perued y ffuruaen ved rinwed an
ryd. Ac ae gwahanaỽd dꝛỽy wir ymadꝛaỽd
mal yhaỽd lunyaỽd yn iaỽn lonyd. Dyfred
anniben goꝛuch ffuruauen adodes vy ren
men ymaent ryd. Adyfred llauar ar wy-
neb daear an roes kar trugar treigyl a 41
vonyd.

1367

A moꝛ ygelwir .a maỽꝛ y gỽelir. a mỽy no chwbylwir
dir daeeryd. llyna dwywaỽlweith awnaeth gỽir
benn reith gobeith elỽ uatyeith yneil vedyd 3
Pan weles llyỽ cret llaỽir gogonet. daet y weithꝛet
y lu bedyd. Yna digyſſellt gỽꝛ avet ymellt. awna-
eth amylder mellt gwellt agwiỽdellt gwyd. 6
ac amryỽ bꝛenneu amryual ffrỽytheu. ablodeu
llyſſeu lles tragywyd. a bychan a maỽꝛ ual y tyf
dꝛỽy ꝛ llaỽꝛ. ymedwaỽꝛ tymaỽꝛ. gỽaỽꝛ gỽarant vyd.
Heilyaỽd yn geli hael oed yn poꝛthi. holer yn voli
ri aereglyd. Hwylweith dwywaỽl. hoewdat yſpꝛyt-
aỽl. neut rat didaỽl ytrydyd dyd. Duỽ goꝛuch-
eldat awnaeth on karyat yꝛ heul ar lleuat. pob
rat an ryd. a fygneu afyꝛ. vn anyan yỽ myꝛ 14
ac awyꝛ pybyꝛ pobyl aedꝛyd. Didꝛeul heul ehun
adyt eyt gyfun ethun oglaerlun eglurliỽ dyd.
A lloer oer aros myỽn wybyꝛliw didos. ac ymdan
gos nos y luoſſyd. Velly yteruynaỽd ygỽeith a
lunyaỽd. haỽd byt waredaỽd. bedweryd dyd. Ny
thꝛaethei dauaỽt .yꝛ amryỽ giwdaỽt awnaeth 20
o byſgaỽt ryuedaỽt ryd. ahoewdec adar ar wy-
neb daear. heit gerdgar lauar oleueryd. Dida-
nỽch bylgeint agant yꝛſeint. didaneynt etneint
atneu goedyd. llyna weith amylder obꝛim hyt
dyỽ gỽener vy ner ynoꝛyeudyd. Ef awnaeth 25
weithꝛet kyfenỽ yꝛ chwechet oed wir eidunet yꝛ-
rei detwyd. Pob ryỽ anifeil gymaraỽl oꝛeil
diatweil rỽng deil dol amynyd. a phob genedyl
bꝛyf kyfrỽng gỽanna chꝛyf. oꝛ adeiſſy chỽyf 29
chwyl aderllyd. Pan welet ygyt creaduryeit
byt. ỽꝛth y bꝛyt efpyt yſpeit lonyd. llyma at-
tebyon. llywyaỽdyꝛ dynyadon ỽꝛth y engylyon
rodyon an ryd. Ni awnaỽn nebun odyn gre-
dedun. ar yn llun nyhun ahonneit vyd. a 34
hỽnnỽ n bennaf creadur awnaf. adaf vu
rynhaf oꝛhenỽ bedyd. achymar hir hen aro-
et oe aſſen. anghymen med llen y lle oꝛlyd
wrthunt y traethaỽd ygỽꝛ ae creaỽd erthyſt 38
ymadꝛaỽd gannaỽd gynnyd. Tyfu a gerỽch
tyvit yꝛ einỽch. tyfỽch amyleỽch ym blant
beunyd. Goꝛuc gỽeith didlaỽt yn chwe diw- 41

yꝛnaỽt. gỽarant aỽdurdaỽt defaỽt dovyd. 1
Goꝛffowys dyget obop ryỽ weithꝛet. awna-
eth y ſeithuet teyꝛnget dyd. am hynny
ydetryd y ſul feguryd. hir vyd trỽy *** 4
gywyt bit tragywyd. dangos nos y lu-
oſſyd ac wedy nos dangos dyd. ---

Iollo goch ae cant. ~~~

Criſt audi nos. craton kyzios rac ym 8
aros ryỽ gamwyeu. agnus leo. alpha
⁊ o. deus homo dioeſameu. Rex redemptoꝛ reit
ytt hepkoꝛ. iaỽn ryỽ gyngoꝛ ynn rac angeu. Ef
ny ehet ef ny anet. ef ny welet yn iaỽn oleu. 12
ar voꝛ na thir. ef nywelir. ef yndyir ef yndieu.
Ef yỽꝛ dial am yꝛaual. vnanwadal y annỽy-
deu. Ef yn vchel ef yn dawel. ef yn iſſel ef yn
aſſeu. Ef oe awyd yngyfarỽyd. ef ynebꝛỽyd ny
vynn obꝛeu. Yn bỽhỽman yntra buan. dꝛaỽ
ac yman dꝛỽy ygameu. Ef ny byd hyn yny 18
vlỽydyn. ny wybyd dyn ef ny byd ieu. ac ef
agrynn. ac ef ny ryñ. ac ef adyñ ac ef adeu.
Nyt llesc lle del nyf llyfc envel. nyf llud oer
uel. nyf llad arueu. Nyf beid llỽfyꝛ. nyf ery 22
dilỽfyꝛ. nyf baỽd cleudỽyꝛ. nyf beid cledeu.
Nyf ret yndwys. nyfgoꝛffowys. nyf daỽ
kynnỽys nyf dỽc heinyeu. Nyt marỽ
nyt byỽ nyfgỽnn beth yỽ. dyn nyferglyỽ 26
dan eif oergleu. Nyſgỽlych kawat nyfgỽ-
yl llygat. yngỽiriaỽndat an gỽarendeu.
Gwir vꝛenhin nef yꝛ dy dangnef. yꝛ dy
odef yꝛdiodeu. Yꝛ dy loeſſyon yꝛ dynyadon. 30
yꝛ dy goꝛon wrda goꝛeu. yꝛ dy gyſtud yꝛdy
gythꝛud ieitholoewrvd atholuryeu. Yꝛ dy
vn pꝛyt yꝛ pobyl ybyt. yꝛdy benyt yꝛ dy
boeneu. yꝛdy gynnedyf ardengeir dedyf.
wr diweirgredyf yꝛdy wirgreu. Yꝛdyſeint 35
oll yꝛdy archoll. yꝛdy vꝛonn holl yꝛ dy
vꝛeinheu. Yꝛdy godet ath vꝛonn waetlet.
wr diweirgret yꝛ dy wirgreu. Yꝛ dy bꝛy-
der ar duỽ gỽener. ath wiỽ leuver ath
welieu. Yꝛdygãmaỽl vꝛenhin nefaỽl. 40
athꝛo gỽꝛaỽl athꝛagoꝛeu. Moes ym deall

y wrthlad baƚƚ. ioꝛ diweirgaƚƚ yꝛdy wirgreu. Hynn. avynnaf hynn agaffaf. hynn a geiſſyaf hoe6 negeſſeu. Na6d y wirgroes ana6d Jtloes. aroi ym oes mi ar rei meu. Na6d maria. a na6d anna. aſeint aſſa. aſanteſſeu. Na6d ſeint enƚƚi. ana6d kybi. a na6d dewi nud y deheu. ana6d Jeuan a na6d katuan. a na6d ſanan nud y ſeinyeu. Na6d mihangel a na6d gabꝛiel. a na6d vriel y na6d oꝛeu. Na6d ſeint y byt ym kymhlegyt yymoglyt rac y magleu. ~~~

Thomas Wilkins of Lanblithean in the County of Glamorgan his Booke
M Dccj

Tho Wilkins his Booke
1701

1371

1372

Meuric uab Jorwerth ae cant y hopk' uab thomas.

Digabyl 62 y dwc y bleit do2 durfaf dewr
diarfwyt. di vei rad da vu eiryoet. dio2n
walch odey2nwaet. [Teyzn hil kedy2n. kywi6
vaed ga62 b26ydy2. b2iwd6n wae6 ar aeffa62
temyl beird byt b2yt b2ioda62. tat y gerdwr-
yaeth vat va62. [Ma62 hopkyn aergryn 7
eurgreir p6yllic temyl uab thomas wyndo-
dic. b2eint g6y2 y6 lly6 llyffic baredur dyfc
my6n b26ydy2 dic. [Ery2 uchelwy2 diochel-
wic hael. hylathy2 varn gadwedic. b2einya6l
ha6l hoewlys didic. b2eifc vyvy2da6t v2aga6t
v2aga6t v2ic. [D2agywyd ybyd barnedic 13
ma6lfeil malfelyf wynvydic. yd26ydet bendi-
gedic. ae d2a mevy2da6t ad2ic ~ ~~~ 15
Mevy2da6t keuda6t kerd blethyedic. ma62
va6l f6llt dida6l kyffylltedic. Modur meith
a6dur nyt methedic. mal g6afgaruud nud 18
ny6 roi yn odic. Mur g6ae6 dur g6i6doeth ko-
eth katholic. v2yt. ma62well no dyn byt hyt
ymerwic. Synnwy2 ao2uc alwyffennic. fef 21
ydi6 yeir yn fafedic. Syth 62th fyth trafyth
ac aryf treiffic. ferth lo2yf doeth loewdo2yf de-
tholedic. Selyf vn na6t wa6t wyndodic b2of-
yant. fant fwyd aalwant yffyd elwic. Hop-
kyn io2 g6inllyn gwenllys voeffic. hopkyn
wynn waruar tra6fdar treifdic. Hopkyn 27
eil meruyn ma62 var p6yffic. hopkyn hard
wyn hyt deu v2yt dyv2ic. Hopkyn yndylyn
nadolic beunoeth. hopkyn eirgoeth doeth
62th ymdeithic. Hylym aryf ynggryt ual 31
h6yl amic. hoe6 olut adef h6yleu didic.
Hely62 aer v2i6d62 arueredic. hael owir
annyan ha6l wy2ennic. Heilwin dawyd2in 34
diod2ic kadarn. a heileu maffarn wr helym
yffic. a geir yny lys ymdel6 giric. a gwreid
ydi6 ac urdedic. Y gler aniuer nefa6l leidic
a glan. adivan y62pendevic. a gloewdec fyn-
nwy2 dirgeledic. ia6n. ag6in v62dla6n yn 39
lla6n ybellennic. Y arthur loewdemyl 62th
eurwledic. Olwys gall awen lys gelliwic.

yn vd ov6y vud a vu vedic. y dlodyon dynyon
adywynnic. y veda achad6 gynnefodic [y6]on
am yattebyon ymae tebic. Koeth a6dur
meffur moeffeu ffrenghic. Keith oftyngyat 4
mat yn r6ymedic. Kyftal ac eidyal y6 neut
kedic. koftyat davodyat adevedic. Kymeint
y6 y v2eint vro ny diffic na6d. ar m6yaf yn
ha6d o vonhedic. Kleu aergar6 trauel kler
gartrefic klywet ynawdur clot enwedic. 9
kedlym cleulavyn grym gredyf ffynnyedic.
cl6yf ron ar dynyon ardiennic. Kalander
maffwener amufic beirdyon. ko2on y 12
doethyon diadwythic. Kymro ydi6 ef kym-
m2redic. kyfreith erbynnyeith wr arbennic.
Kamber rymufter o r6ym yftic. callon yn 15
b2ydyon yn buryedic. Kwyn amil adar
kanmoledic heil. kei eil agynneil ac agyn-
nic. k62feryeit eureit eiryf bedeftric. a 18
chadoed emyf nyt ychydic. Kyuoetha6c llut
wa6c nyt colledic. kady2 ly6 [y6] vnya6n da6n
di vnic. Kerdeu m6y radeu ma62ydic a ved
k6byl a6dur ma62ed nyt kabyledic. ~ ~
* * * * * * * * * * * * * * 23

Dd' y coet ae cant y hopkyn vab thomas ~ 1
Arglỽydieid treid trỽydet beird kymry bỽꝛd kym-
rỽysc gỽin yfet. yỽ hopkyn hoeỽ loeỽ lawget: uab
thomas creir urdas cret. ∗ Cret awyꝛ yn- 4
llwyꝛ ymhob llun ar daỽn ∵ eur dinac loꝛyf kyf-
un. gỽꝛ ygkymry hy hoewgun ∵ gof naỽt eur
ac ef nat vn ~ ∗ Nyt vn llew mod gleỽ med glas
a hepkyꝛ a hopkyn uab thomas. daỽn eurdull
nyt vn vꝛdas ∵ nyt vn rym ac nyt vn ras ~ 9
Gras yỽ mab thomas meỽn tymyꝛ y daỽn.
ys o dyn yg gwyꝛ. ae haryf ym mrỽydyꝛ ae heryꝛ.
ae henỽ ae parch ae hỽn pyꝛ ~ ∗ Wn pyꝛ gỽyꝛ
gwyꝛ gwaeỽ blaenaf. yghat yghywiỽdỽꝛn 13
dewraf. lyꝛ o nerth loew oꝛeu naf ~ lary gỽꝛaỽl
alỽyꝛ garaf ~ llwyꝛ garaf naf naỽcan punt.
lleỽ kyꝛrchyat ar eigyl gat bont. llyỽ gwyꝛ gỽ-
ell no gỽyꝛ gỽent. llaỽn oꝛvlỽch fflỽch ffloeỽ eur∗
bꝛint. llathyꝛbenn cun y damunyant. a llath 18
blaỽd hollwyth bledynt. ∗ llỽyth bledyn win∗
llynn wyn llyỽ ion eillgat ennillgerd. hopkyn
yỽ. llyꝛ hardrym eil llyꝛy heirdꝛyỽ. llary gymro
hir y bo byỽ. ∗ Nyt byỽ llyỽ beilchryỽ bylchron
di hepkoꝛ mal da hopkyn dꝛagon. ef yỽ ystoꝛ 23
kerdoꝛyon. o voꝛ morgannỽc hyt von. ∗ Ef yỽꝛ
naf mỽyaf a vac maon byt bit aỽdur y bryth-
yon: eur veistyꝛ mynaỽc ferchaỽc fon. ioꝛ deth-
ol ar y doethon. ∗ Annwytnud pꝛyt ud pydyd-
yon a vaeth arveith heilyeu trymyon ∵ vn atlam
athalamon ~ eneitlyỽ tec di vꝛec don. ∗ Ar aỽ-
duryeit bleit blodeu kofyon. mydyꝛ meidꝛaỽl
gymry gyffon ∵ o varn byt iaỽn leindyt ion.
vur gwaerud ef yỽ ꝛ goꝛon. ∗ Coꝛon yỽ hop- 32
kyn kyỽiỽ wryt kei kaỽ uab erbi unbꝛyt ∵ reol
gỽindei rỽyl gwyndyt. ry laỽn barch ar haelyon
byt. ∗ Byt doethder aruer euruat maỽꝛ ewy-
byꝛ mi a roỽn vy llygat. maỽl eur enỽ mal yꝛ
ynat. os dyweit vn is duỽ dat. ∗ Ys duỽ dat 37
yn rat ion rỽy amylgylchlynn nyỽ galchlys
ger tawy o win ac eur enỽ garỽy. ny roes
neb vael wyneb vỽy. ∗ Mỽy a ryd kynnyd 40
kynnedyf gwaỽꝛ trỽyhadyl noꝛ trihael y gerd-
awr ∵ walch trahydyꝛ clut vydyꝛ clotuaỽꝛ waeỽ
ennyn aer yn vn awr. ∗ Yn vnaỽꝛ hyvaỽꝛ dihavarch
hoeỽ bost deheubarth benn kyuarch: ynat llewych
poꝛ gỽych parch. nyt llawac vn naỽt llywarch ~ 3
Naỽt llywarch clutbarch clot bell cled nadgat coeth
geimyat keith gymell. nenn kedyꝛn annyan kadell ~
naf balch ny wnn walch y well. ∗ Gỽell ymhell diell
deyꝛn llaỽchbobyl rỽyd hyt yn tref gostinobyl ∵ eil 7
elphin gwaeỽ lliỽ finobyl. yỽ no neb am win ano-
byl. ∗ Y nobleu yn veu vyỽ difri vackỽy aevỽc
kỽꝛn ae fendꝛi ae garyat oꝛeu gỽiwri. oe ras maỽꝛ 10
a roes ymi. ∗ Mi aglotuoꝛaf veistyꝛ llys mỽyeilch
hael gwnai helmeu yn vedeilch. dꝛos barch rago-
ꝛaỽl gỽaỽl gỽeilch. hardvur ae wisgoed heird veilch ~
Y heiꝛd veilch wisgyoed hard uoes yỽꝛ gwaladyꝛ
gỽelỽyf idaỽ hiroes ∵ ffyꝛyf iaỽn yỽ meỽn ffuryf 15
einyoes. a phob da ae ra a roes. ∗ Roes ym lyỽ
hylym leỽ helmaỽc ruthyꝛdarỽ llary rygarỽ
llurygaỽc y ved ae win ffulldꝛin ffaỽc. ae vỽnei
hopkyn vynaỽc ~ ∗ Mynaỽc hopkyn lynn loew-
glos. mur heildỽbyl ket gỽbyl katgis. mỽnei 20
laỽ mae yny lys. eurdar y lucidarius. ar greal
ar ynyales. a grym pob kyfreith a gras ~ ∗
Y gras a gafas y gỽꝛ. a chlot teilygbꝛif iuoꝛ.
gỽyndodic vonhedic vur. gỽineu didwyll veistyꝛ
pỽyll per. gỽiỽ eil gỽalchmei uab gỽyar. a gwaeỽ 25
atharyan gwyꝛ ~ ∗ Gwyꝛ warant ffynnyant
ffinn. y gerd tra vỽyf vyỽ y gỽnn. gỽaỽꝛ maỽꝛ.
mat bedeircat benn. gỽaladyꝛ kadyꝛ koeth y
doethyon. gỽalch a gar arglỽyd a gwann. gỽyꝛd
a hepkyꝛ gỽꝛd hopkyn. ~~~ ~~~ 30

Gwrd hopkyn loeỽwynn leweid lary glein-
dyt gỽꝛ aruaỽc yggryt ny byt nywbeid ~
vab thomas valch ras vylchreid yghamaỽn.
uab einyaỽn vyꝛdlaỽn dꝛin greulawn dreid. Tỽꝛ tir
tawy rỽy rieid rugyl didaryf taer yỽ ae dur 35
aryf tyꝛeu diwreid. Taryan holl wyꝛ mewn
anturyeid grỽydyꝛ ỽꝛth aros ym rỽydyꝛ ỽꝛ arth-
ureid. Keing hiraer oꝛuot kyghoꝛeid nenn gỽyꝛ
kywireir eryꝛ mygyꝛ karwryeid. Kaỽꝛ aeffaỽꝛ
gwaỽꝛ maỽꝛ mireinyeid beilchryỽ karỽ hỽyꝛ 40
uarỽ hir vyỽ eur llyỽ iarlleid ~ Helymvellt

loꝛyf gỽaeỽ dellt gỽedeid annỽytgaỽ . haỽl kaereu
diryaỽ hael kerdwryeid. Hỽyl deilỽng bꝛiſc vlỽng
bꝛeiſc vleid yn aergrỽybyꝛ hylỽybyꝛ uthyꝛ ewybyꝛ
ri athꝛoeid . Gỽir wyneb kymry gỽerineid vyꝛdeu
yỽ gỽaỽꝛ y deeu a gỽꝛdaeid. Da lyuyꝛ y gyfreith
dilyfreid yghat adỽy vil ynat di vileineid . Di 6
wedỽ olut maỽꝛ diwydeleid iaỽn da wed aelaỽ da-
ỽn dieidileid . Donyaỽc callon hael dienkillyeid
yeid bleit digrin aryf yn reit di grynwreid. 9
Di wyỽ aeſſaỽꝛ hydyꝛ ny dewiſſyeid dỽꝛd dỽys
oeſenỽ agỽꝛd diſaeſnegeid. Di vꝛec hopkyn dec
didaeogeid wr dawiỽ yỽchelwr diachuleid. 12
Adlyedaỽc iaỽn adiwladeid lyỽ adywynnic yỽ
adewinyeid. Bꝛiỽ aereu ae ron bꝛyyreid y rad
byꝛdwin y neuad bardonieid. Bꝛonn hyneif
beilchlin bꝛenhineid eruei buan dỽy gamp 16
kei bonedigeid. Poꝛ ioꝛ gỽineudoꝛ gỽynedyeid
eglur: pur mur pꝛaff aỽdur verỽ pꝛoffỽydeid.
Par bꝛwydyꝛdaer mael aer milỽꝛyeid wala-
dyꝛ pann divỽgyl kadyꝛ pendevigyeid. Pryt 20
verth kerth taernerth teyꝛnyeid digabyl
pỽyntuſwalch doeth babyl parabyl pereid.
Parottaf llewnaf llunyeid helym durgaen
peryd ragoꝛvlaen gỽaỽlchwaen gỽalcheid. 24
Enwaỽc naf ffyꝛyfaf ffurveid llỽyth bledyn.
ynyỽ lys winllyn ef ny vynn veid. Eur
gadyꝛ yỽnggỽaladyꝛ ēgyleid di vꝛadỽ ion
mỽyn eidun kadỽ enmynydeid. Eryꝛaỽl 28
hopkyn arỽꝛeid diovyn ioꝛgloewdu covyn
arglỽydieid. Arglỽydieid treid . mal yny
dechꝛeu. **Dauyd y coet ae cant y**
ruffud uab llywelyn. 32
Keredigyaỽn walch balch bylchꝛon cryfdꝛafyn
clotgar rỽyſc barỽn: yỽ llathyꝛ ruffud laỽnud
lan. lleỽ olỽc uab llywelyn. llaỽchlu eryꝛ llew-
ychlin. llỽydyant holl wyꝛyon llawden. 36
Wyꝛyon llaỽden benn beunyd y dyꝛy yn diry-
on eil mechyd: eur yꝛ gler ger merweryd a-
med gwled gloeỽ vy hoeỽ hyd. Teyꝛnyeid
llunyeid llonyd a gloeỽdec yỽ gwledic meuc-
nyd: trech noegas vaỽꝛ y ras vyd. trychdꝛin

diaỽtwin detwyd. Dedwyd dieidyl dilaes. dyny-
on gynnyd daỽn gynnỽys. dewr kein gỽell no
thꝛugeinſeis. diỽc yỽ vyd dec y voes. Y voes
yỽ roi baỽb y vud . y veird cant y win ae ved. 4
y vaỽl yghymry a vyd . y vyt ageiff ỽꝛth y vod.
Mod pablaf med y pobloed . mil ae gỽyꝛ maỽl
agyꝛraed. mur iaỽnrym myỽn mireinrỽyd.
mynaỽc llaỽ euraỽc llaryeid. llaryeidvab 8
arab eiryan llaỽolut llywelyn uab ieuan: llu
rygaỽc callonnyaỽc glan . lleỽ traỽſdec unllit
tryſtan. llit tryſtan dewrder ner nerth . yỽ
gruffud nud naf diffỽꝛth. dihyball myn duỽ
hoeỽbꝛoꝛth . ada hebaỽc deheubarth. 13
Deheubarth ved barth vud barch gyuoeth
beird byꝛdeu bꝛỽyſc laỽn beunoeth: dioer yỽ
gruffud lyỽ loewgoeth. dꝛafyn didic di feyſnic
doeth. Doeth eil uthyꝛ gawruthyꝛ yn gyỽ-
ꝛein iaỽn valch yꝛ anuod eingyl llundein. 18
yꝛ moꝛua coeth wrda kein eryꝛaỽl walch
arwyꝛein. Arwyꝛein mirein moꝛud un urd-
as wynn ardỽꝛn plymlỽytlud: eurgarỽ clot
bell naw well nud . aergyꝛyf oꝛeuffyꝛyf ruffud. 22
GRuffud nud ud eir . grym llym llafyn
diſgleir. gỽynn greir hael myn meir
am y gwin graỽn. Gyꝛua maỽꝛda meith . gyꝛ
vꝛỽydyꝛ dewrgrỽydyꝛ deith . gỽyꝛ diſtriỽ eingyl 26
geith garỽ di eſtraỽn. Gỽaỽl haỽl maỽl milcant.
gỽych llych llaỽch anant : gỽarant glut ffynny-
ant eurglot ffynnyaỽn. Hardffrỽſt wſt aeſtalch
hydyꝛdaer ar gaer galch . hyn llywelyn walch. 30
ioꝛ coethvalch iaỽn. O werin lin lỽys glot byỽ
gỽlat bywys . hael ynat gleifdỽys o hil einyaỽn.
Emyꝛ eil heil heird. amylba da da digeird:
emyn kiric beird yỽ myn karaỽn. Achel verth 34
nerth neit. yỽch aeron ron reit: vn kymurth lloe-
gyꝛbleit yỽ ion kamaỽn. Elỽſal eil ſelyf oꝛyf
maeldoꝛyf maỽldyf. eryꝛeid aergryf a ryd eur
graỽn. Y vard ryhard ryỽ ỽyf tra vythỽyf vyỽ 38
vy llyỽ kymen yỽ nyt cam awnaỽn. Aruaeth
maeth meith ner. aeruleid reid rudner. eur oleu
get cler ar ael eigyaỽn. Dꝛeic trin lynwin law.

dꝛagon callon caỽ . dꝛyỻywr caer aelaỽ dꝛeiỻaer
creulaỽn. Bugeil cat mat maỽꝛ . baed gỽned
gỽed gỽaỽꝛ . bꝛyt uthyꝛ catruthyꝛ caỽꝛ byꝛd- 3
laỽꝛ beirdlaỽn. Bꝛeyꝛ gỽyꝛ myꝛ med . bꝛenhī
gwin gwen ſed. bꝛyt byt hyt hydyꝛgled. maỽ-
ꝛed meiraỽn. Balch gỽalch gỽeilch loeỽnen.
barchus glot berchen . budffrỽyth ỻỽyth ỻaỽ- 7
den. doethben y daỽn. Bꝛeiſc weiſc wyſc bꝛỽy-
dyꝛdỽꝛd . bꝛys emys ymỽꝛd . bỽꝛd kiryet agỽꝛd
keredigyaỽn. Keredigyaỽn walch. 10

Kynnyd llywelyn mab gruffud. Dauyd
benvras ae cant. 2
TRaeth6ys vyntaua6t. tr6y nerth y
dzinda6t. traethwa6t ombarwa6t
moz dibarha. Tzeiffwr agymer. troffed 5
eliffer. tra6fwalch ner muner ae m6ynhaa.
lly6 gly6 a glywir. lle6 doeth coeth kywir.
llawir ny welir y gywala. llym yggrym
yggryt. lla6z gozua6z g6zhyt. ll6yz y 9
dyt y vzyt ar vzynn buga. lloegr6ys
y gyfgu. llud6yt oe deutu. lluoed ae dyuu
yz ydiua. kanawon kymry. cunyeit ae def-
fry. kenedyl aedyly nyt ymdolya. keinw-
eilch kyffredin. kynnivyeit werin. llawer
y bzeidin. llyw ae bzeinhya. Bzeinywys 15
g6z ae med. bzeint y teyzned. bzenhin
g6yned kas g6eda. Bzeinya6c lywelyn.
bzenhined y hyn. bzyneich a dzeiffyn. 18
dzos gla6d offa. Bzooed yfgauael. bzyt
ardzychafael. y bzifdec caffael. hael yd
h6ylya. Bzeifc weifc wofgozdon. bzyt 21
gryt grym lleon. bzanar bar beirdyon.
ynfaxonia. lla6uaeth gaeth giwet. lleith
geith weredzet. llofget eu trefret am eu
traha. Tyzeu te6 eu mur. teruyfc eu llauur.
tozuoed difegur ae hyffiga. Teyznuab
gruffud teyzn dat annud. teyznas dat- 27
cud pzud y pzeidya. Eurgla6z kymry ua-
6z. argl6ydi clotua6z. argl6yd walch kein
ua6z ae kynniuya. Argledyz g6eith vu- 30
dic. Argl6yd g6ynuydic. arbēnic wledic
awledycha. ketwit un mab meir. keneu
kyniweir. ketwis y gadeir gyt ag6ina. 33
y g6z g6zd uchel. ar g6ae6 gwaet awel.
pan el yn ryuel nyt ymgela. lleidyat gat
gyzchu. llauur g6z gynnu. a llu ny chymu
yn ryt chwima. Ar erlit ual kynt arael
ydyffrynt. Areil hynt gerrynt garrec 38
houa. Tzyded hynt yd aeth. dzut vu y
aruaeth. g6naeth tyzeu trefdzaeth. 40
nat ynt trada. Pedwared y vzo pēnaf
o gymro. penvzo o dyno. ros o dyna. 1
Pymhet vozgann6c. parhaus y wc
yz awnel o dz6c nyf diwycka. Chwechet
ydzamw. chwechat yn ad6y yn aber
tawy tec yfgozua. Seithuet getweli. 5
feith gat wyllofgi. o yftrat tywi tew y
haerua. Wythuet hynt greula6n. y
garnywylla6n o geredigya6n y duc
yna. Na6uet vzycheinya6c. na6 cat
kyndynya6c. ual run ruduoa6c vu y 10
dzoua. Decuet digyffellt duc atta6
vuellt. dibellt ae flamwellt y flemycha.
vn ardec diwreid. eluaed vzo hyueid.
ar6zeid a vleid ae harueida. Deudecuet 14
yn ia6n y duc werthrynya6n. maelyenyd
oe da6n ettwa. Tzydydec docni. taerwalch
eryzi. ar6yftli keri ker kaer eua. Pedwa-
red ardec panduc achwanec. d6yn ke-
dewyng dec. du6 ae nertha. Pymthec
uet powys. pan y kyñydwys. pennaeth 20
ny wyftl6ys ef awyftla. vnvet ar bym-
thec. o vaela6z faefnec. pan aeth ar oftec
ydir panna. D6y arbymthec dz6c. awna-
eth yn aml6c. pan gerd6ys y v6c amallt
vaga. Deuna6 da6n oed v6y. duc y har 25
uozd6y. g6yned vch con6y. ae kynnydha.
vn eiffeu o ugeint. ar6yna6l y meint
a chwanegu bzeint. geyz bzo affa. vgein-
vet gan rat. hendzef y hendat. duc y 29
beruedwlat ac nyf g6ata. Tzos yz uge-
inuet o alun dzefret. hyt waela6t dyuet
yd eheta. Mi y6 y benkerd ma6z y6 y
angerd. mynegeis y gerd * fozd yt gerda.
M6yu6y y gythzud. mireinuab gruffud. 34
mae yny deurud da6n ny chilya. Kymen
lywelyn. kymyzth yderuyn. kymry ogyl-
chyn. a gylchyna. G6yftl6ys ydzagon. hyt
ỹghaer llion. g6yftlon y r6yf mon ry- 38
mynycha. Yz un g6z an peir. an g6eithzet
an geir. can eirya6l diweir. ueir uerch
anna. can cafas eurwas eir al6ydha. 41

can gaffael hirhynt byt bot* yma.
can duỽ nef yny vaỽꝛ nodua. yſcaffo ef
dꝛugared adiwed da. A men. 3
Marỽnat howel mab madaỽc. M. gruffud-
llygat gỽꝛ ae cant.
Gwae ui duỽ oꝛdiruaỽꝛ gollet yꝛ goll-
eis y nymgellir gỽaret. gỽander 7
y lawer eilywet tramgỽyd: ry doeth am
arglỽyd eurglaỽꝛ dꝛefret .Gỽalch gỽꝛa-
ỽl gỽꝛhyt gỽalhauet. gỽeilch oed veilch
yny valch gerdet .Gỽyꝛ golofyn ehofyn
pan ehanget foꝛd: am dꝛefgoꝛd dꝛỽy galet.
Gwac yꝛ byt bot heb y haỽdget. gỽael
dỽyn hael hỽyluaỽꝛ y weithꝛet. Galar 14
yỽ gennyfy gỽelet ar lachar: golỽc ăg
klaear daear dudet. Howel uab madaỽc
ny mat dotet. y myỽn mynwes llaỽꝛ 17
mygyꝛwaỽꝛ myget. hir yỽ byth bellach
bellet bot hebdaỽ: hiraethlaỽn gym-
raỽ gymrỽyn godet .Hydoꝛyf kylch y
goꝛyf gwrymſeirch ar llet. hydyꝛ glot 21
ryd gynnyd gynulaen lliwet. Hygyꝛch
oed y lys les trỽydet oevud: ae vedgyꝛn
kyfyfet. arỽyd tec am rec pan rifet gan
feint bꝛeint bꝛenhin gogonet. Ardeheu
mab duỽ bo y dynghet ef. trỽ gaffel
poꝛth nef yn agoꝛet. Ăgkall yỽ y dyn 27
ny del y gret. ar y gỽꝛgoꝛeu a anet. ăg
heu nynedeu un nodet racdaỽ: dꝛỽy
benn yntreiſſyaỽ yỽ an triſtet. 30
Traiſt yngoꝛuc criſt cret nyt ym-
chwel. treis dirgỽyn ac nyt treis
dirgel. Am dꝛaỽswalch aerualch oeruel
y golli: nyt ryued ochi yn iaỽn uchel.
Neut ydiỽ ynof y cof kyfarchwel. 35
am lyỽ cledyfrud heb gud heb gel. neut
meu y eiſſeu neut iſſel vymbꝛyt. yỽ
veirdyon oed clyt clot diargel. Neut
aelaỽ cỽynaỽ neut kynhawel. o verwyn
hyt vaỽꝛ hirdywel. am yꝛ dỽyn terỽyn 40
tỽꝛyf vuel. am riỽ ae bar oed gỽaetliỽ
ual gỽaet awel.

Och am rỽyf aerglỽyf eurgled echel. och
am diliỽ maỽꝛ nym daỽꝛ kyndel. Och am
arglỽyd rỽyd ruduedel utkyꝛn. och am waỽꝛ
kedyꝛn kat diogel. Och yꝛ vynet gỽꝛ gỽꝛdleỽ
ryuel. och veith byth bellach nydychwel. 5
Och pawneir och ueir och vihăgel. och hyt
attat ty duỽ yꝛ dỽyn howel. Eryꝛ gwyꝛ gwa-
rant heb ochel. ar wirioned iaỽn daỽn
yd ymdel. Erbẏnyet arbennic angel barch-
uſſaf naf ar nef yd el. **Marỽnat grufud**
uab ednyuet. dd' benbꝛas a cant. 11
Gwyn y vyt am gyt a geidỽ y wir.
gỽae ef arglỽyd nef ny vo kywir.
ary vynno dyn ry derperir. ỽꝛth a vynno
duỽ dim ny ellir. Ry uaỽꝛ o bechaỽt ary
buchir. ry vychan y duỽ a diwygir. Ry af 16
nam o gam a gymerir. ry anynaỽt o
beth y pꝛegethir. Gỽeleis y wr agỽꝛ agỽy-
nir yn veith: vyth bellach ny welir. gỽeleis
y deu adeu beth a dewir. gỽeleis y dꝛi 20
a thꝛi ny thꝛemygir. Ny ry weles dyn
dim moꝛ engir. a gỽelet y byt ynvyt en-
wir. Ygỽꝛ ae medei oll ymedir kẏghoꝛ.
llyỽ mal aergỽl llawhir. Moꝛdiheid hynny
moꝛ dyhir dꝛuein dꝛavo byt na cheffir. 25
Gruffud arueu rud ry debygir. greit barch
y lywarch uab elidyꝛ. yſdinam awas ydir
hepkoꝛ: ẏmynnwent vangoꝛ a hepkoꝛrir.
kalanmei kallon adoꝛrir. cof anwar ga- 29
lar pa gelir. Pandangoſſer gỽyꝛ eryꝛ
eurdir. nat y gỽꝛ o ros adangoſſir. Ary
vo goꝛeu gỽir y digir. ac a vo da nyt edew-
ir. noc a adwys duỽ yny dognir. ket hael
uab ednyuet neb ny edir. neut rygỽyn 34
terwyn tyꝛua pabir. neut rei am ruffyd
aduhudir. Neut raỽch y ardaỽch neut
rywir y varỽ. y varỽnat a genir. Aoꝛuc
o dꝛỽc ny dꝛycuernir. y ruffud oe vud a 38
vadeuir. Aoꝛuc o da ony dywedir geu. nyt
ae madeu idaỽ a medir. Eneit hard digard
dygyn yt gỽynir. enwaỽc didỽyll bỽyll a 41
bell getwir.

ketwis vi y vard ym gelwir ⌄ kedaỽl duỽ y
daỽn a yolir. keitwat nef y naỽd ny thoꝛrir
ae katwo kedymdeith kywir ⌄ 3
Kywir vꝛenhin vꝛy gogonet . kyuarwyd
kulwyd raclỽyd reet . kywirdat-uab rat
riuet y wyꝛtheu : ny wyꝛthya ry anet . cof
ygkar neut gỽar neut gỽaredꝛet . kyueryỽ
a [mi] maỽꝛ eissiwet . kyuar a daear dygnet y 8
achlud . am ruffud digud deigyꝛ hyt arffet .
amdwyn gỽeilch terwyn gwedy tyꝛret . am
diua rei da ry digonet . ys llawer blỽydyn
yn lliwet oꝛ gỽir pob goꝛeu ry gollet . keue-
is a vynneis kynn y vynet . can ruffud oe 13
vud oe vodhaet . kaffael idaỽ nef oe nodet
rac dꝛỽc ⁏ dꝛagywyd damunet . Gỽeheneis
y ac ef nyt govyget. gỽahan hir a hỽyꝛ 16
ymwelet . Bydei pꝛaff hediỽ y pꝛynet oved.
pei yn vyỽ y kaffet . Enwaỽc wr arwr eur
y dudet . anwar y alar a oloet . Ennwir yỽ
angheu ãghen dꝛỽydet . anwas ry gallas 20
pan ry gollet . Eneit hir kywir kyfuch weith-
ꝛet . anant ae kỽynant vỽynant vynet.
anaỽ oe wenllaỽ ry wallofyet ⌄ anhaỽd yỽ
y dyn y diofret . Y gỽꝛ an pꝛynwys ny 24
pꝛit werth galet . o uffern gethern o gei-
thiwet . a wnaeth yma da ygkalchdoet . a
wnel yỽ eneit gỽir neit gỽaret . ameN ⌄

**Dauyd benvꝛas ae cant y duỽ ac y lywe-
lyn uab iorwerth** 29

Mab duỽ dylyaf dy bỽyllaỽ maỽꝛ gỽyꝛ-
thuaỽꝛ [gyꝛthyf] gỽarandaỽ . Moꝛ y aỽn ym oꝛ
daỽn amdaỽ oth barthꝛet ⁏ mỽyneir om 32
plegyt heb plyc arnaỽ . Mur modur llyw-
yadur rac llaỽ. mae ym medỽl dy geissaỽ.
moꝛ diryeit y dyn eidunaỽ oe gnaỽt ⁏ yꝛdy
gnaỽt bechaỽt nae rybuchaỽ. Moꝛ dec ygelly
gall arỽydaỽ. merweryd echwyd ac vcherdaỽ.
Maỽꝛvꝛyt y dyn byt yꝛ bot idaỽ da ⁏ namaỽꝛ
eir traha nyt reit ỽꝛthaỽ . Mab duỽ ae de-
ryd yn eidaỽ . a mab duỽ ae dỽc y ganthaỽ.
a mab duỽ dydbꝛaỽt adaỽ yỽ bꝛoui: beth 41

1385

vo y eni am anaỽ. Ny byd amab duỽ di 1
ymadaỽ . a vo mynws byt yny bydyaỽ.
Mab duỽ dewisseit dewissaỽ a wnaf . ef dew-
issaf naf naỽd y ganthaỽ . Didestyl oed 4
eu lle llu ỽꝛth syllyaỽ . dyd y kymerth crist
croc yneidaỽ . yggwaelaỽt uffern affleu
vꝛaỽ einyoes ⁏ yd oed bedeiroes yn ymda-
raỽ . a llu o bꝛyfet yn eu bꝛiwaỽ ⌄ a llit bo-
ethuan dan yn eu deifyaỽ . a llys afreit gwrys
na gwryssyaỽ oe phleit ⁏ ae lliaỽs eneit yn 10
direidyaỽ . a llỽyꝛ dywyllỽc dꝛỽc ỽꝛth dꝛigyaỽ.
a llenn gythꝛeuleit yny thꝛeulaỽ. a llawer
bỽysti heb ystyꝛyaỽ ket ⁏ a llawer sychet
trỽydet trỽynaỽ . a lluoed pobloed paỽb 14
ynathaỽ. a lleot a rot yn eu rỽydaw . a lle
yd oed dꝛuan dꝛỽy adaỽ cain ⁏ y werin wi-
rin y warandaỽ. Pandyuu y mab rat oed
reit ỽꝛth [aw] yꝛ poꝛth yn dannoꝛth a daỽn 18
arnaỽ. y uffern bytwern heb adaỽ ychwe-
ith : yn vn boꝛegweith yỽ hanreithyaỽ.
achaỽs pymoes byt y bu yndaỽ . uchelỽꝛ
mirein byꝛdꝛein dꝛỽydaỽ. vcheldat vab 22
rat rac rỽydaỽ y haỽl ⁏ gỽae ny vo ded-
uaỽl y dyd adaỽ. Mihãgel pandel y daly
dꝛostaỽ . yn erbyn kythꝛeul kythꝛeul ky-
thꝛud seinyaỽ. ac ymliỽ ac ef am ry lunyaỽ
geu: ac ãgheu diheu dyuot idaỽ. Pam na
char mab dyn duỽ ae geissyaỽ . pam na 28
chynnyd ef nef yny eidyaỽ. Ot a ny wyꝛth-
ya ỽꝛthaỽ ny anet ⁏ y gỽꝛ gogonet gỽelet
gỽylyaỽ. Gỽꝛ ny gaffat nam yn dim yn 31
dim arnaỽ. gỽꝛ ny geffir soꝛd yso racdaỽ.
Gỽedy y gỽꝛ uchot uchaf llaỽ diheu ⁏ ar
eilgỽꝛ goꝛeu meu ymadaỽ. llywelyn
ỽꝛdyn urdas idaỽ. llew gỽaeỽdỽn ysgỽnn 35
ysgỽyt geidyaỽ. Gnaỽt vot kyfrangk
rỽyd radaỽ pan bꝛouet . ae glywet ar llet
hyt yn llydaỽ. Gnaỽt vot ongyꝛ gwyꝛ gỽe
dy gỽedy gwyaỽ. achled gỽaỽꝛ gỽyned a 39
gỽed arnaỽ .Gnaỽt yn uthyꝛ vot ruthyꝛ
y rỹgthaỽ ae esgar ⁏ a gnaỽt vot gỽyar oꝛ
ymdaraỽ

1386

Gna6t y6 oe elyn hylithy2 wyla6. agna6t
vot taua6t diwyt ida6. Gna6t yſcauael a
hael yn h6yla6 oedu ; agna6t rac y lu loe-
gy2 vuda6. Gna6t frangk rac ff6y2d2angk
a ffo a ffo arna6 ; a pheleidy2 reeidy2 wedy
ruda6. Gna6t ſeis nyſ k6yneis yn k6yn-
a6 y benn : a gna6t oduch trenn trin ym
wy2a6. Gna6t cledyf gilyd yn ymgilya6.
gwal ac arall yn ymgura6. ac ar ll6yth 9
oſſwyd gna6t llithya6 kicurein : a chaer
dew virein yndiuurya6. Gna6t gwae6
ac arwyd g6edy gwedy g6yra6. a g62 yn
go2uot achlot ida6. Gna6t ſeithgat o 13
eingyl yn ſy2thya6 ergy2. ac ery2 ryſſwy2
heb eu ruſſya6. Gna6t vot yſg6yt v2wyt
v2i6doll arna6 ; ac unbyn dengyn deng
wlat ida6. adiga6n oda6n y eiduna6 17
reen ; adygen llawen yn eu llywya6.
llywelyn nyt llew kywaethla6. lly6 ana6
llywenyd d2eula6. Yſty2ya6l y ha6l y
h6yla6 yggryt ; yſdigrif y2 byt bot y 21
dana6. Yſty2ywys deus da6n ida6 ; yſty-
et tat ll6y2gret rac lla6. Dyn yn vy6 ny
veid y d2eiſſya6. du6 v2y am v2enhin aber
fra6. llywelyn ~ bard — a gant 25
y2a6dyl honn y owein uab gwenwynwyn.

Clot yſgein owein clot yſgein yſg6yd
d2ut dylut dyliffein. cl6yf ida6 28
ny da6 ny damwein go2ofyn : cleu ehofyn
golofyn eur y goeluein. Clut gamlan
kynran o hil kynrein ; mal clytno eidin
p2if gyfrin p2ein. cler yſg6n llafynd6n 32
o2ofyn llundein la62 ; ar62 wa62 p2ytua62
warant p2ydein. aer byby2 ery2 dewrwy2
dwy2ein. eur gyfr6y gyfr6yt o2uyt arw-
ein. Arwyd naelwir yn elein vedyant ar
delwa6c hydgant c6byl volyant kein. 37
Eurd2ym ket wych2ym. kadoed achwre-
in ; urdut ny blygut yn a62 blygein.
wrth of6y arl6y eurlein tey2ned ; eur
gled g62 gywed g6yar gywein. Mab 41

gruffud didyb ud datyein. Myfy2 nat di
d2eul mola6t did2ein. wy2 gwenwynwyn
rynn awna rein go2ffeu ; bleideu y gogeu 3
am y gicwein. Ef nud ket dilud kedy2n dilein
eur v2enhin kywrennin kywrein. Ef dedueu
go2eu go2adein kenedyl ; y2 pan doeth kychw-
edyl am l6yth kichwein. Ryſſwr parch per- 7
chen march archneuein. ryſſed balch kyf-
lymwalch kelein. R6yſc eurgo2 kyngho2
yny kŷghein da6n : ryt alaf digra6n alon
digrein. Ri rudbar kyuar kyf6y2ein. ryn 11
dio2din b2yneich rann o2da6n b2ein. Rifyʒ
y de62ll626 ryuel darllein gled reued nyt
ryued hydyn ruuein. Rif pyby2 ery2 ar6y-
rein ; r6yf div2ad6 r6ym achad6 mechein.
Rybud d2ut ardut golut g6ylein bleit 16
malydeit yn reit yn ryt angein. Rybo
du6 rebyd dadwy2ein ; ry garha62 daerwa62
dar ywein. R6yd ynni rodi rif mein y ann6-
yt ; cl6yt yſg6yt clot yſgein. Clot yſ- 20
gein ywein megys yn dech2eu y2a6dyl.
artwydon kynn dydbrawt. llywelyn bard ac
Gwyn g6aranda6 dyarſyn . cant 23
hwy2. ad2aetha y llyfreu mo2 ll6y2 g6y2-
theu goleu g6elhatto2 d2ychafael mo2 hyt
awy2. Mo2ud meid2a6l y deua6t. o blegyt
du6 ae dywa6t ; meint y2 arwydon avyd 27
pymthecuet dyd kynn dyd b2a6t.

Y pedwy2yd dyd ardec yt gyrch mo2 ma62
atrec yndyfynder daear d2emynt. ual naſ
ky2reid g6ynt g6anec. 31

T2ydyd ardec tr6y deithi. ma62 uth2et
g6elet g6eilgi ; p2yt pan eler y6 ſylli. nat
ym meu yt uu yt vi. 34

Deudecuet dyd du6 diga6n. anifeileit mo2
ma62da6n ; yda6 pob pyſc oe odeb. hyt ar
wyneb y2eiga6n. 37

Undecuet dyd kerth keugant. crea-
duryeu yt grynant ; rac ofyn dili6 diar-
char. adar daear dy2weſtant. 40

Decuet dyd herwyd anyan. ny eill dynyadon
didan.

moꝛ diffeith nyſrydiffaỽd ꝛ rac meint eu
fraỽd frydyeu tan. 2
Nawuet gỽedy decuet daỽ . duỽ ehun
yny lunyaỽ ꝛ vuelyar tan trỽy yſgyꝛ
ergyꝛ oꝛ ſyꝛ yn ſyꝛthyaỽ . 5
Wythuet dyd dybyd dyar. dedueu dieu
diarchar ꝛ dygyn dangos arhos eruyn.
val yt gryn dyn adaear. 8
Seithuet dyd dyd darogan. mein mỽy-
af oll aholldan ꝛ gỽyꝛtheu duỽ adan-
goſſan. rac aryneic bꝛaỽt bꝛiwan. 11
Arwydon chwerỽ chwechet dyd. y daỽ
gwaet oꝛ gwellt ar gwyd ꝛ anarglỽyd
yn argletryd. an rodes ny cret abedyd.
Pymhet dyd eluyd aflỽyd. ryuel nyt
argel arglỽyd ꝛ pan vo bꝛiỽ bꝛynneu.
eglỽyſſeu diheu dygỽyd. 17
Pedweryd dyd trỽy dꝛiſtyt. arneit ani-
ueileit y byt ꝛ yggwylltoed kyhoed ker-
dant ꝛ kan gỽdant nat ant ygyt. 20
Trydyd dyd trỽy dꝛueni. rac aryneic
bꝛaỽt bꝛaỽ vi ꝛ ar agollo paỽb o gar.
ar wyneb daear dybi. 23
Eil dyd kyn no dyd diliỽ. pobloed triſt
kriſt ae keimyỽ ꝛ yggwylltoed kyhoed
kerdant kan gỽdant nabydant vyỽ.
Undyd douyd dybyd oll. pobloed plant
adaf obell ꝛ a mut adꝛut a dꝛyth-
yll. yn llỽyꝛ yn eu llaỽn deall. 29
Englynyon dadolỽch llywelyn vard ae cant.
llyma englyn agant llywelyn vard
uab kywryt. y owein vychan uab 32
madawc uab maredud am dyhyaw
arnaw orderchu y wreic.
Os hyn vydaf naf neirthyat no thi 35
vechein ri rodyat ꝛ aruaeth yỽ gēnyf
arueu gyꝛchyat deurot dodi dỽfyꝛ
yth varỽnat. 38
Wyna ydodes owein y anuod ar
lywelyn vard. ac y cant ynteu yr eng-
lynyon dadolwch hynn. Nyt amgen- 41

Ny hepkoꝛaf y rỽyf hyt ruuein y 1
gỽys goꝛeu gỽas ympꝛydein.
nadale nat elỽyf vechein. yꝛdelỽ eur
Teulu ywein llonydỽch [deu ywein.
ym kerd ym kynnelỽ yt uydỽch ꝛ diryeit 5
ny haỽd beit hedỽch ꝛ dedwyd agar dado-
lỽch. Garaf y neirthyat naf a nertho
vyndull ymdillỽng arallvꝛo ꝛ ny wna
dꝛeic dꝛagon wylo. ny wnaeth dꝛỽc ae diwyko.
O dywedeis dꝛỽc odꝛamgỽyd ſynhỽyꝛ. o 10
awyꝛ ym awyd : dywedaf om diwytrỽyd.
di vỽyn y var ym arglỽyd.
Galwaf y duỽ arglỽyd am argleis ywein
llyỽ koeluein koelyng dꝛeis ꝛ hedỽch 14
ym am ageneis. heyding veir ualyheydeis.
O heydeis y ae cleis ae clỽyſyant ryued.
ae ryuel ampeiryant ꝛ haedaf om kerd
kyꝛreifyant. gnaỽt y hael haedu molyant. 18
Molyant adyly eur dilud rodyaỽc. hil
madaỽc medel glyw. hael meruynyaỽn
lleiſſaỽn llyỽ. hat heb ledꝛat heb letryỽ.
Ny bu yn lledꝛat ar lledꝛudyon wyꝛ yꝛ 22
oꝛwyt ar ſaeſſon ygkarnyal meirch
marchogyon. yngkarnedeu teu teon.
Neut teu oꝛ bareu a beryd ym pleit
ym plygu heb defnyd ꝛ ae card ae kerd 26
onewyd. ae cabyl ae kỽbyl gerennyd.
Kerennyd y dyd y doeth meir yn wyꝛy.
y waret am an peir ꝛ archaf ytt atteb
diweir. eryꝛ ongyꝛ yꝛ vngeir . 30
Eryꝛ arbennyc ar benn aneirỽ ỽyt
neu oꝛwyt neu wyꝛ meirỽ: byd lary
ỽꝛth lānerch y keirỽ. bit dy lit ỽꝛthlys deinteirỽ.
Na littya ỽꝛthyf ỽꝛth adꝛaỽd dyglot dy
gledyf o dꝛithaỽd ꝛ nam gỽꝛthuyn wrth-
eb anhaỽd. na wrthot arnaf naf naỽd. 36
Naỽd duỽ yn aỽch kylch kal chdoet
ywein eirchyon kein aỽch canret : erch-
ỽch ym peir can eir ket. archaf yud naf nodet.
Archaf yꝛ goꝛeu ungỽꝛ nyt ouer kyf-
rỽng nef ac eluyd ꝛ caranuael hael heuelyd 41
karānaỽc walch kerēnyd.

Kerennyd vy rỽy nyt raỽch y erchi gnaỽt
gan ri rỽyd ardaỽch: gỽaet gan llu ar
llafyn dỽyaỽch. gwae agaỽd lleỽ ac nyỽ llaỽch
Llochyat gwlat hygat byd hygar ỽꝛthyf
nam gỽꝛtheb yn anwar: am rod ued ueidy-
at trydar: am rod uaỽꝛ uod nam rod uar.
Os bar hir efgar hỽyꝛ efgoꝛ a vynn. hebaỽc
bꝛyñ abꝛondoꝛ: ny hebafy gan y hebkoꝛ
ny hepkyꝛ gleiffyat glas voꝛ. Ny hepco-
ꝛaf y rỽyf. **Marỽnat kediuoꝛ uab genill-
in. llywelyn vard ae cant.**

KEdiuoꝛ eurgoꝛyf o argoet pan oed
karyf kyoed kyñ adoet: ygkytwed
gyued gyuoet. ygkytuoes eiryoes eryoet.
Eryoet ym dyuu doualdꝛeth ãgheu
vn diheu diameth: hoedyl bꝛeyꝛ bꝛeuaỽl
a beth. bꝛon wala y wahalyeth.
Gwahalyeth wofged wafgaỽt pꝛydydyon
pꝛyderus yỽndeuaỽt: vyngkerd yn ol
vỹg keudaỽt. ygkanyat marỽnat moꝛ naỽt
Moꝛ naỽt ymdyuu dyouaeth gofyon.
etimyon etiraeth: yn kỽynaỽ bꝛaỽ bꝛeuo-
lyaeth. bꝛeyꝛ bꝛeyenhin a uaeth.
Magyffei eruei ar rudyon trydar try-
de rann yngcofyon: etlit hil gỽythlit
gỽaethlon. etlaes maes wedy maon.
Maon meiryonnyd moꝛ diheid aỽch bot
heb aruot heb aervleid: ac aỽch byt byth
ar diwreid. mal y byd beinỽ wedy beid.
Wedy kediuoꝛ cat uarchaỽc afeif fefit
duỽ gan uadaỽc: hirwalch balch bỽlch
y rodaỽc. hil hoedlyỽ boet hirhoedlaỽc.
Hoedyluyꝛryon haelyon hil bledynt
amdꝛeul. trỽm arnafy eu lletkynt: ual
yderyỽ y derynt. ual y deruyd gỽyd ra gỽynt.
Gweñ yfgoꝛ veiryaỽn veiryõnyd hygar
ae hygoꝛ gyweithyd: hoet ach dỽc yỽch di
geryd. heit heb vodꝛydaf hu byd.
Ny hu ỽyf lawen o lawer achaỽs o a-
chỽyffon pꝛyder: am ỹgcof ygkỽyn o-
uer. am ỹgkymwyt yngkymer.

Kymereis y eur ae aryant attaf ae attep
ardunyant: nymoes naỽd rac caỽd cody-
ant. nyt oes neb yny bu gant.
Ny bu dy gyflu dygyflud am rod am
rỽyduod am rỽyduud: tat mat magaỽt
gỽaỽt gỽaewrud. tat maeth myget maredud.
Maredud gardgud gerdgoꝛ gynniuyat
a vu dat y dut yoꝛ: neut gỽydued gỽedy
gỽedy gỽyduoꝛ. neut gỽeryt kyt kediuoꝛ.
Kediuoꝛ eurgoꝛyf. **Marỽnat teulu owein
gỽyned. llywelyn uard ae cant.**

Owein arwrein eur wron kymry
kymroeid oꝛchoꝛdyon: rieu hoet am
hoedyl y dꝛagon. maỽs medgyꝛn mechdeyꝛn
Dꝛagonaỽl kedaỽl katuarchaỽc me- [mon.
lyn. llywelyn llaỽ deaỽc: aerdaryf glyỽ gloeỽ
dywyffaỽc. aergoꝛyf aerdoꝛyf eurdoꝛchaỽc.
Eurdoꝛchaỽc deifnaỽc odyfnant ragoꝛ
rac yfgoꝛ yfgarant: ny bu uethyl ny bu
uethyant. ny bu uagaỽt meirch moꝛgant.
Moꝛ geneuin trin tra ladei yfgỽyt ac
yfgỽyd adanei: goꝛdiuanỽ anuaỽs traỽs
trei. goꝛonỽy ualch uab gỽalchmei.
Gwalch gỽaet rỽyf hynỽyf unic age-
reis a garaf y etmic: blaen blaỽd blei-
nyat gỽyꝛẽnic. bleid gaỽꝛ bledynt uab kyn-
Kerdeit kỹniuyeit kerd aryal [wric.
dꝛutyon. clỽyf ehofyn cledyfal: nyt card
nyt kerd anwadal kein awein kanaỽon yal.
Canawon keidꝛyon kadyꝛ yt uolir glyỽ
gloeỽ dꝛagon agỽynir: deu uadaỽc enỽ-
aỽc enwir. deu gyued gyuoet hoet hir.
Hir y kedwir cof ketuaỽꝛ oꝛonỽy. cat
oꝛdỽy ddaỽn uaỽꝛ: gỽꝛd y laỽ ar y laf
naỽꝛ. gwyl hael gỽꝛauael gỽꝛaỽꝛ.
Gỽꝛuan gynuaran gynuelyn angerd
angud gerd gard elyn: aer deruyfc am y
deruyn. aruaeth haelonaeth heilyn.
Hael hygleu vꝛydeu vꝛyt eryꝛ yn aer
yn aros kyfergyꝛ: hirgỽyn bꝛỽyn bꝛỽydyꝛ
dieithyꝛ. hiruraỽ amdaỽ amdudyꝛ.

Gut achles budles bodla6n kerdo2yon ker-
deſſynt am y na6n ∶ b2einrud b26ydy2 b2eifc
ualch yda6n. byt ar ll626 ar llary einya6n. 3
Llary einya6n lluch da6n llocheſſit beirdy-
on mab kynon kerd uenwyt ∶ lla6 rodyat
lla62 ygglewyt. llaffetheir y ffo fo2d byt.
Byt triſt 6yf o gl6yf am glaer dech2yn 7
treul kan trengis llit erwyn ∶ lloegy2 vla6d
kady2 ga6d kyngelyn ∶ lly6 ma62 lle6 lla62 llyw el.
Llywelyn llachar lluch uaran gyued ny
gyuyt oe vablan ∶ bu llw clotua62 bu clot
uan. y la6 y lia6s kynran. 12
Kynran rann gyfran gyfret welling bard
balch digard digyuing ∶ mo2 dec moli mo2
deiling . mil62 ma62 mal maeloging .
Maelogīg m6ynva62 myn6 gyuot o gat 16
mygy2 vleinyat vleid woſſot ∶ angud urd
o2dwy hynot . angerd vla6d āgkla6d āgklot.
Glot waſgar aeſgar eiſgur gyuaruot 19
gyuarua6c bēnyadur ∶ bleid blaenga62 bar
dy2a62 dur . beird auael hard ae ardur.
Haedaſſei wa62 gly6 glot dengyn gyfed 22
g6ira6t ved g6ir oed ynn: gwaeni am
vab geniſſyn . g6ae veird kymry g6edy g6yn̄.
Gwynn g6aet na6d aerula6d aer vloed 25
auael le6 . aryf tryle6 treis allael : lla6 rod-
yat lla62od gaffael. nyt lla6 vydac vydei hael.
Haelyon eiuyonyd hil merwyd marwynn.
hil ketwyn kat ouyd ∶ eiſſeu gly6 ynby6 an
byd. eiſſyo2 balch b6lch eiſſillyd. 30
Oiſſillyd merwyd ma62 aletkynt y6 nat
ynt vy6 vegys gynt ∶ llas llary v2ody2
gwy2 go2uynt . achyt lledyt lladyſſynt .
Llas aſſer aerlle6 aerllit uuelyar aerbeir 34
bar baed eruit : lly6 gly6 gle6d2a6s vedyly-
it . llew to2yf taryan eurgymit .
Llas go2on6y hael h6yl ueidya6c yn yng 37
hil keuyng cat uarcha6c ∶ g62walch balch
b6lch y roda6c . g62ueint g62dv2eint garan
na6c. Llas mo2gant mur ga62 llaſſar 40
wa62 wanar. llary llachar lla6ch kerda62 ∶
mab owein p2ein p2eidua62. wy2 y ywein 1
madyein ma62.
Llas rys ruthy2 efnys afneuet y da6n
aer greula6n aryf greulet ∶ r6yfc v26yfc
v2eifc v2eua6l dynghet. r6yt v26yt 5
v26ydy2 gl6yf r6yf r6yd get .
Llas deu gymyna6c amgymynat eingyl
am degeīgyl dec yſtrat ∶ einya6n 6yl olut rod
yat . einya6n diwyl diofyn cat. 9
Llas mab g6y2engyn g6y2v2i6 y balady2
g62 oed gady2 y gad6 ri6 ∶ r6ydvud ueidyat
gat geithi6. rud y waetlafyn o waetli6.
Llas rys fynhon6ys fynedic hygar gwar
y gar y gynnwys ∶ g62 yn g6are a lloegr6- 14
ys gwalch balch oed b6lch ar bowys.
G2a r6y ym gou6y goual gogywec am
uab tec tudawal. baran lle6 lloegr6ys
oual. lletuegin g6in g6y2duual. 18
Rudued ae keid6 wedy kein wodeu. arll6y
by2 lle6 lloegy2 ∶ dilein ar win ar b2ydein
ar b2ein arued o vedgy2n owein. Owein arwrein.
Y fym argl6yd g62d go2diu6ng y var
go2d6y neb ny6 hyſt6ng ∶ gly6 diwreid
g6dvleid go2vl6g. gle6 dywal ny dal ny d6g.
Yſſit ym argl6yd aergl6yf ner nerthua62
aerlle6 lla6 lla6ch niuer. ny oleith lleith y2
llyfy2der. ny odef cam nyw kymer. 27
Yſſit ym argl6yd eurgledyfrud ga62 b2eifc
llafna62 b26yfc llofrud ∶ ny da6l 62th ae ma6l
ma62uud. ny gra6n golut nyw golud. 30
Yſſit ym argl6yd argledy2 ana6 beird am-
bardeir yn eida6 ∶ amkaryat kadarn arna6.
am kerd am kynnel6 o hona6. 33
Yſſit ym argl6yd argledy2 cat a tharyf
a theruyn ar gywlat ∶ klotua62 lla62 lla6
agkaeat . ko2yf to2yf teruyfc oe anghat. 36
Yſſit ym wledic wlat amdiffyn llary llawer
dyn ae govyn ∶ gwalchlan wofparth warth
wrth2yn. g6alpar g6anar g6enwynwyn. 39
Mab kediuo2 kat wo2meil. ma62glot
adas mygy2was moel. yſg6n b2yff6n

bꝛaff diwyl. yſgỽyt lathꝛeit hyneit hael. 1
Hael annwar gỽenỽyngar gỽynn. hỽylvle-
id vleinyat ỹghatlan. perchẽnaỽc parchus
luman. peir glyỽ periglus unben. 4
Unbenn daỽn amgen ny diỽ. unbyn balch
bỽlch ynn hediỽ. rudei pan llỽei rac lleỽ.
rudonnen oeloflen laỽ. 7
Llaỽ hyget ar llafyn hylỽꝛch. llunyei
glot gleỽ dihauarch. mynỽ tonn tremit
ydygyꝛch. maengaen wedy meingañ meirch.
Marchaỽc llaỽhir lleith unbeñ. maỽꝛgof 11
argychwedyl yỽ ynn. kyt ragoꝛ aduc ragon.
catuab gruffud amrudlann.
Ynrudlañ rỽg deu niuer. pan gyfreing 14
gỽaewaỽꝛ agỽyꝛ. lladaỽd ahi llith adar.
llafyngreu keneu kediuoꝛ. Mab kediuoꝛ.
Teulu owein llary lluoed anhun treis
yn eu traỽs arduvn. fyꝛd kyꝛd kyued
eu duhun. pa foꝛd ydaỽn y ofoꝛdun. 19
Dos was ynebꝛỽyd hebrodi geir da yꝛgỽꝛ-
da yſſy yndi: dywan wan trywan trỽydi.
dywet an dyuot geri. 22
Dos was o geri ac archỽn ỽꝛthit rac yn
llit yn llochi. diwed y doetham idi dywet
y down arwyſtli. 25
Dygychwyn gennat gan uaỽꝛhydic do-
ꝛyf y deruyn keredic: dywan ar wyllt ar
wallt pic. dywet y doỽn benwedic. 28
Dos o benwedic boen ouyd kẽnat kanyth
wna kewilyd: dywan ar gynan gynyd. dyw-
et y doỽn ueiryonnyd. 31
Dygychwyn gẽnat gyfyl moꝛdỽy gỽyꝛd
goꝛdyar y gylchwy: dywan yꝛ traean tramỽy.
dywet y doỽn ardudỽy. 34
Dygychwyn gẽnat gein deruyn y wlat a
wledychwys meruyn: dos y weſt ar neſt ne-
uyn. dywet an dyuot leyn. 37
Dygychwyn gẽnat o gylch dꝛagon llary
lluoſſaỽc eu galon: dos uarchaỽc aruaỽc
aruon. adywet an dyuot von. 40
Teulu owein hael haỽl dioleith lloegyꝛ
lluoſſaỽc amanreith: a ennir wedy hirdeith.
a annwn y yn ros nofweith. 2
Dos was y gẽnyf ac nac annerch neb o ny
byd vỹggoꝛderch: dywan ar vuan veinerch
dywet an dyuot lãnerch. 5
Dygychwyn gẽnat gadyꝛ ardal teulu. tei-
lỽng med o vual: a dywan o dyno bydwal.
adywet an dyuot yal.
Kychwyn yỽ teruyn parthaỽꝛ eu hoewed 9
hiruelyn eu gwaewaỽꝛ: dywan diw kalan
ionaỽꝛ. dywet an dyuot uaelaỽꝛ.
Dos was na olud na oleith dylỽꝛỽ dyludy-
aỽ nyt haỽdweith: dywan o uaelaỽꝛ uaỽꝛde-
ith. dywet an dyuot gynlleith. 14
Dos was a chynghoꝛ nachỹghein an toꝛyf
ual teuluoed bychein: dywan dỽc rybud
hydwein. dywet an dyuot vechein.
Teulu owein rỽyf rỽyſtraſſam wladoed 18
poet gwlat nef an atlam: kyꝛch kyfrỽyd
kyflỽyd kyflam. kylch kymry kymeraſſam.
Aỽch rodaf araỽt oꝛawen gyffes aỽch rodes
aỽch reen: ỽꝛth aỽch bod aỽch bot yn llaỽ-
en: ỽꝛth aỽch bꝛyt aỽch bꝛeint o veigyen. 23
Aỽch rodaf araỽt arouun awnaf aruogy-
on kyttuun: yggỽythlit yggỽythlaỽn oꝛun.
yggwaetlan yggỽaetle gỽydgun. 26
Aỽch rodaf araỽt aỽch rodyon am keidỽ ket
wallaỽ garvaon: bendith duỽ gẽnỽch gyn
reinyon. gnaỽt y vard vendigaỽ haelon.
Aỽch rodaf araỽt aer wosgryn bowys ar 30
goedwys dỽys denghyn: uy maỽꝛed uy ma-
ỽꝛeir ae mynn. vymareu vy mar ae kychwyn.
Aỽch rodaf araỽt aer dihauarch wyꝛ nym 33
gỽehyꝛ gỽahanarch: neum kynnỽys dꝛeic
bowys dꝛỽy barch. neum arwar neum kar
neum kyuarch. **Gỽelygoꝛdeu powys**
ynt yr englynon rac llaỽ. kyndelỽ ae cant.
Kyuarchaf y duỽ kyuarch daỽn uolyant
yuilyoed enwogaỽn: eurdoꝛchaỽc uar-
chaỽc ueirch agkraỽn. eryꝛ gỽyꝛ gỽely
goꝛd leiſſyaỽn. 41

Eil welygo2d ua62 ueird wellyng am peirch
arvygy2ueirch ar veigy2vyng : bleideu
to2yf teruysc diechyng. bleinyeit ku-
nyeit kadellyng. 4
T2yded welygo2d trydar o2diu6g treis
woll6g vl6g vlaengar : lloegy2 lleidyeit
llofrudyeit llachar. yo2uerthya6n y vurth
ya6 esgar. 8
Pedwared welygo2d pedweryd mola6t molaf
y ly6 ae derllyd : ma62do2yf daryf gyfaryf gyw-
eithyd. madogyon mada6c eissyllyd. 11
Pymhet welygo2d pymhetran om kerd ke-
rito2 yn eu bañ : aerwy2 ga62 aruot ua62
uaran. arodya6n kreula6n rac creulan. 14
Chwechet ath2ugar ath2aon kadwalla6n
eil lludya6n llafyn rudyon kyfnewit eruit
aruogyon. kỹniuyeit kunyeit kaer eillyon.
Seithuet welygo2d oleugo2 tros wa6t eu 18
traetha6t traethito2 : g62d vydin veidyeit
eu tewdo2. gwy2 weirnya6n g62yt diacho2.
Wythuet l6yth gỹnwyth gynwan eu de- 21
dyf eu dewis gyflauan : llawen do2yf amgo-
2yf amgyfy2dan. llafrodya6n llofrudy[eit] gartha[n].
Na6uet eu riuet r6ydwed ygkyfrãg kyñ bu
trãg eu trossed : tynghy2ya6n tỹghet o2uo-
led. ny charw tyngy2 tangneued. 26
Decuet y6 am cly6 om clut eurda6n kerd
keinto2 kanys ya6n : to2yf ysg6n ysgna6t
ygkama6n. taryf rac kat rac c6k6lluy2ya[6n].
Undecuet awen vndecuet awyd awelnyd
vyntỹghet : omg6a6t rann om bañ om 31
bardget. o walch valch o veilcha[6]n giwet.
Deudecuet amgen amgeinwi6 garthan.
gy2ch yn gwan rac g6aetv2i6 : hydy eu g6ir
o2 g62 ny ydi6. hil g62yaeth ysg[6]6 ysg6ytv2i6.
T2yded y6 ardec adiga6n raclot yn ragot 36
rago2 da6n : flam luchlam y luchlad estra-
6n. fa6 gynghy f6y2wy2 fynudya6n.
Pedwared ardec ardunyant ageiff ardun
wa6t diattrec : kỹniuyeit kỹnygyn ogy6- 40
ec. kynd2[6]ynin kyndel6 ae hanrec.

Breineu powys ynt yr englynyon rac llaw Kyndelw ae cant

Kerda62 huenyd huana6 a6ch ma6l. kerd
heb da6l heb d6ylla6 : kerd uchel an
tawel an ta6. nyt casgerd cosgo2 dyssilya6. 5
O dawn ma62 mab du6 dylyaf ardel6 dull
kynhel6 kynheilyaf : o gerdeu bleideu bla-
eng62af. o ganon kerdo2yon kanaf.
Kanawon felyf feirff cadeu meigyen. nyt 9
meigoll y kigleu : kỹniuyeit kyneua6t oleu.
kynnydwys b2enhined b2einheu.
Nythelir o wir o wreid2[6]yd b2eisc a b26ysc
a6 yn rotwyd : ebedi6 g62 b2i6 b2a6 dyg6yd.
yndyd b26ydy2 rac b2oñ y argl6yd.
Ny thal g6y2 powys peñ reith ar gymry 15
gan gymryt agkyfreith : wedy treul tryle6
dioleith. wedy trin traean o anreith.
O anreith ydyuu dioual anrec anryded
kyfartal : ermyded terwyn tey2n ual.
eur hybarch heba6c a bual. 20
Buant kyt yggryt yggredyf kyfaruot
kyfaruogyon diledyf : ywrthot annot ac
annedyf. o greulañ o greula6n gyñedyf. 23
Kynnedyf g6y2 medueith medgy2n o2dyf-
neit medg6yn greit gredyf hey2n : gwyllyod
gynt ny gedwynt gedy2n. g6yl bentan amdan
Kynnedyf y aergun argoetw- [am dey2n.
ys werin awara6t rac lloegy2wys : rañ y 28
v2a6t y v2eint ae rywys. rañ ych[6]aer nachweir
Kỹnedyf y bowys beñ ymad2a6d [o bowys
g6y2 uch g6ira6t eurgymla6d : yn nebllys yn
neb lle anha6d. nat ef da6 ar eu lla6 llet ca6d.
Kỹnedyf y bowys kyn ossot yn aer yn aros eu
raclot : ymblaen cadeu cad6 aruot. ac yn
ol diwedwy2 dyuot. 35
Kỹnedyf y bowys banel ar d2emyn yder-
uyn diogel : na bo tro tramwy gyuarchwel.
na bo caeth na bo carrdychwel. 38
Kynnedyf y6ch bowys banwnaeth a6ch go2-
saf a6ch go2sed na bei gaeth : gly6 g6y2thua62
g62thod6ch chwi etwaeth. g62thodes rywy2
[righyllyaeth.

Kynnedyf yꝛ dꝛeigyeu uegys dꝛagonberth
ny boꝛthynt aneduon ⁊ yn eu byỽ ar eu ryỽ
rydyon.na rennit ranneu kynnydyon. 3
Kŷnedyf a waraỽt y werin argoet nyt
argel om bardꝛin ⁊ naſ gouỽy goꝛdỽy nagoꝛ-
din.goual tal teledic bꝛenhin. 6
Kynnedyf yꝛ ketwyꝛ ket yſgein y veird
katweilch heird hard ytuein:eilgỽerth gỽ-
arth gỽꝛthodes kynrein. eil goꝛmeil goꝛ-
mefgylch ʀiein. 10
Gỽꝛthodỽch aỽchcam kenedloed powys
peues kyꝛd achyhoed ⁊ glyỽ kyꝛchuaỽꝛ.kyl-
chynueirch nyt oed.gỽyl hebaỽc heboch neut [adoed].
Nyt adoed vyndaỽn yn ouer omgỽlat am-
gwledic ae dirper ⁊ nym gỽna tro treigyl 15
ueird un amſer. nym tỽyll pỽyll pan ym-
kyuarcher. Gwyꝛ powys pobyl diſgyw-
en cat oꝛ llawes oꝛ llawen:pedeir kŷnedyf
kadỽ kadyꝛ urden.ardec yꝛdugant oueigen.
Gwenwynwyn erchwyn eirchyeit yꝛ
molyant mur milcant maelgỽn 21
reit ⁊ haỽl waỽl waſtat reinyat reit hael
wael waret get gytneit. 23
Kytneit kŷniuyeit kyniuyat arglỽyd di
dꝛamgỽyd odꝛomgat ⁊ cas dꝛaỽs dꝛablaỽd
caỽd kywlat.cadeu doꝛ car coꝛ kyꝛchyat.
Kyꝛcheis eryꝛ treis tres oheb heb gud cat
woſſud ket woſſeb ⁊ arwr ar wir y wyneb.
arwyꝛ waỽꝛ wrach noneb. 29
Gwrhyt diogel diogan fyfgyat yn fyfgy-
aỽ biỽ garchan ⁊ aerua uaỽꝛ aerwaỽꝛ eur-
wan.eurwalch balch bolch ydaryan. 32
Taryanaỽc enwaỽc enweir aghynnỽys
argoedwys bowys beir ⁊ adyꝛr ongyꝛ an-
gerd weir. ac ny dyꝛr y deyꝛneir. 35
Teyꝛned oꝛdỽy oꝛdyfnyat goꝛllin yngoꝛ-
llỽyn dỽy gawat ⁊ yghyfaryf taryf toꝛyf
amnat. yghyfaruot kyfnot cat. 38
Kadwyn kyfreieu kyfrỽyd yn rodi ket
weſti waſtatrỽyd ⁊ gryt woꝛllỽyn agreit w-
oꝛllỽyd.glyỽ argledyꝛ agleỽ arglỽyd. 41

Arglỽyd teithyaỽc tỽythuaỽꝛ yn arueu yn 1
arvỽydyꝛ bydinaỽꝛ ⁊ argae toꝛyf rac tỽyf aef-
ſaỽꝛ.argleidꝛyat vleinyat vleidgaỽꝛ.
Gaỽꝛ veird hu yſgỽn hu yſgein a vyd am 4
uedỽl mab ywein ⁊ gaỽꝛ valch rac pꝛeidwalch
pꝛydein. gaỽꝛ uaỽꝛ am bꝛeidaỽꝛ am bꝛein.
Pꝛeid waſgar anwar anwas y gelwir
enwir hir hydyꝛ ygas ⁊ enwaỽc dꝛeic dꝛa- 8
gon wanas.glyỽ dinac agleỽ dinas.
Dinas teyꝛnas teyrn oꝛun toꝛyf twryf a-
ches anodun ⁊ rỽyf dꝛagon rodyon reidun.
reidꝛud rodyat rỽydꝛat run. 12
Rungyngredyf gynnedyf gŷneuaỽt oꝛeu
rud bareu rod baraỽt ⁊ adal eur mal yꝛ
molaỽt.ac ny beirch peſcueirch paſcnaỽt.
Gnaỽt gredyf ar yſgỽyt ac yſgỽn terwyn 16
ympꝛaffdwyn ympꝛyffỽn ⁊ llit odrud llud
llu gyngrun.lluoed oꝛlleỽ lleỽ llafyndỽn.
Ylafyn ŷgkreulif ŷgkreulyn̄ gỽyar ŷg-
kreulaỽn ymwrthꝛyn ⁊ gỽechyꝛ y gỽylch 20
gỽeilch amdiffyn.gỽalch gỽenỽynualch
gỽenwynwyn.
Yoꝛwerth aerganner th eurganhoꝛthỽy
kyꝛd nyt kerdaỽꝛ nyw molỽy:nyt cabla-
ỽt yſmolaỽt mỽy. moli hael malyhaedỽy. 25
Haedwys deifnaỽc ri defnyd vymbardaỽꝛ
llỽꝛỽ llafnaỽꝛ llaỽꝛ llanryd ⁊ llary llit aerleỽ
lleỽ lluyd.lleiffyaỽn llas eu hyneuyd. 28
Hyneuyd arglỽyd ar eurglaỽꝛ powys.poꝛ-
thes glỽys gloes waewaỽꝛ ⁊ glyỽ lofrud ge-
leurud gaỽꝛ.glewdꝛut golut geloꝛaỽꝛ. 31
Bu gelyn bꝛyneich bꝛanes gyfỽyꝛein bard
goeluein beird gyfles ⁊ bleidgrỽydyꝛ bꝛỽydyꝛ
bꝛydeu aches. bꝛyt yn aruot adodes. 34
Ny dodes vŷgkerd ygkyfreith eryoet dꝛeic
argoet hoet hirueith ⁊ hirwaỽꝛ toꝛyf coꝛyf
kyfarweith.hirualch gỽalch gỽaeui oe leith.
Lleithiclỽyth hydỽyth hut waſgar ogat 38
bꝛỽyſc luchyat bꝛeiſc lachar ⁊ ef oed leỽ oed
lyỽ trydar.ef oed laʀy o lin gaſnar. 40
Kaffwallaỽn eiſſyoꝛ eiſſeu y dyuot balch aruot

b6lch arueu: o beleidy2 reeidy2 rudgreu. o
beleid2at cat kigleu.
Kigleu beleidy2 b2i6 b2ith ogyuegy2
a g6aet g6y2 y ar wlith: ag6yach hylef 4
hylith. a g6ydua bleid yny blith. ·
O blith g6y2d achy2d achein amser g6in
ag6ira6t 62th leuuer: berth yt bo2thynt 7
am niuer. am yo2werth amnweth nerth ner.
Ner vla6d kyfad2a6d kyfad2ef kerdeu cle-
dy2 cadeu kat wodef: ny tholyes bud beird
ach2ef. ny tholyir g6a6t g6ed y ef. 11
Ef oed gatuarcha6c get verchy am cl6yf
cledyfrud nyt etky2: g6eilchly6 gly6 gle6
d2a6s ery2.g6alch lann gannerth g6alch. 14
G62 ỹgga62 dy2a62 dery6 vỹgcreu [ner g6y2
lañ hael amrañ am r6ythy6 bu tr6y lewyt uo-
es gloes gly6. nyt tr6y lyfy2der y dery6.
Kann dery6 do2 gly6 glot diogan hael bu
kynn g6ael an g6ahan: ny chel vygkerd 19
vygk6ynuan. ny chud vỹggrud vyggriduan.
Griduan darogan d2yc y2uerth am cl6yf
clot uan r6yf r6ydget nerth: aerwalch balch
b6lch y darmerth. aryf taryf to2yf ãgo2 23
yo2werth. Yo2werth aergañerth.
Marwnat gruffud uab kynan. Danyel uab llosg6yn meb. ae cant

Hael arthur modur mut angud rodyon 27
hael ryderch am eur vud: hael mo2daf
hael ma62dec nud. haelach gredyfolach gruffũd.
Hael ruffud diluch dila6ch tey2ned tey2n
ueird neufg6da6ch: perigle6 gle6 a gly6 la-
6ch. peir p2ydein p2yt nat oed ra6ch. 32
Rychwynant anant anha6dgoll tey2n te-
y2ned kymry oll: cañ eu hoet hut ynt ar-
uoll. cann callon yndonn yndoll. 35
Gyllyon yalon yal agetwis o gatwent ac
ynyal: hoedyl v2eu hydy2 gleu gledyfal.
hyt gaer ae aer ae eur mal. 38
Molaf uilyoed naf niuer eurdey2n ud ke-
dy2n kadarn fer: caeth ffaeth y6 veird ma-
eth m6th ner. coeth doeth d2ut termut tyner.

1401

G6yner 62th lawer 62th lur byt yn ll6y2 1
yn ll626 ysp a menwyt: echel var vu yn
kar kyt. uchelgo2yf g6endo2yf g6yndyt.
G6yned g62d droffed g62 d2ut y deruyn
ydy2ua beird achlut: g6dant oll tey2ngoll 5
tut. gruffud myna6c vd mynut.
Mynut 62th uolut 62th uilwy2 bu g62d.
bu go2d6y ar allmy2: kady2 wrhyt b2yt
b2an uab lly2. keda6l arwyna6l ery2.
Ery2 tey2ned tey2nwa62 p2ydein. p2yder 10
beird neut ryua62: mynet vd bud bydina62
myna6c llary ym mynws lla62.
Lla6 ruffud llary ud. llawen gymwyt ysp
llawen osp nat yd6yt: edynt veird y2 pan ad-
wyt. heb eurfeirch heb ueirch heb v6yt. 15
B6yt y gnut ad2ut ad2eic oed ruffud bud
angud angerd veic: ago2 co2 cat offeleic.
ac o2 pennaetheu penn eic.
Eigya6n m6yn terrwyn ty2ua man ab2as
bu b2ys beird kylch huan: ma62 lla62 lly6 20
p2ydein achlan. mab mat kỹniuyat kynan.
Kynan darogan derwydon dyda6 dydi y6
o v2ythyon: ana6 k6yna6 kerdo2yon. un
oed well ud m6ynbell mon.
Myna6c arderchá6c ard2ychafael beird 25
lla6er bard lla6n auael: ara6t g6a6t g6e-
dy y allael. aerdalmith y2 eur hylithy2 hael.

Gwira6t ywein d2a6 d2adigoll uynyd
mo2 uynych y haruoll: owin kyfy2gein
nyt kyfy2goll. o ved o vuelin oll. 31
G6ira6t am daera6t am da6 gan rybyd
am ry buch oe wenlla6: pennyadur cat ket
walla6. peñ co2 peñkerd 6yf ida6.
G6ira6t adygir odiga6n attan. g6in o
bann rañ ratla6n yn llys lles gly6 lly6 36
lleiffa6n. yn lla6 lle6 cat ky2nllat lla6n.
G6ira6t owein llary llawen yt rodir yny
tir tu hafren: a th2eul hygar y6 hagen.
ath2a6 y da6 adygen. 40
G6ira6t ywein llary llachy2 y deruysc ar-

1402

deruyn y eſgar: balch y daỽ yn ỻaỽ ỻuch-
uar. medw y thoꝛyf med y thonnyar.
Gỽiraỽt angỽꝛthuyn gỽꝛth ſyꝛ a ỻeu-
at gan rỽyf rat rud uyhyꝛ: am hirvꝛyn
hirvꝛeiſc eryꝛ. am hafren hyfryt gỽen gỽyꝛ.
Ar ỻaỽ owein hael haỽl dilin gỽꝛualch
y mae goꝛuỽlch eurin: anryded gỽymp
arwed gỽin. anrec bꝛifdec bꝛeyenhin.
Aele nadolic yꝛ ae dyly ỻoegyꝛ delhis
ỻeỽ o gymry: yngerd gytuot rot
ryly. yngerd gyhydyꝛ gat hydyꝛ hy.
Hy bydei arthur eirthyan hyñ ae lu eily-
uoed oe gylchyn: milwr gwlyt milwyꝛ gryt
gryn. mal ydỽyt hediỽ hydyn.
Hydyn lywelyn hydolaỽc y veird ae vyꝛd-
yoed ỻuoſſaỽc: rỽyf bedyd ny beit yraỽc.
rỽym ỻoegyꝛ ỻiwet trahaaỽc.
Gꝛaha yỽ y neb na bo kaeth ym rỽyf
gỽꝛ ny rif kebydyaeth: duỽ mal ef nef ner
bennaeth. dyn kȳna nyſ gỽna nyſgỽnaeth.
Gỽnaethoſt gat eurboſt get eurbar
pꝛydein nyt pꝛytuerth yth eſgar: y gymry
gymraỽt godyar. ỻoegyꝛ wales yn woꝛes war.
Gỽꝛhydꝛi benỻi banỻocher yſgwlyd yſgwle-
dic kymynner: yſgỽꝛd yny goꝛdinher. yſ
dꝛut ffỽyꝛ dylut ffer.
Ffỽyꝛ ffyſc aer derfyſc ar deruyn ỻeon. ỻyỽ
pꝛydein lywelyn: dygyn rỽyf ryduc dy
hyn. dugoſt ud dꝛemrud dꝛemyn.
Gremyn ỻywelyn ỻyỽ rydyꝛch pꝛydein
pꝛyt y loegyꝛ y diſſyrch: milueird glydwr
glot ueinteirch. moes terwyn maes tỽꝛ agyꝛch.
Kyꝛchyat tremynyat tramoꝛ ud dygaf
dy goſgoꝛd yn bꝛeinrud: meu dyget gat
wychaỽc nud. teu vȳgkerd angerd angud.
Angud vu dygyꝛch angerd lyꝛ abꝛan
a bꝛiwgoch dy ongyꝛ: traỽ y tremyneiſt
beñ gỽyꝛ. trỽy dyꝛn deyꝛned eryꝛ.
Yꝛpan y ỻywyeiſt ỻoegyꝛ diwreid gym-
ry gynniweir milcanpꝛeid: elyf dꝛeic fele-
ic ffỽyꝛdꝛeid. elſmer ud ffer nyt ffurueid.

Nyt ffuc oꝛwyd gruc wydgun yſgoꝛua oes
goꝛuot y hil run: tyꝛeu poeth peithaỽc
pob un. tande ffyꝛyf ffoes alun.
Criſt keli poet mi om meithueint ſyn-
nwyꝛ ae ſynnywy kynn heneint: criſt
creaỽdyꝛ ỻywyaỽdyꝛ ỻỽꝛ ſeint cret creuyd
Nyt kywreint y neb kyỽ- [keluyd kywreint.
ryſſed am rỽyf yn ryuyc gỽythloned: tut
glyỽ tir mynyỽ neuſmed. tỽꝛ toꝛuoed teruyn gỽynȝ.
Gỽyned yn ryſſed yn ryſſwryaeth glỽy aglyỽ-
ant men yd aeth: mal toꝛf nyỽ teruyſc alaeth.
mal tonn treis tryt lonn tros dꝛaeth.
Gꝛaethaf canmolaf canmil gỽyꝛ yſgỽn
haỽd eſgyn eu heryꝛ: calchdoet ſeith riuet
ſyꝛ. kylch vy rỽyf yny rechtyꝛ.
Rechtyꝛ croeſeſwaỻt cryſſyaſſant amdꝛeic
amyl dꝛagon pedꝛydāt: gỽyꝛ goꝛtho bꝛo
bꝛyñ a phant. gỽir kymry kymheỻaſſant.
Pebyỻywys ry wr rywodic ỻuoed ỻywelyn
weith uudic. ym bꝛo loegrwys diffỽyſ dic.
ym bꝛynn gỽyth yn amwythic.
Amwythic wledic wlat anhydyꝛ ybꝛeint
am vd bꝛeiſc ny chyhydyꝛ: vch uch y dyd
herwyd hydyꝛ. iſſic dyd oſwyd oeſwydyꝛ.
Godꝛeis aladaỽd o lu trychyeit ỻoegyꝛ
ỻywelyn ar honneit: ae bobloed kyhoed
kytneit. ae byỻ ae bebyỻ ny beit.
Pebyỻ ỻywelyn ỻeỽ cat awelet yn oleu
arthawat: yn ỻutwaỽ ỻidỽm yn rat yn
ỻu goꝛuedu goꝛwlat.
Pebyỻywys vy ỻyỽ yn ỻu hyfryt pꝛaff
ar pꝛyffỽn o wyndyt: goꝛthoei dꝛei dꝛaỽs
ahyt. goꝛthir y gelwir gerwryt.
Pebyỻỽys vy rỽyf yn rỽyt gỽꝛd gynny-
gyn gỽyꝛ gynnif ymplymnỽyt: ȳggỽendut
glut yt glywyt. ȳggỽeñweun beuyꝛ befyꝛ beỻ
Pebyỻwys teyꝛn teỽ arnat y [o glỽyt.
henỽ ef henyỽ o gancat: ỻyỽ gỽyned gỽyn-
uydic wlat. ỻỽyth ỻewdir yſtỽyth yſtrat.
Yn yſtrat meuryc an yſtyweỻ lu yam lyỽ
bꝛo hiryeỻ: ny ſafei raðun rỽych peỻ nacaer
[nachaer na chaſteỻ.

Pedwar caſtell poeth peith ryuyc yſtỽyth y am yſtrat meuryc ∶ klỽyf uſwyd nyt plyd neut plyc. clot gyhoed kaeroed kerryc.

Kerrynt adugam ny dygerd ereill ar alltmoꝛ ae ogerd ∶ pebyllua peir kyua kerd. pennal dir engir angerd.

Engiryaỽl rubeth am rybyd angerd argerd gerd geiryonnyd ∶ dybuant dybydaỽt vyd. dy walwern dꝛywern dꝛeuyd.

Gremynỽys ryſſwr roſſed diabꝛet am diebꝛyt gỽyned ∶ lloegyꝛ gychwyn ae mynn ae med. llywelyn llyỽ teyꝛned.

Teyꝛndut leiſſaỽn ac alaſſỽy dir y deyꝛn degannỽy ∶ cam yꝛ kymro nyỽ hoffỽy. kynnif katwallawn myt mwy.

Pebyllỽys vy llyỽ yn llyſſyn dꝛefat. amdꝛefret wenwynwyn ∶ claỽꝛ powys peues unbyn. canmil canmoles duỽ hynn.

Pebyll llywelyn paỽb ettwa ae gỽyl. ual y gỽelſaỽch chỽy yma ∶ yngkaer ygkarrec houa. ỹgkaer vyꝛdin vyꝛdyoed bla.

Pla oed argyhoed ar gytkam kynnygyn eu kynnif ^y wnaetham ∶ arthur gynt ffỽyꝛ luchynt flam. ae keiſſyei ual y caỽſſam.

Kaỽſſam ar bowys beues goeth geſtyll eu goſtỽng oed anoeth. tri tryuan kyuan kyuoeth. pedwar ennwaỽc peithyaỽc poeth.

Peth oe dylyet gandylyn bꝛeint bꝛo veli ae medu ∶ kafas kynn lleas kann llu. keiſſyet penn tytwet pob tu.

Gued a thired athi neut haual neut hyuaỽl dy weſti ∶ ehang yỽ ytt rydit ri. ehofyn agolofyn geli.

Einyaỽn ỽaã ae cant. y uadaỽc uab gruffud.

Sef eu teyꝛnllỽ teyꝛn llaỽ uadaỽc parenỽaỽc peir anaỽ ∶ teyꝛned teyꝛn ganllaỽ. teyꝛnas adas idaỽ.

Idaỽ lu ganllaỽ geinllyỽ hyuac kyꝛd kerdoꝛyon ouanac ∶ rỽyf ner by archer bỹnac. nyt ryỽ ym ner rodi nac.

Dinac loegyꝛ arac eryꝛhes amỽyn bard gyflỽyn beird gyfles ∶ dyn ae maỽl llỽyꝛ ganmaỽl lles. daỽn ymrỽf duỽ aerodes.

Rodes duỽ ym llyỽ y llafyn waetlif. ae yſgỽꝛ yſgyꝛyon yggnif. rỽyt bꝛyneich bꝛanes ỽꝛthgrif. rat oe gennyat y gynnif.

Ynghynnif madaỽc aghynnỽys y doꝛyf ae daeruar ar loegrỽys ∶ rỽyd y keidỽ kat am diffỽys. rỽyt glyỽ tra vo by bowys.

Powys nenn perchen parch wodef eſpyt yſbo duỽ gyt ac ef ∶ rỽym cat yn cadỽ y adef. rỽyf byt yſhyvꝛyt os ef.

Marỽnat uadaỽc uab gruffud einyaỽn ỽann ae cant

Neut reit am vadaỽc trengi kiwdodoed gỽalch kadoed kadyꝛualch ri ∶ neut trei callon donn duc vi. ac neut trỽydoll oe golli.

O golli madaỽc etgyllaeth kofyon gỽyỽ callon can hiraeth ∶ gỽaỽꝛ llaỽꝛ llỽydedic bennaeth. gwae y vꝛo ae vꝛodyꝛ maeth.

Maeth madaỽc mynaỽc mynutrỽyd ỽꝛth lyỽ ac ỽꝛth leỽ ymoꝛchwyd ∶ aryf taryf teruyn ehangrỽyd. aer wr oꝛeu pei kanmlỽyd.

Kanmlỽyd ydoed reit rud elỽch yvot y vat gynnal hedỽch ∶ gỽalch bꝛenhin ynyalỽch. gỽael nat byỽ byt neut amdrỽch.

Tꝛỽch yỽꝛgỽꝛ arwr ardwyat gỽerin. a goꝛeu o vab tat. ef oed aerlleỽ arllỽybyꝛ cat. ac oed arlleng pymthengwlat.

Gwladoed ny debyc glut etliỽ ym byt madaỽc oed kynn hediỽ ∶ eſgoꝛ oedut nat ytiỽ. yſgoꝛ gadỽ yſgỽyt vꝛadỽ vꝛiw.

Bꝛiỽgalch yrodaỽc o ryw tymheſtyl cat kynn oerwely dideſtyl ∶ gỽꝛ awneir ual gỽeir uab gỽeſtyl. gwyꝛ waỽꝛ yn llaỽꝛ llyñ egỽeſtyl.

Diweſtyl y yſgo yſkỽyneis nat byỽ. hael oe ryỽ rygolleis: bleid blaengar blaỽd trydar treis. trei hoedyl y hoet yꝛ boꝛtheis.

Poꝛtheis alar trỽm tramaỽꝛ odzic gỽyth am waỽꝛ llỽyth alleithic ∶ am eryꝛ gỽyꝛ gỽeith vudic. am yoꝛ aerdoꝛ urdedic.

Urdas teyꝛnas teyꝛn aryfrud cat trin gyꝛch yat tra vu vud. trymwryt byt bot yn achlud.

traỽs maỽs madaỽc uab gruffud.
Ymvab gruffud lary llaỽch yneit ymken-
nyt meu wen wed honneit : y bop rỽyf
rỽyſc oꝛdyfneit. diwed not rudued neut reit.
Neut reit am vadaỽc. ual yny dechꝛeu.
Madaỽc dỽgreic ae cant.
Ỻy̆nar mut. ar ſut y ſyd. y glerỽꝛ gyda
gloꝛyeu newyd ac e yndyuot oꝛ retwyd.
ac ithel ỽꝛ hael ae rẏd. ~~~
Ugeinhoel heyꝛn y ogenyd pell. keinẏaỽc
pỽll yꝛ klochyd. ac elloꝛ tudur gilyd. ac
galar na bar ny byd.
Hen garthen rỽdwen yny rudwyd geirỽ
am goꝛỽgyl y pꝛyd. o temyl hen gywarch
domyd damwein ont dinaẏn ae nyd.
Pedeir eſtyllen vn mab pedyd geiuyꝛ. o
gyfran coet bꝛonnyd. chỽydlyt bꝛyt bꝛa-
dỽ ewenẏd chỽedel da o gỽeda ny gwyd ~
~~~ Jollo goch ae cant. ~~~
Karu dỽyf karueid yỽ kỽꝛelrud kiriwal
ryỽ. Kares valch hepcoꝛes ued karedic
uerch kaer decued. Kaegen difethyl ael-
gethloyỽ keginwꝛych geirỽdỽfyꝛ crych croyỽ.
Kegiden bebyꝛwen babyl cogeilgoꝛff ku
ogelgabyl. Ỻỽyꝛ yng ym gỽnaeth lla-
wer och llaryeidgeinc llywyꝛudgoch.
Ỻoer lliỽ ỽyneb eiry ionaỽꝛ llar yỽ a
gwiỽ lleuer gỽaỽꝛ. Da iaỽn yỽ gỽed y
dyn gwyllt ae deuiffyat dỽf effyllt. Di-
llynnyeid da y lluñyỽyt diwyl hon myn
dewi ſſỽyt. Tal ac eur mal goꝛeu mold
bꝛialluwallt bꝛelliwalt. Deuliỽ eigyꝛ
da oleugreir du aeluein megys delỽ
veir. Ỻygat ual glein cawat coeth
tebic y vaen y tyboeth. Gỽen rỽyd ual
lliỽ gaỽn ar reỽ gỽyntrỽyn kyfladgrỽn
gwantreỽ. A deintỽs a mỽyntlỽs a
min digrifwimp diagyꝛ yfwin. Ta-
gell hir teg oll y himp alarchwed gron
ỽyỽ lerỽchỽimp. Baỽt a rif bader re-
uueich a bꝛonn aualtỽlf a bꝛeich.

1407

Ỻaỽ vein val lliỽ y vaneg baſlart hir
bys hoyỽ lary teg. Ewin ballaſſarn arnaỽ
a modrỽy eur yma dꝛaỽ. Yſtlyſlun dỽy-
wes dloſledyf yſtuduỽm mod ſtad medyf.
Fferuein is ffỽꝛri venuyꝛ ffurueidwen
troet kyt boet byꝛr. O chemir bys yn
chỽimỽth oe blaen lygat crynuaen crỽth.
Brỽynen ewinwen wanwyꝛth bꝛeid ual
tywys heid na fyꝛth. Arleiſleuyn dyn
eiry lỽyſliỽ ỽꝛlys gwyn ar eur lewys
gwiỽ gỽyn y vyt gwen yỽ y boch a wiſc
vy nyn weuſgoch. Penwiſgwelỽ dyn di
delỽ doeth pen ſelgombyꝛ pennes aelgoeth.
Pỽy a allei pei pēnfaer peintyaỽ achalych
pỽynt vẏ chwaer. Pentyꝛyeis gerd
pỽynt dirrym puntur ſerch pon traha-
us ym. Dybyaỽ kael bu hael baham
gydgỽſc am dyn lygatgam. ~~~

1408
~~~

Aur doꝛch oc uarch
oc oꝛ vann. i raſſỽal mab
ſyꝛ Roſſier uychan Syꝛ tomas.
oꝛ tu ymann. J dyꝛeu ioꝛk. aet ai rann.
Rann ỽꝛth i dariann a dyf. o deirgỽlat.
Arglỽyd kantref felyf.
Rann dỽys yỽꝛ hỽnn a deiſſyf
Randir kret. vû r hendarỽ kryf
Kryf oed ar gyoed deûnaỽ gỽart. gadarn
gidar bꝛenin Edỽart.
Achỽedy ef. oaỽch dart. J gadỽ ros gida Riſſiart
E bꝛenin riſſiart. barnei. n. ỽꝛeſſoc.
Yỽ tarỽ kryfreiſc. tyꝛeu kaer eûroc.
A ûaid dyn hediỽ. ûaed danhedoc.
Na llu o gaer ỽyſc. na lloegr yſgoc.
A oes ỽydel gỽyllt. na fỽydoc. na llû.
Na bo. n. krynû. vnben koꝛonoc.
Ni ỽnn a oes dyn. o hynn i ſtoc.
Na neb y nyſneint. nabo. n. oſnoc.
Y lleỽ a anet. aeth yn llỽynoc.
J gadỽꝛ deyꝛnas. gỽedyꝛ dꝛaenoc.
Ar gỽꝛ o dꝛe. r. tỽꝛ tirioc benadûr.
J ûaed hen arthûr. a uyd nerthoc.
Syꝛ tomas kûras y gỽyꝛ kaeroc.
Aſſûr yỽ i helm a ſer hoeloc.
A mỽc orûbi. ar helm griboc.
Ac emyl i ỽn. lliỽ. r. melynoc.
Aûr Riſſiart yſſyd ar oſſoc. ryûel.
Aur yn ûûr ûchel. ai roi. n. varchoc.
Aur yỽ i daſſel. ual ryỽ dỽyſſoc.
Aûr yỽ i ûonỽes. oꝛ gaer ûannoc.
Aûr yỽ i yſgỽyd. ar ỽarr ỽiſgoc.
Aûr yỽ. r. gỽꝛegis. ûal riỽ garregoc.
J yꝛr ûeirch i ỽyꝛ arûoc. yn vn ỽed.
Ac aûr yỽ i gled ai dagr ai gloc.

Mae yni yndꝛa gỽꝛol. mae n dꝛûgaroc

O da i ûrỽydꝛ. ai adaf vꝛidoc.
Ef aỽna aros. yn ûaneroc.
O da meỽn dadl. dûỽ mae n odidoc.
O da ir gynnen. dꝛaic. eỽinoc.
O da ir lladûa ai ỽyꝛ lloc. oꝛ llys
Ef a ỽna echꝛys. ai lain ochꝛoc.
E va i ỽyned. oꝛ dyvynnoc.
Oſn i anadl kyn haf neỽynoc.
E vo yỽꝛ chỽynogl. o ûrycheinioc.
Ef a chỽyn ỽerin. vychein oꝛio
Ef yỽꝛ kaỽꝛ tramaỽꝛ ar trumoc vỽyll
Juedi ereill. vo deû eirioc
Ef a aiỽyꝛ hyt lann vỽꝛoc
Ai ûỽac dûr. hyt ûodỽꝛoc
Ai lû. yn ddỽyꝛeſtr. hyt lañ ddaroc
Ai laỽ yn geidỽat. dꝛos lañ gadoc
Ai ſper ai ûaner ai vinioc. vỽyall
Ai ỽiber ſy gall. bûr aſgelloc
Y gỽꝛ gỽineû. ſy gar i gynoc
A goꝛeû ydiỽ. o garadoc
Aet yꝛ ûchelỽaet. Ai dꝛi cheilioc
Ai dair neidꝛ rif. dꝛỽy ỽindir hanoc
Ai darian lydan ddeliedoc. dꝛef tat
Ai dei oꝛ ỽinỽlat. hyt ar beñoloc
Maer gỽꝛ araf. gymro goꝛeûro
Meỽn gỽieil o aûr. mae n goleroc
\+ Mae n deỽꝛ i dꝛiniaỽ. maen dûr dꝛeinioc
Mynnû eſtynû oet enoc. rac llaỽ
Mae teilaỽ ido. mae telydoc
Ni byd ſyꝛ tomas dꝛa digaſſoc
Onit ir lleidir. neû i dꝛa llidioc
Y deỽꝛ kyỽir. a geidỽ rac geuoc
Ar anghyỽir ỽas ar ynghꝛoc
Deỽi yỽ groeſſi mair ar groc. hynyt
A Dûỽ ro iechyt. ir eûr doꝛchoc
Aûr doꝛchoc

Lewyſ glynn Kothi.

MAſtr Roſſier rifer ac hyn.
oꝛev. arall y maeſtr watgyn.
yn dꝛi maeſtr harri hirỽyn.
Diỽed da ir tryded dyn 4
o r dynion hirion i kaer hil. a hat
Hyt ar bedỽar kanmil.
Moes Jeſſu ir dam Siſil. 7
Jr tri oes dec. trỽy yſtil
y ſtil ar ganmil ual gi o ỽarỽic
Eurer y kateri
Vn duỽ. Jeñ a deỽi. 11
A ro tair oes ar y tri
t rimeib ſyꝛ tomas hyt trỽy. A-
man vyd. uab ſyꝛ Roſſier vychan.
Tair neirdꝛ. tu ar vn oedꝛan
Tri barr ynt. hỽy y ryỽ bꝛan 16
o vꝛan i deuan o dir deỽi. maent.
O dir mon o rodꝛi
O egin llyꝛ merini.
O dꝛe r tỽꝛ oll. i daỽꝛ tri.
t Rimeib aur. trỽm bas 21
Tymyꝛ ſyꝛ tomas
Ar tri yny plas. Ar teirỽ ny plait
t ri da. tri dỽyỽol. Tri naf. t^{i} nefol.
Y t^{i} ſy ỽꝛol. ỽaet Roſſerieit. 25
t rimeib. yn tramỽy. Aur yn tir. ynt hỽy.
Tꝛi aỽnai oſỽy. tir henafieit.
t rimeib. trỽy ymỽan. Rodꝛi.n.roi oedꝛan
A doꝛrei allan. ynt dꝛỽy ỽillieit. 29
t rimeib. oꝛ triman. Duỽ uu ny ffỽꝛn dan.
Yỽ gadu ỽeithian. ymyſk doethieit.
t ri llyỽ. n. troi llaỽer. tri lleỽ tra llyỽer
A dyſ o Roſſier. Ar defraſſieit. 33
t rindot trỽy undeb. tri un. nis try neb
Ar i triỽyneb. Ai eneit.
t rimeib. t^{i} emyn. t^{i} edn. taer ydyn.
Y t^{i} ederyn. vo traet eureit. 37
a ur aỽiſgan. Nis diỽiſgan.
Dur aỽiſgan. Ar dair yſgỽyd.
r oſſier chỽery. Gỽatgyn tery.
Harri ery. er roi arỽyd. 41

t ri nitharian. Ai tair tarian. 1
Dꝛeigieu arian. Ar dꝛi goꝛỽyd.
y tri phaladꝛ. O gadỽaladꝛ.
Yỽꝛ tri gỽaladꝛ. Aur trỽy gulỽyd.
t ri ryỽ beiriant. Pan diſgleiriant. 5
A gyueiriant. Yn gyuarỽyd.
t rimeib moeſſaỽ. Veirch egroeſſaỽl.
Jr tri oeſſaỽl. ir ar teir ſỽyd
y tri bꝛoder. lle goſſoder
Yꝛ auꝛ doder. Ar ỽyꝛ dedỽyd. 10
t ri phrenn deilioc. hyt gyveilioc
Yỽꝛ tri cheilioc. rac tra chelvyd.
t ri a adaf. Ac nis gỽadaf.
Er naỽ adaf. ni ron nodỽyd.
t ri lle pleidion. troen direidion. 15
O try eidion. Y tir adỽyd.
t Ri lleỽ ſyꝛ tomas trillu. gỽlat vrychan
tair llu̇man llydan o vlaen pob llu.
t ri marchoc kaeroc yn kỽngkỽeru. r byt
Tri ynt hỽy heuyt. traỽ yn tyſu. 20
t ri chaỽꝛ tair maenaỽꝛ yn mynu. r teirſir
Tri chai hir am dir yꝛ holl gỽm du.
t ri thỽꝛ o dꝛe r tỽꝛ ar bot tu. i ỽyſk
Tri ni at kamrỽyſc. t^{i} not kymru. 24
t ri phaladꝛ. t^{i} kadꝛ o uaingk hu gadarn
Tri o geirỽ a varn. trỽy y gỽyꝛ uu.
t ri ydiỽ reini. n. rannu. bꝛycheinioc
Tri heboc oeſſoc a uac Jeſſu 28
t ri chyỽ. r. vn eryꝛ yn trychu. kynllỽyn.
Tꝛi derỽyn adỽyn yn kynyddu.
t ri chaſtell ỽellỽell o allu. a moes
Tꝛi o vn eiſſioes. yn tyꝛnaſſu. 32
t yꝛnas ſyꝛ tomas meinteimer. honno.
Yn ranneu. r tri bꝛoder.
Harri i glaim. roi i gler
Yn roes. gỽatgyn a Roſſier. 36

Lewys glynn

1413

1414

Jeuan llwyt uab ygargam ae cant ~ 1
Haỽd vyt ym poꝛ paraỽt volyant. milỽꝛ
dyfyant diveth vꝛỽydyꝛgled. Hylỽyd hop-
kyn. hylỽybyꝛ ganlyn. heird ae govyn hirda 4
gyued. Haeluab thomas temyl gỽyned veird
vyꝛdeu digeird degan owed. Hyder rolant heird
gler uabſant. hael ogonyant. hoewleỽ gỽned.
Hil y einyaỽn ener kymry. kymro tra hy trỽy-
adyl voned. Huaỽdyl doeth vin. holyon myꝛdin
heilyei raỽnwin. hael o rinwed. Hopkyn glaer-
wyn glerwyꝛ vꝛenhin vꝛeineu elphin. wylffa- 11
ỽt gloewed. Hoedyl hir idaỽ. hỽyldewruab kaỽ
hydyꝛ yn llywyaỽ llin teyꝛned. Heaf y vaỽl vilỽꝛ
aereu. yꝛ yn reidyeu. ar anryded. Hỽyl paredur
hebaỽc gleifdur ~ hoewdec eglur. hyt ygogled.
hopkyn arglỽyd. eurglot warant wiỽ ri 16
anant. waỽꝛ rianed. Hyder arglỽydlyỽ. hir
y bo byỽ. hael o wiỽꝛyỽ. hyloeỽ wired. llewpart
gỽyꝛ. gỽyar liwlavyn. liaỽs hoeỽdꝛavyn hydꝛum
oſged. llavyn ymrỽydyꝛgat. llyꝛ vn dꝛỽſſyat llyỽ
ywr gỽenwlat. llawir gỽinwled. lloꝛyf deheu 21
barth. hybarch vꝛeyꝛ. Vꝛeinyeu bedwyꝛ. byt
oꝛvoled. llunyaf glot gỽalch. llyỽ llys gaer
galch. lleỽ deỽꝛ hoewvalch lle di ryued. lleyc yỽ
paỽp. pybyꝛleỽ gỽynn. gỽir ỽꝛth hopkyn. hep 25
kyꝛ gamwed ~ llwyꝛ wybodeu. llen allyfreu. llaỽꝛ
y deheu. ae llỽyꝛ duhed. llidiaỽc ỽꝛth vꝛỽydyꝛ.
vꝛiỽdoꝛyf aergat. eurgarỽ gỽinrat. gỽyn 28
rỽyd eil fed. lloꝛyf cledyfhir. llydan y wir. llyỽ
ny vylchir lleon valched. llathyꝛ ykymeil =
kannyn beunyd. bennaeth detwyd. didỽyll wy-
led. lliaỽs barlmant llonyd anant. llyꝛ digo-
nyant llỽyꝛ digoned. Dyly volyant vilỽꝛ un 33
vꝛeint. Jaỽn vꝛyt gereint gỽꝛaỽl ryffed. Di-
hagyꝛ dꝛwſſyat. doctoꝛ kerd vat. deheu vỽꝛyat
diovered. Dyd da idaỽ. adas garyat waỽꝛ y 36
hoewlat. wiỽꝛi hywled. Daryan gỽyꝛ. degan
clerỽyꝛ. doethdec eryꝛ ar gymroded. Dyſgaỽd
lyvꝛeu. loeỽvꝛeint daỽnus. lucidarius lỽys ẏ
daered. Doꝛ holl gymry. diwael hael hy. da
yỽ ymy. adiomed. Dygaf yglot gloeỽdỽꝛ 41
hyder. hoewder ener hyt ar wyned. Dyly amyl
waỽt dewin dauaỽt. doꝛ da hyffaỽt. dewr dihoffed.
Diveuyl bennaeth bunnoed rodi. rỽyſc mab beli
baladyꝛ dewred. Doꝛ taryandalch. digrif dꝛem-
walch. deỽꝛ ahaelvalch. dyꝛy heilved. Duỽ ae
rodho. rỽyd huaỽdylvꝛyt hoedyl ac iechyt gỽy-
chaf oꝛfed. Da y hatwaen deyꝛn chỽyꝛn chwaen
dꝛech enỽ ymlaen dꝛychan mlyned. ~~~ 8

Gruffud uab y2 ynat coch ae cant . 1
OEr gallon dan vzonn o vza6 all6ynin am
vzenhin derwin do2 aberffra6 . Eur di lyf
yn adelit oe la6 . eur daleith oed deil6ng ida6 . eur-
gyzn eur deyzn nym da6 . llewenyd. llywelyn nyt 5
ryd ym r6yd wifga6 . Gwae vi am argl6yd : g6alch di
waratwyd . g6ae vi o2 afl6yd y dzamg6yda6 . G6ae vi
o2 gollet . g6ae vi o2 dynghet . g6ae vi o2 clywet vot
cl6yf arna6 . G6erfyll katwaladyz . g6aeffaf llif dara-
dyz . g6as rud ybaladyz . bala6c eur lla6 . G6afcara6d
alaf . g6ifga6d bop gaeaf . g6ifgoed ymdanaf y ym-
dana6 . Bucheflа6n argl6yd . nyn ll6yd yn lla6 . bu-
ched dzagywyd adzic ida6 . Ys meulit 6zth feis . am
vyn treiffya6 . yf meu rac angeu angen g6yna6. 14
ys meu gan deunyd ymdiuan6 adu6 am edewis
hebda6 . ys meu ganma6l heb da6l heb da6 . ys meu
vyth bellach y veith b6ylla6 . ys meu ym dynoedyl
amdana6 alar . kanys meu alar yf meu wyla6 . Argl6yd
agolleis gallaf hirvza6 . Argl6yd teyznblas alas ola6 .
Argl6yd kywir g6ir g6aranda6 arnaf . uchet y k6y-
naf och o2 k6yna6 . Argl6yd ll6yd kyn llad y deu na6 .
argl6yd llary neut lla62 y ysta6 . Argl6yd g6al lle6 22
ynllywya6 eluyd . argl6yd aflonyd y aflunya6 . Ar-
gl6yd kannatl6yd kynn ada6 emreis . ny lyfaffei
feif y ogleiffya6 . Argl6yd neut maen do manda6 kym-
ry . o2llin adyly daly aberffra6 . Argl6yd grift mo2
6yf dzift dzofta6 . argl6yd g6ir g6aret y gantha6 . 27
Ogledyfa6t tr6m tramg6yd arna6 o gledyfeu hir
yny diria6 . ogl6yf am vy r6yf yffy mr6yfa6 . o gly6-
et lludet lly6 bot vaea6 . k6byl awas alas ola6 ys
gereint . k6byl vzeint y hyneint oed o hona6 . Kann6-
yll teyzned . kadarnlle6 g6yned kadeir anryded re-
it oed 6ztha6 . O leith pzydein veith . k6ynlleith kan-
lla6 . o lad lle6 nancoel . lluryc nanca6 . llawer dei-
gyz hylithyz yn h6yla6 ar rud . llawer yftlys rud a 36
r6yc arna6 . llawer gwaet am dzaet 6ed ymdzeidya6 .
llawer g6ed6 a g6aed y amdana6 . llawer med6l tr6m
yn tonn6ya6 . llawer mab heb dat g6edy yada6 . 38
llawer hendzef vzeith . g6edy ll6ybyz godeith a llawer
diffeith dz6y anreith dza6 . llawer llef dzuan ual ban
vu gamlan . llawer deigyz dzos rann g6edyz greinya6
o leas g6anas g6anar eurlla6 . o leith llywelyn cof
dyn nymda6 . oeruela6c callon dan vzonn o vza6 . rew-
ydva6 crinwyd yffyn crina6 . Pony wel6ch ch6i hynt y
g6ynt arglа6 . pony wel6ch ch6i z deri yn ymdara6 . 4
pony wel6ch ch6i r mo2 yn merwina6 yz tir . pony we-
l6ch ch6i r g6ir yn ymgyweira6 . Pony wel6ch ch6ir
heul yn h6yla6 z awyz . pony wel6ch ch6ir fyz wedyz fyzth-
ya6 . Pany chzed6ch ch6i y du6 dynyadon ynvyt . pa-
ny wel6ch ch6ir byt wedyz bydya6 . Och hyt attat ti
du6 na da6 mo2 tros dir . pabeth yngedir y ohirya6 . 10
nyt oes le y kyzcher rac carchar bza6 . nyt oes le y trigyer
och o2 trigya6 . nyt oes nachyngo2 na chlo nac ego2
vnffo2d y efco2 bz6yn gyngo2 bza6 . Pob teulu teil6ng
oed ida6 . pob kedwyz kedwynt a dana6 . Pob dengyn
adyngynt oe la6 . pob g6ledic pob g6ledic pob g6lat
oed eida6 . pob cantref pob tref ynt yntreidya6 . pob
tyl6yth pob ll6yth yffyn llithza6 . Pob g6ann pob 17
kadarn kadwet oe la6 . pob mab yny grut yffyn
uda6 . Bychan lles oed ym am vynt6ylla6 gadel penn
arnaf heb penn arna6 . Penn pan las ny bu gas
gymra6 . penn pan las oed leffach peidya6 . penn 21
mil62 penn molyant rac lla6 . penn dzagon penn
dzeic oed arna6 . Penn llywelyn dec dygyn a vza6 yz
byt . bot pa6l haearn tr6yda6 . peñ vargl6yd poen
dygyng6yd amda6 . peñ veneit heb vanac arna6 . 25
Penn avu berchen ar barch na6 canwlat a na6 can-
wled ida6 . peñ teyzn heyzn heeit oe la6 peñ teyzn
walch balch b6lch ydeifna6 . Peñ teyzneid vleid
vlaengar gantha6 . peñ teyznef nef y na6d arna6 . 29
G6yndeyzn o2thyzn 6ztha6 . g6endo2yf go2of go2vynt
hynt hyt lyda6 . G6ir vzeinyawl vzenhin aberffra6
g6enwlat nef boet adef ida6 . ~~~ 32

Ỻywarch brydyd y moch a gant . 1
CRiſt creaỽdyꝛ ỻywyaỽdyꝛ ỻu daear
a nef am nodỽy rac auar. criſt keli
bỽyf keluyd agỽar. kyn diwed gyuyngwed
gyuar. criſt vab duỽ ymryd arỻauar. y 5
voli vyri rỽyſc odyar. Criſt uab meir am
peir om pedwar defnyd doſyn awen di ar-
char. ỻywelyn ỻyỽ pꝛydyn ae phar. ỻew a
gleỽ aglyỽ gyuarwar. vab ioꝛwerth yn 9
kan nerth an car uab owein ffraỽdyein
frỽyth kynnar. Ef dyſu dꝛeic ỻu yn ỻaſſar
diỻat yn duỻyn kyſarpar .yn eruit yn ar-
uot abar. yn arueu bu keneu kunyar. yn 13
dengmlỽyd hylỽyd hylauar. yndidꝛãgk y
gyfrangk ae ga. Yn aber conỽy kynn daffar
vy ỻyỽ ỻywelyn athꝛugar. a dauyd deuaỽt
ulkeſſar diuei dꝛeic dꝛagon adwyar. Di
vỽlch vd divalch yeſgar. divỽng blỽng 18
blaen uvel trỽy var. Dybꝛyt ynn veird
byt bot daear arnaỽ ac arnam y alar.
Ef ynỻyỽ kynn ỻit gyuyſgar yſglyfy- 21
on yſglyfyynt ỻỽꝛỽ bar. Oed rynn rud
y byꝛ oꝛgỽyꝛ gỽar. oed rann veirỽ vỽyaf oꝛ
dꝛydar. oed amliỽ tonneu tỽnn am par
eu neit neut oedynt dilauar. tonn heli 25
ehalaeth y bar. tonn araỻ gỽaỻgoch gỽyar.
Poꝛth aethỽy pan aetham ni yar meirch
moꝛdỽy vch maỽꝛdỽꝛyf tonnyar. Oed on 28
gyꝛ oed engyꝛ eu bar. oed angud godꝛud
[illegible]ỽaetryar. oed yghyꝛth yn hynt oed ãg-
[illegible] oed yng oed angheu an kymar .Oed
amheu yꝛ byt bot abar ohonam o hene-
int ỻeithyar. Maỽꝛ gadeu agheu agklaear.
meirỽ feghi mal feri fathar. kynn plygu 34
rodꝛi rỽyt eſgar ỹmon. mynwennoed bu
bꝛynar. Pan oꝛuu paun ỻu ỻachar lywe-
lyn lyỽ alun athauar. Myꝛd bu ỻad
ỻithvrein goꝛdyar oꝛ milwyꝛ a mil yg 38
harchar. ỻywelyn kyt ỻadwy trỽy var.
kyt ỻoſgỽy nyt ỻeſc vuelyar. ỻary deyꝛn
vch kyꝛn kyuarwar. ỻỽꝛỽ kyt vot yꝛ clot 41

ef ỻouyes rỽyf treis tros vannyar y 1
veird oed uaỽꝛ ỻỽyth yꝛ daear. gỽiſgi eur
ac aryant nyſ car. gỽaſgwynueirch goſſe-
irch goſſathar. yſginuaỽꝛ goꝛuaỽꝛ goꝛỽymp
par. Yſgarỻat ỻiỽ fleimyat flamyar. Me- 5
irch maỽꝛthic frỽythic fraeth anwar fraỽdur
a phꝛeideu ewiar. Mỽth yryd arwyd yggỽ-
aſgar. mal arthur kein vodur kibdar.
cann achann acheinwyỻt agỽar. cant
a chant achynt noc adar. 10
ADar wenidaỽc caeaỽc kynran. dꝛut
dꝛeic pꝛydein pedꝛydan. adot ỻoegyꝛ
ỻuoſſaỽc am bañ. dychꝛe dychꝛein [gỽyꝛ] ygcreu-
lan. Gỽꝛd y gỽnaeth vch deudꝛaeth dꝛy
van. gỽꝛ hydỽf gỽꝛhydꝛi ogyꝛuan. dygỽyd
gỽyꝛ heb lauar heb lann. dygoch ỻaỽꝛ 16
dỽygat uaỽꝛ uaran. vn am vꝛo alun eluyd
cann afreingk yn fraỽdus ualcamlann.
Ar eil ynaruon ar uoꝛuañ yn vn dyd an 19
vn duỽ yn aran. Adỽy dꝛeic feleic faỽ
gyman. mal deu leỽ nyn dylochaſſan. Ac vn
traỽs gatcun treis varan. val gỽꝛ yn goꝛ- 22
uot ympob mann. ỻywelyn ỻaſyn eur ag-
hyuan. ỻoegyꝛ diwreid ỻu ruduleid rudlan.
ỻu racdaỽ aỻaỽ arỻuman. ỻỽybyꝛ yn wy-
byꝛ yn ebꝛỽyd aỻan. ỻỽꝛỽ daỽn cadwaỻaỽn
uab catuan. y mae am bꝛydein yn gyuan. 27
ỻary ny del y laỽ attaỽ attan. ỻyꝛyet tre-
mynet tramoꝛ dylan. Rac ỻeith anobeith
an olo ỻann. a ỻaſnaỽꝛ ỻedꝛud vch grud a
grann. Ninneu veird pꝛydein pꝛydus eiry-
an berth. gỽyꝛ a byꝛth vy rỽyf ym pob ka-
lan. Yꝛ digabyl barabyl gan baỽp oe 33
vann. digrifỽch elỽch elyf egỽan. oe ary-
ant goꝛmant goꝛym ny dꝛutran . ac alaf
ae eur ae aryancan. 36
Kan y dỽyn dechꝛyn adechꝛeuho
bleid vch blaenwel yn oet ỻo . gna-
ỽs achaỽs yn ych kynn atuo . gnaỽt y 39
lad ny lỽyd y abo. kaerỻeon ỻyỽ mon mỽ-
yn pabo. athduc ef athdỽc yggodo. ỻyỽelyn

ef lloſges dyvꝛo. llas dy wyꝛ dꝛa llyꝛ dꝛa llỽyno.
llỽyꝛ duc y wydgruc nyt ſuc ffo. lloegyꝛwys
eu llucvꝛyt yſymyo. llewdir teyꝛn lludỽyt
ynagro. llas yglas yglỽſtei neut glo. llys
eſmer bu ffer bu ffỽyꝛno. llỽyr lloſget · 5
y thytwet ae tho. llỽꝛỽ gỽelỽch neut hedỽch
heno. gan vy rỽyf nyt r̄yued kytbo. hyt
ydel y doꝛyf ardyno abꝛynn. Vn bꝛeinyaỽc
bieifo. llew a duc ae dỽc pan vynno.
yꝛ trallỽng tri llu an woſgo. llys eſnys 10
aſneuet travo. lles y vyꝛd o veird ae
kyꝛch. aduc y wydgruc ae dycko. gỽylyỽch
gỽylytỽꝛ pỽy ae lludyo. llỽꝛỽ uoch
nant edꝛywyant ardꝛo. llỽytkun llỽyth
llithywyt am honno. lletkynt ar goetwys 15
gỽys greudo. llys adỽy neut einym
ny heno. edꝛychet powys pỽy vo. bꝛenhin
bꝛeiſc werin bꝛỽyſc acdo. ae gỽellyc
kyo pỽyll rỽy dỽyllo. ae gỽell frangk no
fraỽdus gymro. llyỽ yſſym ſynnyỽch kyt 20
tawo. lloegyꝛ gychwyn a vynn a vynno.
llỽyꝛ y dyt y vꝛyt ar vͦo gatwallaỽn vab
katuan uab iago. llary yſpar yſpenyt y
blo. llỽꝛỽ yſpyt yſpeit anolo. lleỽ pꝛyt 24
uaỽꝛ llyỽ pꝛydein ae chlo. llywelyn lliaỽs
y vꝛanvꝛo. llary deyꝛn kedyꝛn katwoſgo
ygkur yſvygcar aoꝛffo.

GOꝛuud vd dꝛemrud dꝛamoꝛ lliant 28
ym mon. mam gymry bedꝛydant.
Goꝛllỽybyꝛ llu llenwis ewyngant. gỽartharf
bꝛynn aphenrynn a phant. goꝛllanỽ
gỽaet amdꝛaet a ymdꝛychant. amdꝛych- 32
yon pan ymdꝛechaſſant. cat y coet aneu
kadyꝛ anant boꝛthi. burtheiſt wyꝛ yndi
uant. Eilgat trom y tremynaſſant. vd 35
adienỽch dygyn dyſnant. Eil milyoed milwyꝛ
dybuant. eilyꝛth gyꝛth yn gỽꝛthỽynaſſant.
eil agỽꝛd ymwrd amhard gant bꝛyn̄ 38
bꝛonn yꝛ erỽ y galwant. kynwan llu ual
lleỽ yth welſant. kadyꝛ eryꝛ yth wyꝛ yn
warant. Can hynny kynhennu nywnant. 41

1421

can wyllyon kelydon kerdant. dugoſt y
wydgruc adygant y dꝛeis. adꝛyſſed kyſnoỽant.
a rudlan ynrudliỽ amgant. run can 3
claỽd adꝛaỽd edꝛywant. a dinbych goꝛthꝛych
goꝛthoꝛ rant. ar vil ar voellas agronant.
a chaer yn aruon a charant yggnif. yggnaỽs
coll am peiryant. adinas emreis a 7
ymrygant am rygyꝛ ny wneyꝛ nawnant.
Neur oꝛvuwyt yn oꝛenỽ moꝛgant. ar vilwyꝛ
pꝛydein pedꝛydant. dygynnygyn nygennyỽ
kỽdant. ny geiff hoen na hun ar am
rant. Mat ymdugoſt waeỽ mat yth want. 12
arall yn aruoll yſgarant. achledyf a chlot
uaỽꝛ yth wnant. ac yſgỽyt ar yſgỽyd anchwant.
Mat tywyſſeiſt dy lu loegyꝛ yꝛdant.
ar deruyn mechein a mochnant.
Mat yth ymduc dy vam ỽyt doeth ỽyt 17
doeth ỽyt dinam ỽyt didaỽl obop chwant.
o boꝛffoꝛ obyꝛffỽn vliant. o bali ac eur
ac aryant. o emys gochwys gochanant
dy veird yn vyꝛdoed y caffant. Minneu om
radeu rym yauant yn rudeur yn rỽyd 22
ardunyant. kyt archỽyf ym llyỽ y lloer
gant yn rod. ef amryd yngeugant. lliwelyd
llettaỽt dy volyant. llywelyn allywarch rỽy
cant. Muneraỽt ym marỽ vy mỽynant
ual ym byỽ. lleiſſaỽn ryỽ run blant. 27
Nyt goꝛmod vyggeir yt woꝛmant teyꝛn
ỽyf tebic eliphant. can oꝛuot pob rot
yn ramant. can volaỽt athauaỽt athant.
kein deyꝛn kynn bych ygcreifyant. can
divỽyn oeſgỽyn yſgarant. can duỽ ren
yn rann weiſtiſyant. can diwed pob
buched bych ſant. **Y canu bychan y lywelyn uab iorwerth. Prydyd y moch ae**

Kyfarchaf ym ren kyuarchuaỽꝛ cant 36
awen. kyfreu kyꝛrituen rỽyf bardoni.
Yndull talyeſſin yn ellỽng elphin
yntylleſt bardꝛin beird banyeri. kyfbỽyllaf
vynaf. kymry vodꝛydaf. kymro kel- 40
vydaf rywnaeth keli. kymreiſc lywelyn

1422

ac nyt oes vard dỽfyn dunus gyfyeith . a-
garỽy yn hỽy o hir obeith. Nym athꝛeidi
meingan meingadyꝛ y hyſtlys. nymhu- 3
vꝛys oe ỻys y ỻaeſymdeith . Gỽirion dec daỽl
y chyuaryeith. gỽann dedyf dof ymcof ym
kanhymdeith . gỽyꝛy vanon uanỽl gỽar 6
uedỽl veith. goꝛne gỽaỽꝛ uoꝛe ar uoꝛ diffeith.
GOꝛwynnyaỽc dꝛythyỻ goꝛdyfyn dy-
arlỽy. arlỽyaỽ erlit gobꝛit gobꝛỽy.
goꝛwynnyaỽc dꝛythyỻ ſyỻ vy ſaffỽy. y 10
ſaffỽn yd ỽyf onỽyf nyt rỽy. Neum rydꝛaeth
hiraeth ueduaeth uackỽy. Am a ry garaf i
kynnym carỽy . neut ỻudedic glann rac 13
glas uoꝛdỽy. neut ỻawen awen awel neut
mỽy . Neut ỻawer ym ỻif ỻiỽ am aerỽy toñ :
bañ ỻewych y bꝛonn geyꝛ y bꝛeichꝛỽy. golỽc
dof dewis gan ae ſyỻỽy. goleuliỽ golỽc yꝛ
ae kaffỽy. Gỽeleis i yſtlys glỽys gloeỽ y 18
gylchỽy. ny ryweles tec nỽy ry gỽelỽy. Ac y
dan rudem rudeur uodꝛỽy. ac uch wyneb gỽ-
ynn gỽineu uagỽy . Deuaỽt agatwaf can 21
ae catwy. a berthyn rac dyn nyỽ dilynỽy.
vy rin a riein nyſ rybuchỽy. nyſ gỽybyd rew-
yd nyſ rygelỽy. keredic vy hun yn hir ovỽy
ỻe. yn ỻedꝛat voꝛe gan auarỽy. vj
GOꝛwynnyaỽc dꝛythyỻ goꝛdyfyn dy
gywir. eil gỽynn goꝛwynnyaỽc 27
goꝛpỽy ynwir . Manylet meinwenn mal
ydyolir . mal ydardunyaf yd ardunyir. Ar-
dỽyedic dyn adỽc y ſynnyant : ardunyant
molyant mal yt glywir. aglywch chỽi deon
adywedir. a dyweit riein ny rygeblir. yggo-
lut amliỽ amyl ym rodir . nyt amken ym
ryd nym rybuchir . Handyd om kyuoeth 34
om kyueirch panyỽ : om rieu om ryỽ ry gyſ-
tlynir . Bard ỻywelyn hael hut ymgelwir .
geleurud gelyn y bop enwir . Enwaỽc ym
keinoes ym keinmygir. anwar vy ỻuchuar
onym ỻochir . Paỻ gỽyluan gỽylein gỽ- 39
ylualch ỽꝛth gerdaỽꝛ : orudeur gỽerthuaỽꝛ
ygoꝛthoir . peỻennic vygkof ỹghaerwys
[dir.

Peỻ yd ỽyf ym nỽyf ony thelir. pedeſtres 1
wedeid yn hydꝛeid hir . pedeſtric yolyd pahyt
Dyndewis i riein virein vein [y olir. vij
dec. hirwen yny ỻenn ỻiỽ ehoec . Am 4
dewif ſynhỽyꝛ ſynhyaỽ ar wreigeid : ban dyw-
eit o vꝛeid wedeid wouec. Am dewis gyt rann
gyhydꝛec abun : abot yn gyfrin am rin 7
am rec . dewis yỽ gennyf y hardliỽ gỽanec.
y doeth yth gyuoeth dy goeth gymraec.
Dewis yỽ gennyfy di. beth yỽ gennyt ty vi.
beth adewy di dec y goſtec . dewiſſeis y vun 11
ual nat attrec gennyf. iaỽn yỽ dewiſſaỽ dewis
Carafy gaer wenglaer [dyn tec. viij
o du gỽennlann. meu yt gar gỽyl dec
gỽelet gỽylan. Yt garỽn y vynet kynnym ka-
ret yn rỽy. ry eidun ovỽy yar veingann. Y 16
edꝛych vy chwaer chwerthin egwann. y adꝛa-
ỽd caru kan doeth ym rann. y edꝛyt vy ỻeturyt
y ae ỻet ovꝛỽy : y edꝛyt ỻywy ỻiỽ tonn dylan.
ỻifyant oechyuoeth a doeth atan. ỻiỽ ỻathyꝛ
oeruel : ar uchel vann. Rac ual ym codit y 21
yn ỻys ogyꝛuan . chweiris oe hadaỽt hi a
doeth kynrann eithiỽ am eneit y athỽyf
yn wann. ~~~ Marỽnat ririt vleid 23
uab gỽꝛgeneu . Ac arthen y vꝛaỽt kyndelỽ ae
YMperyf digard ỽyf dygen [cant. j
geinyat yꝛ mab yꝛ maỽꝛdat rodyat reen
yꝛ yſpꝛyt uchel oꝛ vn echen . yꝛ arglỽyd gỽ-
latlỽyd gỽledic moyſſen . Moꝛ ỽyf gerd gein
rỽyf hyglỽyf hagen . moꝛ ỽyf hygleu uard 30
o veird ogyꝛuen. moꝛ ỽyf gỽyn gyfrỽyf nyt
ỽyf gyſyꝛwen. moꝛ ỽyf gyfrin ſyꝛd kyꝛd kyꝛ-
rituen . Moꝛ eiſſeu eu dỽyn yn eu dyꝛwen yn
eudyꝛwen. Aeſſaỽꝛ anniang oes annien. 34
moꝛ ỽyf dirrỽyn vꝛỽyn vꝛỽydyꝛ annoden.
bꝛeiſc uab gỽꝛgeneu bꝛydeu bꝛatwen.
Moꝛ debyc vy mot y megegys gỽydyen . o gỽ-
daỽ pob ỻaỽꝛ ger ỻaỽ y benn. Moꝛ naỽt ra-
haỽt na byd ry hen . moꝛ wenwyn ym kaỽd 39
am yd ymken . Moꝛ ỽyf godedic dic diſgyw-
en. moꝛ vynych moꝛ ueith ỻeith ỻỽyth po-
byen.

gỽyꝛ ynafyꝛdỽl gwyꝛ gỽerin urden. gỽyꝛ yn
afyꝛdỽyth gỽyth yꝛgỽeith ueigyen. gwyꝛ 2
yn amwyn greit gredyf ychen. yggwed: gỽyꝛ
yghywryſſed gỽyꝛ gỽled gỽlyden. gỽyꝛ yn
kyt berchit vch gỽit gỽenen. gỽꝛ ankyt
barchei oe barch amgen. gỽyꝛ yt vuam. 6
gyt amget oꝛden. nyt ym gyt amvud am
vedu gỽen. Nythꝛewit hebof aghof aghen.
agheu ririt wynn wedy arthen. kyt kanỽ-
yf odỽfyn o dofyn awen. awyd neut aflỽyd
Neut aflawen wyf: [neut aflaỽen.
neut aflauar dꝛiſt. ner ymcodes
criſt creaỽdyꝛ trugar. Neut am rygỽyn 13
ym neut am rygar. neut am rygyꝛ kyꝛd
kyt y marwar. Neut am dꝛagon dỽfyn dyf-
neis y auar. neut amdꝛeic bēnant bēnaf
galar. neut gỽarued myned mynwent 17
vꝛanar. neut gỽeryt riryt rỽyſc vuelyar.
Neut goꝛdiuanỽ hoen hoedyl abar lletkynt:
neut goꝛdiwynt hynt gỽynt gỽꝛthdōny-
ar. neut ỽy ae gouỽy neut goꝛdyar. neut 21
goꝛdiwed gỽꝛ gỽꝛd y vanyar. Gỽꝛ ny oed
hygaỽd aoed hygar. hygyꝛch y neuad
kynn llad llachar. gỽꝛ oed gyhaual dial
dyar. argoꝛeu a vu oveib gleiſſyar. Gỽꝛ 25
oed veird aruoll kardgoll kerdgar. gỽꝛ
oed vleid llyſſeid llyſſit y var. gỽꝛ oed rud
y lafyn o lif gỽyar. gỽꝛ oed ruthyꝛ arutlſ
ar y eſgar. Gỽꝛ am gỽnaeth hiraeth hir yſ-
gar ac ef: yny del llu nef ar llu daear. 30
Gỽꝛ gỽeinyat ygkat gỽꝛ gỽanar yyng.
gỽꝛ odinoding gỽꝛ berging bar. iij
Paraỽt oe adaf kyn noe adaỽ. pareu
poſt enweir peir pedꝛylaỽ. pedꝛyliỽ
y lafyn y lad racdaỽ. pedꝛylef kỽynuan 35
kyꝛd am danaỽ. pedꝛydaỽc deiſnaỽc dyfne-
is y gỽynaỽ. kỽynaf ym ermoet hoet o
honaỽ. Eil kỽyn amtremyn tremyt yꝛdaỽ.
eilgỽꝛ gỽꝛ goꝛden arthen eirthyaỽ. Etuynt
edꝛyuynt ỽꝛth edꝛiuaỽ rod: ageueis y oe 40
vod o vud ganthaỽ. eryꝛ glynn glewaf nedaf
[nadaỽ.

erlit a berit oe beriglaỽ. ernywet arnafi
o vot arnaỽ. deyerin derwin dir eu kyd-
yaỽ. yꝛ panyỽ tawel ryuel rỽyfaỽ. rỽy
uan tan taerwres trachwres trinnaỽ. 4
Rym gỽnaeth yn athꝛiſt athꝛeidyaỽ pen-
nant: ae phennyadur wedyꝛ ſyꝛthyaỽ.
Pꝛiodaỽꝛ dinmaỽꝛ pꝛudwaỽꝛ pꝛeidyaỽ.
Pꝛeidyn oed y gỽyn kynnoe gỽydaỽ. 8
Pꝛydein am galwant om gỽarandaỽ.
pꝛydyd ny hepkyꝛ yꝛ bꝛeyꝛ bꝛaỽỽ.
Pꝛyder am danuer pꝛydaf idaỽ. pꝛydeis
y rỽyf treis kynn treul athaỽ. athal 12
euruual a vu ridaỽ. ethyỽ hael hebofy
athỽyf hebdaỽ. Nyt ydiỽ om cof keiſſyaỽ
vyghyued: kyuoet o vered y vedylyaỽ.
ymwyt ririt wryt wognaỽ. delỽ ym 16
doeth anoeth ymdoeth anaỽ. Delỽ
yd oedỽn vard y veird ganllaỽ. cañ lles
am rodes rudeur wallaỽ. Delỽ yt oꝛeu 19
duỽ y dewiſſaỽ. dewiſſet y duỽ y dỽyn at-
taỽ. delỽ doeth alaf oe laỽ. delỽ yd oed ỽꝛ-
thyfy ydỽyf ỽꝛthaỽ. ~~~ iiij
Wrth yꝛ am karei caraf gymenn gadỽ:
keryn aeſſaỽꝛ bꝛadỽ bꝛat gyghallēn.
Ruthyꝛ arthur eirthyan arthen unbenn. 25
run venwyt riryt rud y onnen. Nyt oed
dylaỽ dꝛeic dꝛagon woen. nyt oed vleid
ampꝛud nyt oed ampꝛen. Eurdỽꝛn oed y
lafyn yny loſlen. eurgled kymyned kym-
ynei benn. Eurdoꝛchogyon dewr deyerin
lenn. etlit ym dilyt yn eu dilen. Aer vleid-
yeit vleinyeit vleideu kyfaruot. er- 32
lynaſſant glot yꝛ bot yn benn. ergrynit
eu bar feirff ſaffar ſenn. ergyꝛwaeỽ waỽꝛ
treis traỽs y gynhenn. Eryꝛon trychy-
on trychwyꝛ oꝛffen. eryuaſſam ny vedu 36
ved y dꝛefwen. Ymbuched gỽledic gỽladoed
berchen. madaỽc mur kyhoed niueroed
neñ. Meidꝛyat cat cadyꝛdoꝛ car coꝛ ky-
vyꝛbeñ. medꝛeis vod vy rỽyf ar vy rỽych-
ren. Mechdeyꝛn medgyꝛn medgỽyn pēnyad[a]

medel g6y2 g6atuur oefgur afgen. Ma6s
maffarn kadarn callon yaen. moes yfp6ys
hyfpys ech2ys och2en. Myged a6c y hoedyl
hoet ar o2ffenn. mygy2 yt ladei loegy2
hyt lewdir trenn. Myn6 tragle6 lla6 lla62
m6ynua62 mefpreñ. mur g62yt g6ynuyt
g6enn eluyden. Nyt llawen vymryt ym
ro gyngen. ar llary lla6 hyget g6elet g6yd
Gwy2dleñ ae go2tho go2tha6 [leñ.
d2iftla6n wy2 : g6ydlan ae g6erchy2
go2chud g6ythla6n. g6ydued ỹgg6ydua
g6yduit eftra6n. g6yd6n am rodes bud
les bodla6n. g6yducirch eirch erchlyf-
yn erchli6 crych2a6n. g6ydui gyfret
gredyfyget gra6n. Ym muched mur treis
tra6s y gama6n. tref wy2 ff6y2 facla62
fraethla62 fr6ythla6n. Can riryt r6yf
cat cunyat creula6n. racdu oed agkraff
kedoed agkra6n. o rodyon g62on go26n
eigya6n. mo2 : mada6c. mur tewdo2 co2
kaffwalla6n. Gogyman clutuan clutue-
ird woga6n. cludeis y alafoed llyffoed lleif
fa6n. g6edy pargoch grym parllym peir
lla6n. ky2ch6n hael dinmael dinma62 nyt
a6n. Du6 damna6d eiryoes einyoes eina-
6n. ma62uab edynyuet ma62get gyfla6n.
Nymgolud ma62uud mal riwalla6n. lly6
lly6 llafna62 lle6 lla62 llyf dynwalla6n.
Riryt nym gochel amgocha6n oe b2eid.
g6edy Riryt vleid vla6d haearnda6n.
T62yf aergo2yf argoet hoet hiraethla-
6n. t62yf taerd2eul taerdan yng6an g6-
ynna6n. Aerdaryf deruyfc daryf aryf
arod2a6n. arth warth wrthodyat am
nat am na6n. tra vu vyghyued y yghy-
uoeth ya6n. nym llauarei y neb nam bei
diga6n. nym didolei y lary o lawer da6n.
nymgo2uc dewrwr deurud warthla6n.
Nybu warthlef kerd kynuerch-
in werin obenn talyeffin bar
d2ing beird2ing. Bardeir omkyueir

ny byd kyuing. ymkyuedeu b2eu b26ydy2 di
eding. handoed eu hachoed kynn eu hechĩg.
ymer6 der6 dirued vuched ueching. O2 ke-
deirn keda6l ha6l hirdyuing. o gadell ener
o gadelling. o2glan eiffyllyd gloe6 eiffyllĩg.
o2gly6 gle6 dywal nydal nyding. O voned
coeling coeluud kerdo2yon. o aruon o von
o vael gyning. wedy cat woffud ma62 migy2
vudming. wedy ket woffep neb nymdeirjng.
llew lla62 llit enweir llud6 beir burging.
ll62o tryle6 lla62 lle6 lluryc deiling. ymuch-
ed arthen arthuar yning. ỹmywyt riryt
rudeur welling. rodynt rud ag6y2d r6yf
ky2d kyuing. rodet ardunyant ardinodĩg.

Hirlas owein. Owein kyueilyawc ehun ae cant.

Gwa62 pan d6y2e ga62 adotet. galon
yn anuon anuut dyghet. geleu
rud yngwy2 g6edy lludet tr6m. tremit
gov6y mur maela62 d2efret. Deon a
y2reis dygyhuffet. diarf6yt ar v26ydy2
arueu gochet. ary god6y gle6 gogelet
racda6. gna6t y6 oe dygna6 defnyd co-
det. dywalla6 dy veneftyz gan vodhaet.
y co2n yn lla6 rys yn llys lly6 ket. llys
ywein ar p2eid yt ry bo2thet eiryoet :
po2th mil o glywy py2th ego2et. Meneftyz
amgo2tha6 nam adawet. afdeuy y co2n
y2 kyt yuet. hiraethla6n am lly6 lli6
tonn na6uet. hirlas y ar6yd eur y dudet.
adyd6c o v2aga6t wira6t o2gret. ar lla6
wga6n d2a6s d2os yweith2et. kanawon
go2on6y g62d gyniret g6yth: kanawon
hyd6yth hydy2 eu g6eith2et. G6y2 ao-
b2yn tal ympob calet. g6y2 y ga62 g6erth-
ua62 g62d ymwaret. bugelyd hafren balch
eu clywet. bugunat ky2n med ma62 aw-
Dywalla6 dy2 co2n argyn- [neuet..
uelyn. anrydedus ued6 o ved go2ew-
yn. Ac o2 mynny hoedyl hyt vn vl6ydyn
nad ida6l y barch kanyt perthyn. A
dyd6c y ruffud waerudelyn. gwin ag6y-
dy2

gwydyr goleu ynygylchyn. dragon arw-
yſtli a rwyſtyl teruyn. dragon owein
hael o hil kynuyn. dragon ae dechreu
ac nyw dechryn. cat: kyflauan argrat
kymyw erlyn. kyt wyr yd aethant ẏr
clot obryn. kyuoedon aruawc arueu
edwyn. talyaſſant eu med mal gwyr
belyn gynt: tec y hydreuynt tra vo
Dywallaw di r corn [vn dyn.
kanys amcan kennyw. yd ym
gyryw glyw gloew ymdidan. ar llaw dehew-
ein llew gyflauan. lluch y dan yſgwyt
yſgawn lydan. ar llaw etnyuet llawrdio-
gan lew: ergyrwaew try lew trei y daryan.
teruyſc dyffyſc deu diofyn anyan. tor-
rynt torretw. uch tec atuan. teleirw
ygkygrein yn kyfran brwydyr. tal yſ-
gwyt eurgrwydyr torrynt yn vuan.
trylīw eu pelydyr gwedy pēnwann. try-
lwyn yn amwyn amwiw garthan. ki-
gleu ȳmaelawr gawr uawr vuan. a garw
diſgyr gwyr agwyth eruan. ac ymgyn-
null am drull am dramyuan. Val y bu
ym mangor am ongyr dan. pan wnaeth
deu deyrn uch kyrn kyfyrdan. pan vu
gyuedach uorach vorvran.
Dywallaw dyr corn kanys myuyr gē-
nyf men yd amygant med an-
tymyr. Selyf diarſwyt ar ſaf gwygyr.
gogelet ae cawd callon eryr. ac vn mab
madawc enwawc dudyr hael. hawl vleid-
yat leidyat lluch ar yſgyr. deu arueid
deu lew yn eu kyngyr. deu aryal dywal
deu uab ynyr. deu ryd yndyd cat eu kyfe-
gyr. kyfargor diachor camp dechyr.
aruot llewot gwrd gwrdwan ketwyr. aer
gunyeit kyrcheit coch eu hongyr. treis
erwyr yn ffwyr ffaw ehegyr. trei eu dwy aeſ-
fawr gan un yſtyr. Gorvu gwynt gwaed
uan vch glann glaſvyr. gordwy cleu tō-
neu talgarth yſtyr.

Dywallaw dy veneſtyr na vynn agheu
corn can anryded yghyuedeu.
hirlas buelyn breint uchel hen** aryant
aegortho nyt gortheneu. adydwc y dudyr.
eryr aereu. gwirawt gyſſeuin or gwin
gwineu. ony daw ymewn or med goreu oll.
gwirawt o bann dybenn vadeu. ar llaw vori-
dic llochyat kerdeu. kerdyn hyn y glot
kynn oer adneu. dieithyr vrodyr vryt uchel-
deu. diarcharchar aryal adan daleu. ket-
wyr am goruc gwaſſanaetheu. nyt ym
hun dihyll namhen deheu. kynnyuyeit
gyrtheit vleinyeit vleideu. kynuaran.
creulan creulyt uereu. glew glyw moch
nannwys o bowys beu. oglew gwned ar-
nadunt deu. achubyeit pob reit rud eu
harueu. echetwynt rac. teruyſc y teruy-
neu. Molyant yw eu rann y rei gȳneu.
marwnat uu neut mi newit ydeu.
Ochan griſt mor wyf driſt or anayleu.
o goll moridic mawr y eiſſeu.
Dywallaw dyr corn kannym puchant
hirlas yn llawen yn llaw uorgant.
gwr adyly gwawt gwahan volyant. gwen-
wyn y adwyn gwan edryuant. areglyd
defnyd diodeifyant llafyn: llyfyn y deutu
llym yhamgant. Dywallaw dy veneſtyr
o leſtyr aryant. kelennic etmic can ardu-
nyant. ar llawr gweſtwn uawr gweleis irdant.
ardwy goronwy oed gweith ygant. ketwyr.
kyuaruaeth yd ymwnaethant. cat ymer-
bynyeit eneit dichwant. Kyuaruu yſgwnn
ac yſgarant aer llas aer llofget maer
geyr mor lliant. Mwynuawr a garcharawr
agyrchaſſant. meuric uab gruffud grym
darogant. Neut oed gochwys pawb pan
atgorſant. neut oed lawn o heul hir vrynn:
Dywallaw dyr corn yr kyn [a phant.
nifyeit. kynawon owein kȳgrein
kytneit. wynt a dyrllydant yn lle hōneit
glut men ydant. gloew heyrn ar neit.

madaόc a meilyz gόyz gozdyfneit treis.
tros gyuerwyz gyferbynnyeit . Tarano-
gyon tozyf teruysc dyfgeit . trinheion
vaon traόs ardwyeit . kigleu am dal 4
med mynet dzeic cattraeth ∵ kywir eu
haruaeth arueu lliweit. Gofgozd vynyd-
aόc am eu kyfgeit . caόllant eu hadzaόd
cas vlaόd vlaenyeit . ny waeth wnaeth
yghytwyz yghalet vaelaόz ∵ dillόng
carcharaόz dylleift woleit . 10

Dywallaό dy veneftyz ved hidleit me-
lys ∵ ergyzwaeό gόzys gochwys
yn reit . o gryn buelyn balch ozeureit .
yz gobzyn gobzόy neu heneit . oz geniuer
anhun a bozth canyeit. nyf gόyz na-
myn duό ac aedyweit . 16

Gwyz ny dόng ny dal ny byd όzth
wir . danyel dzeic cannerth moz
verth hywir. Meneftyz maόz agόeith
ydoleithir. gόyz ny oleith lleith ony llo-
chir . meneftyz med am kόyn am kydzod
ir gόzdan gloeόgoleu gόzdleό bobir. 22
Meneftyz gόelut dy gόyth gόeith yn lli-
dόm dir. y gόyz abarchaf όynt aberchir.
Meneftyz gόelut dy galchdoet kyngreiir.
yghylchyn owein gylchόy enwir . pan 26
bzeidwy[t] caόzes taerwres trόy dir. pzeid
oftόng ozulόng aozuolir . Meneftyz nam
didaόl nym didolir. boet ym paradόys
ynkynhόyffir. cant [penn] teyzned poet hir
eu trόydet yny mae gόelet gόaran 31
ret gόir . A M E N—o—J

Dadolwch rys vab gruffud kyndelw ae

Affόynaf naόd duό diamheu ∵ cant .
dydaόn. athdonyaόc όyfinneu ∵ ar dy 3
wyz eryz aereu . ar dy wlat wledic deheu.
Affόynaf archaf arch vaόz y beryf.
aberis nef allaόz ∵ naόd rac dy var car
kerdaόz . ar dy byzth ar dy bozthaόz.
Affόynaf archaf eirchat ymgelwir. 8
naόd kywir kŷgwaftat ∵ ar dy dzyffeu
aer dzόffyat . ar dy dzyffaόz gόaόz gόenwlat.
Affόynaf aόch naόd na chelόch aόch pozth.
kan perthyn attregόch ∵ goftec wyz llyf
goftegόch . goftec beird bard aglywch. 13
Affόynaf naόd haόd haelon deheubarth
diheubozth kerdozyon ∵ ath daryf oth
dareanogyon. ath dozyf ath deyznueibyon.
Affόynaf naόd haόd haeloned wozfaf
nyth ozfeif teyzned ∵ ar dy dozyf kozyf
kywryffed . ar dy deulu teilόng med. 19
Medgwyn eu gόyn eu gόiraόt med
gyzn ae gόarchae ∵ ae gόercheidό yn
eurdyzn. a gloeό yfet yn etyzn . a glyό deόz
Geyznweilch pzy- [a gleό deyzn.
dein pzydaf aόch pzifgerd aόch pzifglot 24
a dygaf ∵ aόch bard aόch beirnyat vydaf.
aόch pozth perthyn yό attaf .
Atteb aganaf aganόyf arglόyd erglyό
vi kan dothόyf : lleiffaόn llyό lleό glyό 28
gleό rόyf. llaeffa dy var dy vard όyf.
Wyf kerdaόz ym rόyf rόyfc mozgymlaόd
gόyzd. rόyfc [herό] ffyzd kyzd kerd wahaόd.
affόyn afferό hirvlaόd . affόynaf ar
ud naf naόd . 33

AM rodόy rόyf nef rόyfc awdurdaόt
kerd . nym gόnel kard o nebaόt . y
voli mab duό dj bechaόt . di bechdoeth
kyuundaόt . Eil digabyl parabyl parha- 37
aόt . per awen parhaus hyt vzaόt . ar
lles llaόz llyό llafnaόz llόybzaόt . arllwy-
byz iaόn oz daόn ym daeraόt . Delό ymbo
yz bod ydzindaόt . trugared tros wared 41
tros waόt . Y adzaόd aervlaόd eurvlaόt .

Y yſgỽyt mal yſgỽyt rỽyt rahaỽt. Mur
maỽꝛgoꝛ treithytyoꝛ traethaỽt. traeth
om bꝛonn trathonn tra thywaỽt. mur
maỽꝛdir maỽꝛdoꝛyf amgyfraỽt. mur
maỽꝛdut uch medut medwaỽt. Mur
maỽꝛdaryf maỽꝛdwryf goꝛwydaỽt. Mur
maỽꝛdꝛeis maỽꝛdꝛaỽs gynneuaỽt. yth
gyueir vn cỽbleir cablaỽt. nyſ kȳneil
kenyf dy volaỽt. Molaf wr clydwr clut-
aỽt yeirchyon. y eircheit ar blanhaỽt.
Y eryꝛ eiryoes moes medꝛaỽt. ny welaf
nywelir kyt vꝛaỽt. Gỽeleis y vd nym
gỽarthꝛud gỽꝛthꝛaỽt. ỽꝛth vꝛỽydyꝛ crỽy-
dyꝛ creulaỽn dybydhaỽt. Gỽeleis y wle-
dic dic diofnaỽt. Ofyn y ovyn yefnys
giwdaỽt. Gỽeleis y gleis athꝛeis athꝛa-
llaỽt. gledyfal hywal hỽyꝛnaỽt. Gỽeleis
y glot a rot a raỽt o beleidyꝛ. a reeidyꝛ rud
o gnaỽt. gỽeleis y hael ohil anaraỽt.
ae gỽeles gỽelei ryuedaỽt. Mal cadarn
yn cadỽ y bꝛiaỽ. malcadỽꝛ cadwei a dywa-
ỽt. kedwis kȳghaỽs maỽs mae yſtaỽt
deheu. duỽ o nef aegỽaraỽt. Gỽꝛ gỽꝛth-
ꝛaỽ gỽꝛthꝛych ysdeuaỽt. gỽꝛth uchyꝛ
gỽꝛthꝛychyeit yſgnaỽt. Gỽꝛth eurdꝛo
eurdꝛull gno gnythaỽt. gỽꝛth eurdal
bual bugunaỽt. buelin oꝛeurin wiraỽt.
buarth llat llonyd o vꝛagaỽt. Buches
kyꝛd kerdoꝛyon wasgaỽt. buched glyỽ
gloeỽ yſtryỽ aeſtraỽt. burthyat cat
kyꝛchyat kyꝛchynaỽt. Bud beirdyon
bardeir om tauaỽt. Bꝛiwgoch bꝛic on
gyꝛ bꝛithaỽt. bꝛeithgat gỽyꝛ bꝛydeu
llyꝛ lloegyꝛ divꝛaỽt. Bꝛi bꝛythyon bꝛe-
int ſaeſſon ſaghaỽt. bꝛe bꝛondoꝛ bꝛonn
dewrdoꝛ duraỽt. Bꝛyt gryt grynn gran
wynn greit woꝛgraỽt. bꝛiſc ric reu rat
baraỽt. bꝛỽyſc rỽyſc rann gyman gym-
mendaỽt. bꝛỽydyꝛ aergrỽydyꝛ eurgreir
bedyſſyaỽt. Bꝛeiſc rybyd yn ryd ynrỽyd
naỽt. Y gỽna rys riedaỽc odlaỽt. bꝛaỽ
bꝛyneich bꝛanar eu bedꝛaỽt. bꝛo bꝛen-
gyl bꝛangoel yſpydaỽt. bolch y lafyn
o lauur foſſaỽt. bwlch y gled balch ygledyf
Cledyfrud grud gỽꝛ adeffry ſaỽt-
clot. gỽꝛaỽl rot rodaỽc hy-
gỽꝛ kyꝛchyat kyꝛchỽn y vaỽꝛdy. maỽꝛ
dal kerd nyt card y velly. Gỽꝛ gwaetrỽ-
yf gwlat vn rỽyf vn ry. gỽꝛ gỽaetlan
nyt gỽꝛ gỽann gỽeckꝛy. gỽꝛ golut gỽ-
etknut gỽaetkny calaned. kelēnic a
dyꝛy. Gỽꝛ creulaỽn creulan ae kyffry.
kyffro cat cadellig wely. Gỽꝛ awyꝛ
yn dyd ffỽyꝛ na ffy. gỽꝛ awnn y hỽnn
yỽ hynny. gỽꝛ yn tỽꝛyf yntoꝛyf arhyly
gỽꝛ yn taryf ynteruyſc wedy. Gỽꝛ ȳg
gryt gỽyꝛ gỽꝛhyt gỽꝛ hy. val greidy-
aỽl uab greit uab ery. treis dꝛeon
trinheion nwy try. traỽs trydar try-
dyd haearnlly. gredyf eigyaỽn ny gra-
ỽn ny gryny. goꝛmod alaf rod elyfry
grym. erdꝛym aerdꝛeic ae dyly. glyỽ
uyget gleỽ vugeil kymry.
Kymry diffreidyat. kymrỽyn y gyw-
lat. kymỽy cat cas wenwyn. kyꝛd
wadaỽl kerd ganmaỽl ganmỽyn. ket
gyfret gyfrieu gadwyn. Cadeir coꝛ
cadeu doꝛ dirrỽyn. car kerdeu kerdoꝛ-
yon woꝛllỽyn. Gỽꝛllyỽ gly gleỽdꝛaỽs
maỽs medgỽyn. gỽꝛ llỽꝛỽ llu lloegrỽys
dygyflỽyn. gỽꝛ gỽꝛduan am atuan
atuỽyn. gỽꝛduan gaỽꝛ gỽꝛduar waỽꝛ
wenwyn. Ef goꝛeu ual gỽꝛ yn adwyn.
yn ſeint cler cledyfal ar dꝛỽyn. llathꝛei
lafyn vch hauyn uch afỽyn. a llif creu
a lliw ffreu ar ffrỽyn. lladei dꝛeic ar
dꝛagon dꝛylỽyn. tryliỽ goch tryleỽ
dꝛoch dꝛachỽyn. Am eurvꝛỽydyꝛ am eur
grỽydyꝛ eurgỽyn. am eur vꝛo am eur
terrwyn. Toꝛyf anwar trydar trydolỽ-
yn. tỽꝛyf taerueith godeith gwaeanhỽ-
yn. teulu a thewlu a thewlỽyn waewaỽꝛ.

a g6y2 ma62 ymaffwyn. fy2yf deruyfc
fyfc hydyfc hydwyn. f6y2 fyfcyat val fleim-
yat flamd6yn. ffr6yth welling wellua-
eth fraeth fra6dwyn. fra6d walla6 ana6
aniu6yn. ll626 milveird milueirch dy
gyfl6yn. ll6yby2 molyant medyant 6
med ank6yn. lly6 kemeis oth godeis
yth g6yn. lle6 kama6n kymer ydiu6-
yn. lla6v2yded amd6c om d6yn y62thyt ·
lloegy2 eruit b2a6lit b26yn. 10

BR6ydy2 afgen b26yf^c nenn b2eifc
adef. b2ein bo2thyat a ch2yfyat
ach2ef. b2ad6 yfg6yt b2yt yfgein 62th
lef. b2ydeu tan treulwan trin odef. ys
argl6yd ys ar6yd yf ef. ys cat fy2d ys 15
car ky2d kyflef. G6ledic dec canto2yf
a dec cantref rif · arhugeint kyuadef.
Bud bara6t baran g6ynt v2ef. bugeil
byt bi6 gymryt gymref. Co2yf keindo-
2yf kan doth6yf y ad2ef. yth etryt yth
ad2a6s is nef. Par eurgla62 ergly6 vy 21
mardlef. peir p2ydein p2of6n yn tãgnef.

Tagnefed am na6d am niuer6ch rif
riallu diheid6ch. Nyt achar llach-
ar llauar6ch. nyt achles afles arafl6ch. 25
nyt achlud eurgud argel6ch. argel kerd
kerd kerdo2yon wol6ch. Do2 yfgo2 yf-
gwydeu amd26ch. Doeth a d2ut amdut
amdeg6ch. Taryf aerga6d aergul ga- 29
darn6ch. to2yf eurgo2yf eurg6yn gy-
ued6ch. kyuedach vo2ach virein6ch. ky-
uedwalch kyuedweilch el6ch. Elyf d2e-
ic d2agon digrif6ch. alaf ly6 luoed am
gel6ch. amgeled b2ythyon b2ith6ch. 34
Tey2non tey2nas ynyal6ch. Teulu rys
teil6ng gwrys gwryffy6ch. gwryf ar-
loes eiryoes eiryol6ch. ch6i gẽnyf gỹ-
niuyeit fef6ch. Mi gyndel6 agỹnel6 38
genn6ch. beird woga6n bard urda6n
urd6ch. v2da6l kerd kan ediuar6ch.
angud bud beirnyeit gyfrad6ch. ongy2
urd angerd vallol6ch. Angerda6l greduaol
gredyf vnh6ch. dywal am dyuet lonyd6ch.
kann dod6yf adigeryd6ch na daly var caf-
nar caf hed6ch. Nam g62thura6t om om
g6ar6ch. nam g62th2yn granwyñ greit 5
wol6ch. nam g62thot eirif d2auot aryf
d26ch. ny wrthyt mab du6 dadol6ch.

Dadol6ch llachar llacheu gyfarpar.
yn aeruar yn arueu. llyd6 yfgo2 9
yfg6yt bydineu. llit yfg6n afg6ñ yf go2eu.
y gymryt yn kyt kynbareu. y gymot
an dyuot yndeu. Dy voli uil62 hyt ageu.
dy vola6t yf tanwa6t yf teu. dy vard da
dothy6 yth odeu. dy var g62d go2dyfyn
y vadeu. Ti hebof nyt hebu oed teu. 15
Mi hebot ny hebafinneu. hir yth ard2eth-
ir ar d2etheu. o bell hil cadell kell kerdeu.
hil coeling perging pennaetheu. hydy2
amdadyl kynnadyl kennadeu. Hil Rod2i
g6efli g6yftyluereu. g6aflat gryt g6yf- 20
tlon byt boet teu. hil gruffud r6yf r6yd
vud radeu. R6yfc rynna6d mo2gymla6d
ma62gleu. hil maelg6n milcant adodeu 23
hil te6d62 diwedwr deheu. b26ydy2 o2chw-
yd ny o2chud tlyffeu. nac aryant nac eur
yn adneu. b26yfc r6yfc r6yd b2ol6yd b2o
feith beu dyuet · b2eifc amget am gadeu.
P2eid p2eidwy2 p2eidwalch gyfreieu. 28
p2ioda62 p2ydein p2ein p2eideu. P2effeñ-
wr p2yffwr p2es oleu. p2eff6ylya6c var-
cha6c veirch g6ynnyeu. G6ynuydic wr
v2ydic v2ydeu. g6ynuyt ky2d keinuyt 32
keinvy2d kyuedeu. G6ynuyt g6y2 g62a6l
deuodeu. g6ynuyt beird beirnat 6yfiñeu.
G62 glewyt yn ergryt aergreu. g62 g6ledic
ar wladoed nyt geu. g62duaran kyfran 36
kyfreideu. g62duannyar g62duar g6endoleu.
g62 adengys llad allafneu rudyon. lle6
d2agon lly6 d2eigeu. 39

DReic ehofyn ehang y deruyn d2a-
gon r6yf r6ydwalch gỹgelyn. d2agon

vard dꝛagon valch vydyn. dꝛagonaỽl dꝛa
ganỽyſ y odyn. kanaſ waỽt yꝛ pꝛiaỽt. 3
pꝛiſ arglỽyd bꝛolỽyd bꝛonn heilyn. bꝛeiſc
anlloed beird barthloed berthyn. bꝛỽ-
yſc bꝛydeu bꝛỽydyꝛ dechꝛeu dechꝛyn.
Bꝛat bꝛyneich bꝛanes ae canlyn. bꝛaỽt 6
achwed gymined gymyn. Gỽꝛys eſnys
dechꝛys dechꝛyn. y ongyꝛ y angerd nyt
etuyn. gnaỽt vch cnaỽt knudoed ar
gylchyn. ar llỽybyꝛ llaỽꝛ neut llawer 10
blỽydyn. lleỽ llyſſoed llyſſeid y deruyn.
llys ehoꝛth llu adoꝛth llywelyn. gỽyt
woſſud llofrud lloegyꝛ dilyn. Gỽir woſgo
woſgoꝛd diergryn. gỽyꝛd waſgar o wiſgo-
ed keinmyn. gỽꝛd woſſot gỽꝛ goꝛuyn. 15
Gỽedy mydỽ a med goꝛewyn. am hirwled
am hirwlat y hyn. amgedaỽl am gadeu
dybyn. am gyꝛd waỽꝛ am gyꝛn maỽꝛ 18
melyn: goꝛpo hael haelonaeth wobꝛyn.
haỽl wodꝛud hil maỽꝛuud meruyn. gỽaỽꝛ
gỽendoꝛyf gỽendut oe gylchyn. gỽenn
wlat nef gỽir adeſ gỽiryn. 22

ARdỽyꝛeaf y dꝛeic fỽyꝛ feleic ſer.
ardỽy kedernyt venwyt vuner. ar
demyl ehangdoꝛyſ am ehangder. am eu
dal bual buarth hydyꝛver. ytt gerd vyg-
kerd ygkyſlaỽnder. y gyſlaỽn voli ri rỽy 27
dirper. Yn vꝛdyant volyant ual yt glywer.
yn awen baraỽt awdyl burwaỽt ber.
Yn annwſyn yn nỽſyn yndyſynder yt varn:
nyt beird ae datuarn bard aedatuer. Yn
taryſ ynteruyſc yn ffyſc ffyꝛyſder. yn 32
tỽꝛyſ yntoꝛuoed hudoed hyder. yghyfra-
goꝛ glyỽ am eu gleỽder. ygkyfragot clot
y clyỽ llawer. Yn aghyſlỽyth gỽyth gỽeith
nanhyuer. Yn ãgkyfle llỽſyꝛ llauur ouer.
Ygkemeis yntres yn traỽs ober. peunyd 37
oed newyd newit ruduer. peunoeth oed pen-
naſ wedy pỹnyer cat. canllary llaỽꝛodyat
llat allỽyꝛder. llonyd yỽ ganthaỽ heily-
aỽ haelder. hil gruffud hael ud haỽl diaber.
kard wahan katwan katwalch niuer. 1
kerd wedaỽl kedaỽl cadell ener. kadarn
vleid vleinyat cat neirthyat ner.
kadyꝛ yd ymdengys rys yn racter. 4
ractỽll y gylchỽy pan amgylcher bꝛỽy-
dyꝛ. nyt bꝛadaỽc arglỽyd yn yt glywer.
Kynniuyw kynniſ nyt diouer. kynni-
uyat kynnedyſ alexander. teyꝛneid woſ-
gryn rac gỽynn gỽarther. teyꝛnvꝛo a 9
geidỽ o gadarnder. Teyꝛnvꝛon heilyn
haelon datuer. teyꝛnwalch pꝛytvalch
wedy pꝛyder. teyꝛnget kymry eſ aekymer.
Pan gylchynnỽys gỽꝛ gỽꝛd yntrymder.
ny bu a gỽalltan y gỽꝛt gỽallter. oed 14
ſyſgyat fleimyat flam gan ucher.
ynſeithneit awyꝛ yn ſeithwyꝛ ſer.
Pan aeth ſarff catlan ſeint clotuan
cler. cledyſeu cochyon cochyn onger:
Yſgoꝛ amdiffyn pan ymdiffer gwlat: 19
nyt eſ gỽledic aoꝛſaſer. pan amỽc teyꝛn
teiui aber. nyt abar y gỽnaeth nyt ſa-
eth ſalỽder. Yn rann oꝛſowys yt gyn-
hỽyſſer. Yg̃hynnỽys rydit gleindyt gloeỽd'.
yg̃goleuat rat rydamuner. yg̃goleu
vꝛeiſc vꝛe yn lle lleuuer. Yg̃goleueint 25
ſeint yd aſſỽyner. ỹggoleu adeſ nef yt
noder. ameN—o—J.

Y canu molyant y rys gryc uab rys
uab gruffud. llywarch bꝛydyd y moch 29

CRiſt creaỽdyꝛ ameraỽ- · ae cant.
dyꝛ an med. criſt keli koloſyn tagnef-
ed. criſt uab meir an peir pur uoned
ſynhỽyꝛ: kynn ſynnyaỽ enwired. 33
Carannaỽc ieſſu car ym wed. keiry-
onnyd kyꝛcheiſt vymuched. kyꝛchaf yn
gyntaf kynted deheubarth: diheubẽ 36
teyꝛned. kyꝛchaf rys uabrys omryſſed
kyꝛchyat cat kadell etiued. kyꝛchynue-
ird kyꝛchent ỽy oꝛſed. kyꝛchuaỽꝛ llaỽꝛ
yſkyꝛchu llaryed. kyꝛcheiſt dy ros di 40
dos diuaed. a phen vꝛo. a phẽ goꝛuoled.